INTRODUCTION

En tant que gérant d'une boutique spécialisée dans l'origami, je vois chaque semaine l'arrivée de nouveaux livres d'origami pour débutants, malheureusement un peu tous similaires : des symboles étalés en premières pages et une compilation de modèles plus ou moins traditionnels, un peu toujours les mêmes. Alors, lorsque Emmanuelle Prot me propose à nouveau une collaboration pour un livre d'origami, c'est l'occasion rêvée pour moi de proposer quelque chose de différent.

J'ai ainsi axé la construction de ce livre sur 3 points :

★ Un apprentissage progressif présenté sous forme de leçons. Progressif car nous apprendrons pas à pas les différentes techniques et symboles de l'origami sans brûler les étapes. Ainsi le pli montagne, un des plis de base de l'origami, n'apparaîtra pourtant qu'à la leçon 5 (contrairement aux autres livres où il est utilisé dès les premiers pliages). Chaque nouvelle leçon vous permettra de découvrir un nouveau concept clef en ne s'appuyant que sur les leçons déjà vues.

★ La création de nouvelles façons de présenter les séquences de plis, avec des codes couleurs, pour rendre la compréhension du pliage plus facile et plus intuitive.

★ La création de modèles inédits pour que vous puissiez découvrir de nouveaux pliages si vous avez déjà fait de l'origami. J'ai en particulier cherché à obtenir un résultat final très sympa tout en gardant un pliage le plus facile possible. Par exemple, les éléphants de ce livre présentent une nouvelle approche dans l'origami, jamais vue auparavant, qui permet de créer des animaux réalistes tout en maintenant un pliage très accessible.

Sentez-vous libre de parcourir ce livre à votre guise... Pour les personnes n'ayant jamais plié, peut-être serait-il aidant, dans un premier temps, de suivre les leçons dans l'ordre, en pliant au moins un modèle à chaque fois, pour acquérir la connaissance proposée. Pour les personnes ayant déjà plié, picorez le livre au gré de vos envies. Les pages 10 à 11 vous donneront un résumé des symboles utilisés si vous avez un doute sur la séquence de pliage à réaliser.

Les pages 12 à 21 vous propose un classement thémtique de modèles (animaux, vie pratique, Halloween...). Soyez créatifs et élaborez aussi vos propres projets ! N'hésitez pas à modifier les pliages proposés pour qu'ils collent à votre personnalité. Envoyez-moi vos plus beaux pliages à contact@origami-shop.com pour que je les publie !

Je vous souhaite de belles heures de pliages et de créativité !

Nicolas

p. 28
p. 30
p. 33
p. 35
Loïc
p. 38
p. 47
p. 49
p. 51
p. 61
p. 65
p. 67
p. 72
p. 76
p. 79
p. 87
p. 90
p. 93
p. 96
p. 99
p. 111
p. 114
p. 116
p. 119
p. 122
p. 122
p. 125
Menu
p. 127
p. 127
p. 130
Maman je t'aime
p. 132
p. 139
p. 147
p. 149
p. 151
p. 160
p. 161
p. 164
p. 168
p. 175
p. 179
p. 185
p. 190
p. 199
p. 200
p. 202
p. 205
Julie
p. 213
p. 216
p. 220
p. 229
p. 232
p. 236
p. 240

SOMMAIRE

HISTOIRE DE L'ORIGAMI

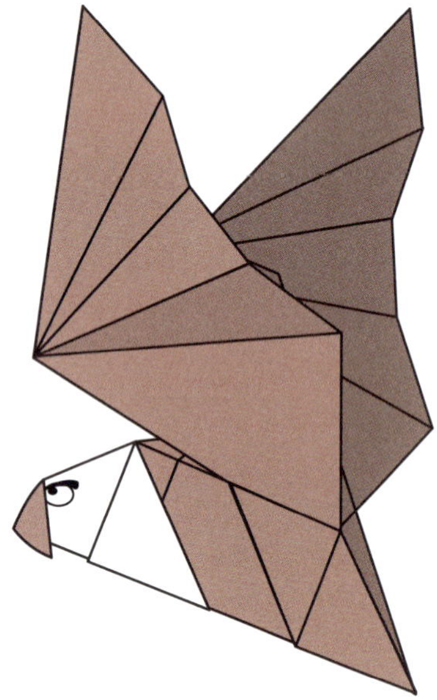

L'histoire de l'origami commence il y a déjà plusieurs siècles en Asie, en Europe et même en Amérique du Sud, lorsqu'il était utilisé pour plier tissus, papiers et habits. Purement cérémoniel et utilitaire, le côté ludique du pliage n'apparaît qu'aux XVI et XVIIème siècles dans des livres de magie ou des compilations de pliages de grues.

Le pliage de papier évolue indépendamment dans chaque pays, jusqu'aux années 1850 où l'ouverture du Japon au monde occidental permet un échange de nouveaux modèles. Il existe alors une centaine de modèles d'origami dans le monde.

La première révolution de l'origami commencera en 1950 sous l'influence d'Akira Yoshizawa qui osera s'affranchir des pliages traditionnels pour inventer des milliers de nouveaux modèles. Ses pliages sont remplis de vie et l'origami devient Art. À partir de ce moment, l'intérêt pour l'origami explose dans le monde. Lillian Oppenheimer suggère alors l'adoption internationale du terme « Origami ». D'associations en rencontres, de nouveaux créateurs élargissent le champ de l'origami.

La deuxième révolution de l'origami commence dans les années 1980 par ce que l'on nomme aujourd'hui la « guerre des insectes ». De jeunes plieurs se lancent des défis pour créer les insectes en origami les plus réalistes. Des techniques de design puissantes naissent alors et la création ne semble plus connaître de limite. De nombreux livres voient le jour et des auteurs comme Robert Harbin et John Montroll popularisent l'origami en créant des modèles attractifs mais accessibles au grand public. Toutefois, l'origami reste encore confiné à une niche de passionnés qui échangent parfois lors de rares conventions d'origami.

La troisième révolution de l'origami va profondément changer cela grâce à Internet et l'apparition des appareils photo numérique. Il est enfin possible d'échanger en temps réel avec d'autres passionnés et de montrer ses pliages. En reliant les plieurs de tous les pays, les techniques s'échangent, des talents se découvrent. L'origami s'introduit aussi dans des pays tels que le Vietnam, la Corée ou l'Amérique du Sud d'où émerge une nouvelle génération de plieurs talentueux. L'origami d'aujourd'hui n'a plus de frontière et touche de nombreux domaines, de la cours d'école jusqu'aux projets scientifiques d'envergure, de l'événementiel jusqu'aux expositions dans les musées.

Si vous souhaitez aller plus loin après ce livre, voici quelques adresses :

★ **origami-shop.com/france :** Pour trouver où plier en France.

★ **ooraa.free.fr :** Pour rencontrer chaque année des plieurs passionnés lors d'une convention d'origami.

★ **mfpp-origami.fr :** Association française d'origami pour des rencontres sur Paris ou en convention.

★ **pliagedepapier.com :** Le forum français d'origami où se retrouvent tous les passionnés.

★ **passion-origami.com :** Le site de l'auteur présentant aussi les travaux d'une trentaine de jeunes artistes.

QUELS PAPIERS CHOISIR ?

Les modèles présentés ici peuvent se plier à partir de tout type de papier. Toutefois, je vous conseille de débuter avec du papier origami japonais (ou assimilé) car il présente de nombreux avantages :

- Il est fin et solide, et s'adapte à tous pliages.
- Il propose de très nombreuses combinaison de couleurs et motifs différents.
- Il possède une face blanche qui permet de se repérer plus facilement dans les diagrammes. Vous verrez d'ailleurs que les diagrammes de ce livre sont présentés avec ce type de feuille : une face recto colorée et une face verso blanche (ou d'une autre couleur).

Une fois le pliage des modèles maîtrisé, vous pourriez vouloir améliorer leur aspect final pour les offrir en cadeau ou les exposer :

- Le papier TANT est le papier de prédilection des plieurs car il amène une jolie texture tout en restant suffisamment fin.
- Les papiers à motifs apporteront de l'originalité à vos modèles.

Pour vous aider dans vos pliages, armez-vous d'un bon plioir ! Il vous aidera à plier précisément la feuille. Il aplatira aussi facilement les surcouches et sa pointe marquera le pli pour aider le pliage. Le plioir en os, plus lourd que celui en plastique, est plus agréable en main et donc plus précis.
Enfin, un coupe-papier protégé permettra d'ajuster la taille de ses feuilles sans avoir à utiliser de cutter ni de ciseaux.

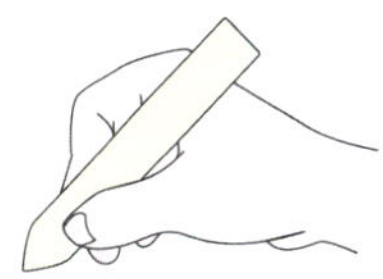

La plupart de ses articles sont disponibles dans les magasins de loisirs créatifs.
Si vous n'y trouvez pas votre bonheur, la boutique de l'auteur vous les proposera ici :

origami-shop.com

SOLFÈGE DE L'ORIGAMI

LEÇON 1

> Le pli par-devant ou pli vallée, page 26

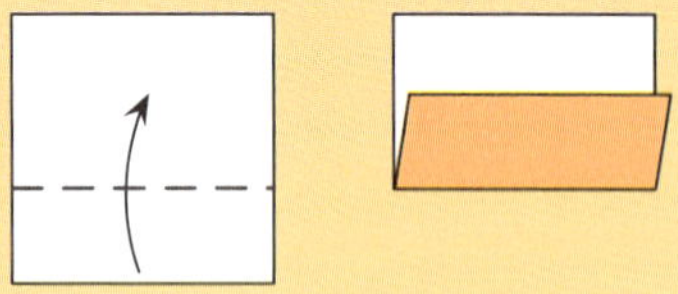

> Pliez puis dépliez, page 27

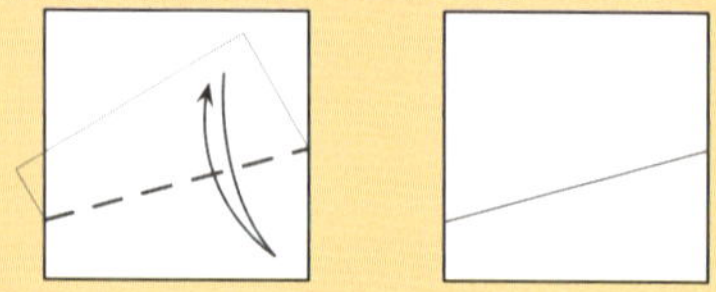

LEÇON 2

> Symbole retourné, page 46

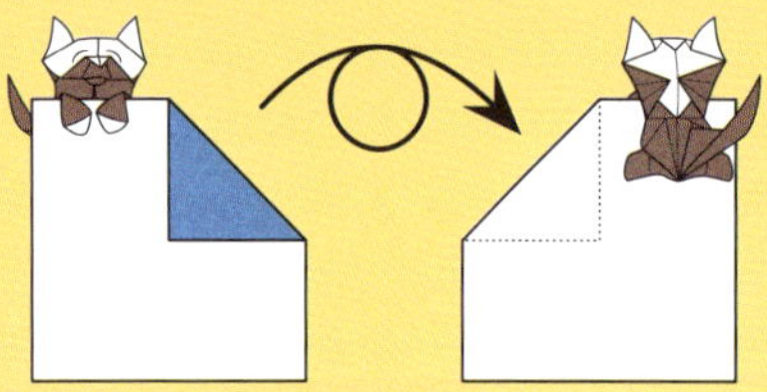

LEÇON 3

> Pliez une pointe, page 60

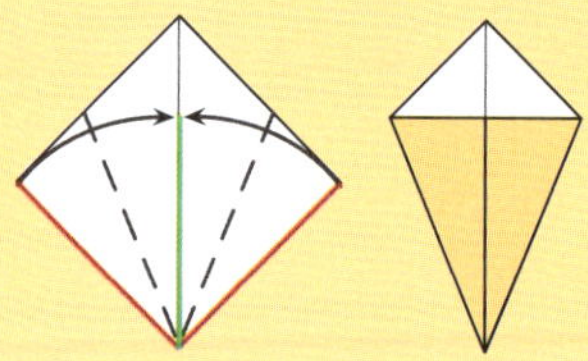

LEÇON 4

> Partager un angle en deux, page 86

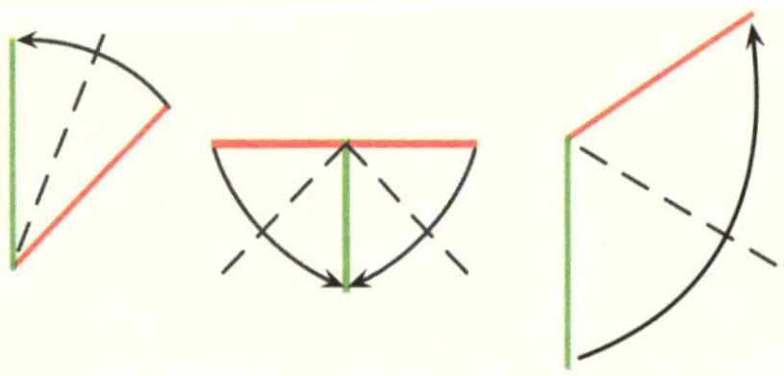

LEÇON 5

> Pli par derrière ou pli montagne, page 110

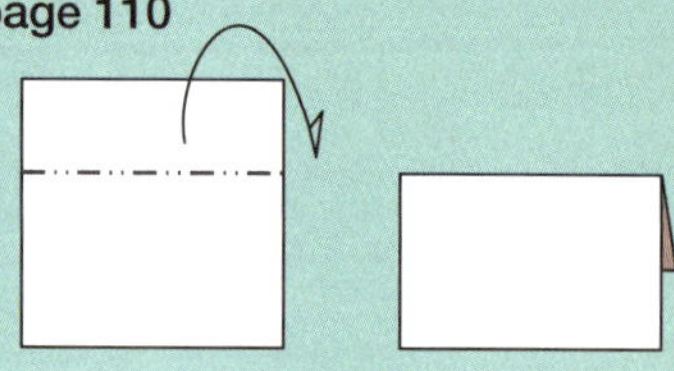

LEÇON 6

> Pli oreille de lapin, page 138

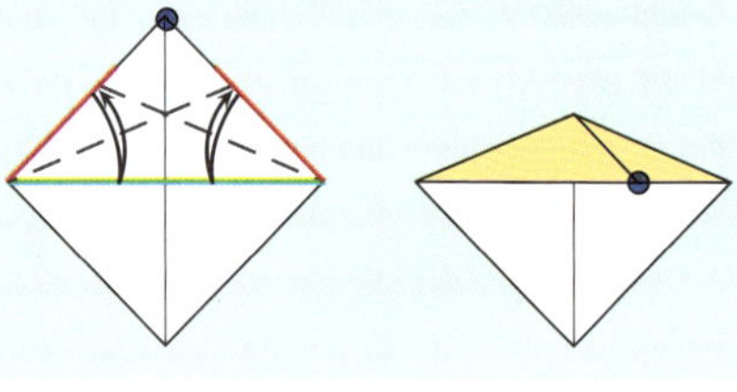

LEÇON 7

> Base de la bombe à eau, page 146

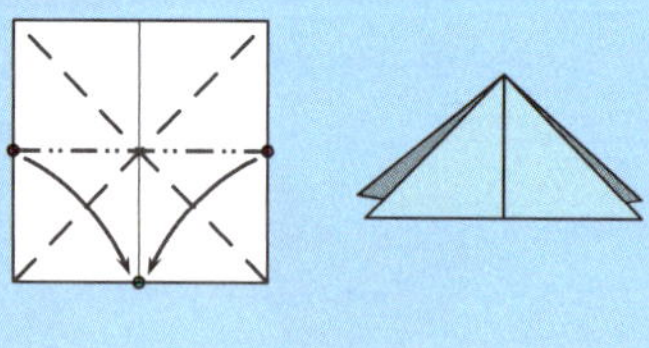

LEÇON 8

> Pli aplati, page 160

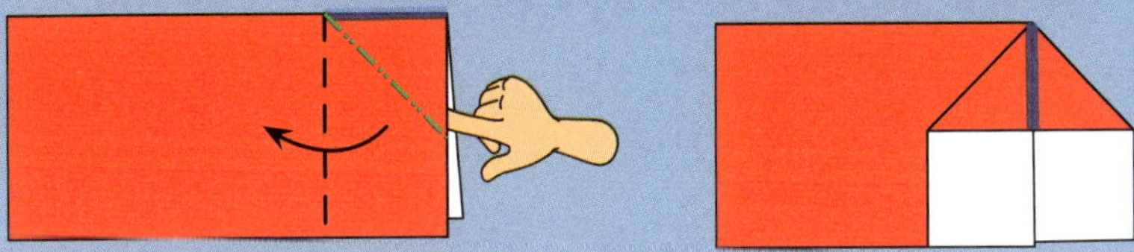

LEÇON 9

> Pli inversé intérieur, page 174

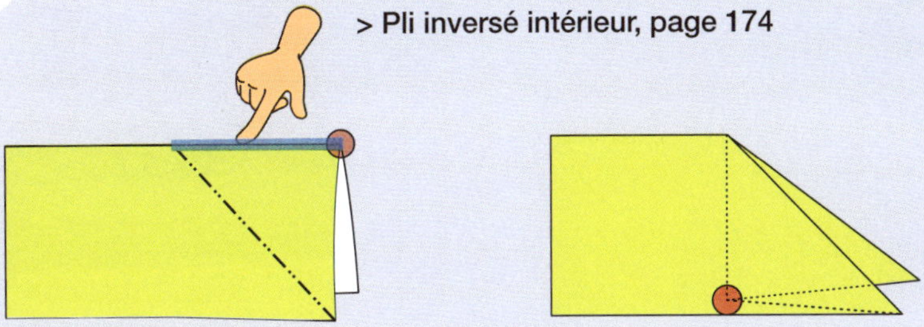

LEÇON 10

> Pli pivot, page 198

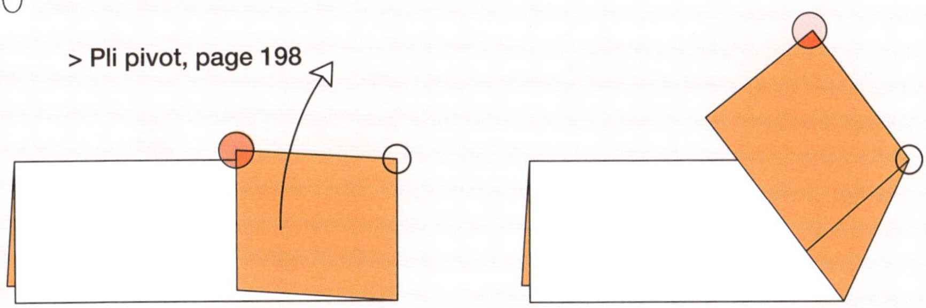

LEÇON 11

> Pli inversé extérieur, page 212

LEÇON 12

> Leçon finale, page 228

CLASSEMENT THÉMATIQUE

DÉCOS ORIGAMI

La boite Cœur Surprise p. 132

Petit cœur p. 49

Le marque-place cœur p. 213

Le super cadre photo p. 33

Bonhomme étoile p. 79

Le voilier p. 205

La grue japonaise p. 175

Le bateau carton d'invitation p. 38

La boîte vide-poche p. 130

VIE PRATIQUE

La belle tulipe p. 220

La tulipe p. 30

La feuille d'érable p. 161

Le porte-carte p. 51

La maison p. 47

Le paysage de montagnes p. 28

SOUVENIRS D'ENFANCE

La salière p. 122

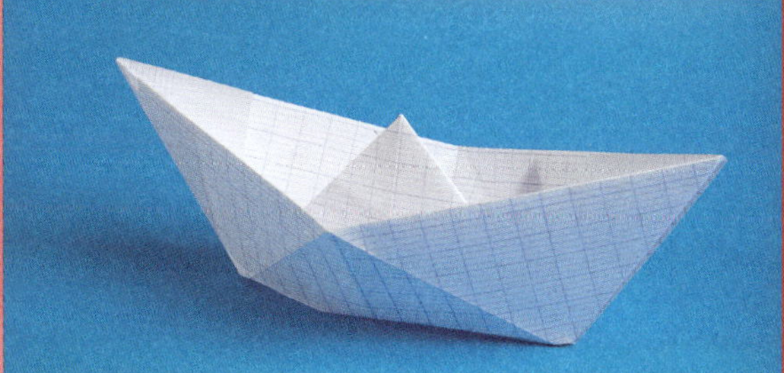

Le bateau des écoliers p. 119

Le dragon Claque-bec p. 125

La fusée p. 65

La cocotte p. 111

La diseuse de bonne-aventure p. 122

POUR LES PETITS

Le père Noël, le magicien et le sorcier p. 164

La sorcière p. 168

Le petit chien p. 35

Le lutin timide p. 61

La grenouille sauteuse p. 147

HALLOWEEN

Monstres & Co p. 72

La chauve-souris p. 93

La sorcière sur son balai p. 179

Le hibou p. 236
La branche p. 199

ANIMAUX

L'aigle p. 96

L'éléphant d'Afrique p. 232

L'éléphanteau p. 229

L'ours p. 99

L'éléphant d'Asie p. 216

Le morse p. 185

La girafe p. 151

Le crocodile p. 90

La poule et ses poussins p. 116

Le coq p. 139

Le cygne p. 200

Le catamaran p. 127

L'oiseau cardinal p. 190
La branche p. 199

Le paon p. 202

Le mouton   p. 76

Le papillon   p. 149

Jojo lapin   p. 67

Le petit chat   p. 240

La souris   p. 87

Leçon 1
Pli par devant (Pli vallée)

LEÇON 1

Ce pli se représente TOUJOURS avec :

Une ligne pointillée comme celle-ci :

- - - - - - - - - - -

Une flèche avec une pointe comme celle-ci :

> LE PLI PAR-DEVANT OU PLI VALLÉE

Le pli par-devant est le pli de base de l'origami.

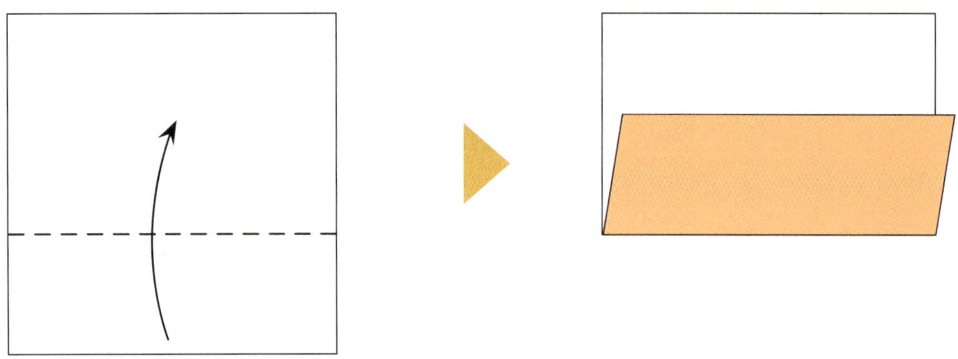

On appelle aussi habituellement ce pli un « Pli Vallée » car si on regarde la feuille pliée depuis le côté, le pli forme une vallée.

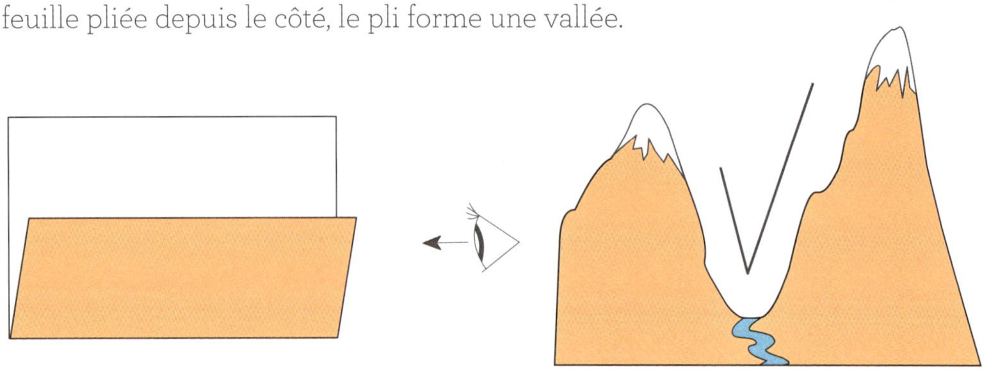

> PLIER - DÉPLIER

Après avoir plié une feuille,
vous pourrez avoir à la déplier.

Ce pli se représente TOUJOURS avec :

Une ligne pointillée comme celle-ci :

Une flèche avec une pointe comme celle-ci :

Le pli résultant se dessine ainsi :

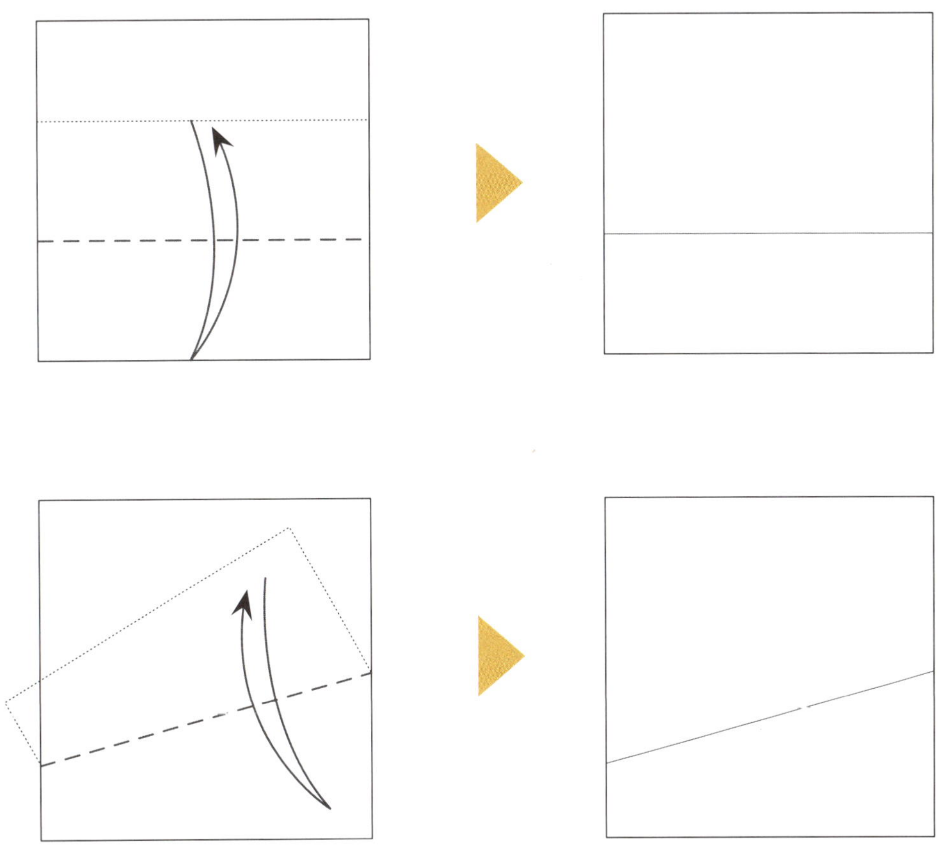

LE PAYSAGE DE MONTAGNES

Il vous faut des carrés de différentes tailles colorés avec une face blanche au verso.

• LA MONTAGNE •

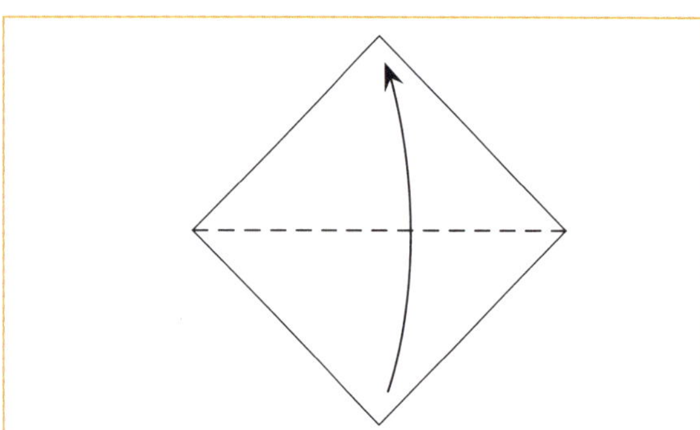

1.
Pliez le carré en deux sur la diagonale.

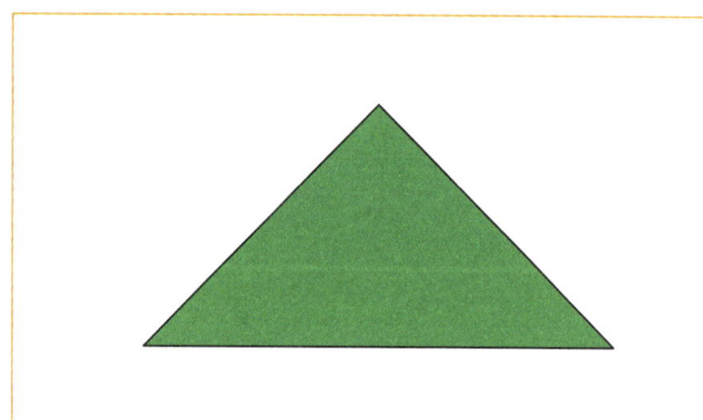

2.
La montagne est terminée.

ASTUCES

▶ **Essayez de bien superposer les deux coins.**

• LA COLLINE •

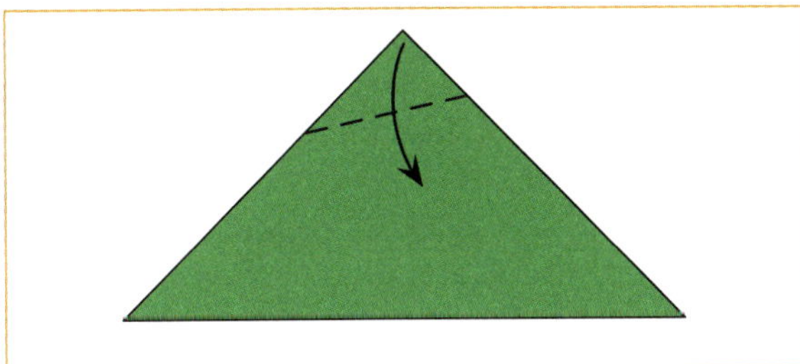

1.
Pliez la montagne (cf. page précédente) puis pliez les deux sommets superposés du triangle en même temps vers le bas. Choisissez le pli à votre convenance.

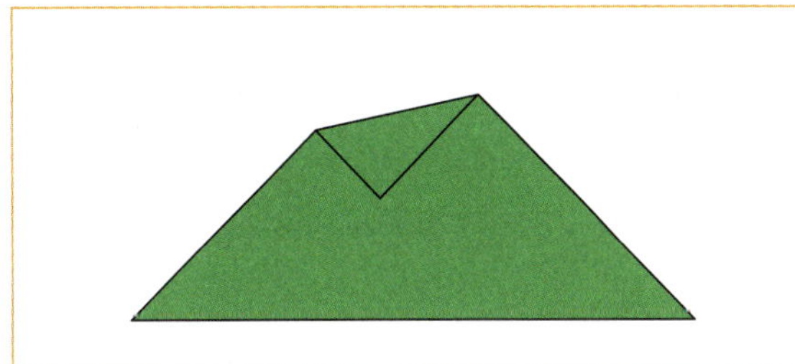

2.
La colline est terminée.

• LA MONTAGNE ENNEIGÉE •

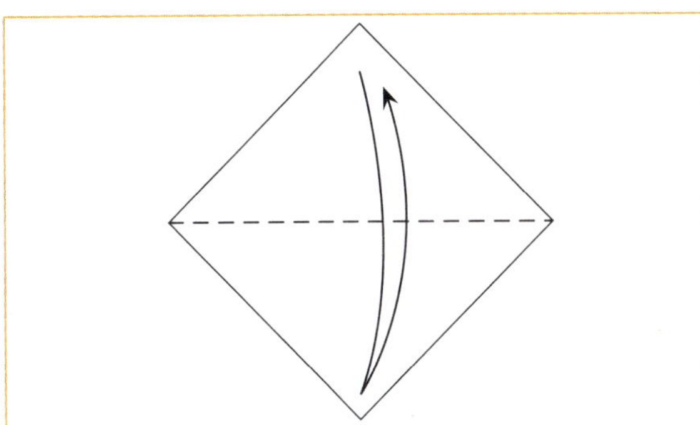

1.
Pliez le carré en deux sur la diagonale puis dépliez.

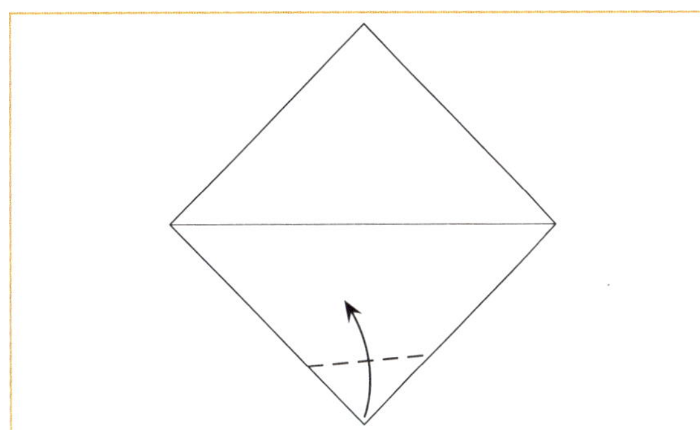

2.
Pliez un coin à votre convenance.

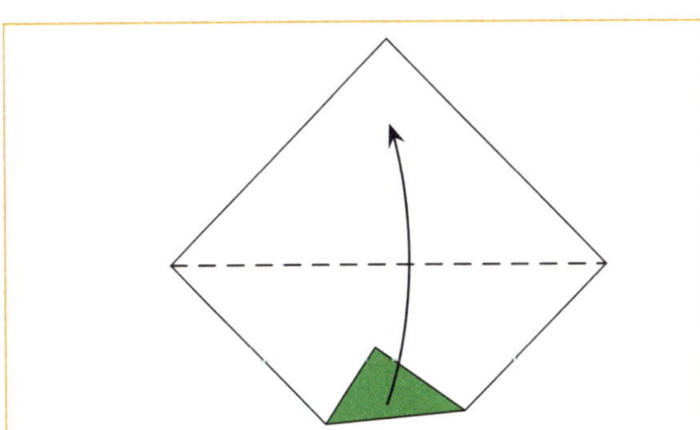

3.
Pliez le carré en deux sur la diagonale en amenant le volet du bas vers le haut.

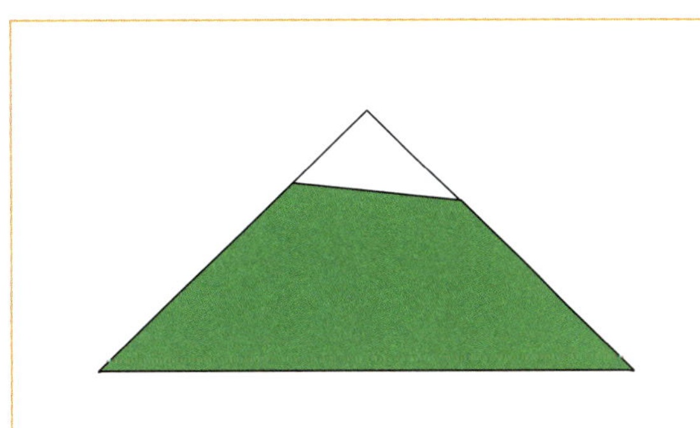

4.
La montage enneigée est terminée.

LA TULIPE

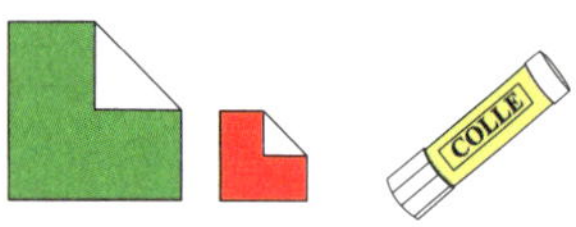

Il vous faut :
- un carré vert de 15 x 15 cm pour la tige
- un carré de couleur de 7,5 x 7,5 cm pour la fleur
- de la colle.

• LA FLEUR •

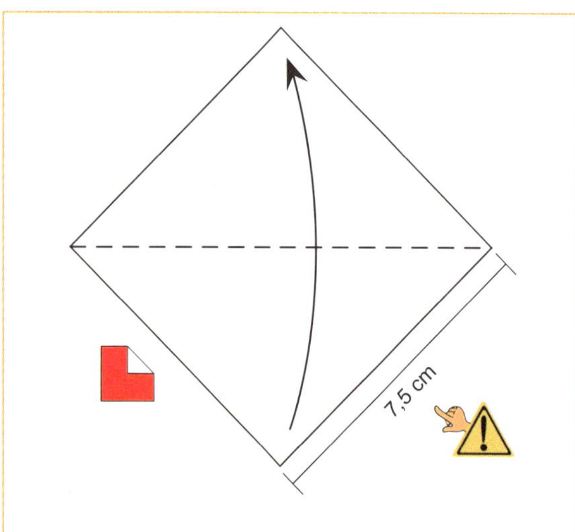

1.
Commencez avec la feuille de 7,5 x 7,5 cm
avec la face blanche au-dessus.
Pliez le carré en deux en superposant le coin du bas sur le coin du haut.

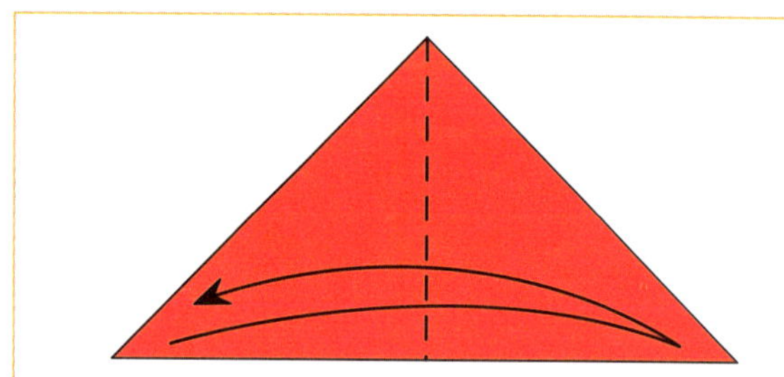

2.
Pliez le triangle en deux puis dépliez.

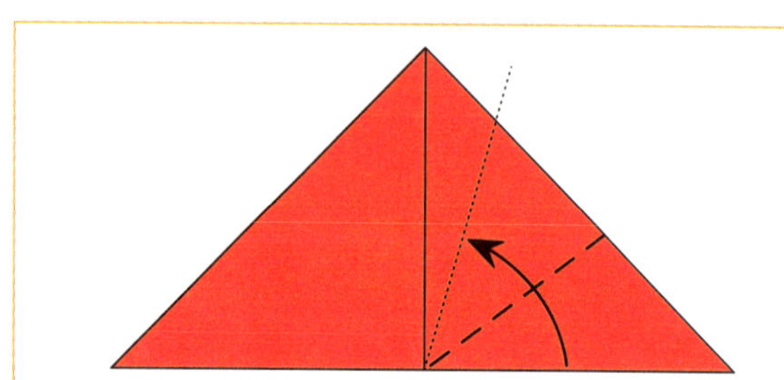

3.
Pliez le coin droit vers le haut un peu avant l'axe central.

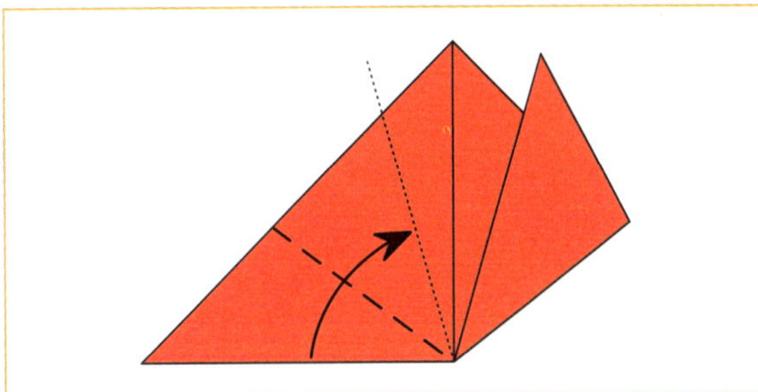

4.

Pliez le coin gauche vers le haut un peu avant l'axe central.

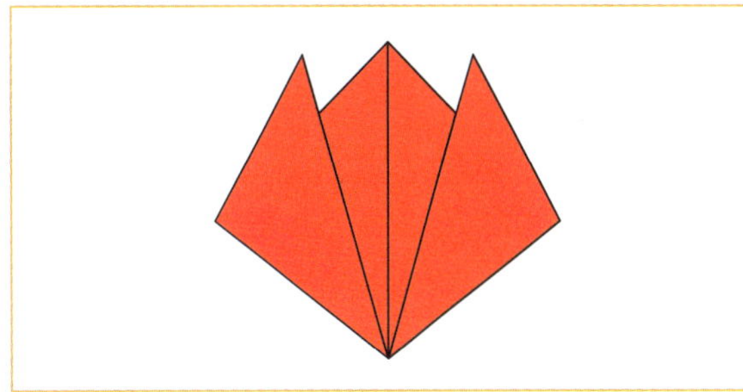

5.

La fleur est terminée.

• LA TIGE •

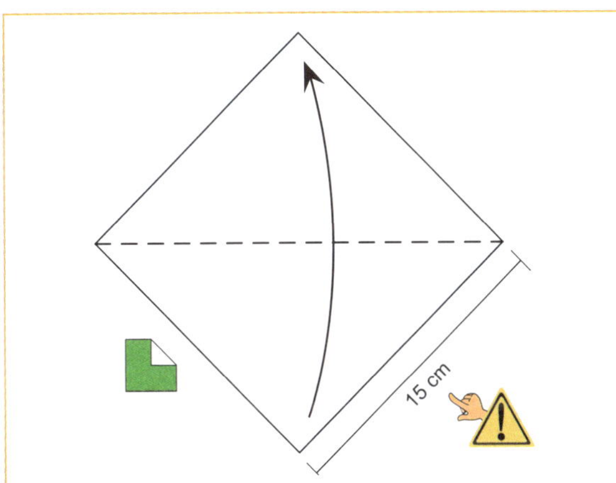

1.

Pliez le carré en deux en superposant le coin du bas sur le coin du haut.

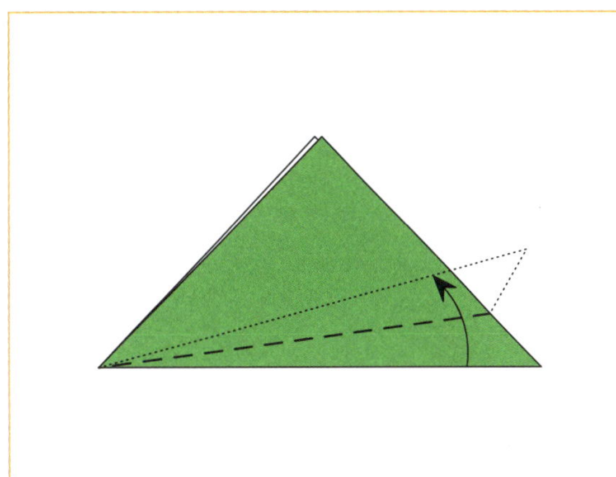

2.

Pliez à travers toutes les couches selon un angle à votre convenance. Plus l'angle sera faible, plus la tige sera fine.

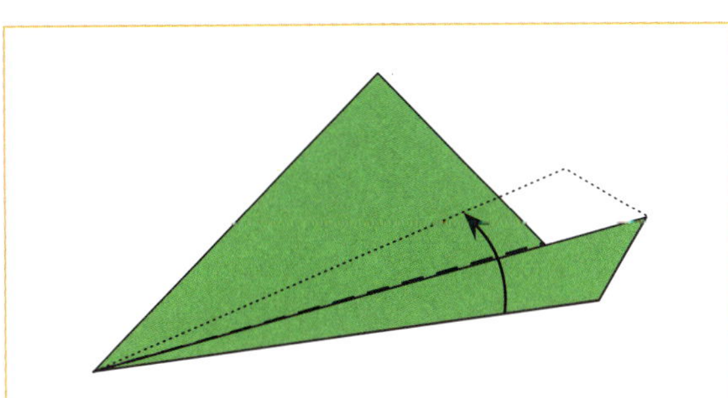

3.

Pliez à travers toutes les couches à nouveau.

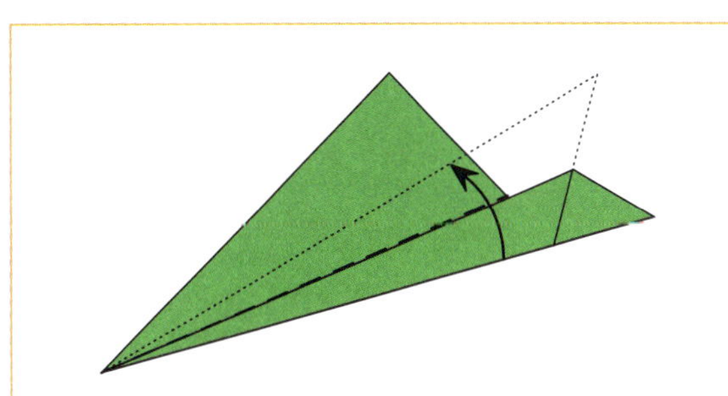

4.

Pliez encore à travers toutes les couches.

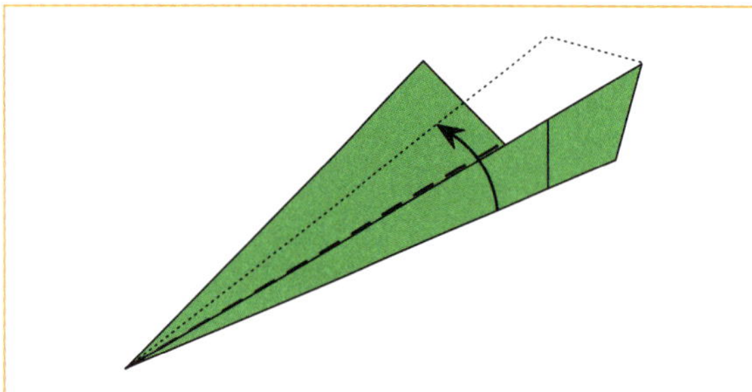

5.

Pliez encore à travers toutes les couches.

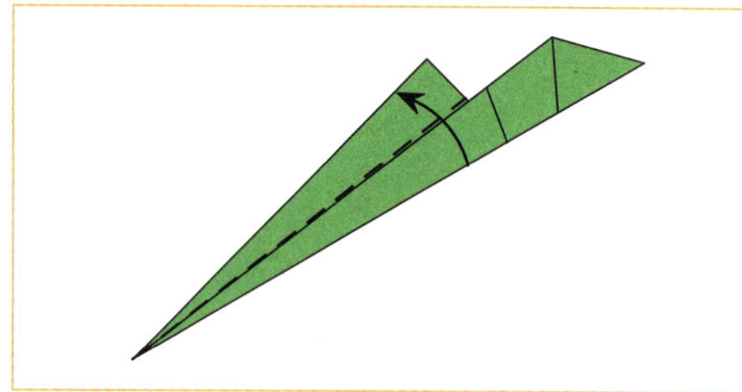

6.

Pliez encore à travers toutes les couches.
Pliez autant de fois que nécessaire.

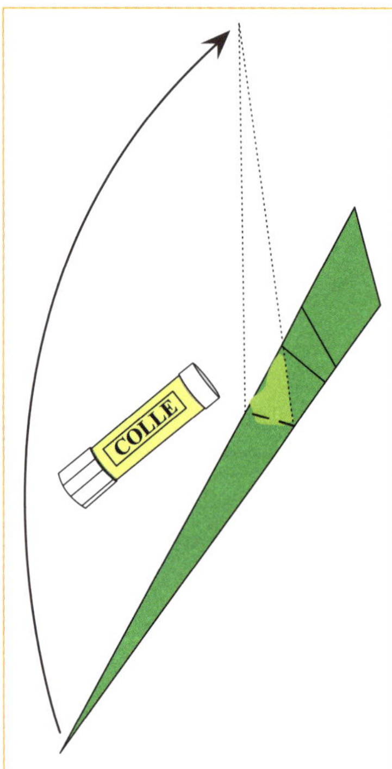

7.

Pliez la pointe vers le haut pour créer la tige.
Vous pouvez coller l'intersection pour que la tige ne se déplie pas.

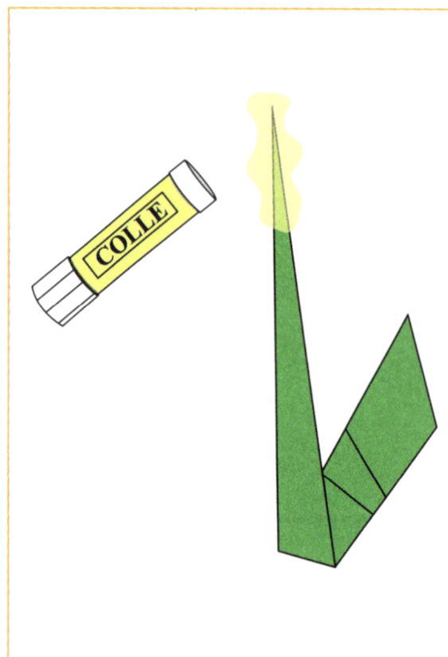

8.

Ajoutez un peu de colle sur la pointe de la tige.

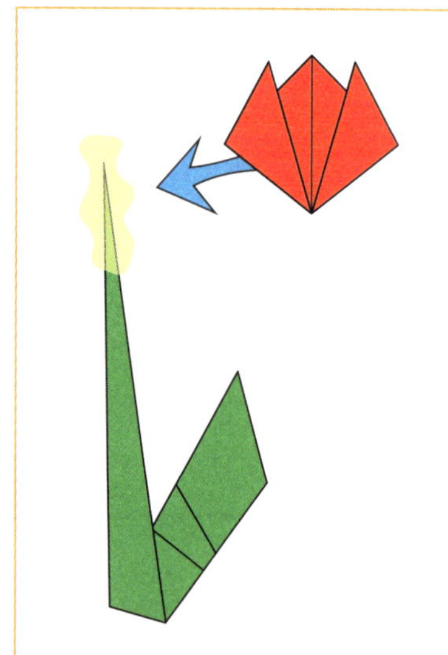

9.

Collez la tulipe sur la tige.

10.

Les tulipes existent dans de nombreuses couleurs. Amusez-vous à en plier à partir de papiers de couleurs très variées.

LE SUPER CADRE PHOTO

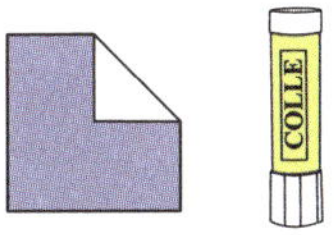

Il vous faut :
- un carré de 15 x 15 cm
- de la colle
- une photo de 5,5 x 5,5 cm.

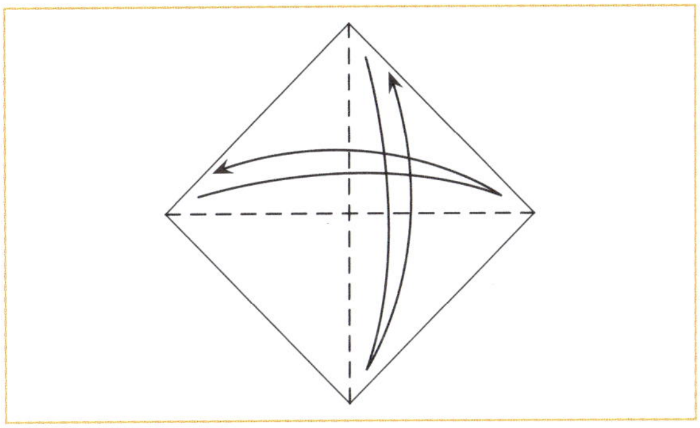

1.
Commencez avec la face blanche au-dessus.
Pliez et dépliez les deux diagonales.

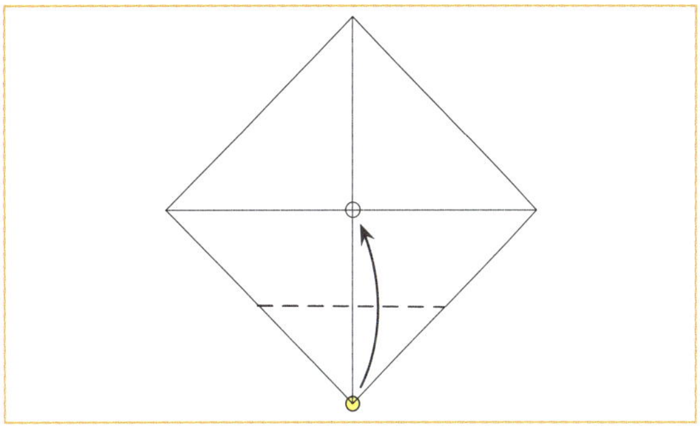

2.
Pliez un coin au centre.

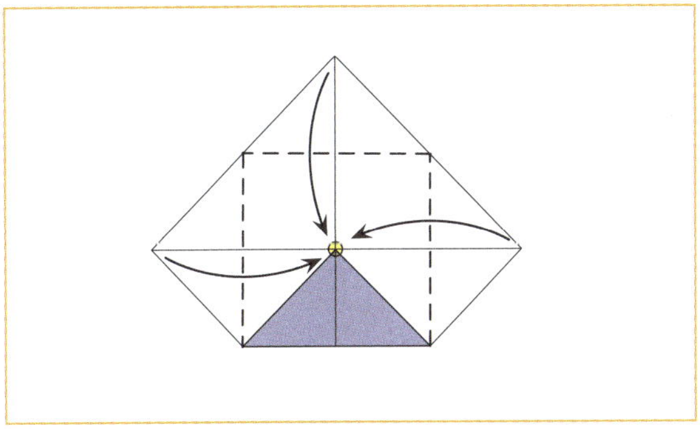

3.
Pliez les autres coins au centre.

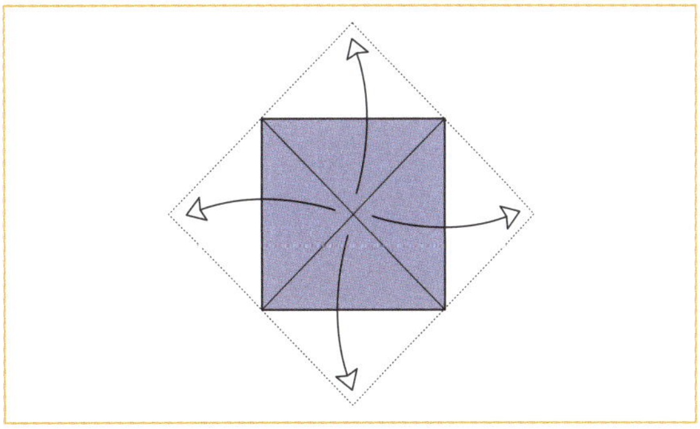

4.
Dépliez les 4 volets.

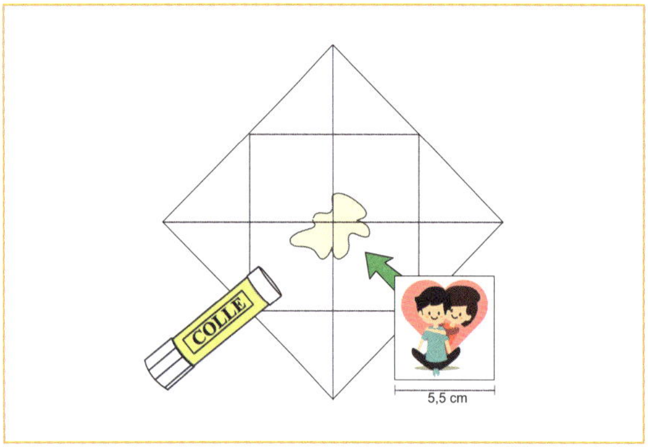

5.

Collez la photo au centre. Pour une feuille de 15 x 15 cm, prenez une photo de 5,5 x 5,5 cm.

6.

Pliez le coin comme indiqué.

7.

Pliez les coins comme indiqué.

8.

Collez les parties indiquées.

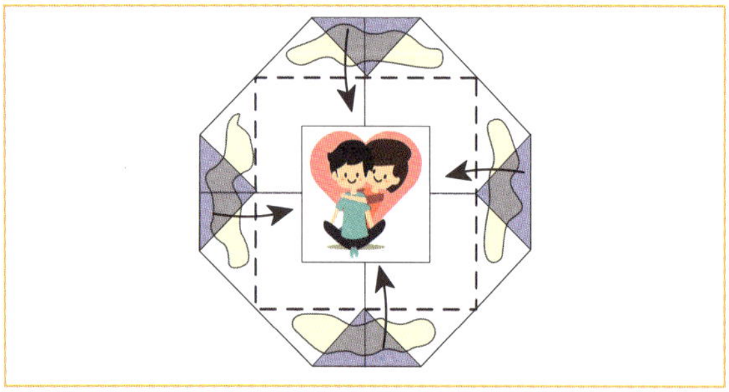

9.

Pliez à nouveau chaque côté.

10.

Le cadre est terminé.

ASTUCES

▶ **Utilisez les origamis des pages précédentes ou suivantes pour le décorer (Cœurs page 49, Montagnes page 28, Tulipe page 30).**

LE PETIT CHIEN

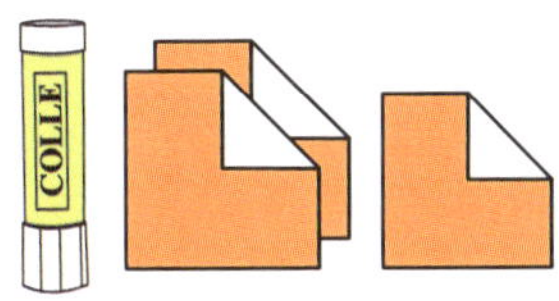

Il vous faut :
- 2 feuilles 15 x 15 cm
- 1 feuille 13 x 13 cm
- de la colle.

• PLIAGE DE LA TÊTE •

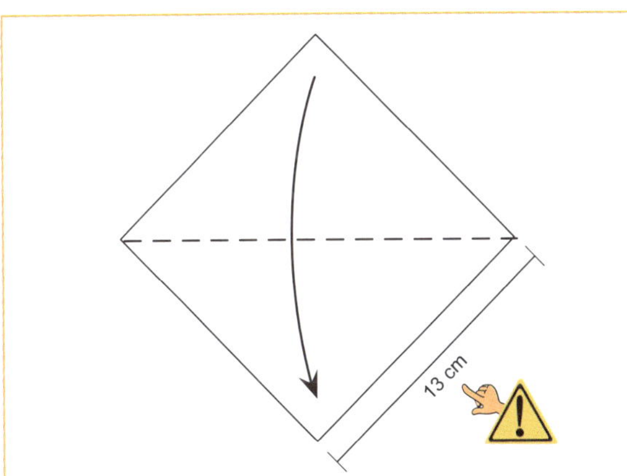

1.
Commencez avec la face blanche au-dessus.
Pliez le carré 13 x 13 cm en deux en superposant un coin sur l'autre.

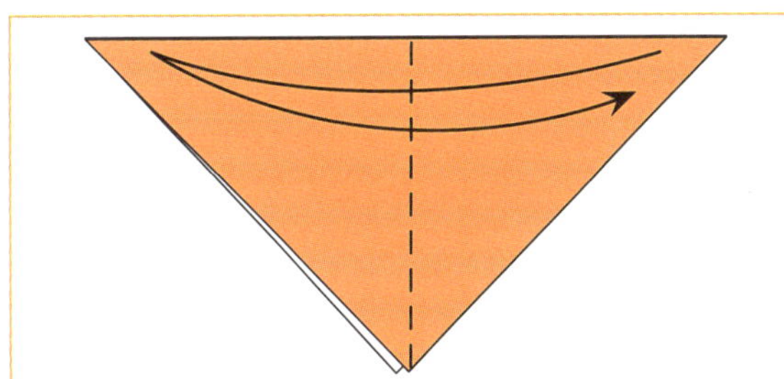

2.
Pliez le triangle en deux puis dépliez.

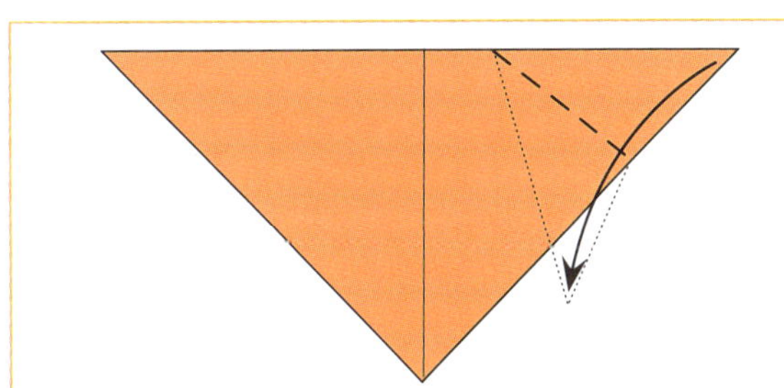

3.
Pliez le coin vers le bas comme indiqué pour créer l'oreille du chien.

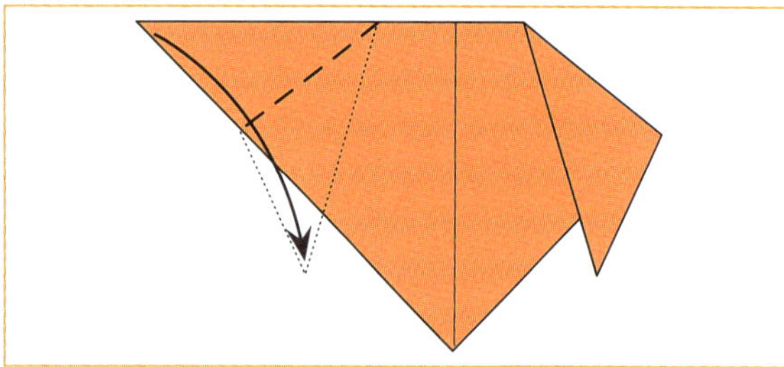

4.
Pliez l'autre oreille de la même façon.

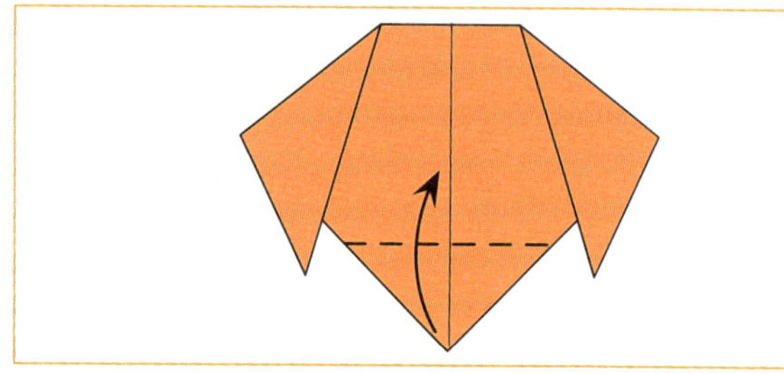

5.
Pliez un seul coin vers le haut.

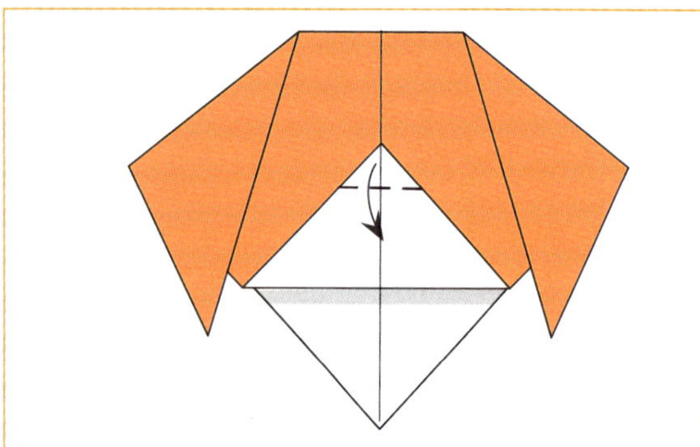

6.
Pliez la truffe.

7.
Dessinez les yeux et la bouche.

• PLIAGE DU CORPS •

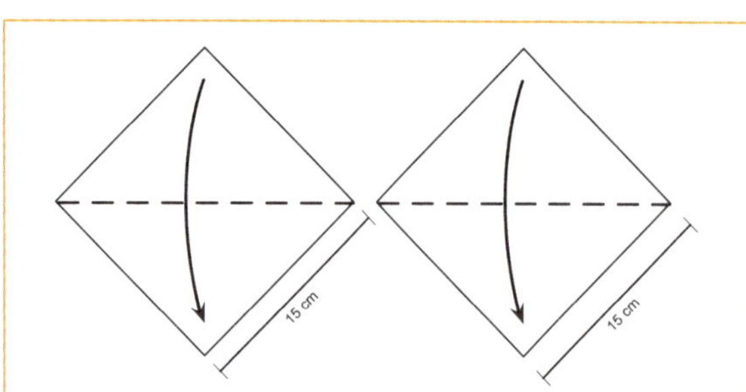

8.
Prenez les deux carrés de 15 x 15 cm.
Commencez avec la face blanche au-dessus.
Pliez les carrés en deux sur la diagonale.

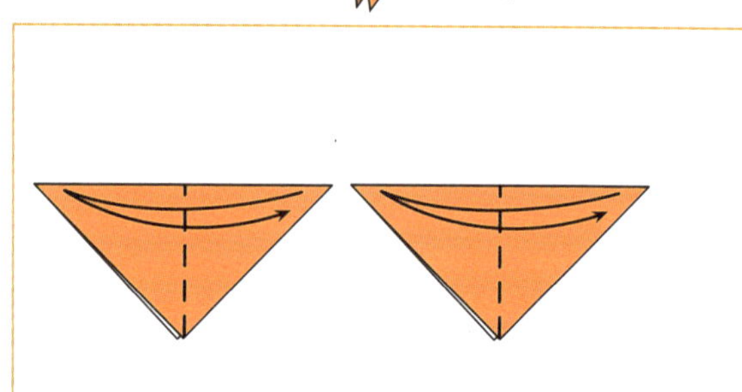

9.
Pliez les triangles en deux puis dépliez.

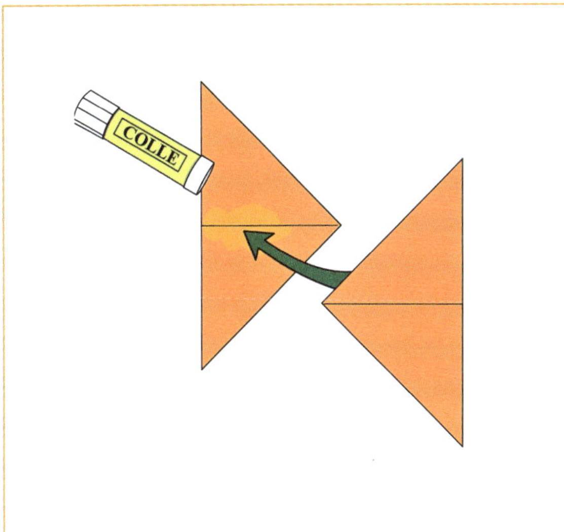

10.

Prenez les deux triangles et collez-les l'un sur l'autre dans le sens inverse l'un de l'autre.

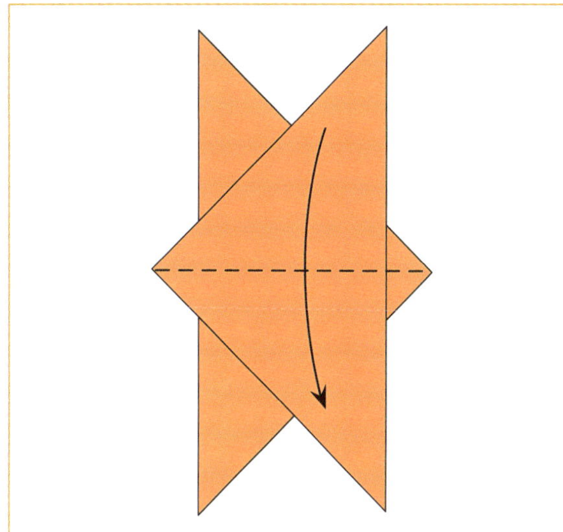

11.

Pliez le modèle en deux.

12.

Ajoutez la colle pour fixer la tête.

13.

Collez le corps à l'intérieur de la tête en séparant les deux volets (le volet du museau et le volet de l'arrière de la tête).

14.

Le petit chien est terminé.

LE BATEAU CARTON D'INVITATION

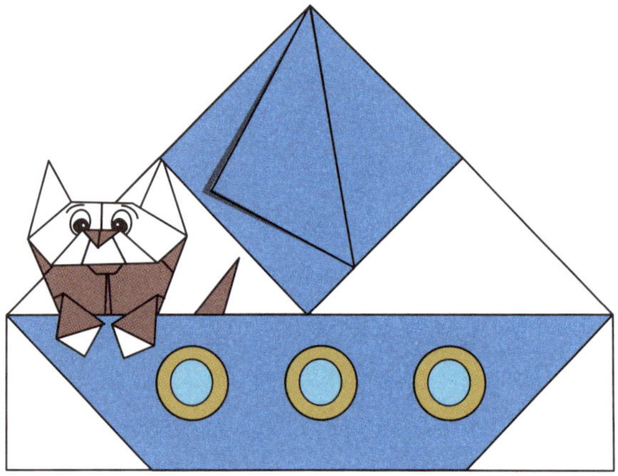

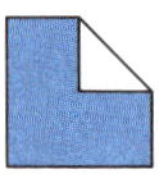

Il vous faut un carré de 15 x 15 cm coloré avec une face blanche au verso.

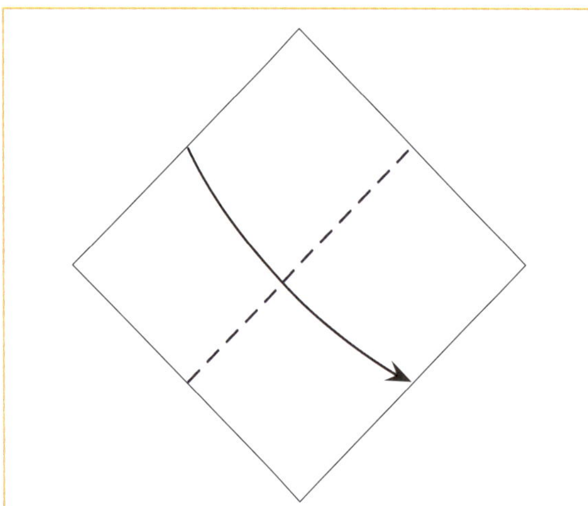

1.
Commencez avec la face blanche au-dessus.
Pliez le carré en deux en superposant un bord sur l'autre.

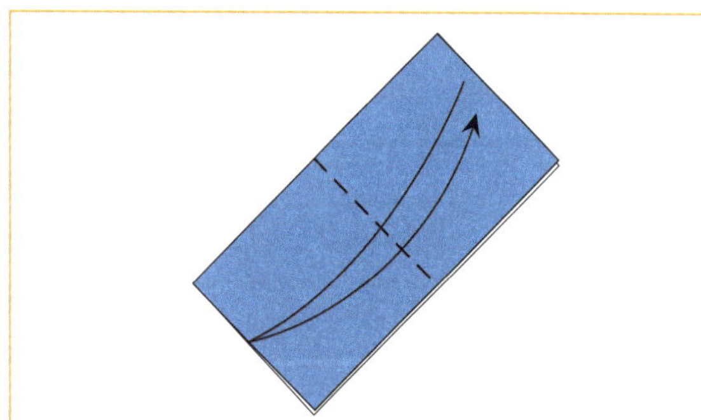

2.
Pliez le rectangle en deux puis dépliez.

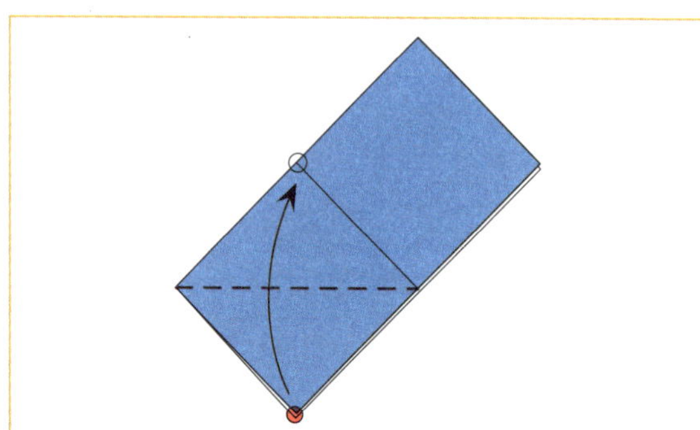

3.
Pliez le coin du bas au centre comme indiqué.

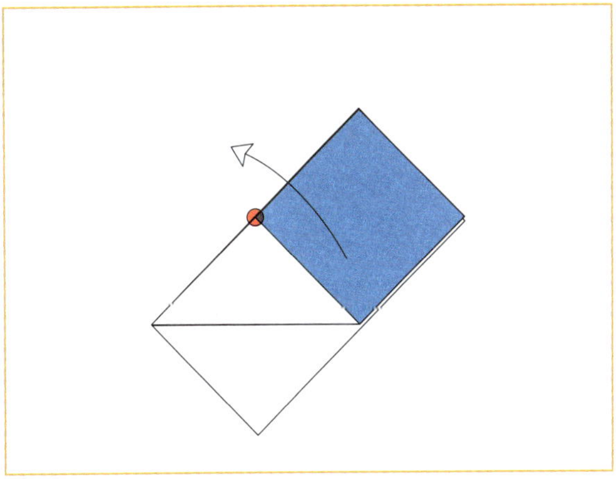

4.
Dépliez le volet vers le haut sans déplier le triangle blanc plié à l'étape précédente.

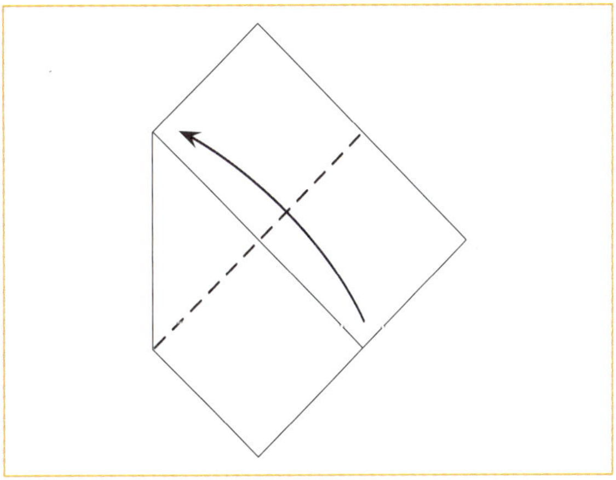

5.
Pliez en deux en superposant le bord du bas sur celui du haut.

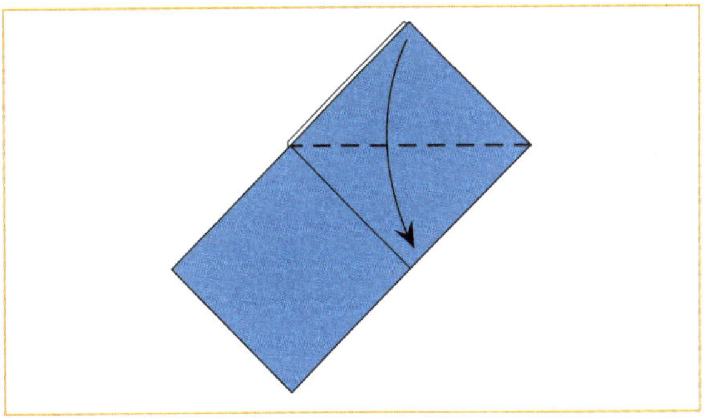

6.
Pliez le coin du haut au centre comme indiqué.

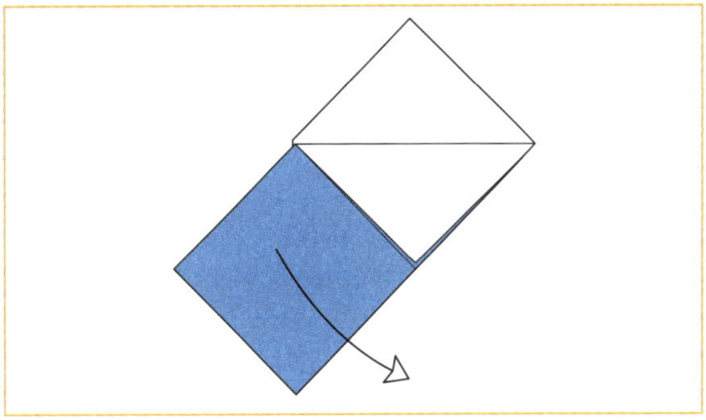

7.
Dépliez.

8.
Pliez la pointe du bas au centre.

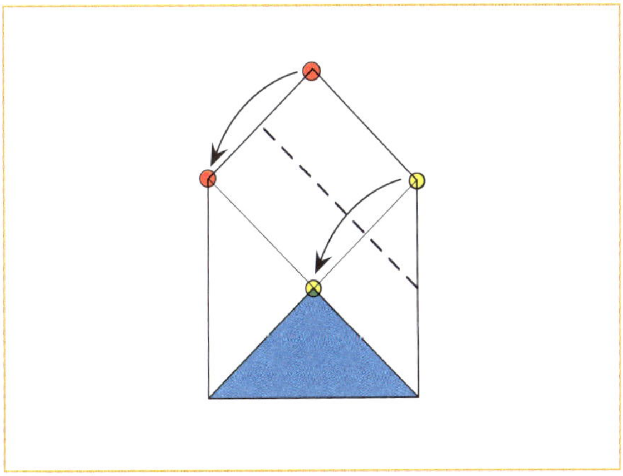

9.
Superposez les pastilles de couleurs pour amener le bord du haut sur l'axe central.

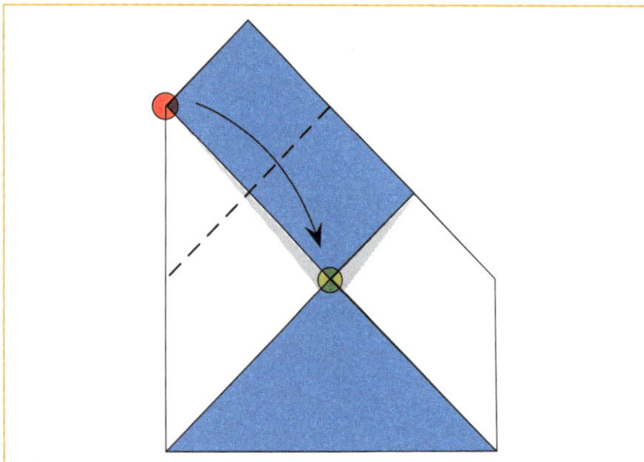

10.

Superposez les pastilles de couleur.

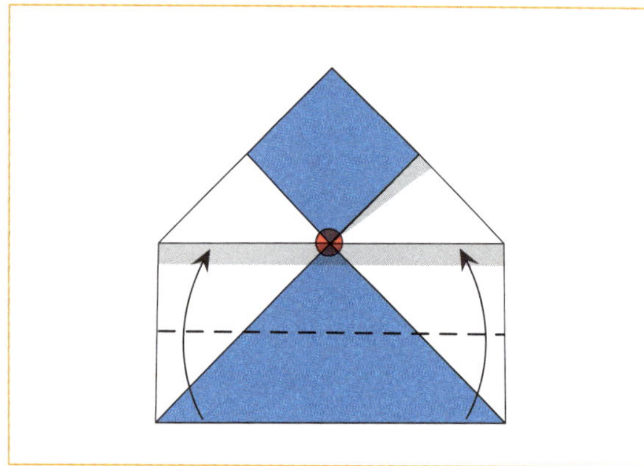

11.

Pliez le bord du bas au milieu.

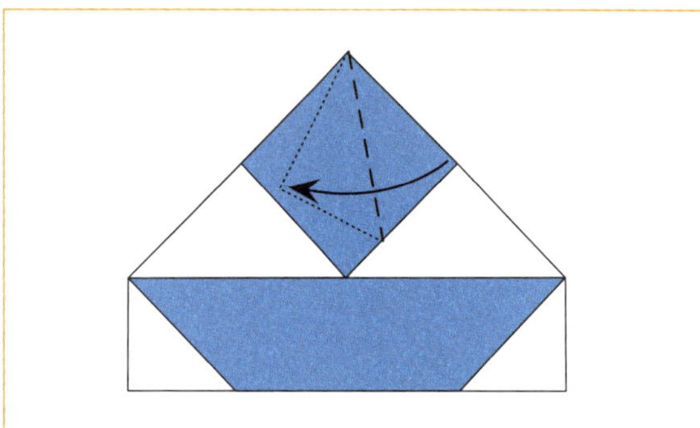

12.

Pliez le volet de devant vers la gauche pour créer la voile.

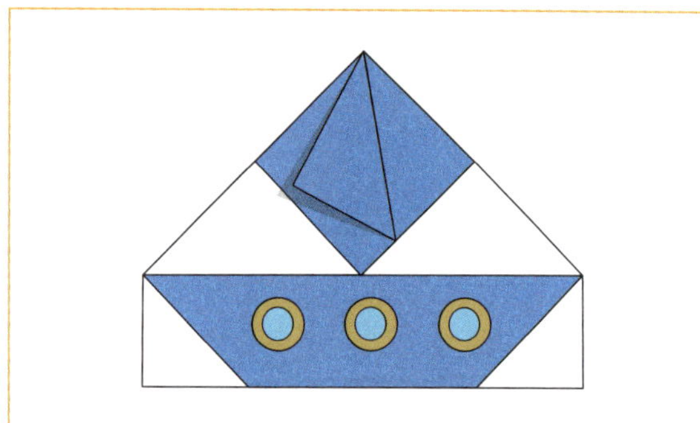

13.

Le bateau est terminé. Décorez-le !

▶ **Vous pouvez utiliser ce bateau comme carte d'invitation !**

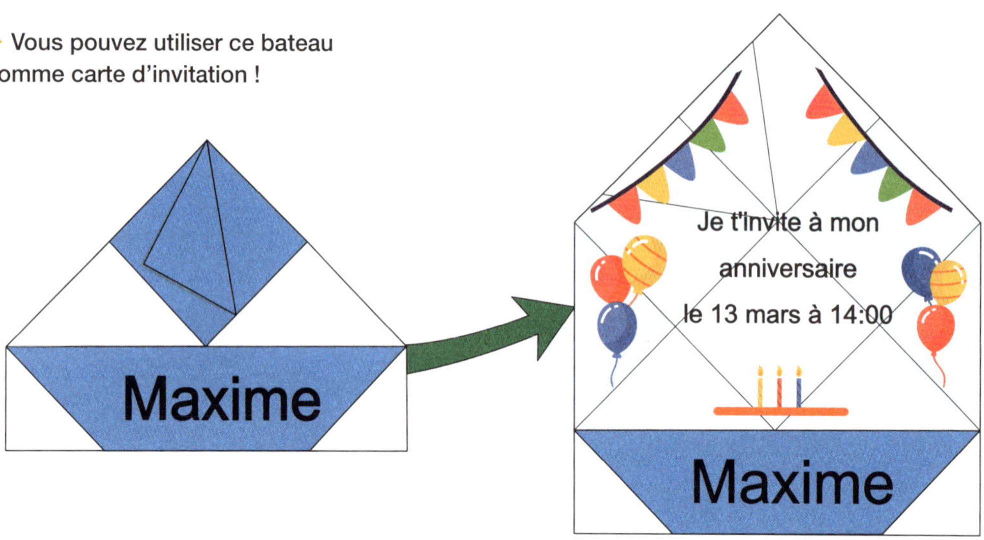

Leçon 2
Le symbole « retourner »

carte d'assurance maladie

LEÇON 2

> LE SYMBOLE « RETOURNER »

Cette action se représente TOUJOURS avec :

Une flèche comme celle-ci :

Le symbole signifie que vous devez retourner la feuille.

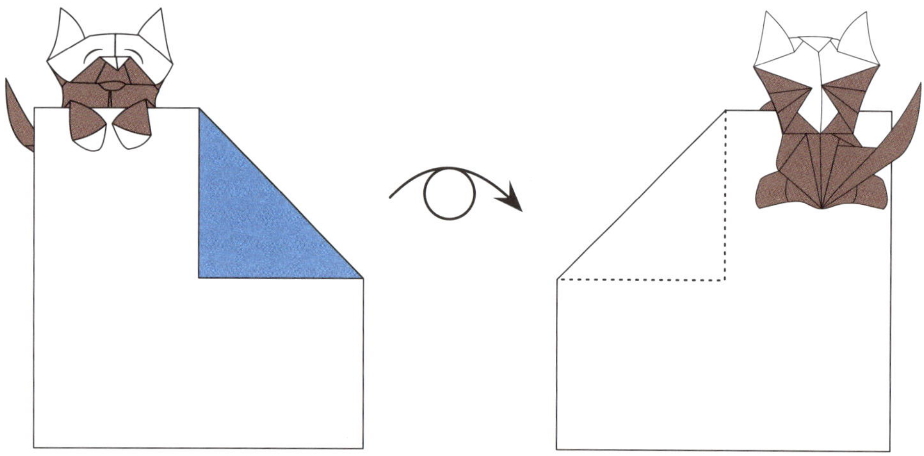

Lorsqu'un volet est caché, il est indiqué ainsi : ------------------------------

Le symbole est utilisé aussi pour retourner un modèle :

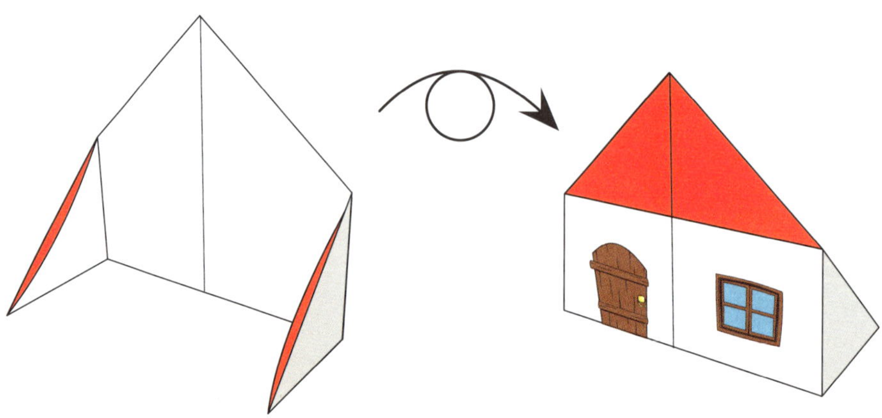

LA MAISON

Il vous faut un carré de 15 x 15 cm coloré avec une face blanche au verso.

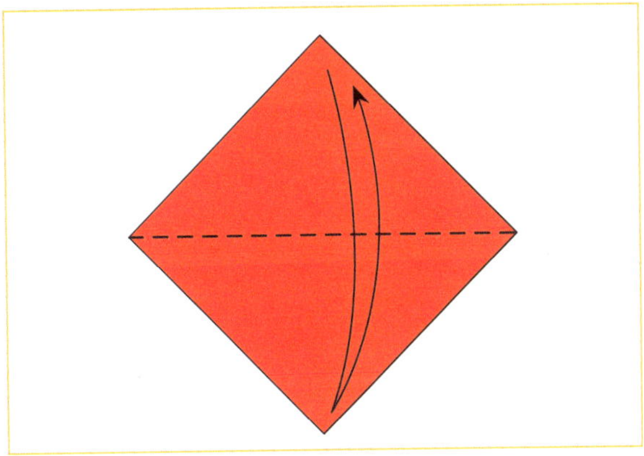

1.
Commencez avec la face colorée au-dessus.
Pliez le carré en deux sur la diagonale puis dépliez.

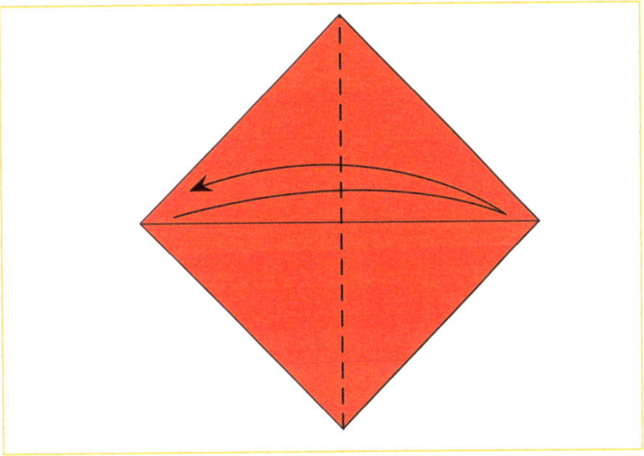

2.
Pliez le carré en deux sur l'autre diagonale puis dépliez.

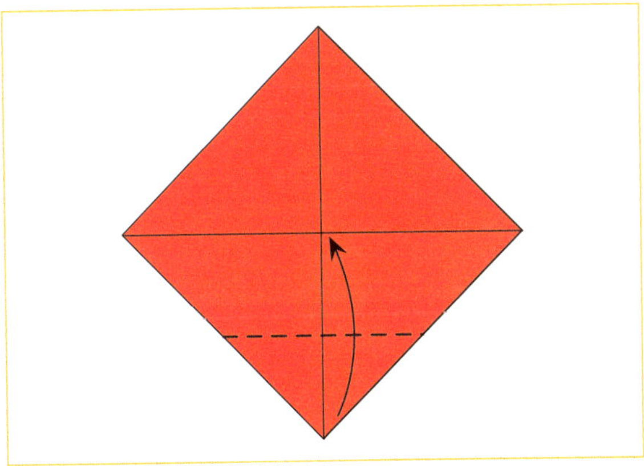

3.
Pliez le coin du bas au centre du carré.

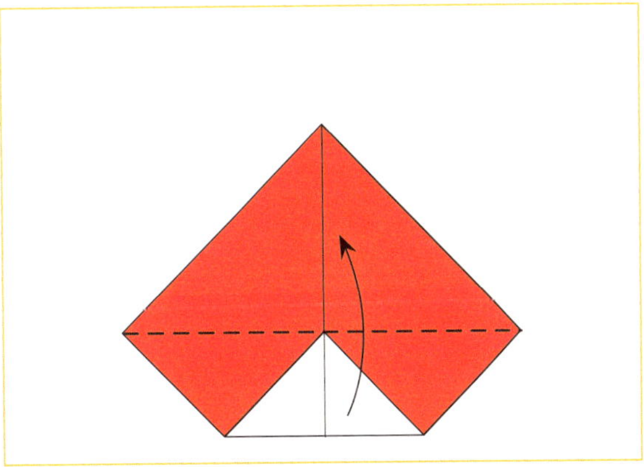

4.
Pliez le modèle vers le haut en suivant la diagonale.

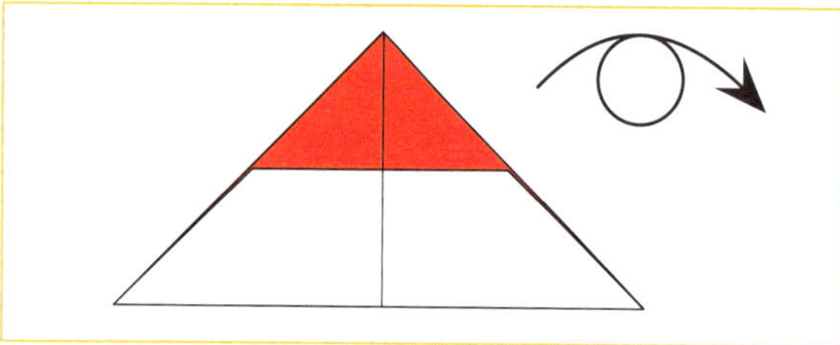

5.

RETOURNEZ le modèle.

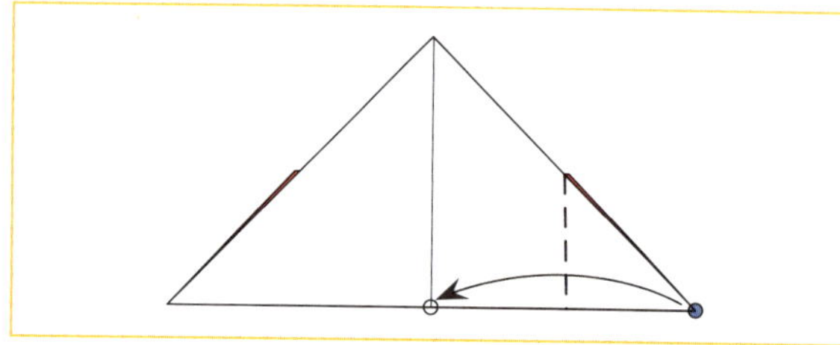

6.

Amenez le coin droit au centre.

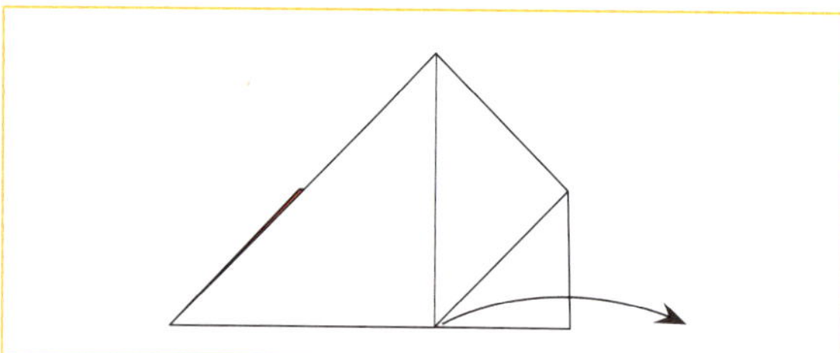

7.

Dépliez.

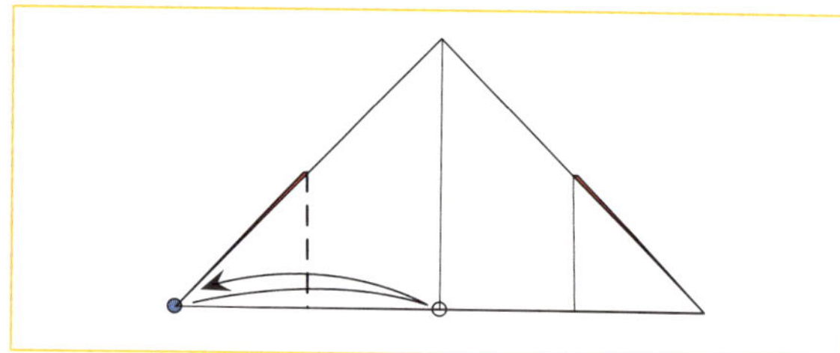

8.

Recommencez à gauche en amenant le coin au centre puis dépliez.

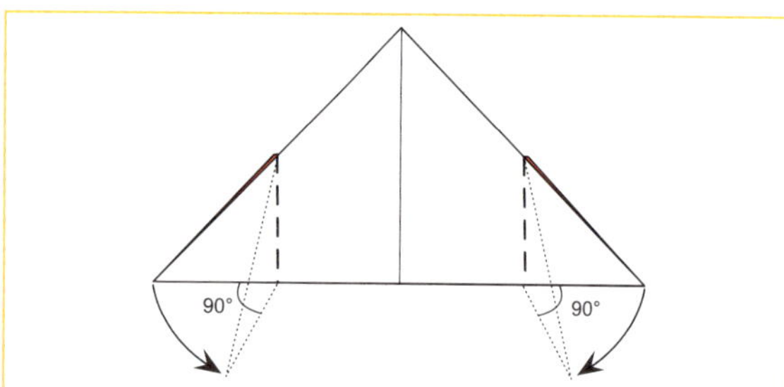

9.

Pliez à nouveau les deux coins pour les positionner à 90° pour que la maison tienne debout toute seule.

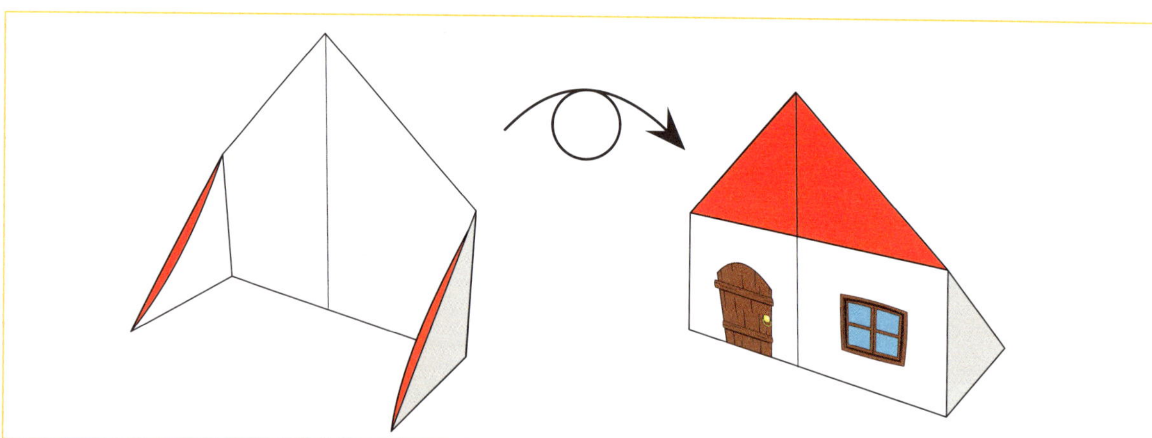

10.

La maison tient debout maintenant.
Retournez le modèle et décorez la maison.

PETIT CŒUR

Il vous faut 1 carré de 7,5 x 7,5 cm coloré avec une face blanche au verso ou pas.

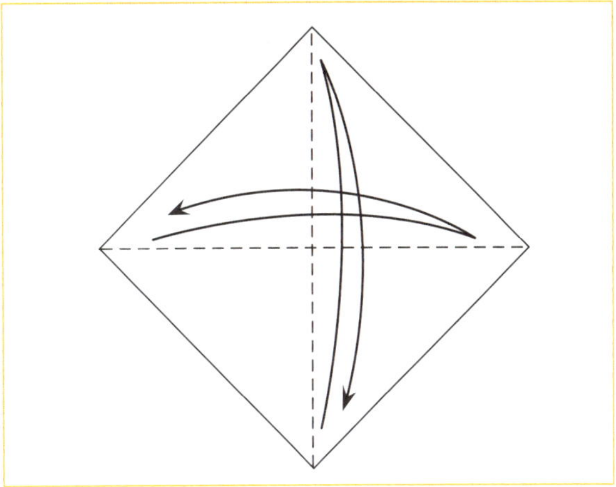

1.
Commencez avec la face blanche au-dessus. Pliez les diagonales puis dépliez.

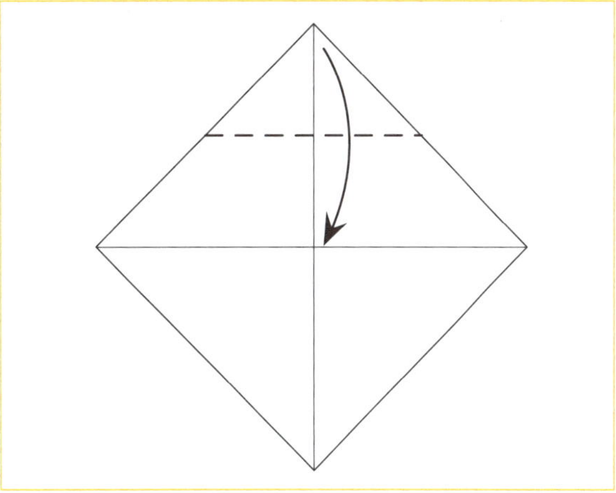

2.
Pliez un coin au centre.

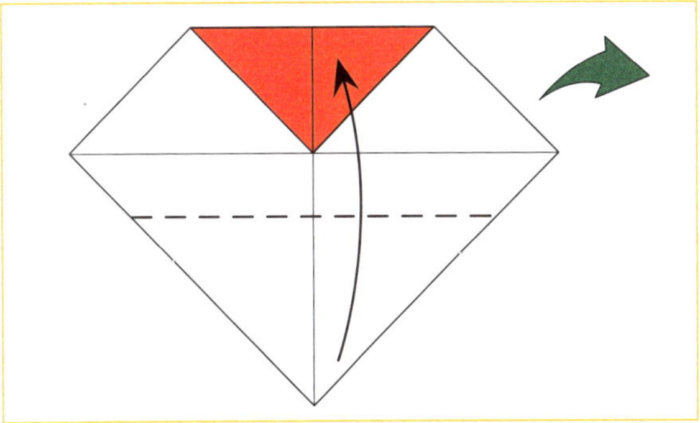

3.
Pliez le coin du bas pour qu'il touche le rebord du haut.

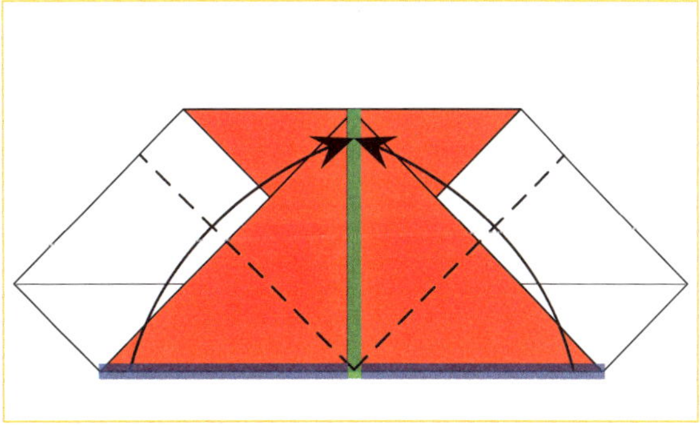

4.
Superposez les rebords bleus sur l'axe central vert.

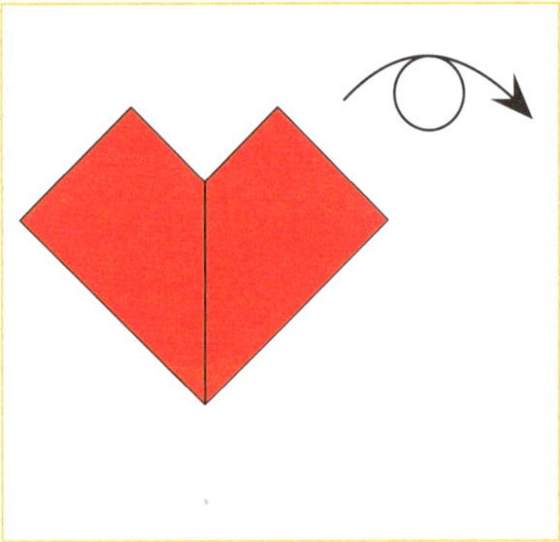

5.

Retournez le modèle.

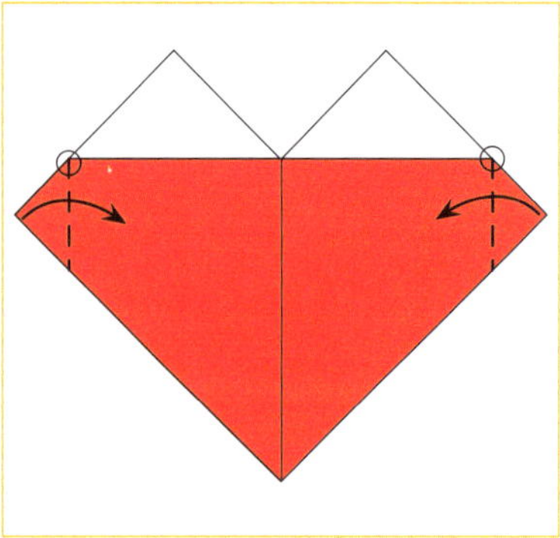

6.

Pliez les coins à gauche et à droite pour arrondir les côtés du cœur.

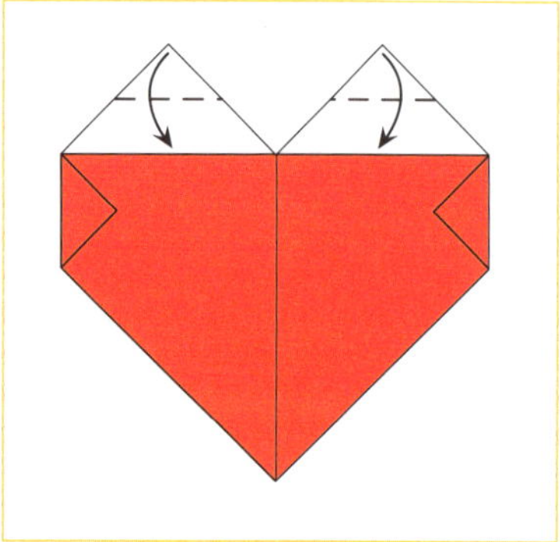

7.

Pliez les coins en haut pour finir d'arrondir le cœur.

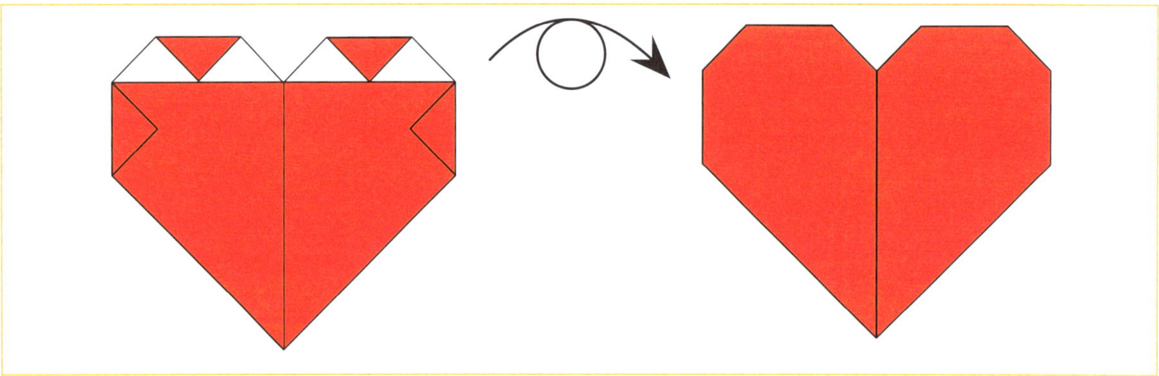

8.

Retournez le modèle. Le cœur est terminé.

ASTUCES

▶ **Voici différentes utilisations du cœur :**

Collez-le sur un cure-dent avec un papier adhésif.

LE PORTE-CARTE

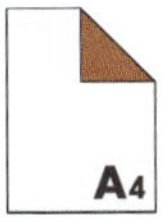

Il vous faut une feuille au format A4 (21 x 29,7 cm).

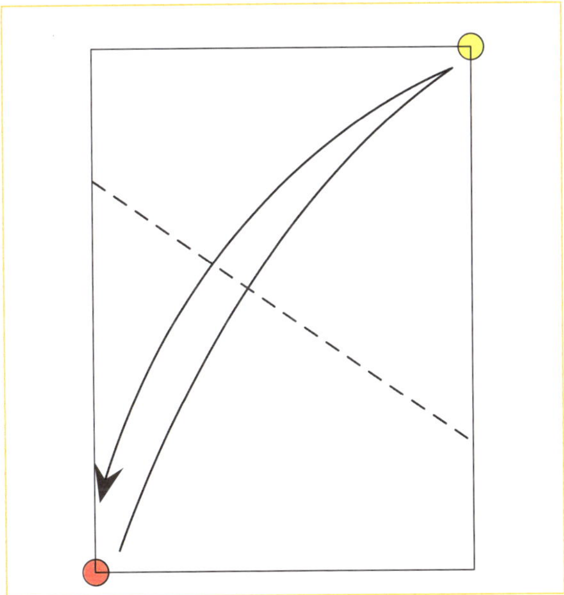

1.
Superposez le coin gauche du bas sur le coin droit en haut puis dépliez.

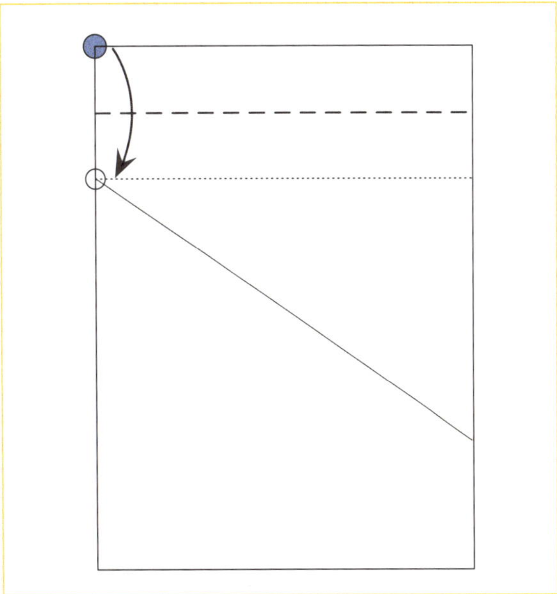

2.
Superposez le coin du haut sur la marque faite à l'étape 1.

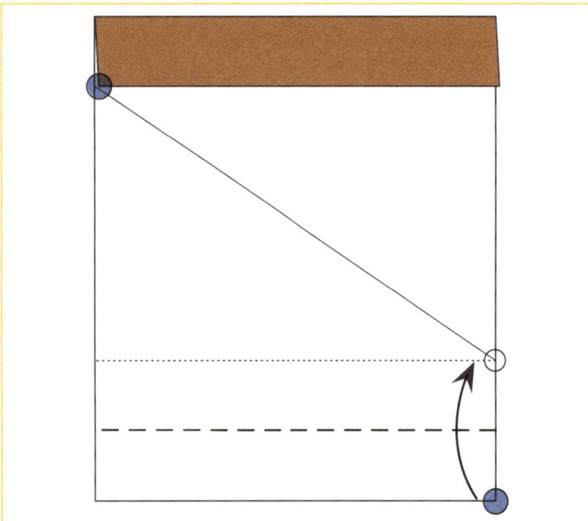

3.
Recommencez en bas.

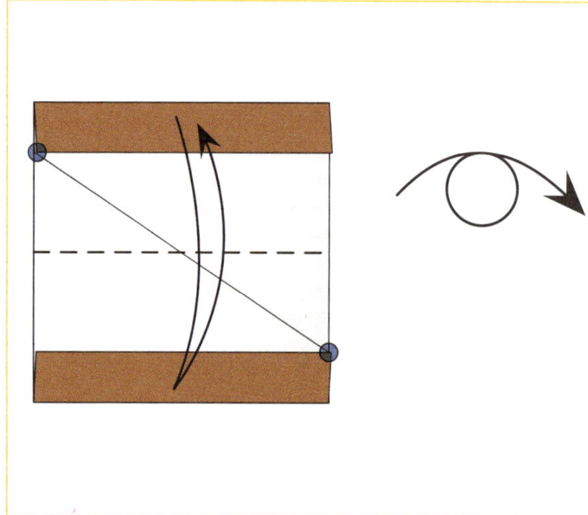

4.
Pliez en deux puis dépliez. Retournez le modèle.

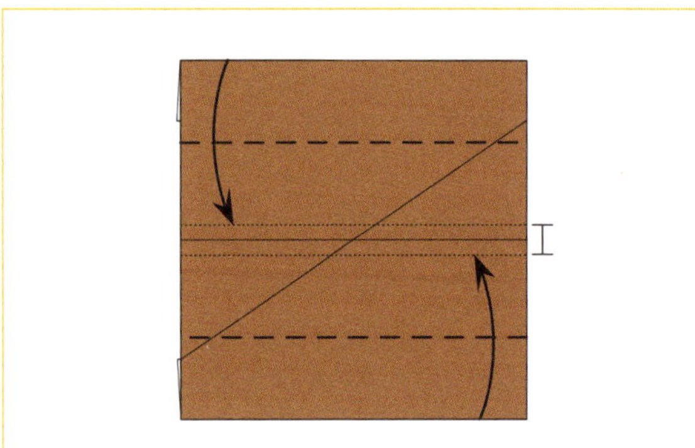

5.
Pliez les bords du haut et du bas en direction du centre mais en laissant un petit espace.

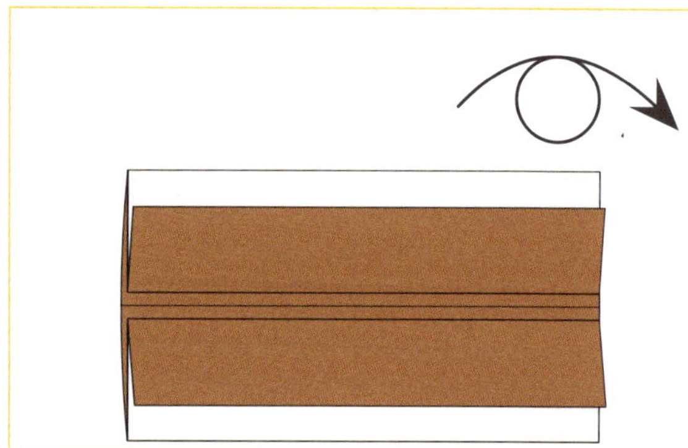

6.
Retournez le modèle.

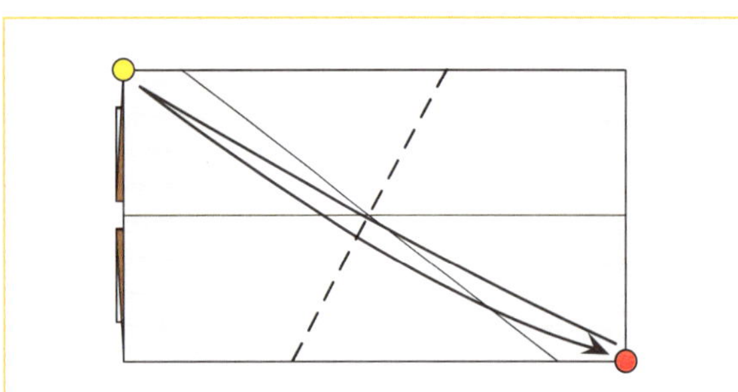

7.
Superposez le coin rouge sur le coin jaune puis dépliez.

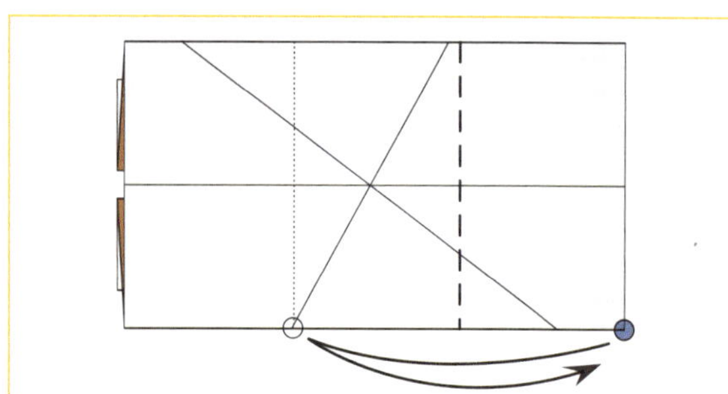

8.
Amenez le bord droit sur la marque réalisée à l'étape précédente.

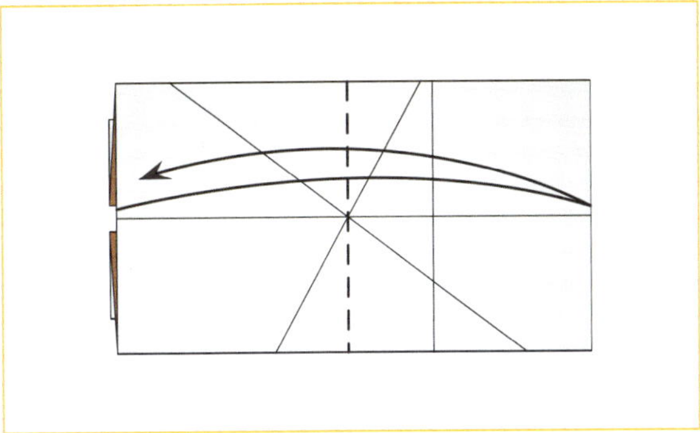

9.
Pliez le modèle en deux puis dépliez.

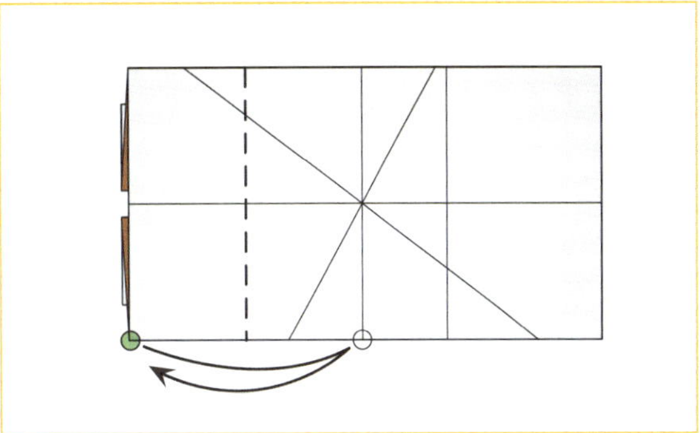

10.
Superposez le bord gauche sur l'axe central puis dépliez.

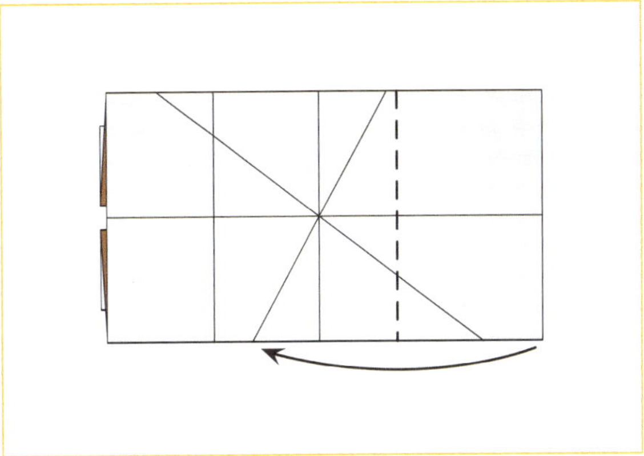

11.
Pliez le bord droit vers la gauche en utilisant le pli réalisé à l'étape 8.

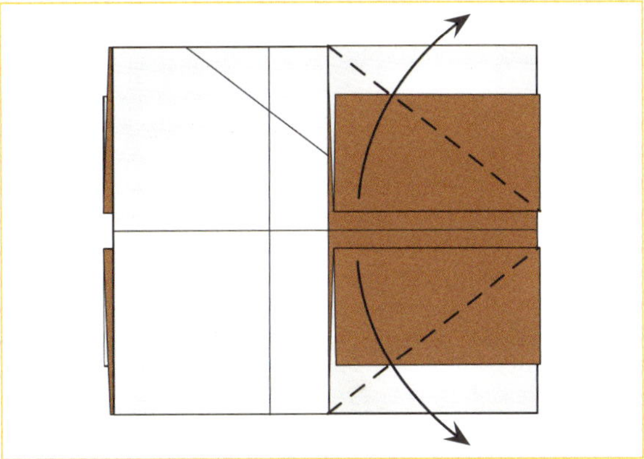

12.
Ouvrez les volets.

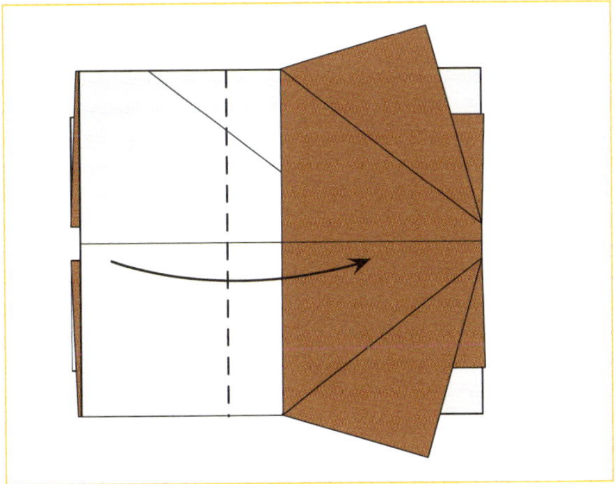

13.
Pliez le bord gauche à droite.

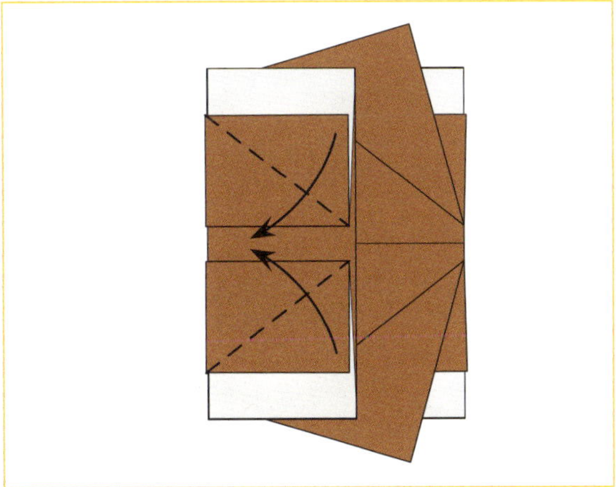

14.
Ouvrez les volets.

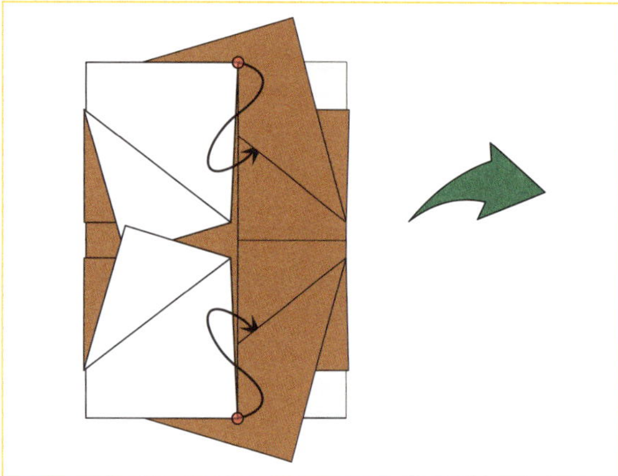

15.
Insérez les volets dans les pochettes.

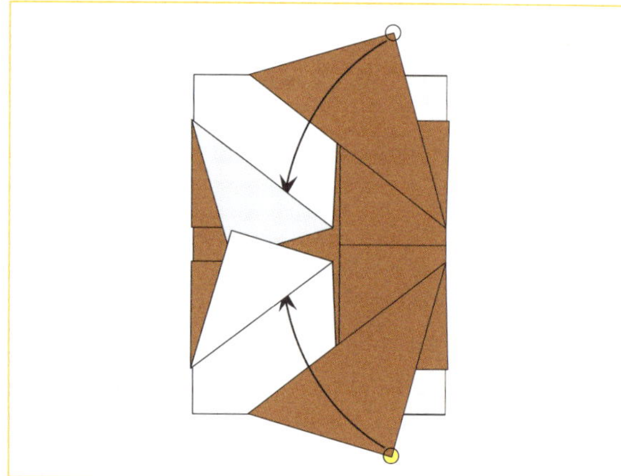

16.
Insérez les volets dans les pochettes.

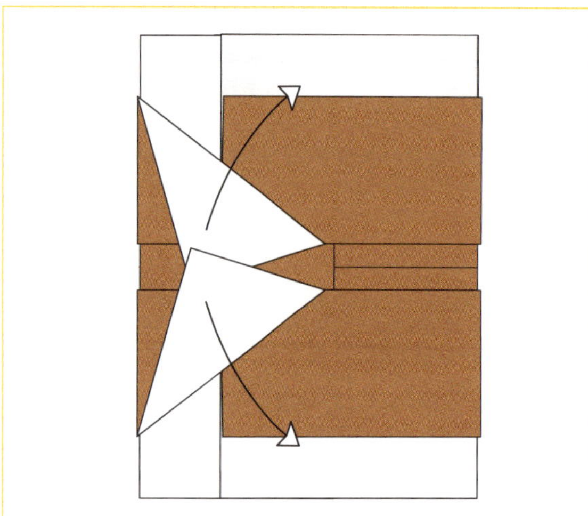

17.
Repliez les volets blancs.

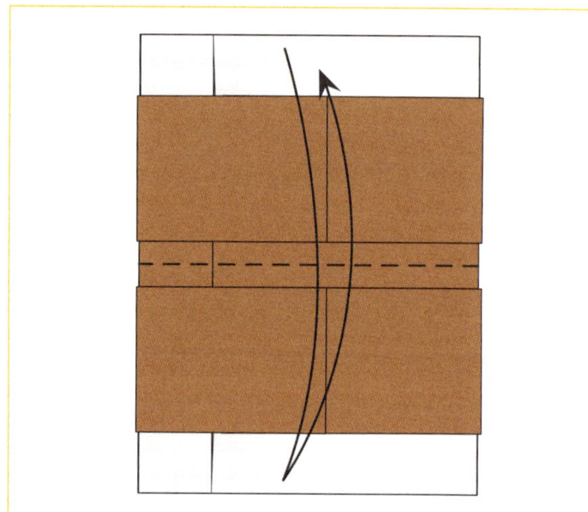

18.
Pliez en deux puis dépliez. Le modèle est terminé.

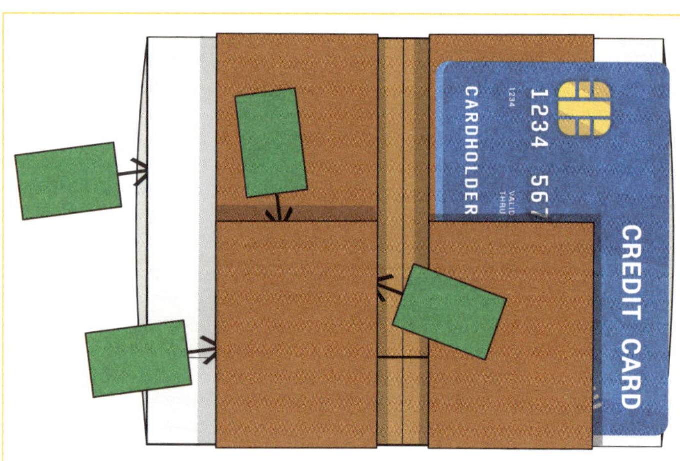

19.
Il y a 4 pochettes à carte à gauche et 4 à droite.

Leçon 3
Plier une pointe

LEÇON 3

> PLIER UNE POINTE

Ce pli se représente TOUJOURS avec :

Une ligne pointillée comme celle-ci :

- - - - - - - - - - -

Une flèche avec une pointe comme celle-ci :

←

De nombreux modèles vous demanderont de plier une pointe. Voici comment procéder :

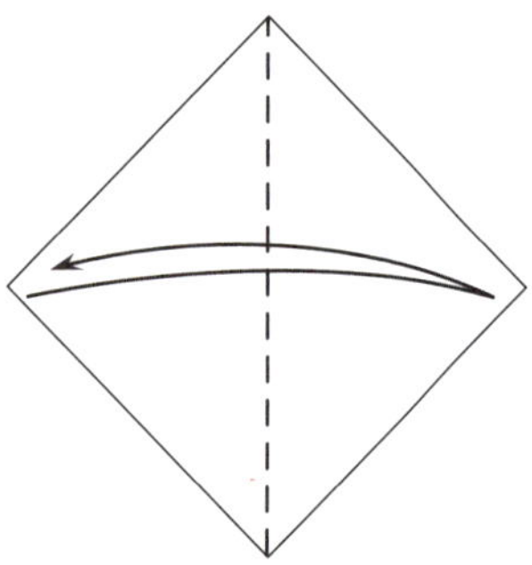

1.
Pliez la diagonale puis dépliez.

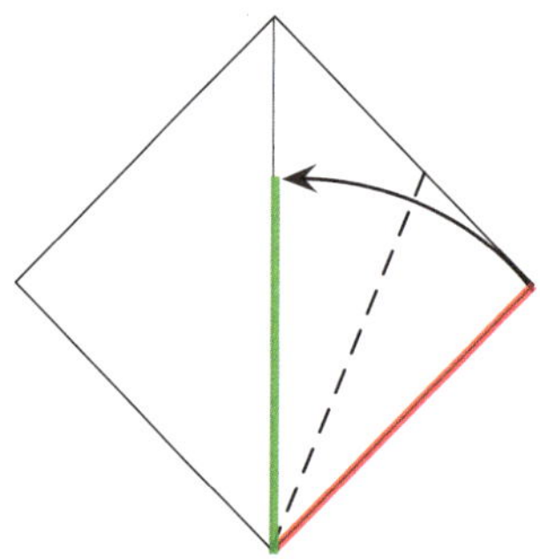

2.
Superposez le bord rouge sur l'axe central vert.

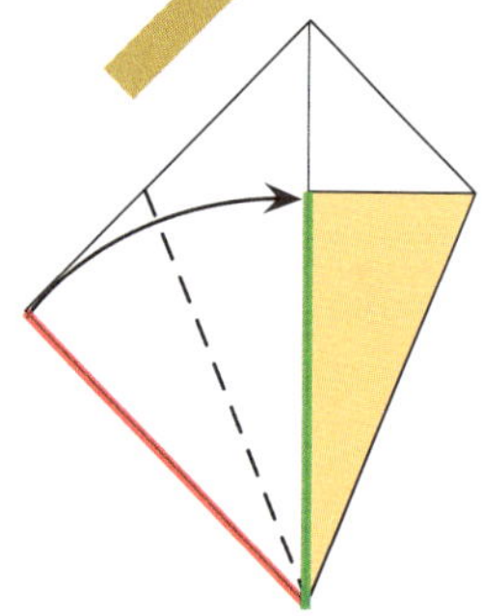

3.
Recommencez à gauche.

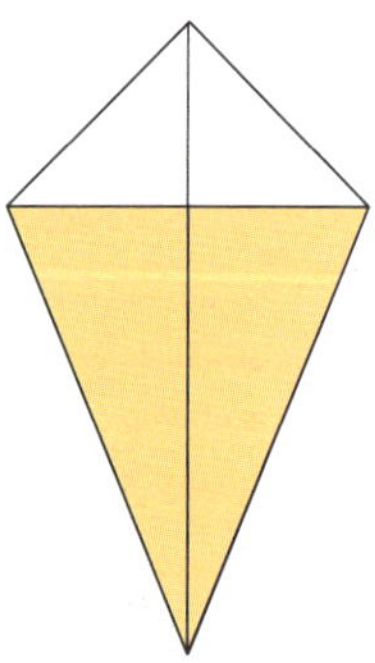

4.
Le pliage de la pointe est terminé.
Vous venez aussi de plier un cornet de glace !

ASTUCES

▶ **Il est souvent important de plier une jolie pointe pour réussir vos modèles.**

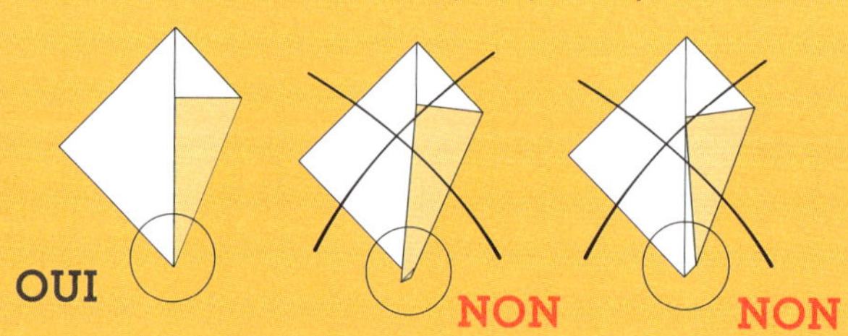

LE LUTIN TIMIDE

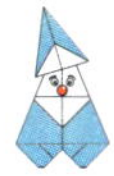

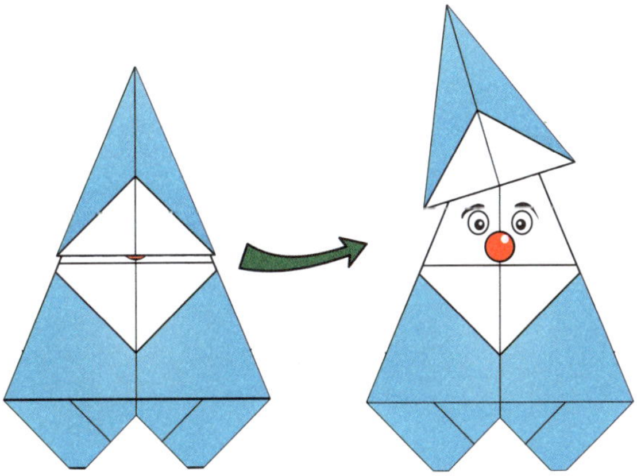

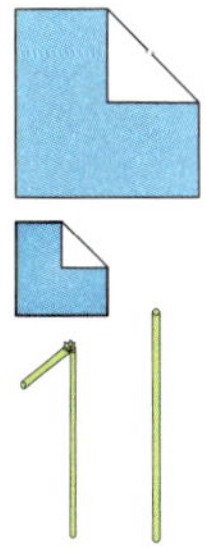

Il vous faut :
- une feuille carrée 15 x 15 cm colorée avec une face verso blanche
- une feuille carrée 7.5 x 7.5 cm de la même couleur avec une face verso blanche
- une paille flexible et une paille rigide
- du papier adhésif.

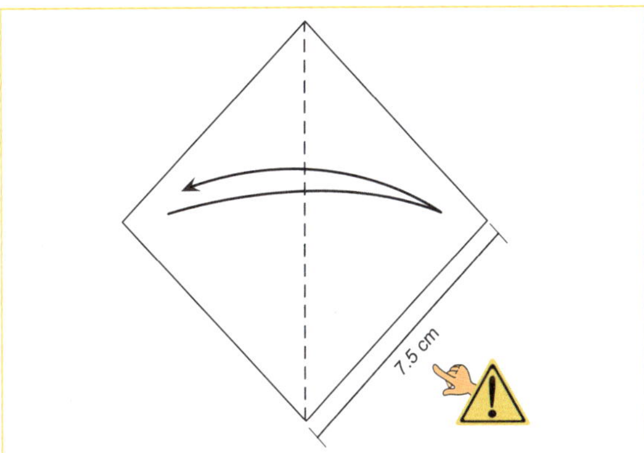

1.
Prenez la feuille de 7,5 x 7,5 cm. Pliez en deux selon la diagonale puis dépliez.

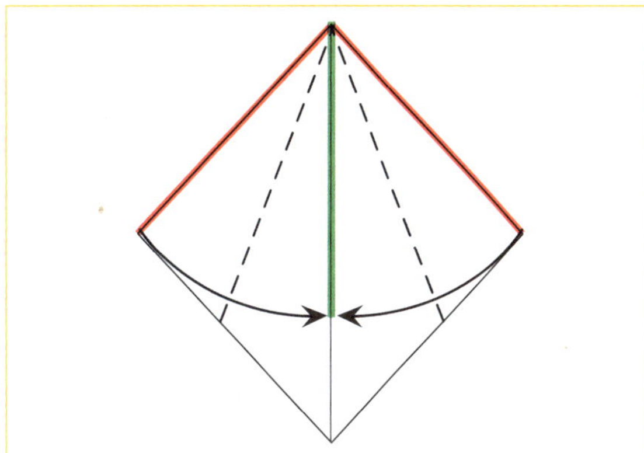

2.
Pliez les bords rouges sur l'axe central vert.

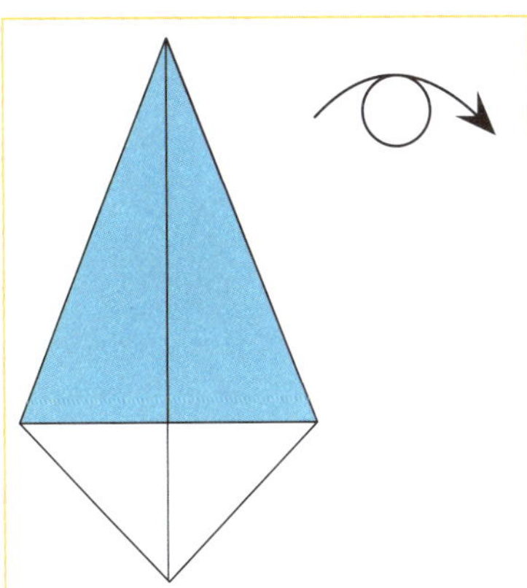

3.
Retournez le modèle.

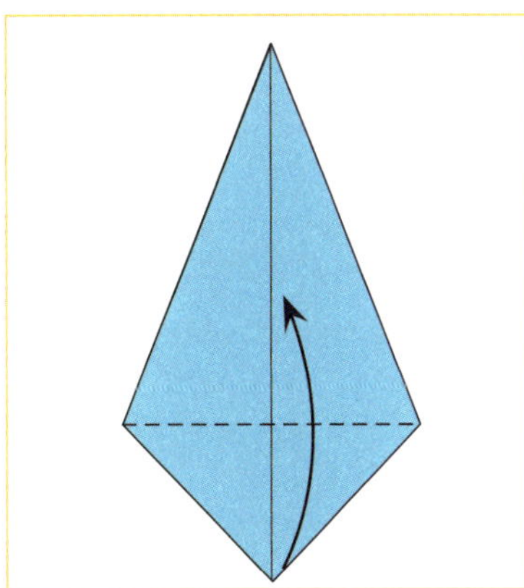

4.
Pliez la pointe vers le haut.

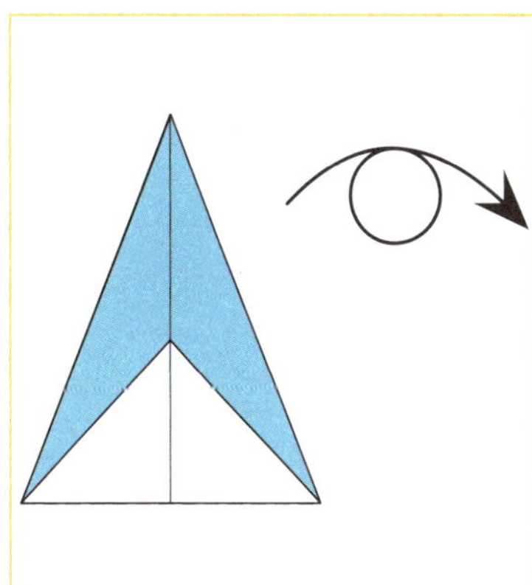

5.
Le chapeau du lutin est terminé. Retournez-le.

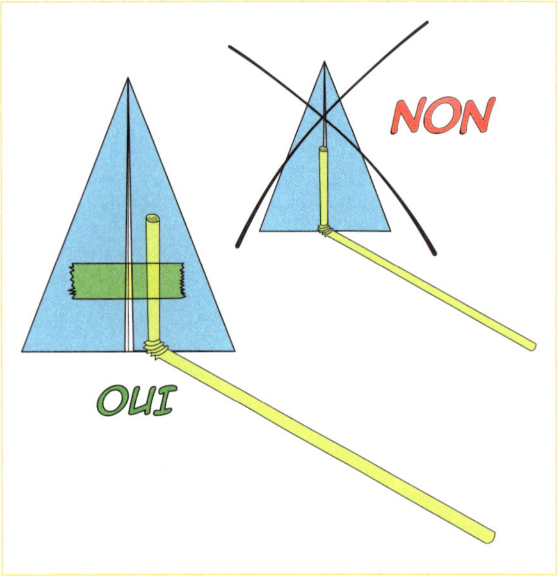

6.

Fixez la paille flexible à l'arrière du chapeau avec un ruban adhésif. Fixez-la un peu à droite et non pas sur l'axe central pour qu'elle ne se superpose pas avec la paille du corps.

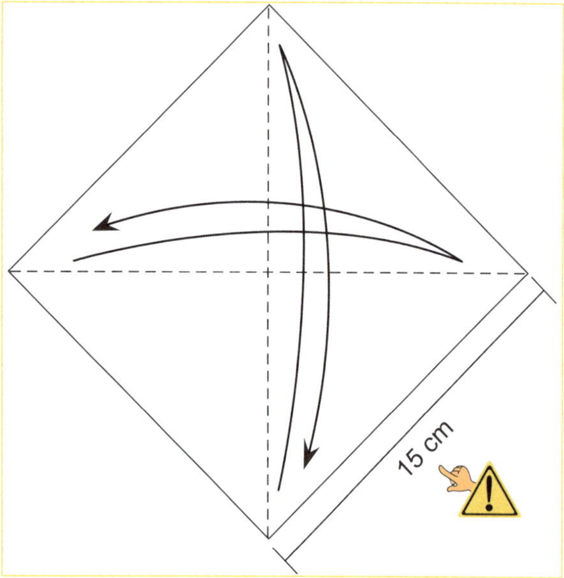

7.

Commencez avec la face blanche au-dessus. Pliez les diagonales puis dépliez.

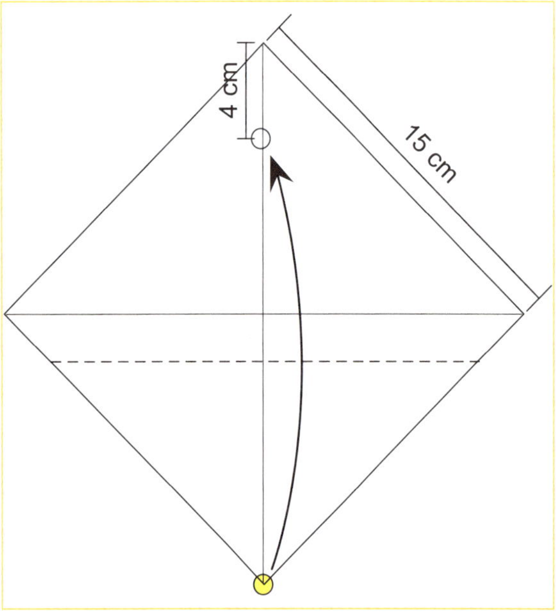

8.

Pour un carré de 15 x 15 cm, mesurez environ 4 cm depuis le coin haut et pliez le coin bas sur ce point.

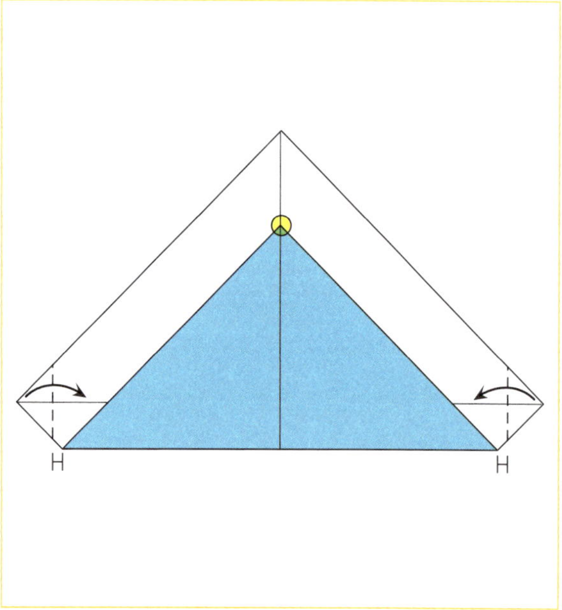

9.

Pliez les deux coins en laissant un petit espace avec la bord du bas pour créer les pieds.

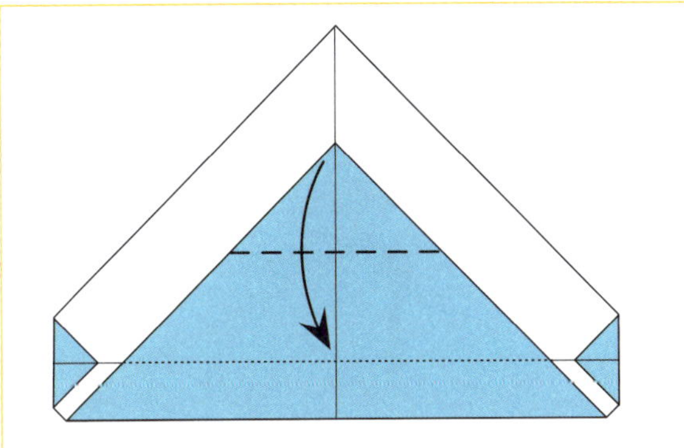

10.
Pliez la pointe vers le bas.

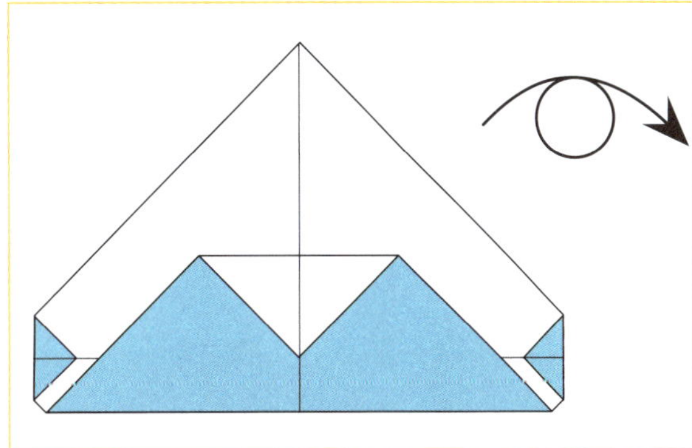

11.
Tournez le modèle.

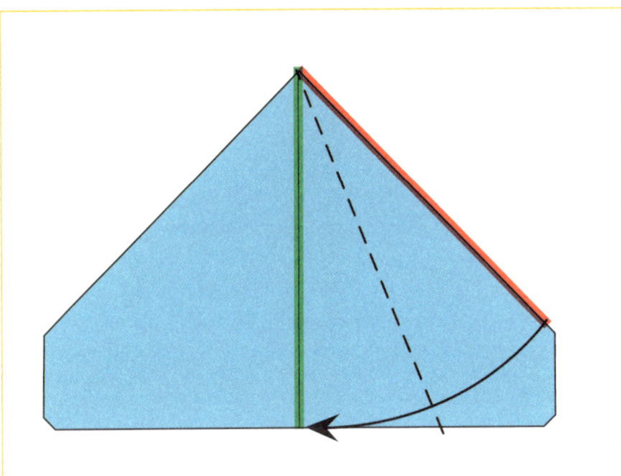

12.
Superposez le bord rouge sur l'axe central vert.

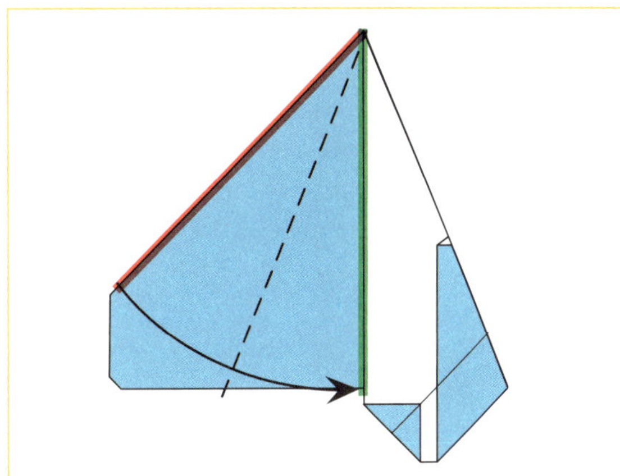

13.
Superposez le bord rouge sur l'axe central vert.

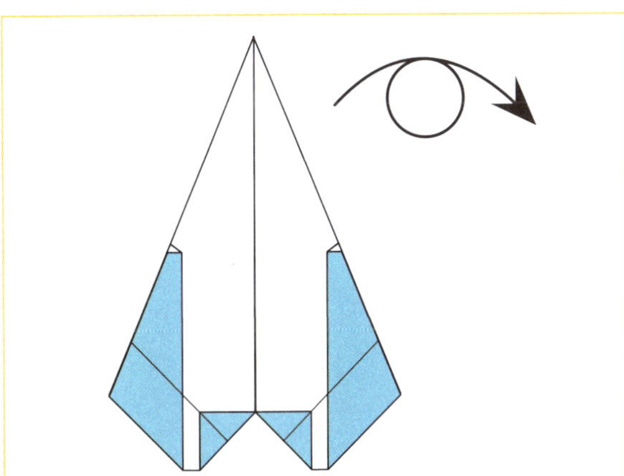

14.
Retournez le modèle.

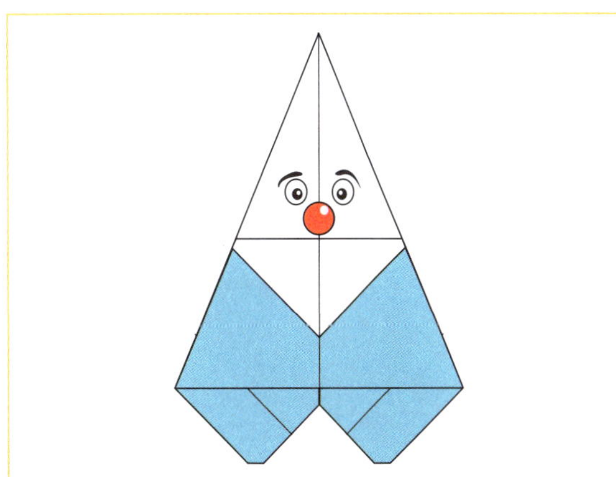

15.
Dessinez le lutin.

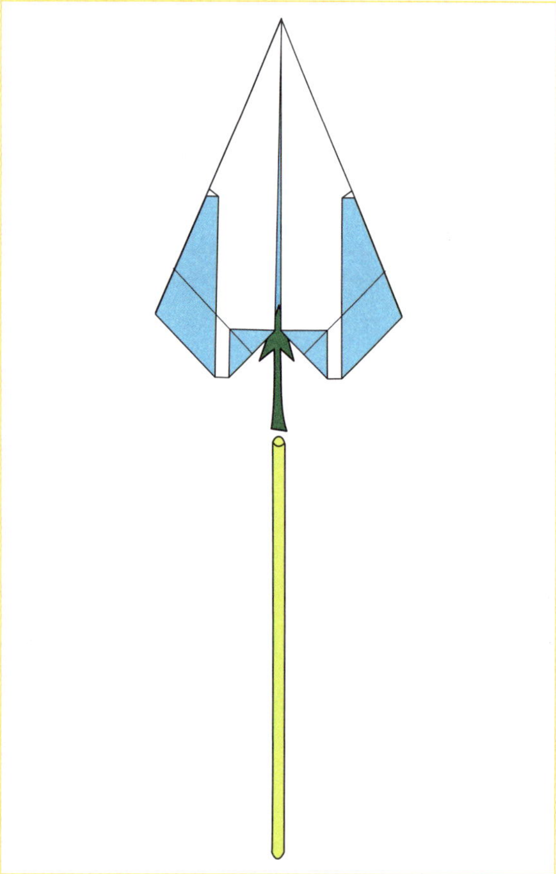

16.
Insérez la paille dans la pochette du corps.

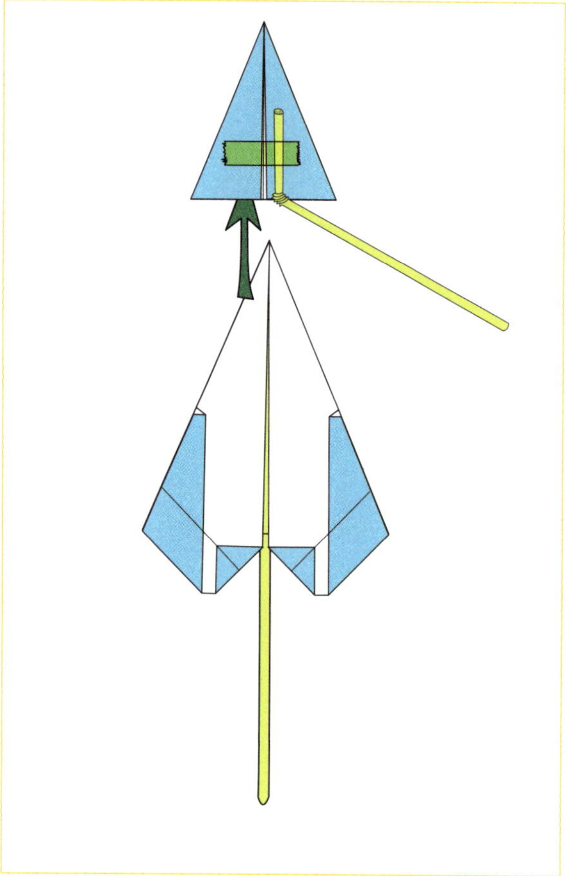

17.
Insérez la tête du lutin dans la pochette du chapeau.

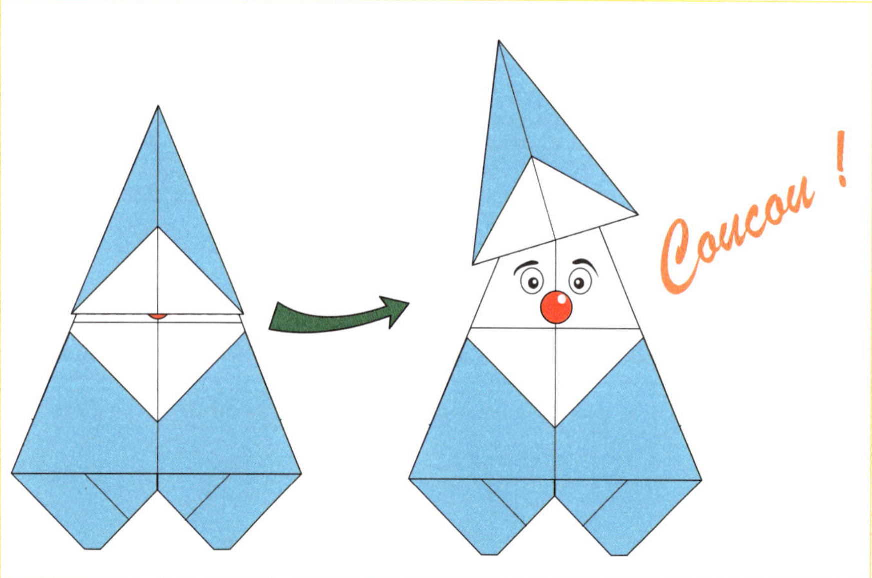

18.
Animez le lutin avec les pailles.

LA FUSÉE

Il vous faut une feuille au format A4 de type photocopie.

65

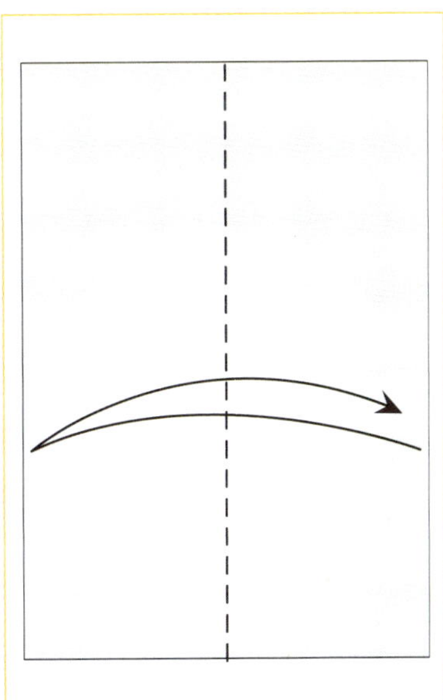

1.
Pliez la feuille A4 en deux dans le sens de la longueur puis dépliez.

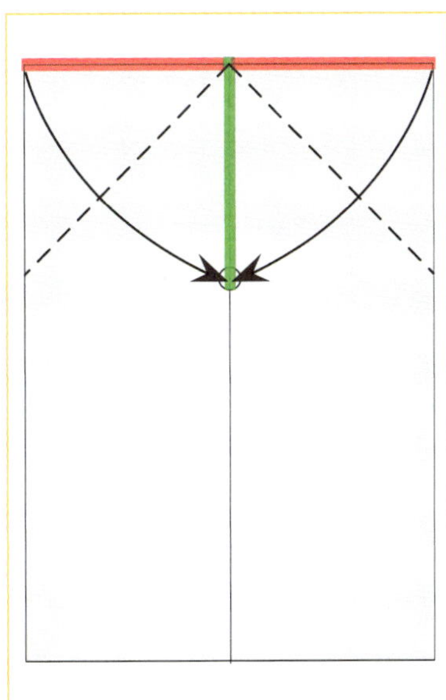

2.
Pliez les deux coins du haut au centre. Formez une belle pointe !

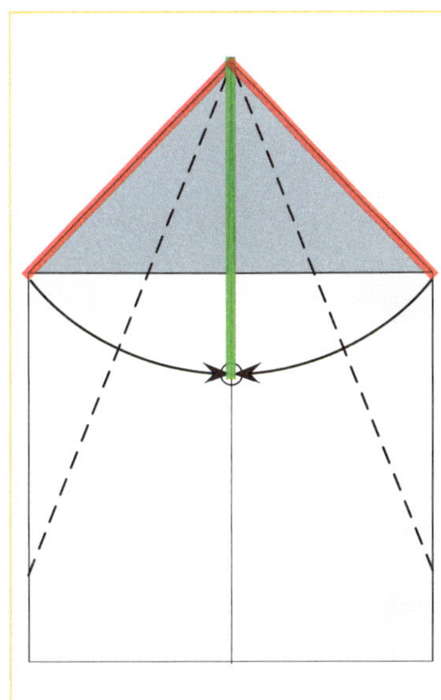

3.
Pliez la pointe en superposant les bords sur l'axe central.

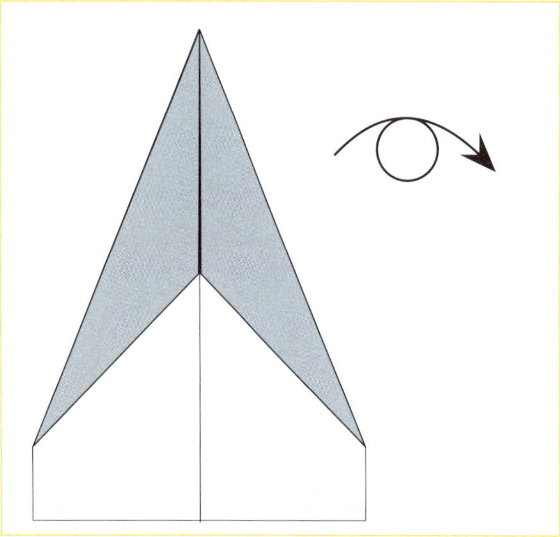

4.
Retournez le modèle.

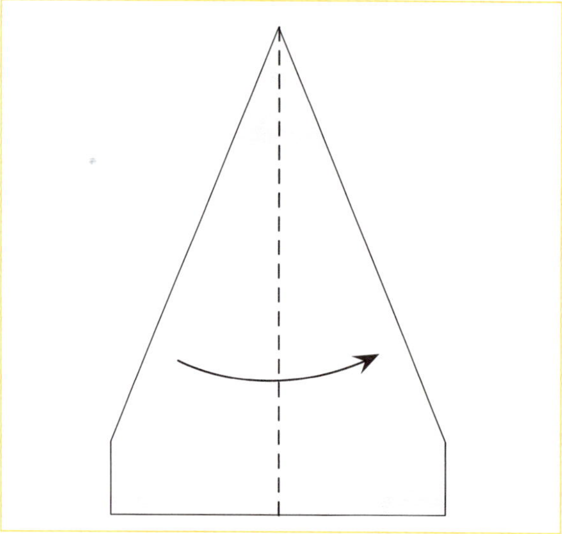

5.
Pliez en deux.

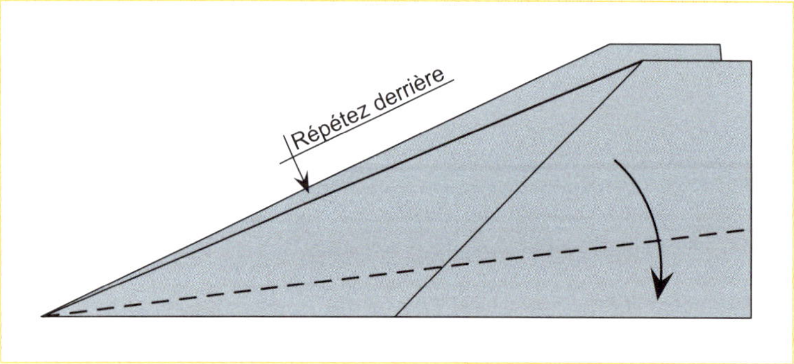

6.
Pliez l'aile à 90°, toujours en gardant une belle pointe.
Faites la même chose sur l'autre aile.

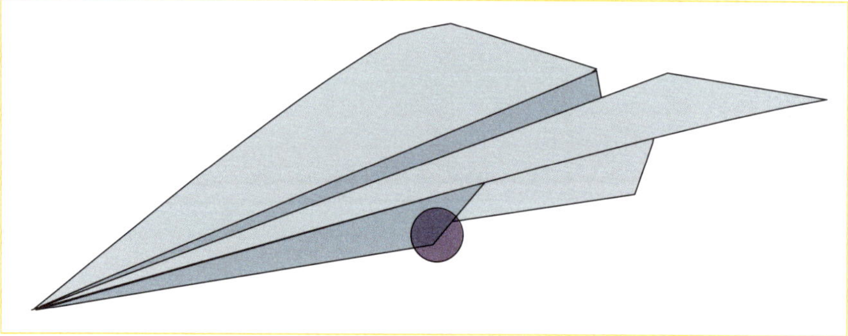

7.
Tenez la fusée à l'endroit indiqué et lancez-la !

JOJO LE LAPIN

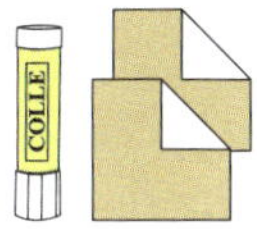

Il vous faut :
- deux carrés de 15 x 15 cm coloré avec une face blanche au verso
- de la colle.

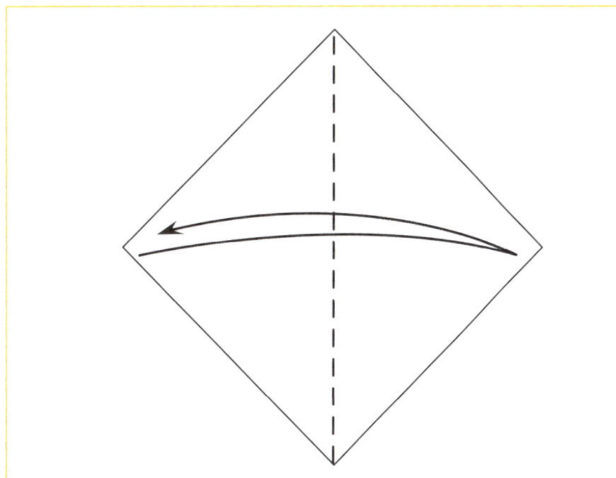

1.
Pliez la diagonale puis dépliez.

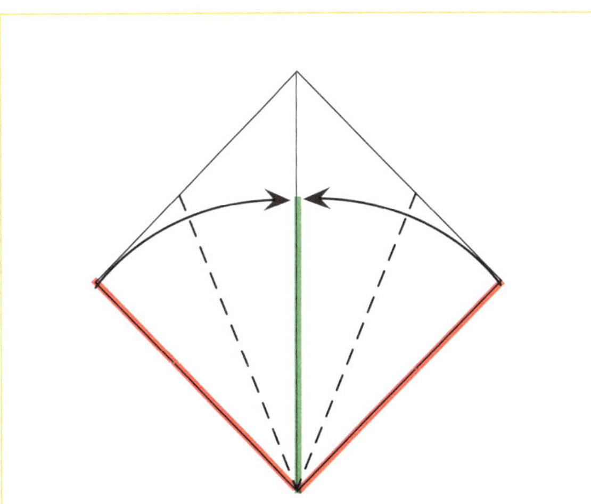

2.
Superposez les bords rouges sur l'axe central vert.
Pliez une belle pointe !

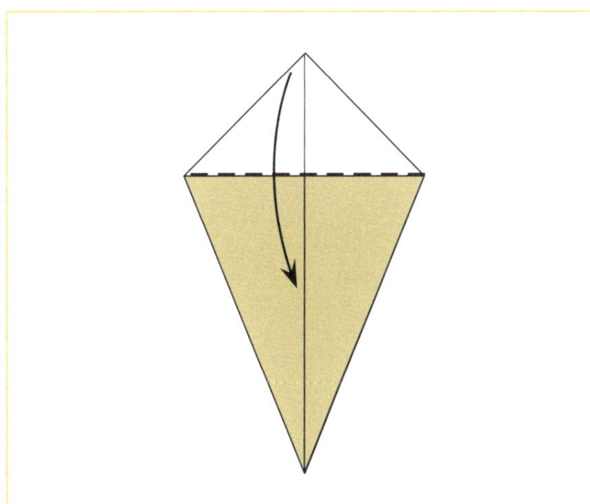

3.
Pliez le triangle blanc vers le bas.

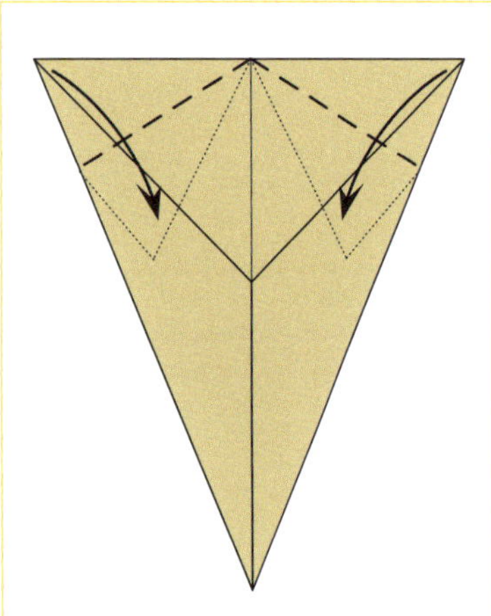

4.

Pliez les coins comme indiqué.

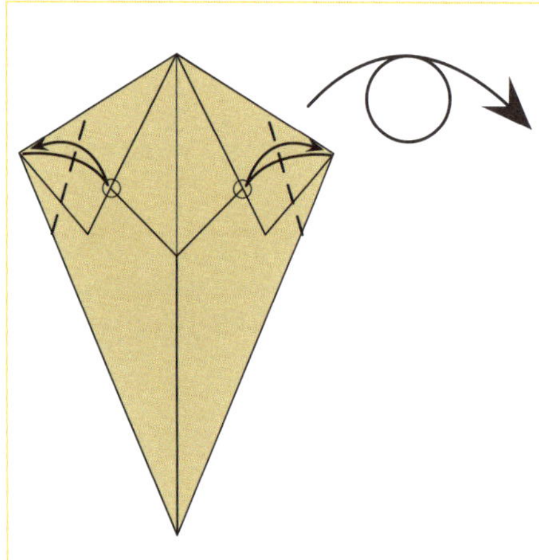

5.

Pliez les coins en les superposant au croisement de volets indiqué par les cercles puis dépliez.
Enfin, retournez le modèle.

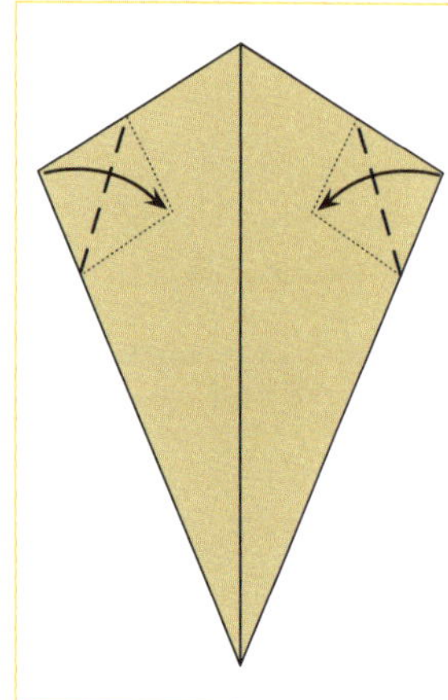

6.

Pliez les coins en utilisant les plis faits à l'étape précédente. Pliez à travers toutes les couches.

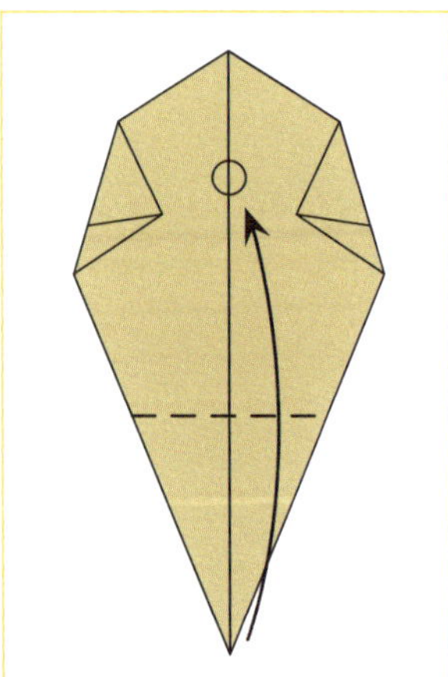

7.

Pliez la pointe vers le haut. Plus vous pliez haut, plus les pattes du lapin seront courtes et inversement.

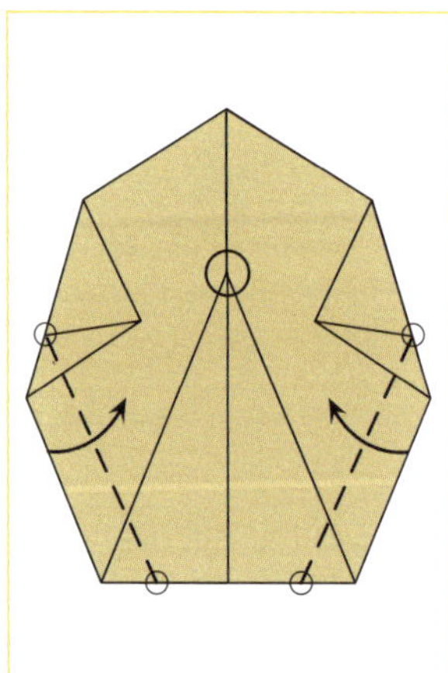

8.

Pliez chaque côté du corps pour affiner le corps de Jojo lapin. Il n'y a pas de références précises pour ces plis. Ajustez selon vos goûts.

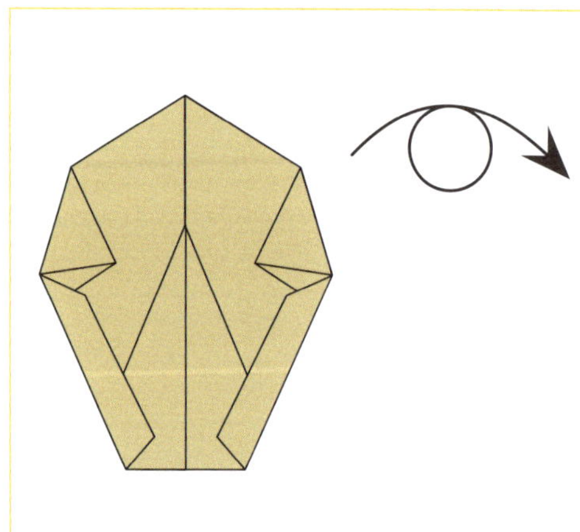

9.

Retournez le modèle.

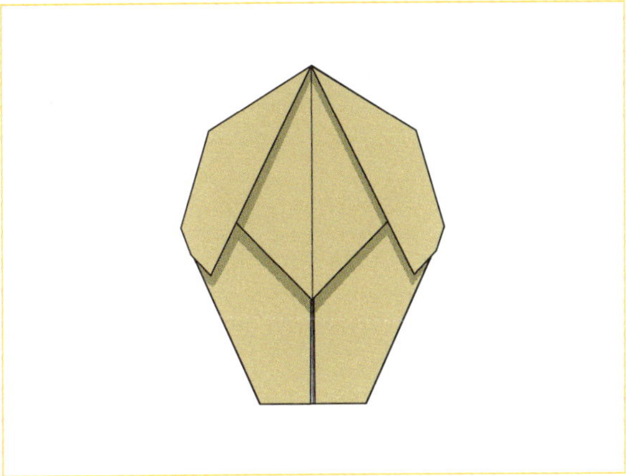

10.
Le corps de Jojo Lapin est terminé.

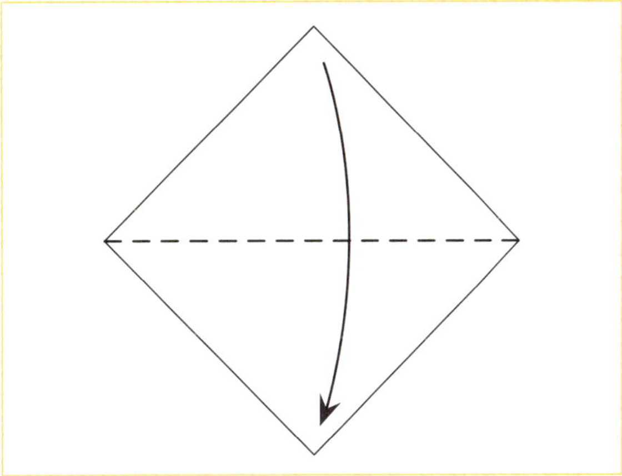

11.
Prenez l'autre feuille et pliez-la vers le bas en deux selon la diagonale.

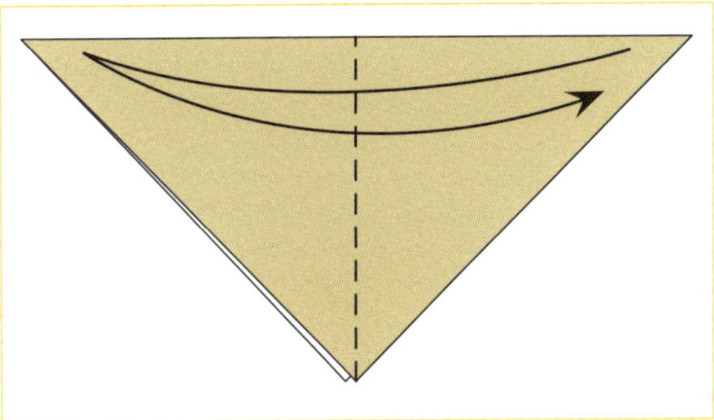

12.
Pliez en deux puis dépliez.

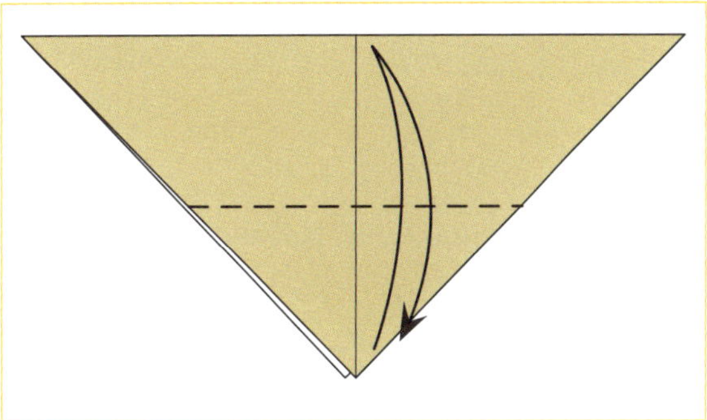

13.
Pliez en deux puis dépliez.

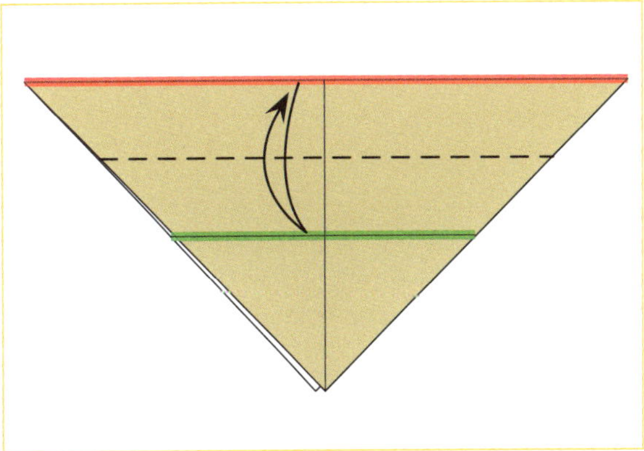

14.
Superposez le bord rouge sur le pli vert puis dépliez.

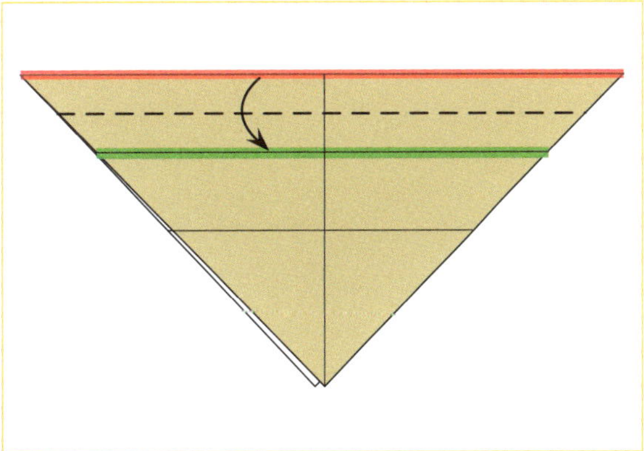

15.
Superposez le bord rouge sur le pli vert.
Ne dépliez pas !

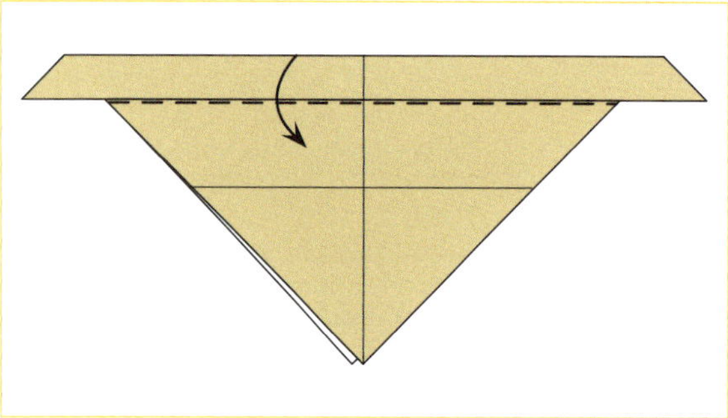

16.

Pliez à nouveau le volet vers le bas en utilisant le pli existant réalisé à l'étape 14 page 69.

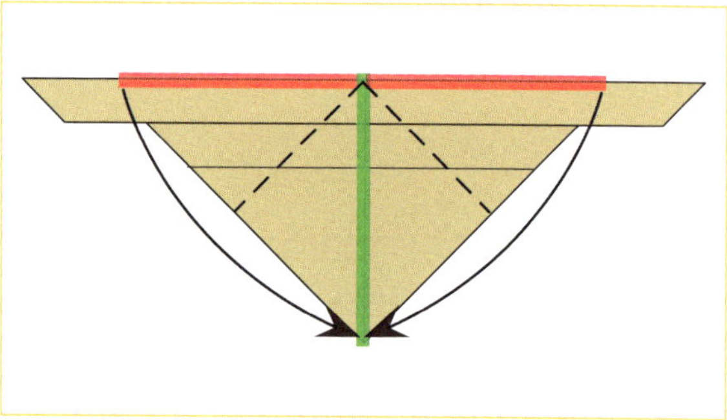

17.

Pliez chaque volet en superposant les bords rouges sur l'axe central vert.

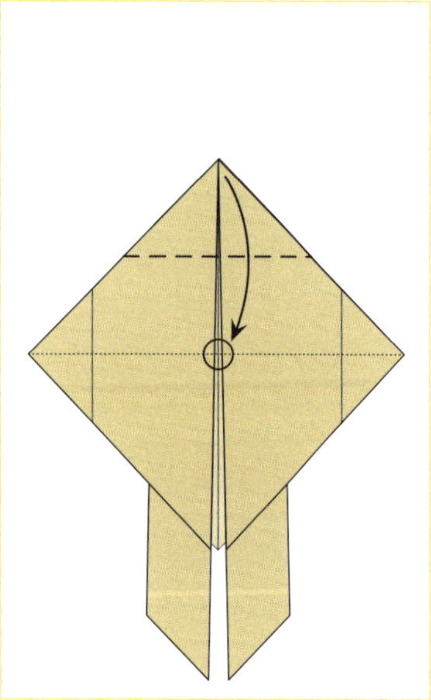

18.

Pliez le coin du haut au centre du carré. Le papier commence a être un peu épais pour ce pli. Aidez-vous éventuellement d'un plioir.

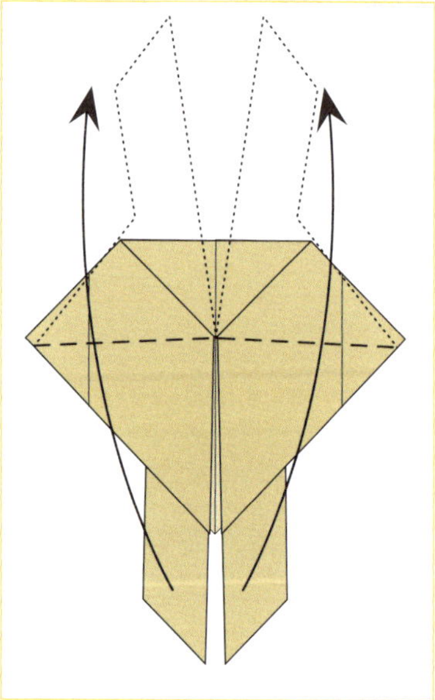

19.

Pliez les deux oreilles vers le haut. Essayez de les plier légèrement écartées.

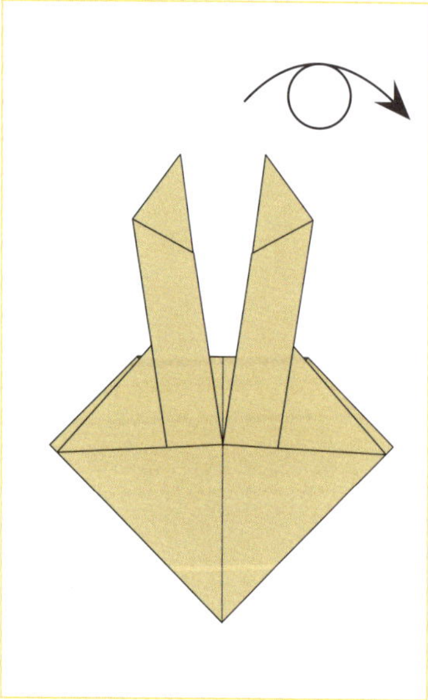

20.

Retournez le modèle.

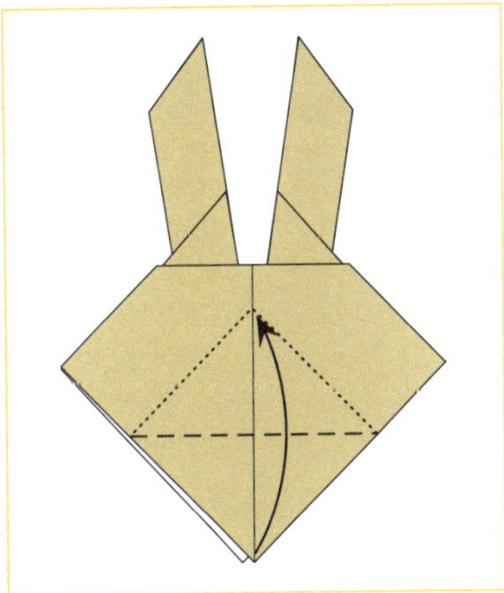

21.

Pliez le premier volet vers le haut.

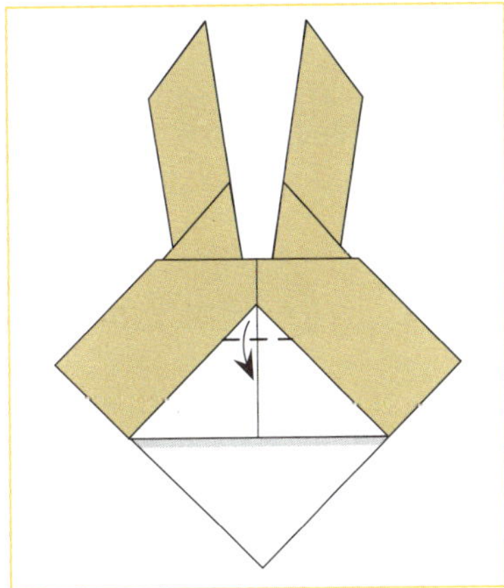

22.

Pliez le nez.

23.

La tête est terminée.
Décorez-la !

24.

Assemblez les deux parties du modèle en insérant le cou dans la pochette de la tête. Fixez avec de la colle.

25.

Jojo Lapin est terminé.

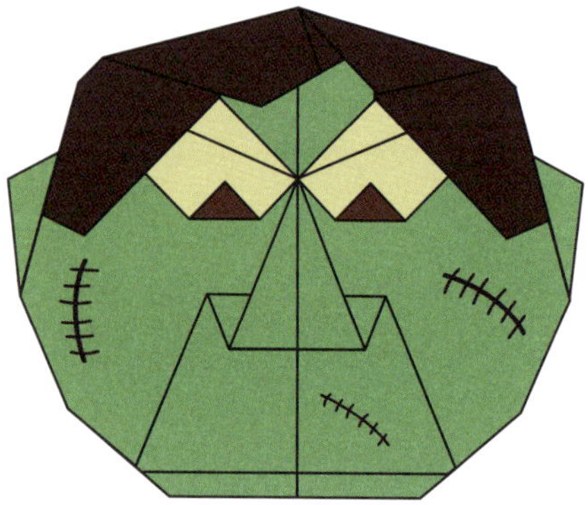

Il vous faut un carré de 15 x 15 cm coloré avec une face blanche au verso.

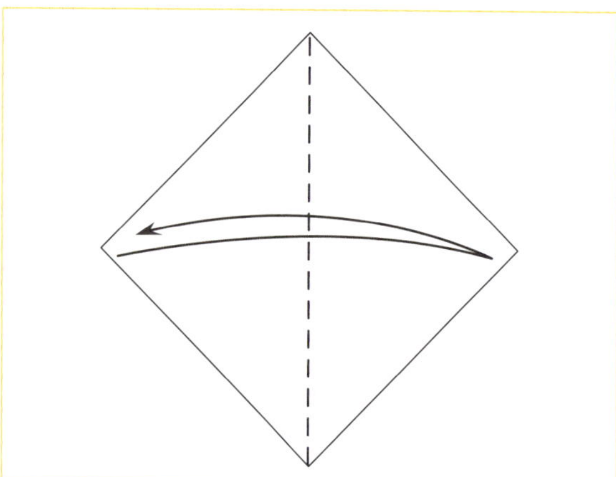

1.
Pliez la diagonale puis dépliez.

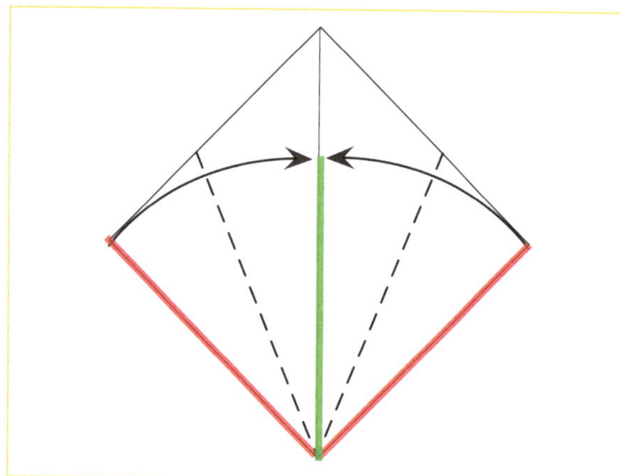

2.
Superposez les bords rouges sur l'axe central vert.

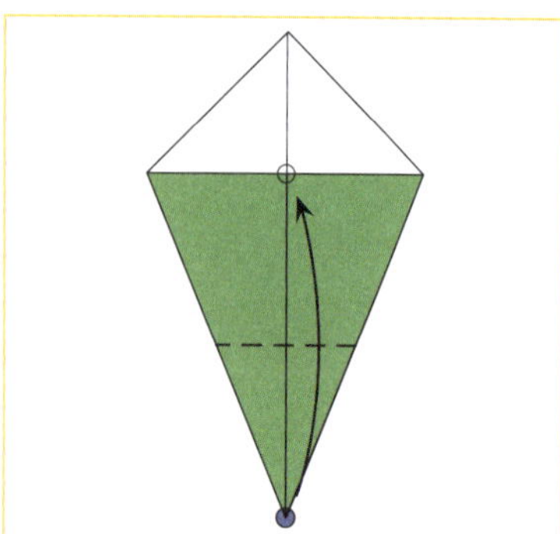

3.
Pliez la pointe vers le haut.

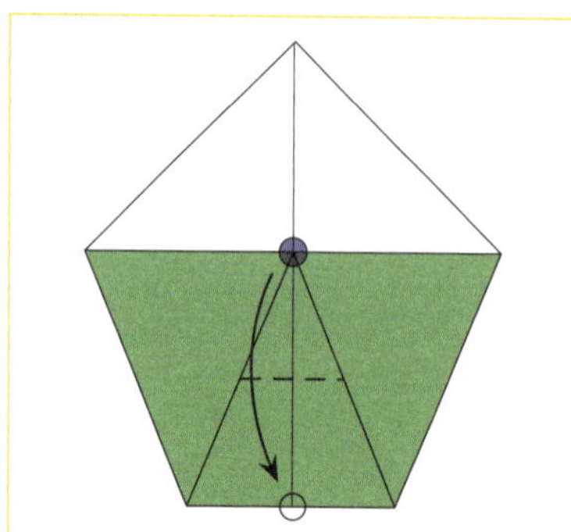

4.
Pliez la pointe vers le bas.

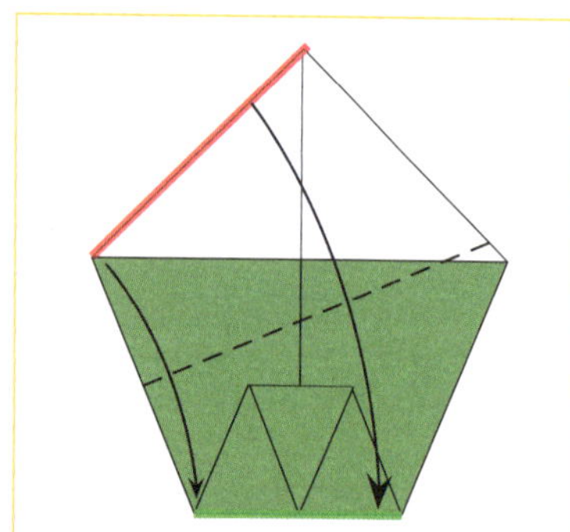

5.
Superposez le bord rouge du haut sur le bord vert du bas.

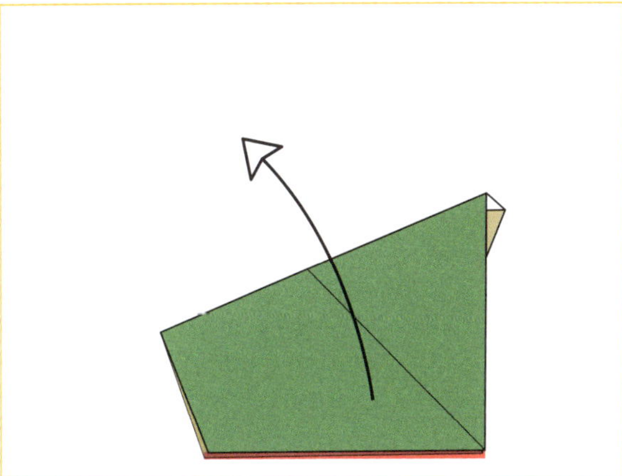

6.
Dépliez.

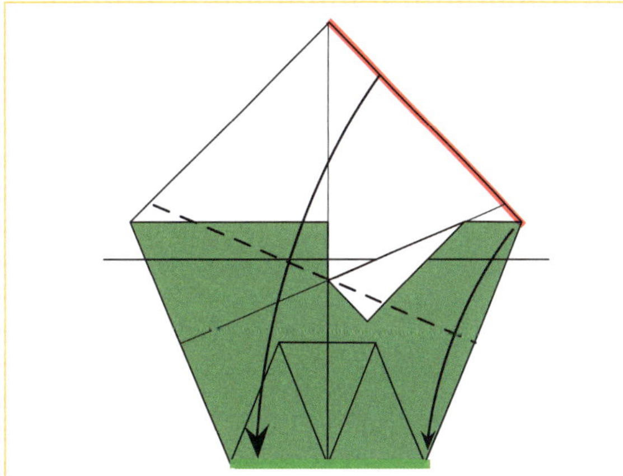

7.
Superposez le bord rouge du haut sur le bord vert du bas.

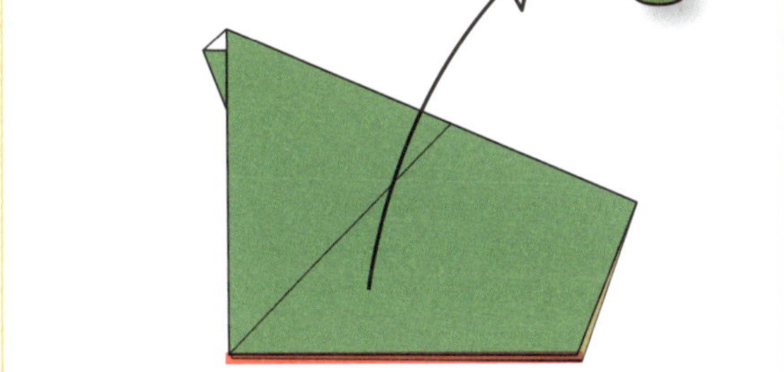

8.
Dépliez.

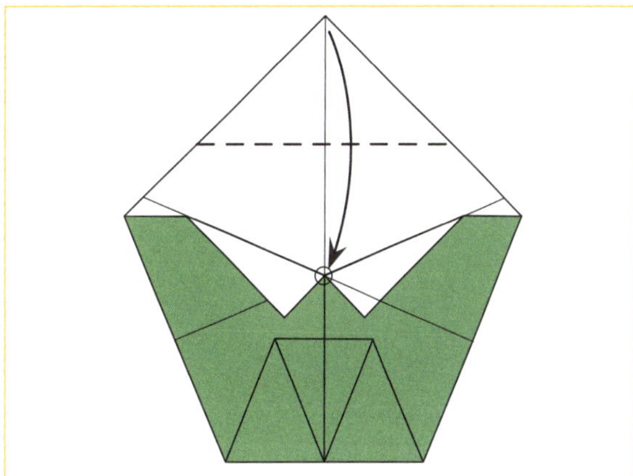

9.
Pliez la pointe pour la superposer sur le point au milieu des yeux.

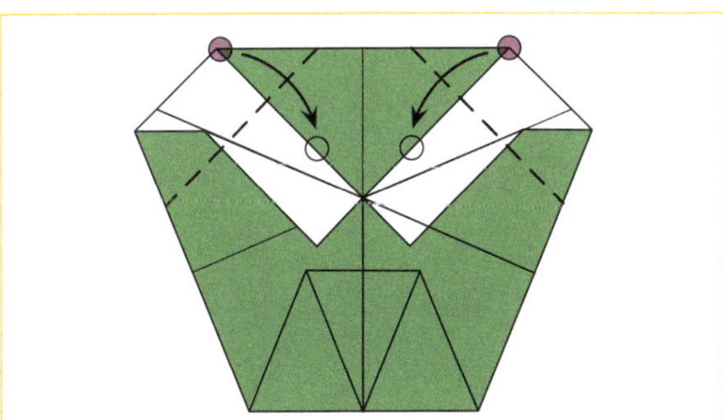

10.
Pliez le petit côté de la tête.

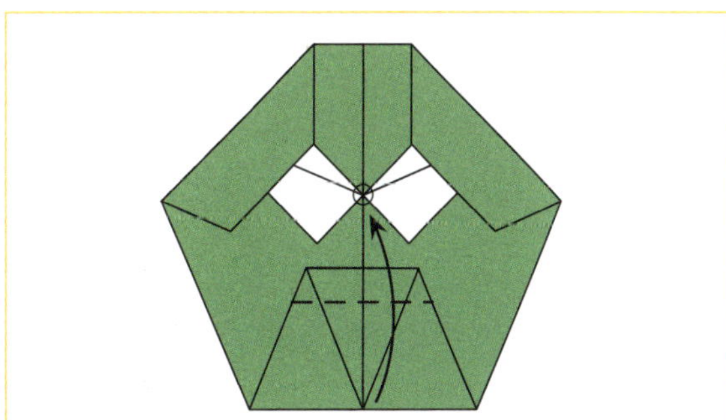

11.
Pliez la pointe au centre des yeux pour créer le nez.

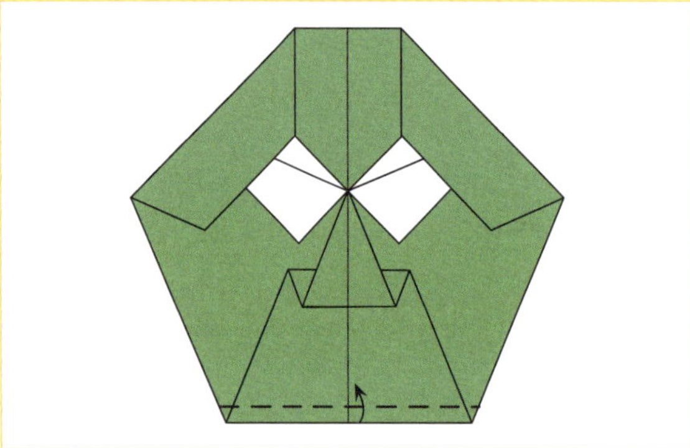

12.

Pliez un petit rebord pour créer la bouche.

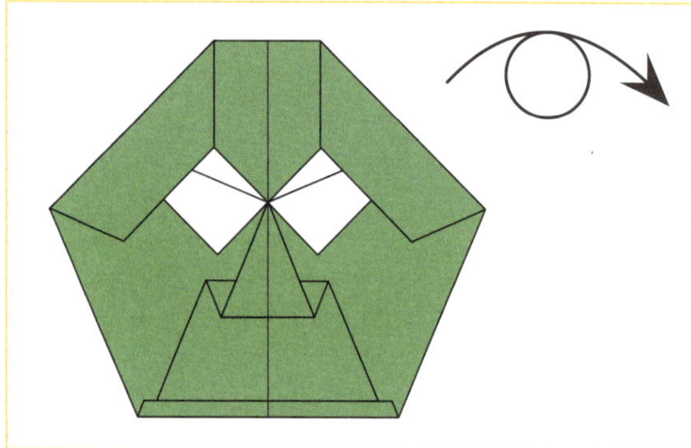

13.

Retournez le modèle.

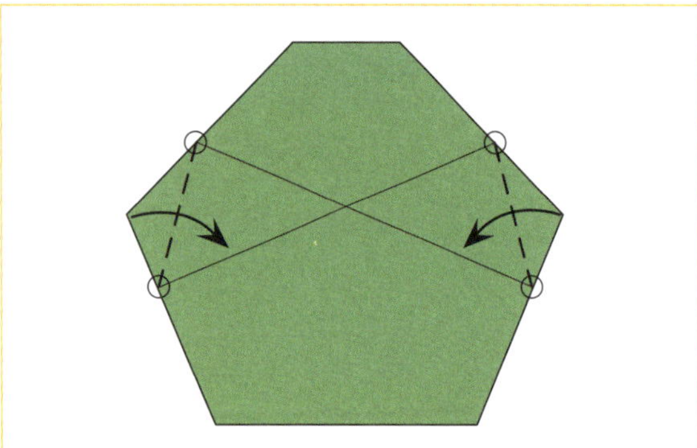

14.

Pliez les oreilles en utilisant les points de référence encerclés.

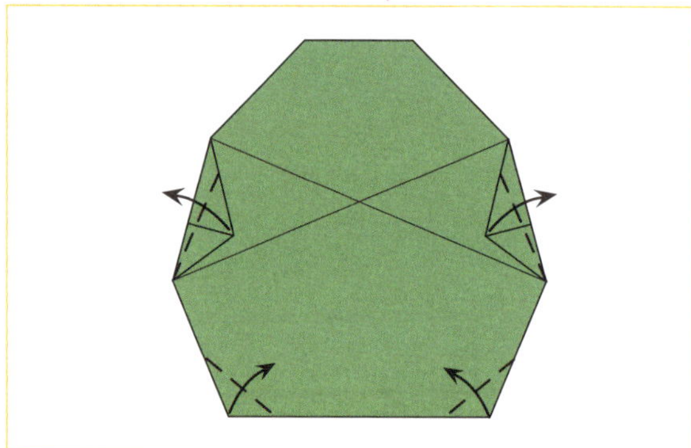

15.

Pliez les petits triangles pour faire dépasser les pointes et ainsi créer les oreilles (ne pliez pas si vous faites la citrouille ou le squelette).
Pliez aussi les coins du visage en bas.

16.

Retournez le modèle.

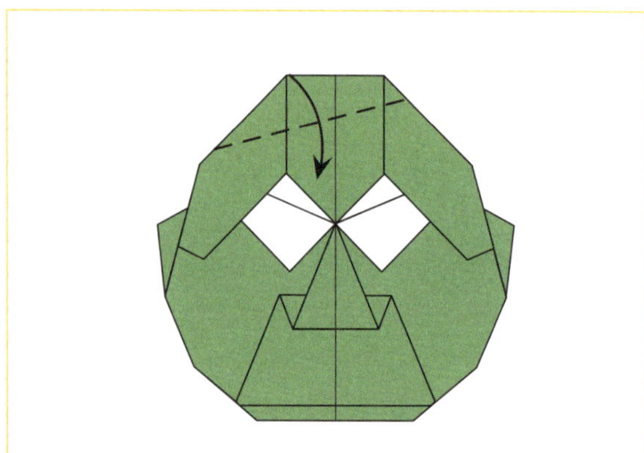

17.

Pliez les cheveux.

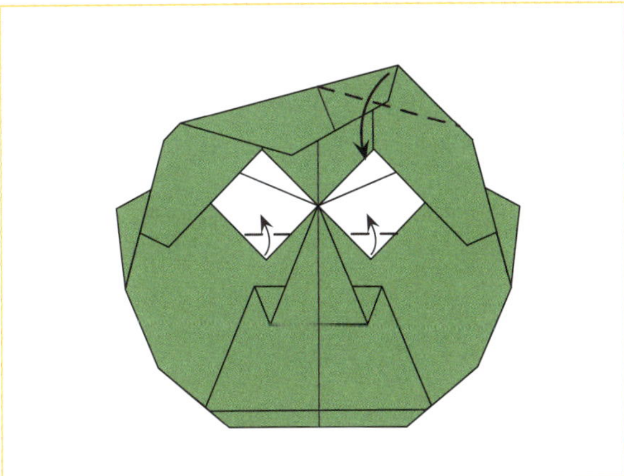

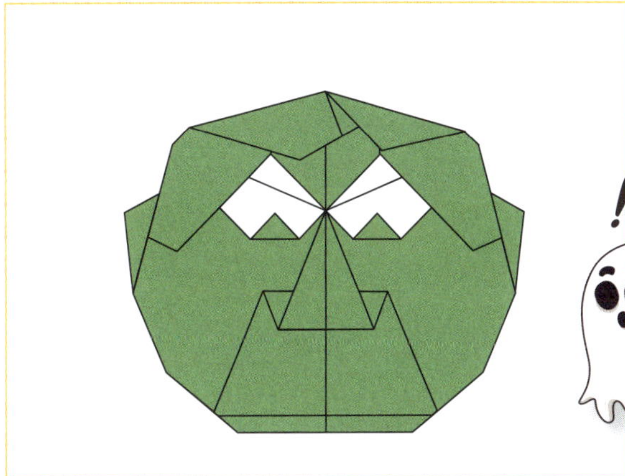

18.

Pliez un dernier volet pour les cheveux.
Puis pliez les deux petits triangles blancs pour les yeux.

19.

La tête est terminée. Vous pouvez changer l'expression des yeux en les pliant différemment à l'étape 18.
Décorez-la tête pour créer divers monstres.

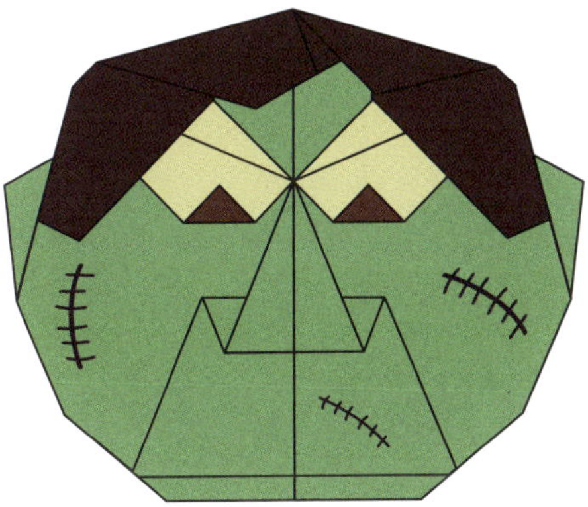

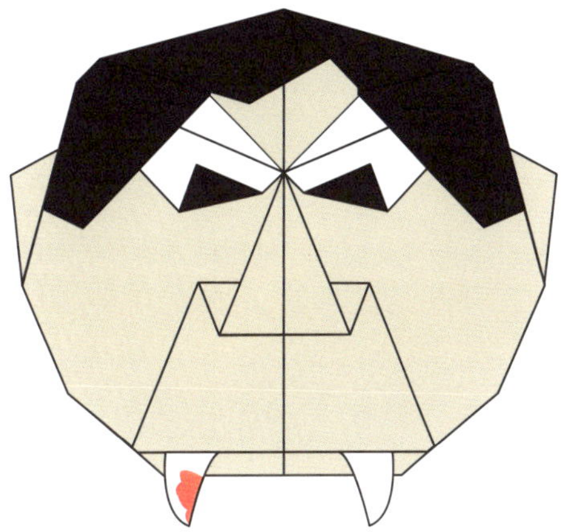

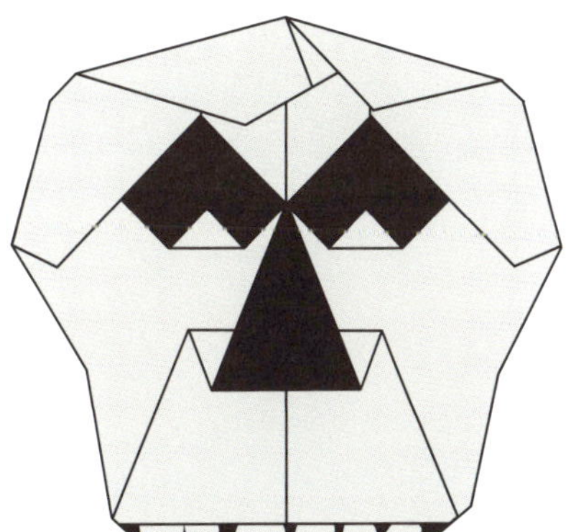

LE MOUTON

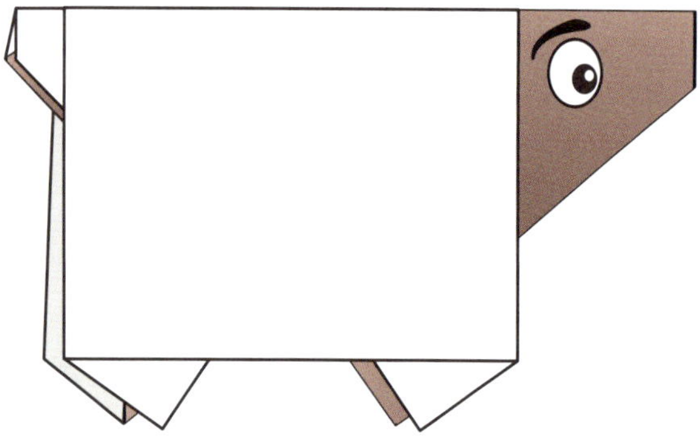

Il vous faut un carré de 15 x 15 cm coloré avec une face blanche au verso.

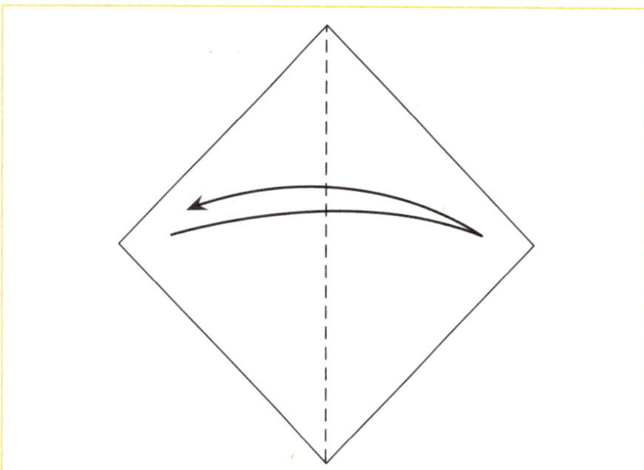

1.
Commencez avec la face blanche au-dessus.
Pliez le carré en deux selon la diagonale puis dépliez.

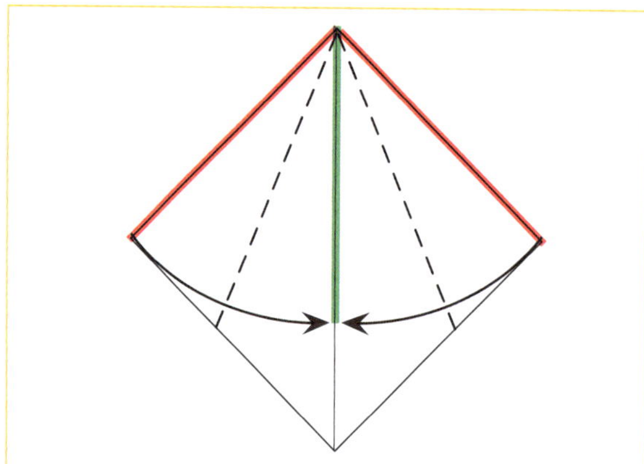

2.
Pliez les bords rouges sur l'axe central vert.

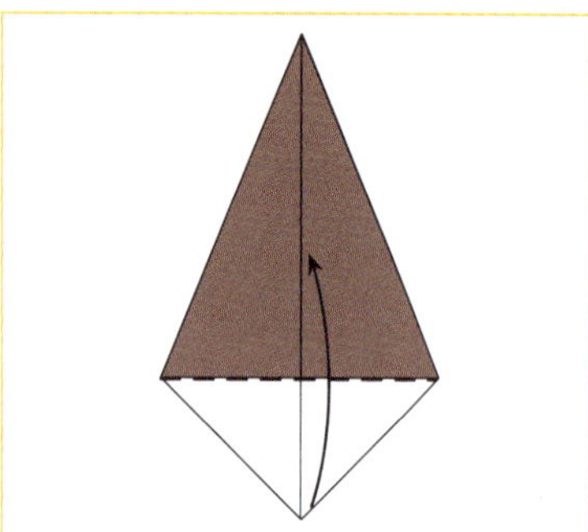

3.
Pliez le coin du bas au centre comme indiqué.

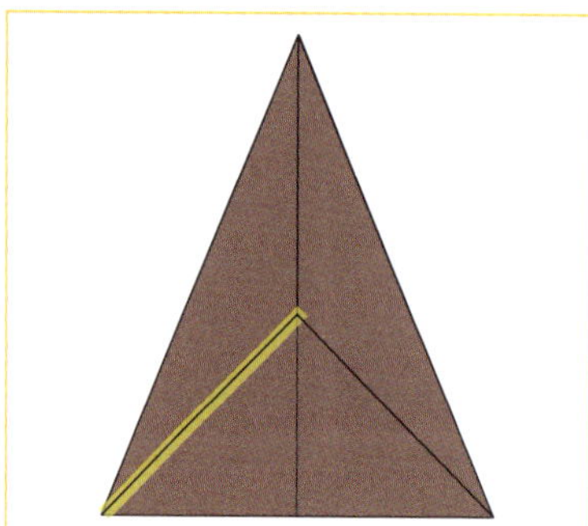

4.
Notez avec attention le bord du triangle mis ici en évidence en jaune. Nous allons l'utiliser pour réaliser le pli suivant.

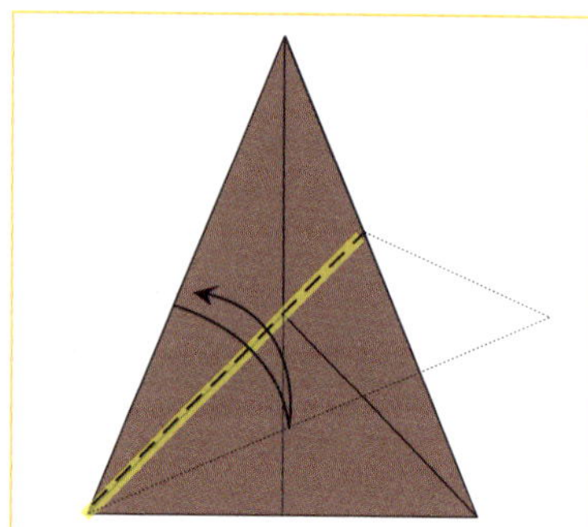

5.
Pliez la grande pointe vers le bas en suivant le bord de ce triangle. Pliez à travers toutes les couches. Puis dépliez.

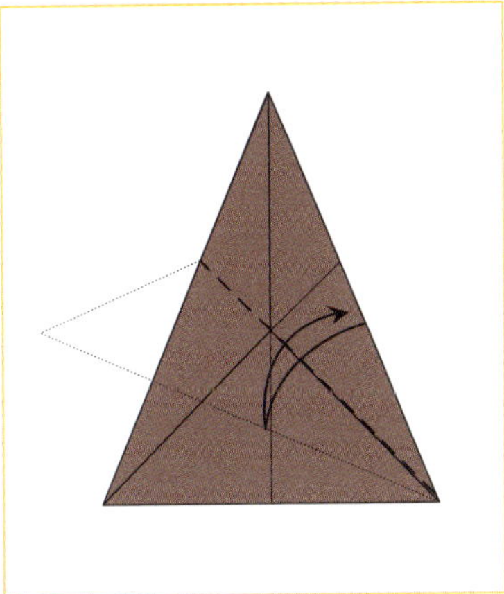

6.

Pliez à nouveau la grande pointe à gauche de la même façon en suivant le bord du triangle. Puis dépliez.

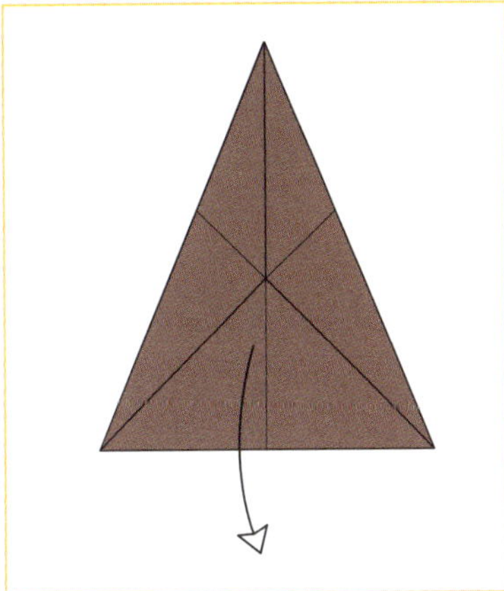

7.

Dépliez.

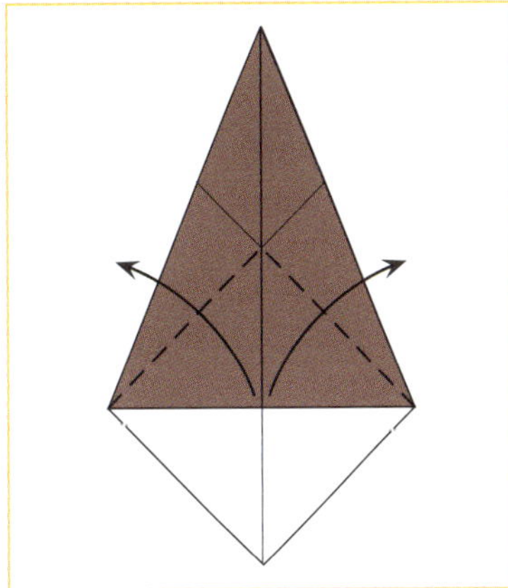

8.

Ouvrez les deux volets.

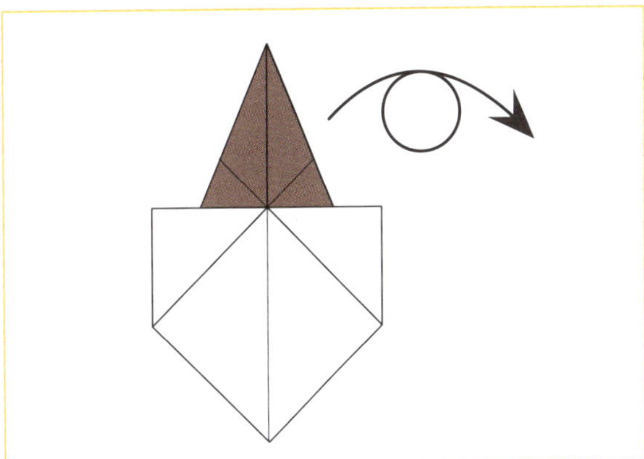

9.

Ce pliage, que l'on peut appeler une base, sera utilisé plusieurs fois dans ce livre. Retournez le modèle.

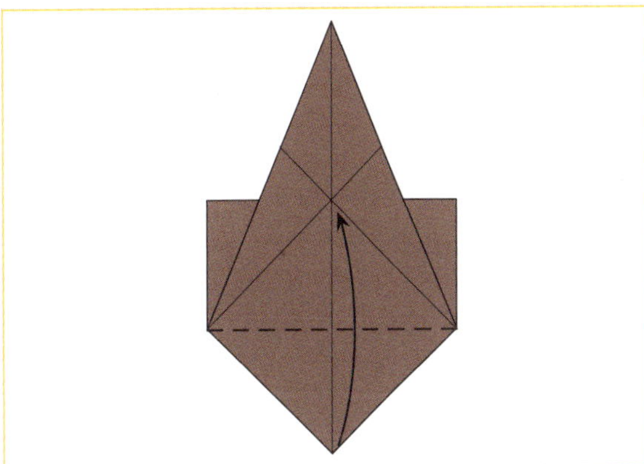

10.

Pliez la pointe vers le haut.

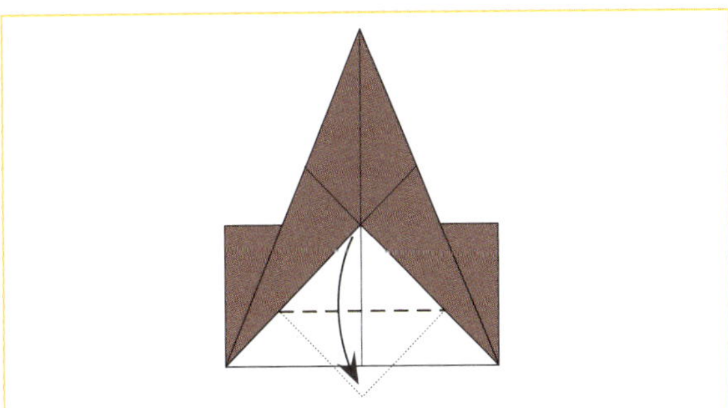

11.

Pliez la pointe blanche vers le bas pour créer la queue.

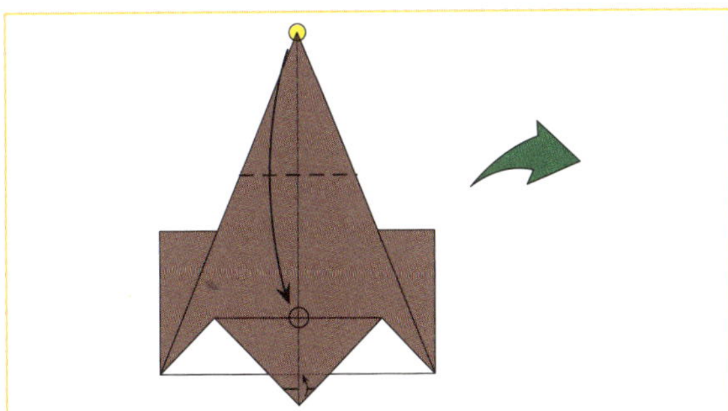

12.

Pliez le petit volet de la queue. Puis pliez la grande pointe vers le bas pour la superposer au bord du volet de la queue.

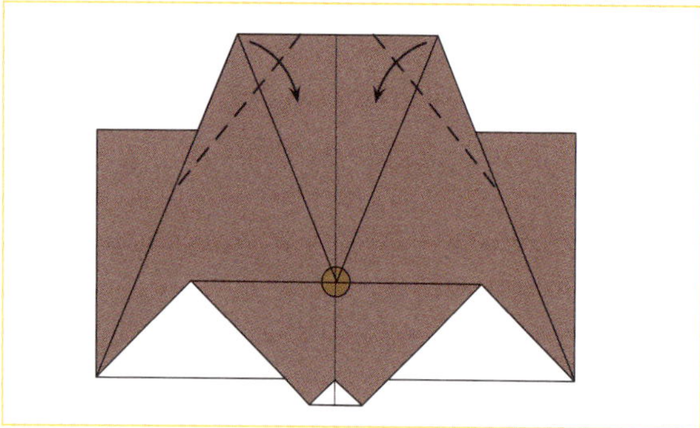

13.

Pliez les côtés pour affiner la tête.

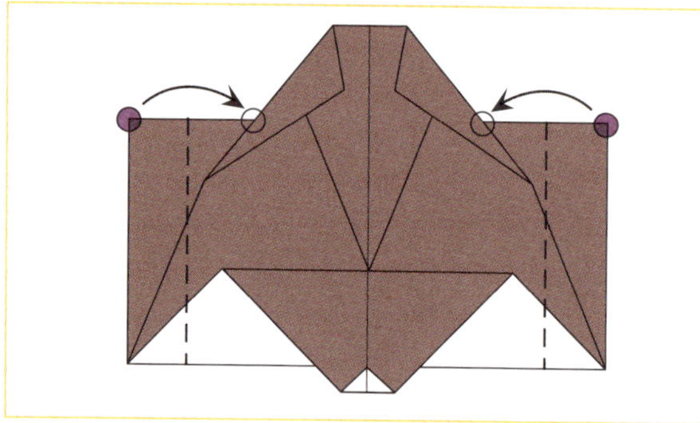

14.

Pliez un rebord vers le centre à droite et à gauche.

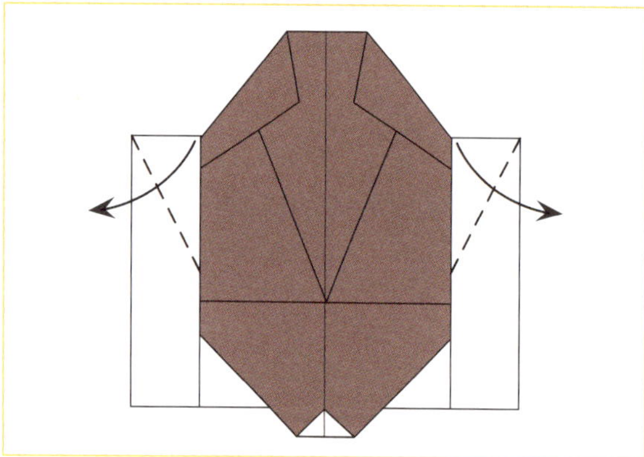

15.

Pliez les petits volets pour créer les pattes avant.

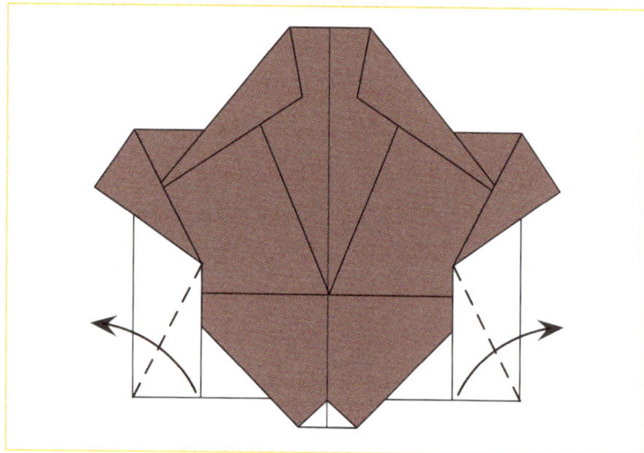

16.

Pliez les petits volets pour créer les pattes arrière.

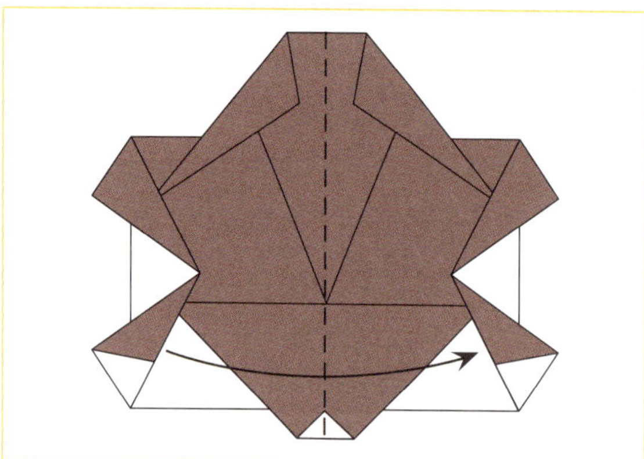

17.

Pliez le modèle en deux.

18.

Le mouton est terminé.

BONHOMME ÉTOILE

Il vous faut un carré de 15 x 15 cm coloré avec une face blanche au verso.

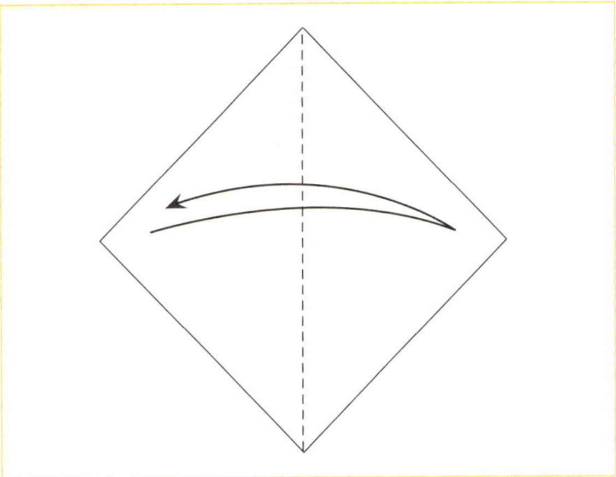

1.
Commencez avec la face blanche au-dessus.
Pliez le carré en deux selon la diagonale puis dépliez.

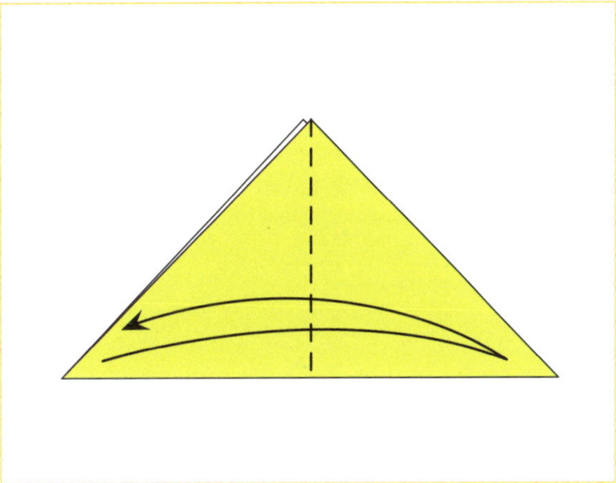

2.
Pliez le triangle en deux puis dépliez.

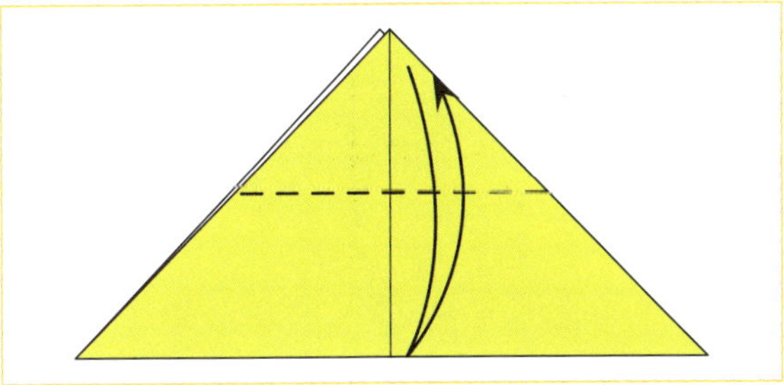

3.
Uniquement sur le premier volet, pliez la pointe du haut jusqu'à la base du triangle puis dépliez.

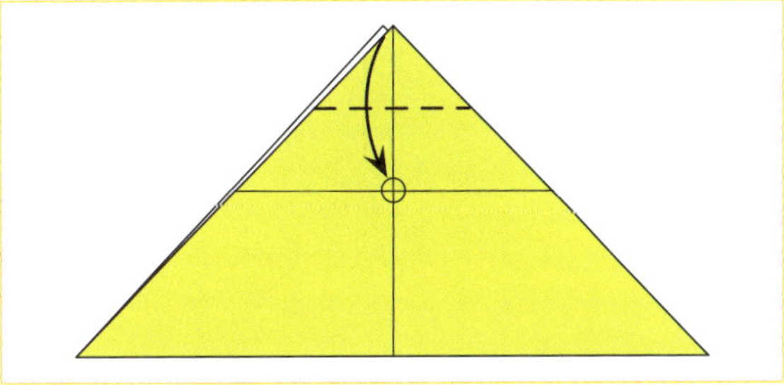

4.
Pliez la pointe du premier volet vers la marque réalisée à l'étape précédente.

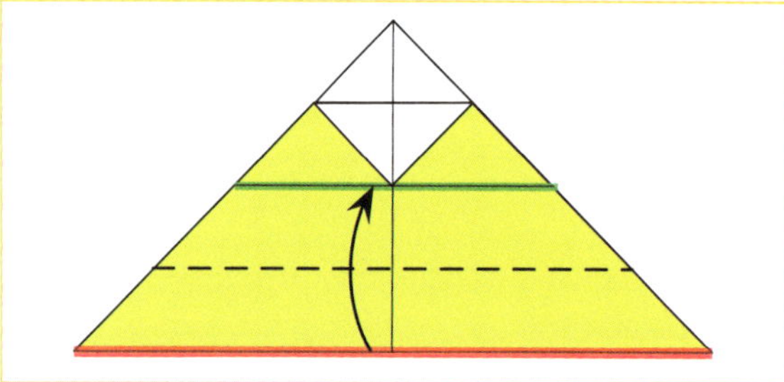

5.

Pliez le rebord du bas jusqu'au niveau de la pointe du triangle blanc.

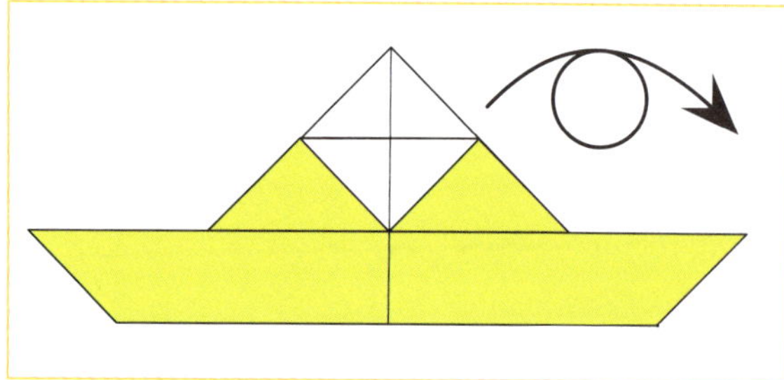

6.

Retournez le modèle.

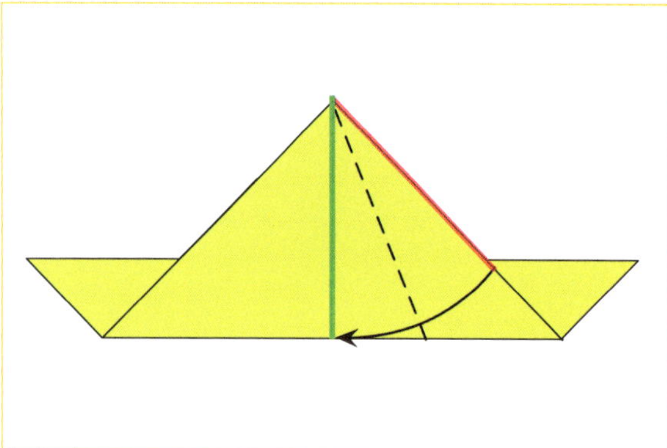

7.

Pliez une pointe en amenant le bord rouge sur l'axe vert central.

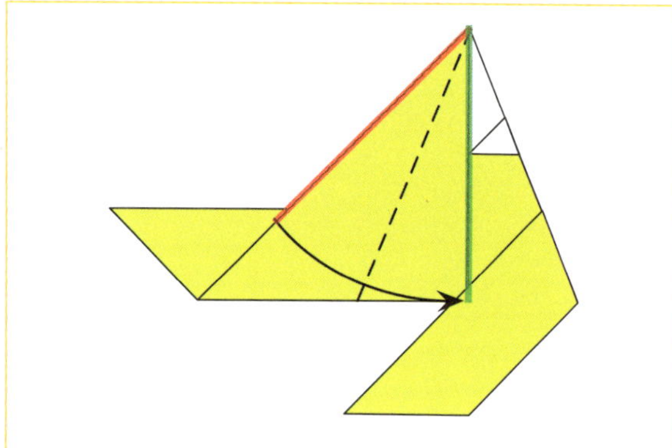

8.

Terminez de plier la pointe en amenant le bord rouge sur l'axe vert central.

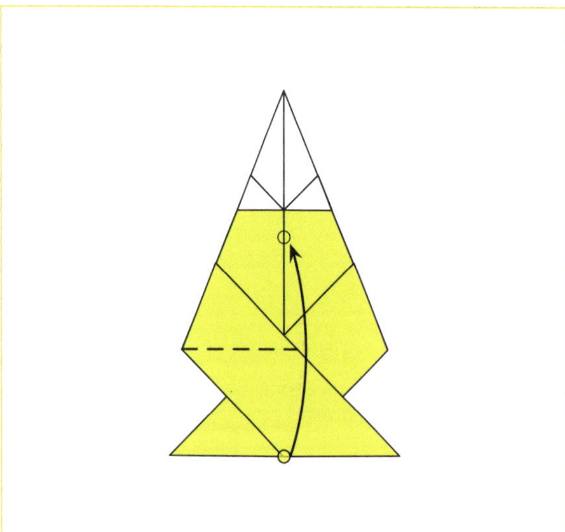

9.

Pliez le premier volet vers le haut en gardant le coin avec la pastille jaune sur l'axe central.

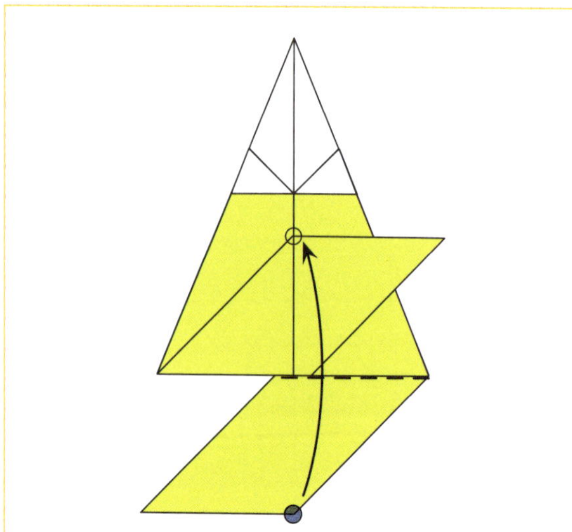

10.

Pliez le deuxième volet vers le haut en gardant le coin avec la pastille bleue sur l'axe central.

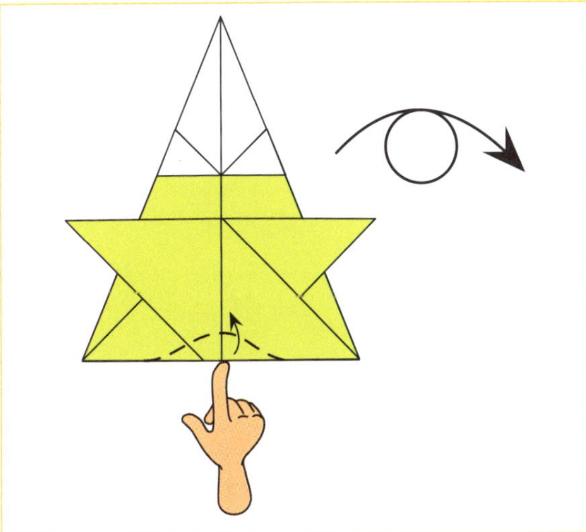

11.

Optionnel : Appuyez un peu fortement au niveau de la base pour enfoncer le pli et modeler les jambes. Retournez le modèle.

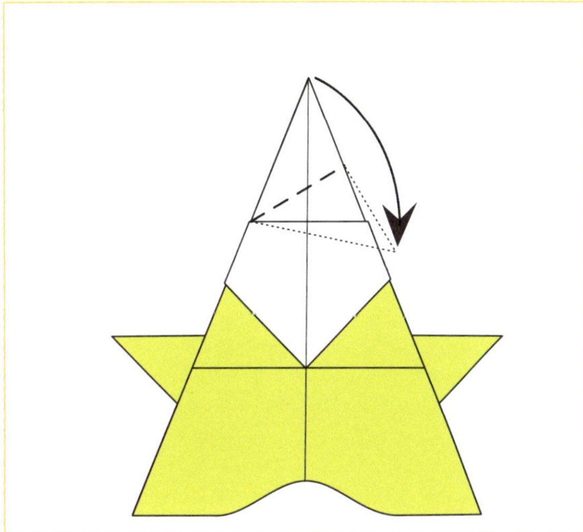

12.

Pliez la pointe à votre convenance pour faire les cheveux.

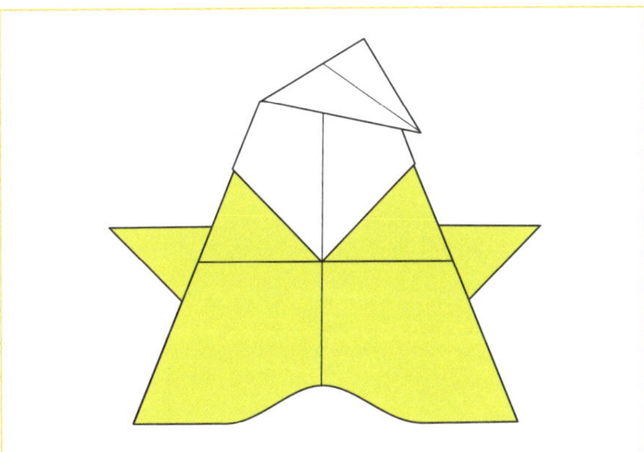

13.

Dessinez le visage.

14.

Le bonhomme étoile est terminé. Vous pouvez l'utiliser par exemple pour faire une guirlande.

Leçon 4
Partager un angle en deux

LEÇON 4

Ce pli se représente TOUJOURS avec :

Une ligne pointillée comme celle-ci :

Une flèche avec une pointe comme celle-ci :

> PARTAGER UN ANGLE EN DEUX

Maintenant que vous savez comme plier une belle pointe, vous avez remarqué que pour faire cela, nous partagions un angle en deux. Exemple de partage d'un angle :

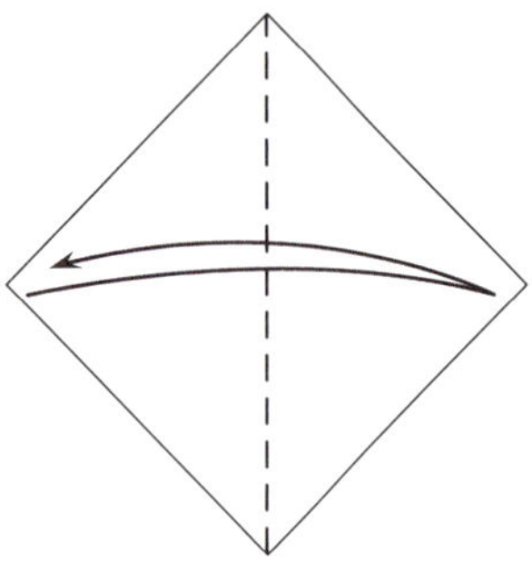

1.
Pliez la diagonale puis dépliez.

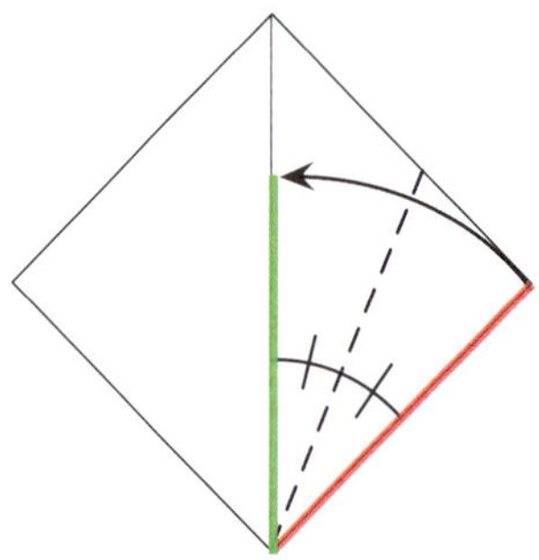

2.
Superposez le bord rouge sur l'axe central vert.

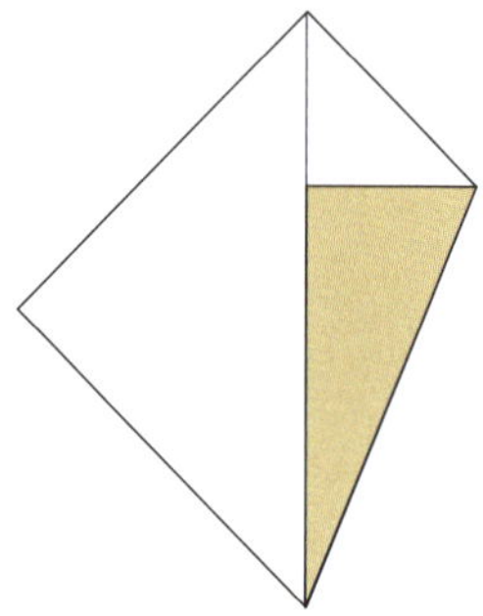

3.
Recommencez à gauche.

Dans les pliages de cette leçon, nous allons partager en deux bien d'autres angles. À chaque fois, nous indiquerons cela par une flèche amenant un pli ou un volet surligné en rouge sur un pli ou un volet surligné en vert (ou jaune). Exemples :

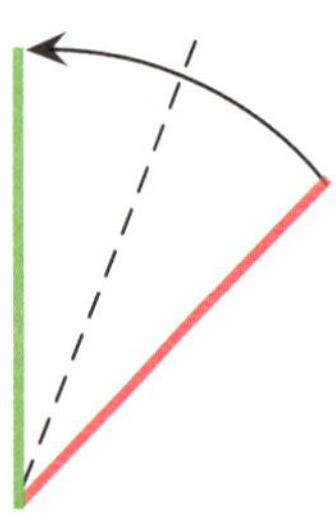

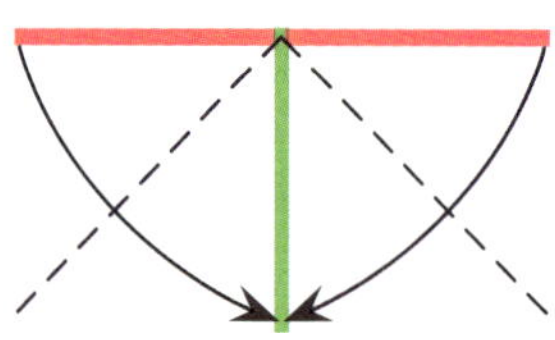

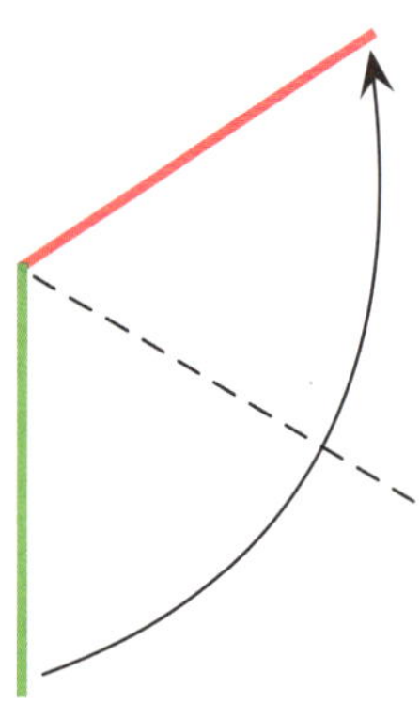

LA SOURIS

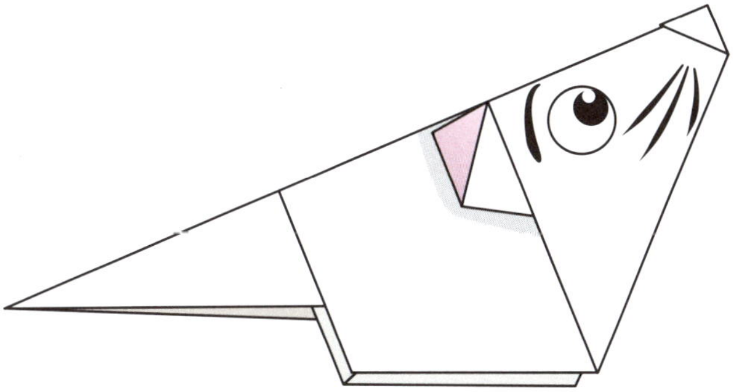

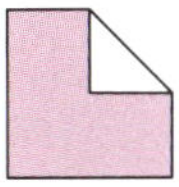

Il vous faut un carré de 15 x 15 cm coloré avec une face blanche au verso.

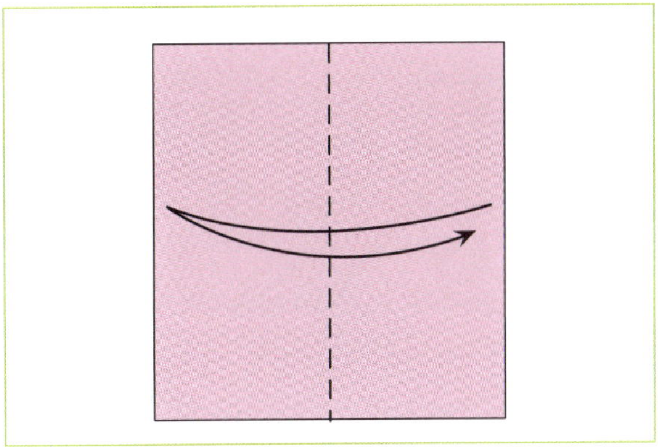

1.
Commencez avec la face colorée au-dessus. Pliez le carré en deux puis dépliez.

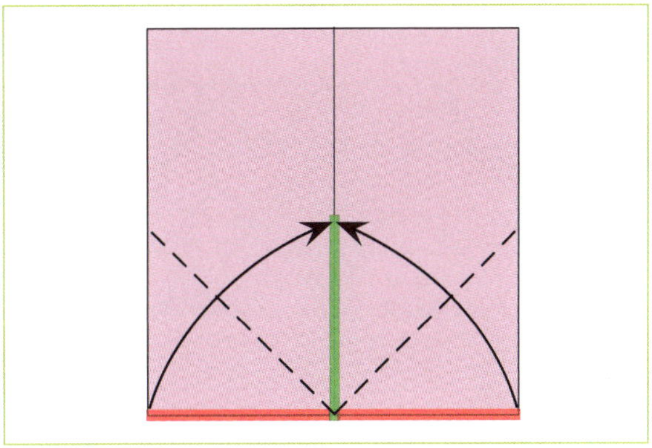

2.
Partagez les angles en deux en pliant les bords rouges sur l'axe central vert.

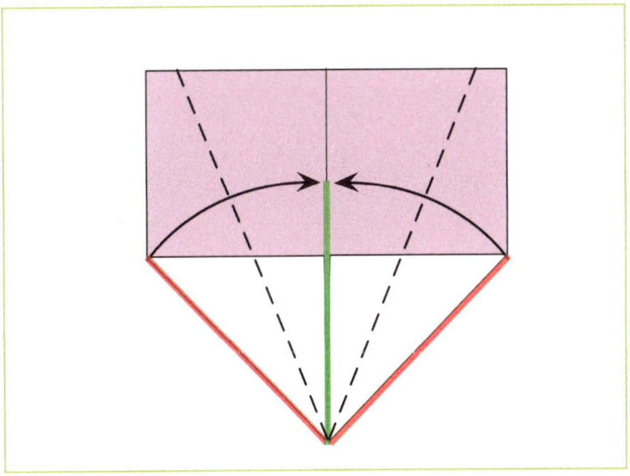

3.
Partagez les angles en deux à droite et à gauche.

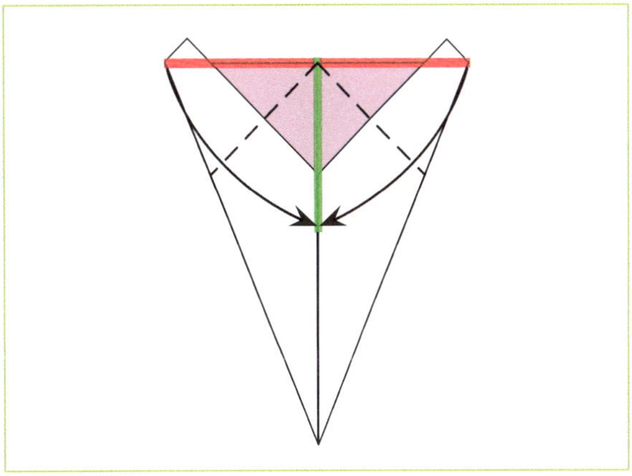

4.
Partagez les angles en deux en pliant les bords rouges sur l'axe central vert.

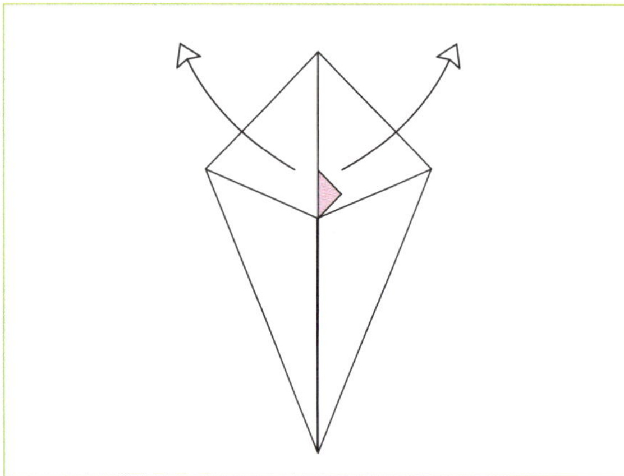

5.

Dépliez les deux volets.

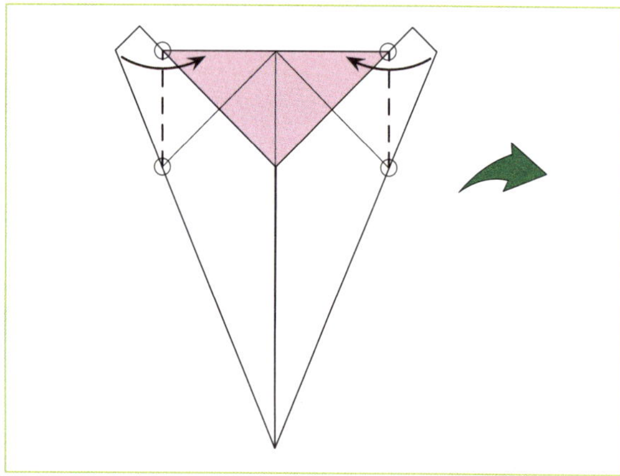

6.

Repérez les cercles et réalisez un pli entre les deux cercles pour chaque côté.

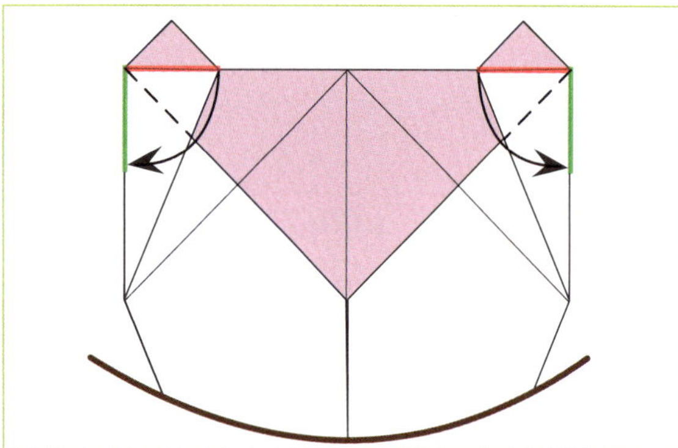

7.

Zoom sur la partie haute du modèle.
Partagez les angles en deux.

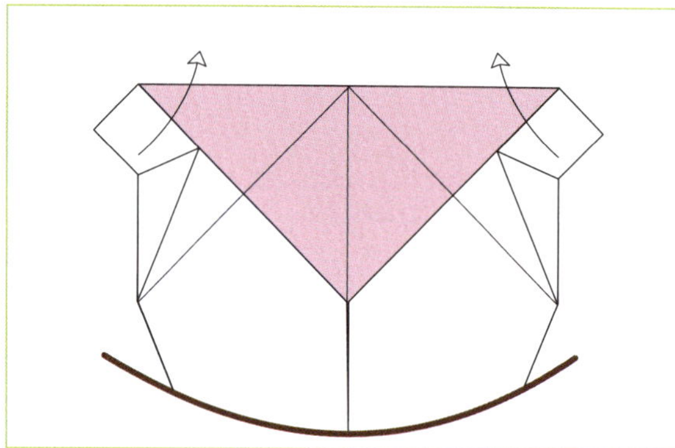

8.

Dépliez pour revenir à l'étape précédente.

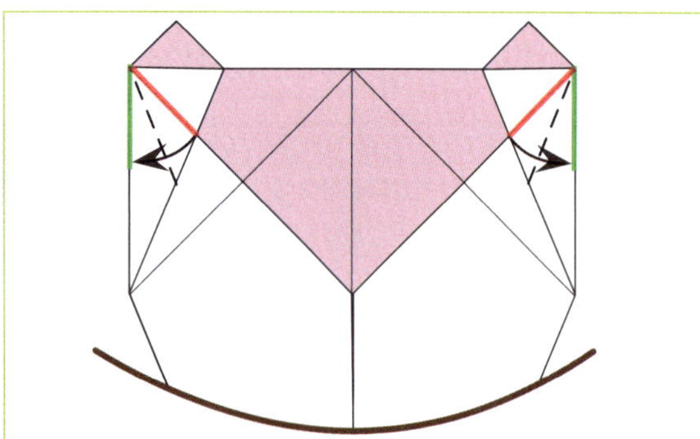

9.

Remarquez les nouveaux plis créés, notés ici en rouge.
Partagez l'angle en deux en superposant ce pli rouge sur le rebord vert.
À réaliser à gauche et à droite.

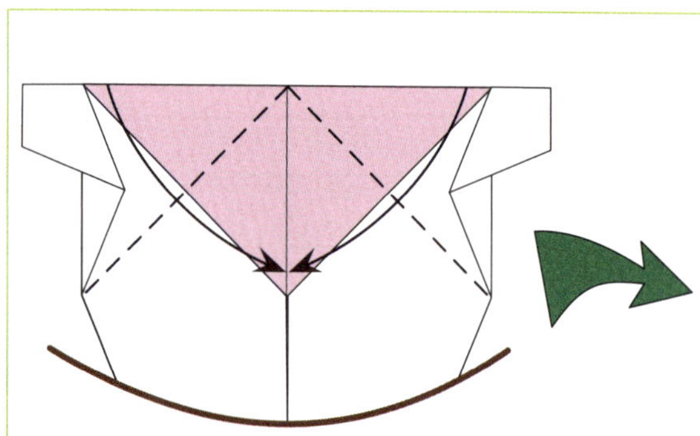

10.

Pliez à nouveau les deux volets (comme pour l'étape 4 page 87).

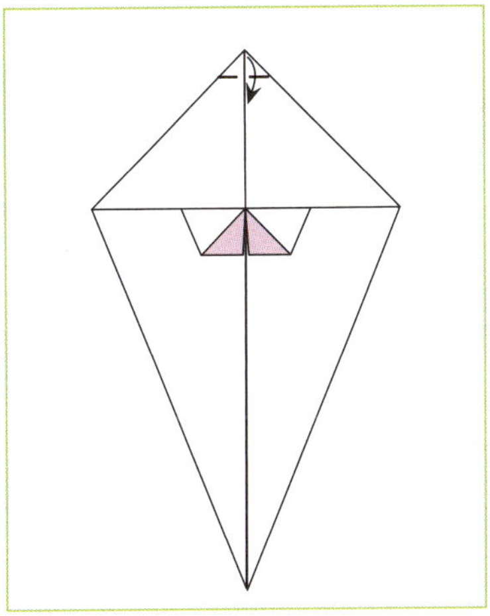

11.
Pliez le nez.

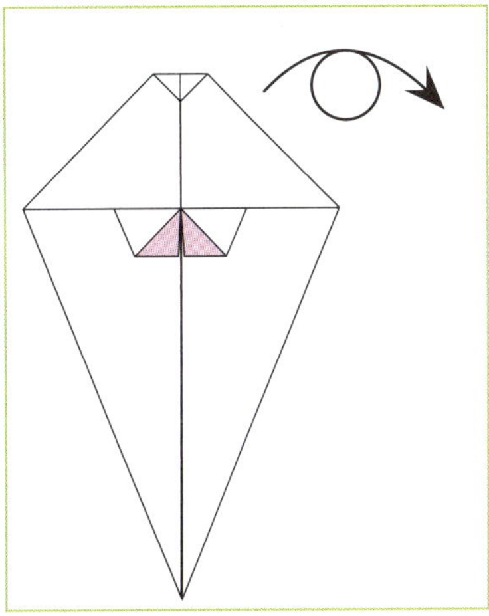

12.
Retournez le modèle.

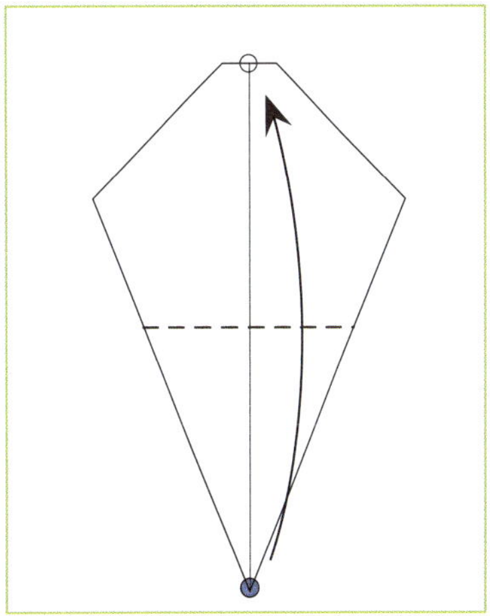

13.
Pliez la pointe jusqu'en haut du modèle.

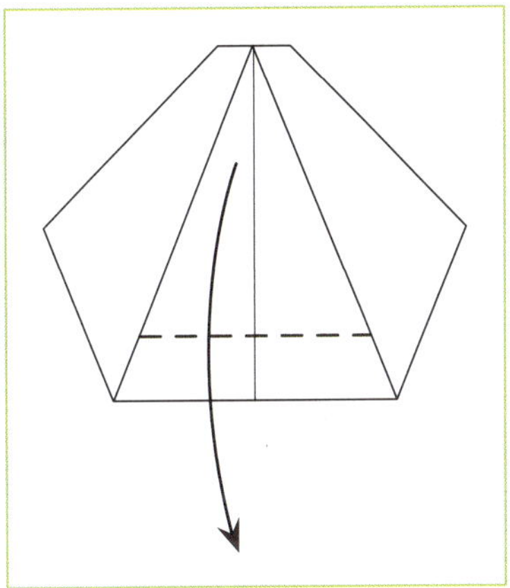

14.
Pliez le volet en bas.

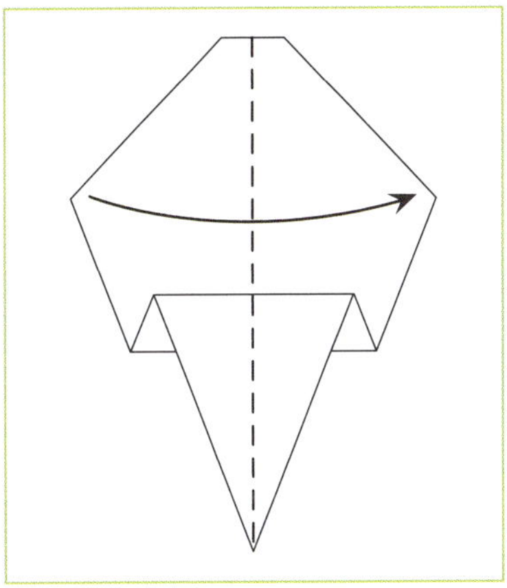

15.
Pliez le modèle en deux.

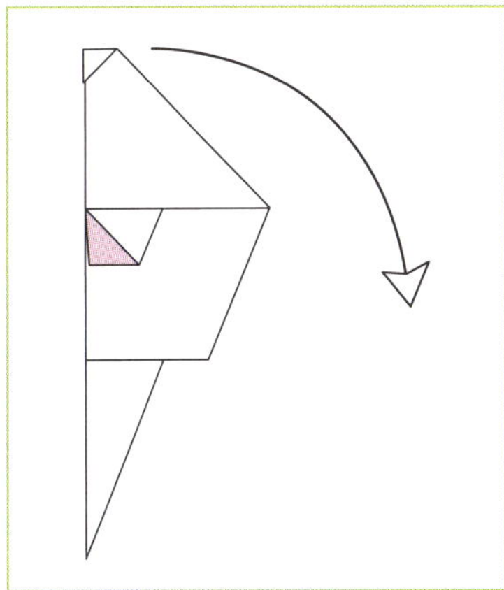

16.
Tournez le modèle pour le faire tenir debout.

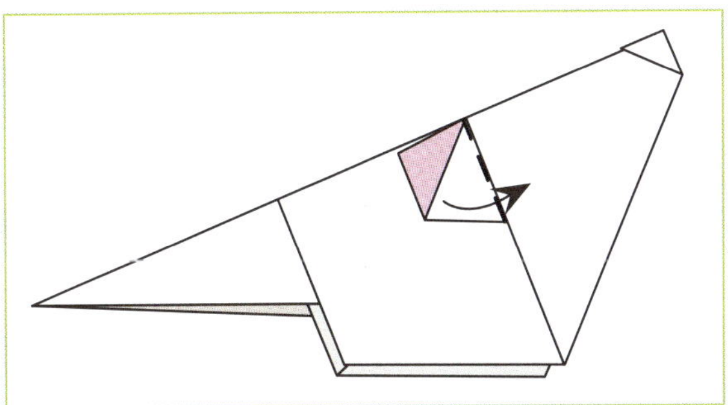

17.
Décollez les oreilles pour rendre le modèle plus vivant.

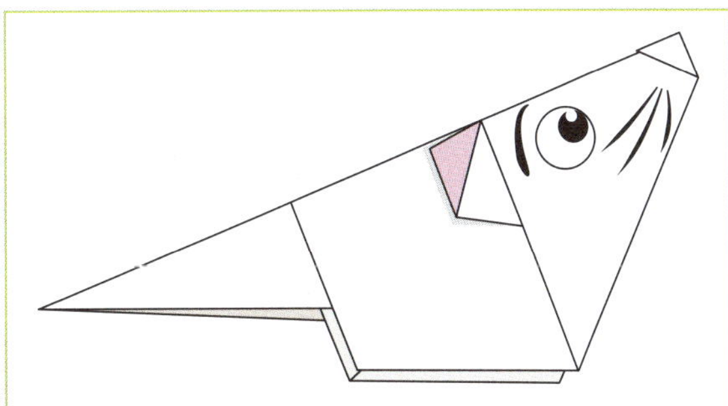

18.
Dessinez les yeux et les moustaches. La souris est terminée.

LE CROCODILE

Il vous faut un carré de 15 x 15 cm coloré avec une face blanche au verso.

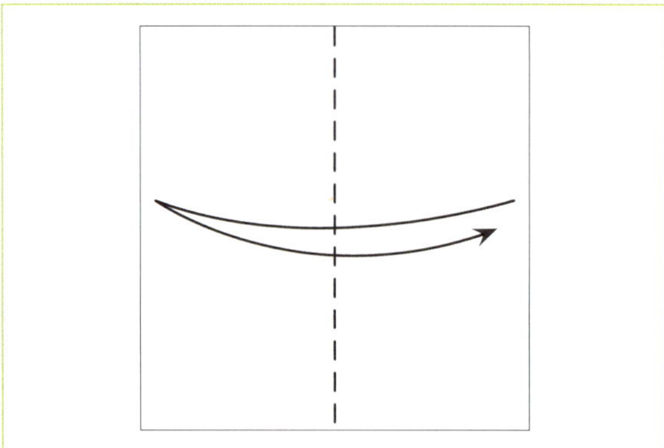

1.
Commencez avec la face blanche au-dessus.
Pliez le carré en deux puis dépliez.

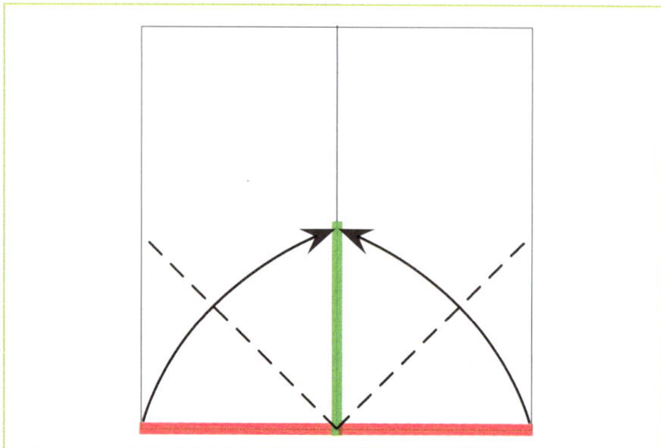

2.
Partagez les angles en deux en pliant les bords rouges sur l'axe central vert.

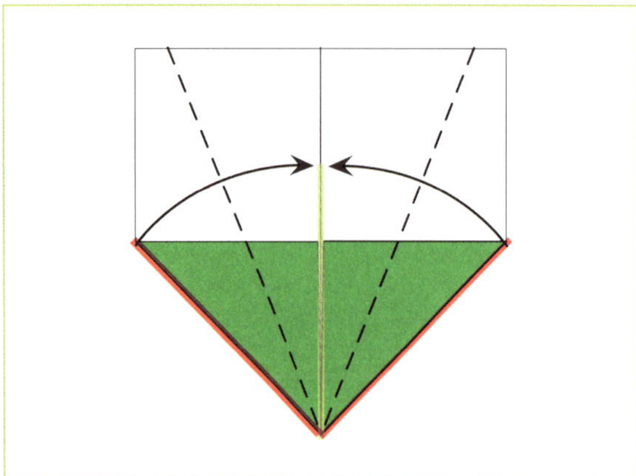

3.
Partagez les angles en deux à droite et à gauche.

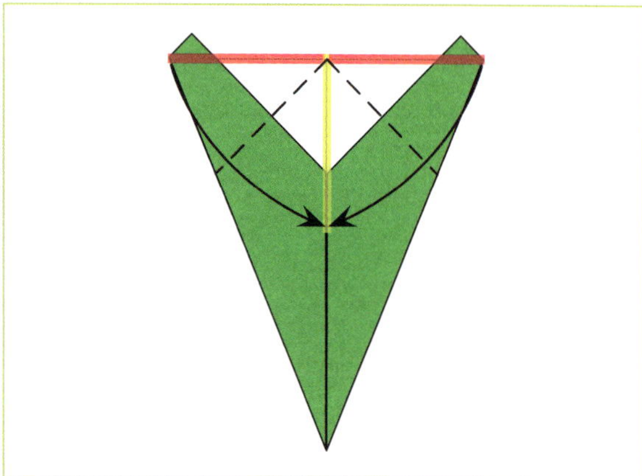

4.
Partagez les angles en deux en pliant les bords rouges sur l'axe central jaune.

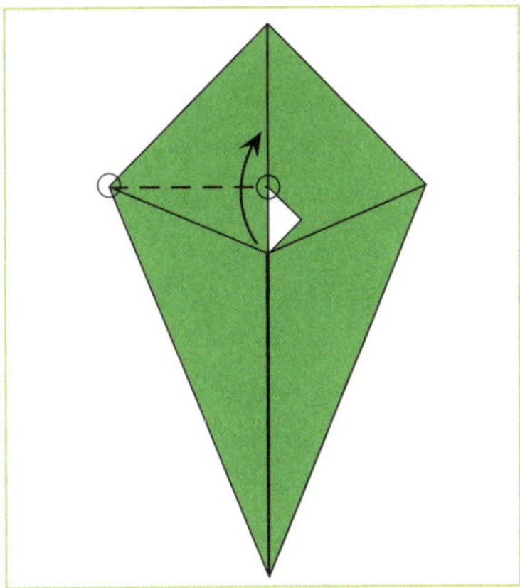

5.

Repérez les cercles et réalisez un pli entre ces deux cercles.

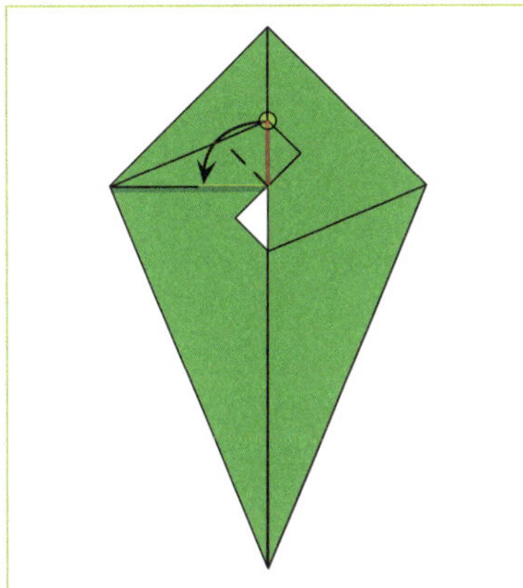

6.

Partagez l'angle en deux en amenant la pastille jaune sur le pli horizontal.

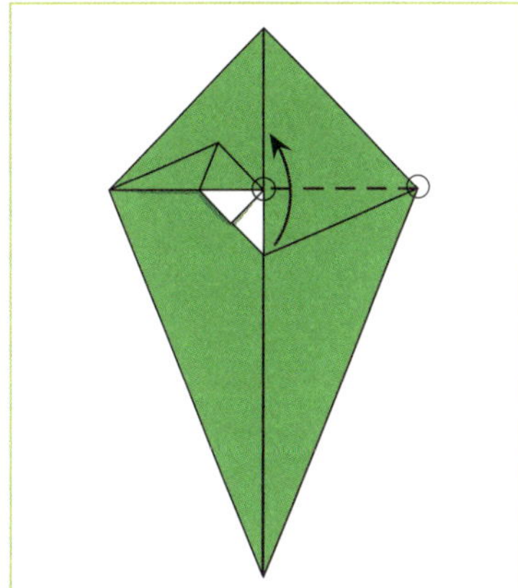

7.

Repérez les cercles et réalisez un pli entre les deux cercles.

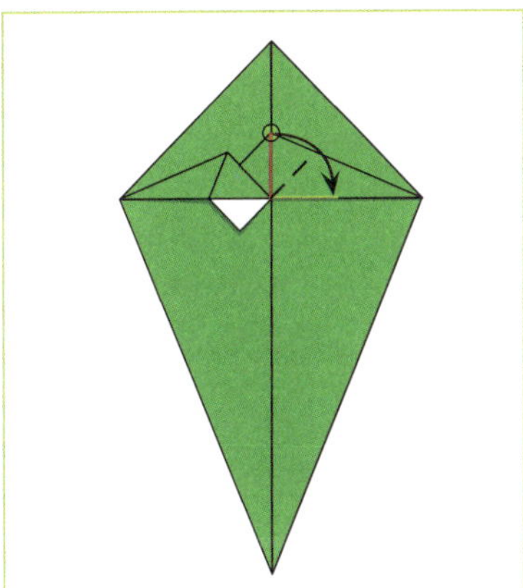

8.

Partagez l'angle en deux en amenant la pastille jaune sur le pli horizontal.

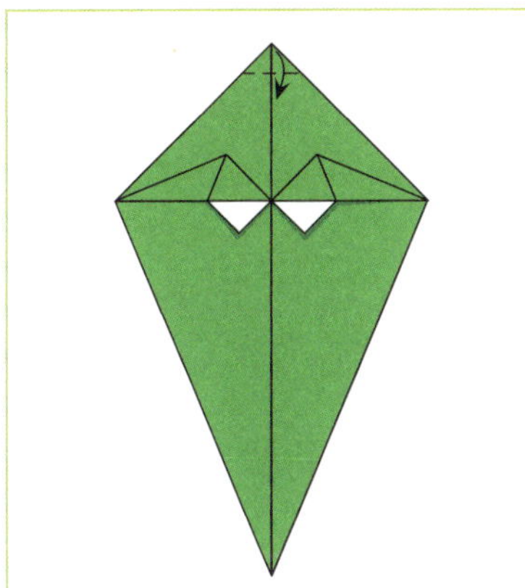

9.

Pliez le nez.

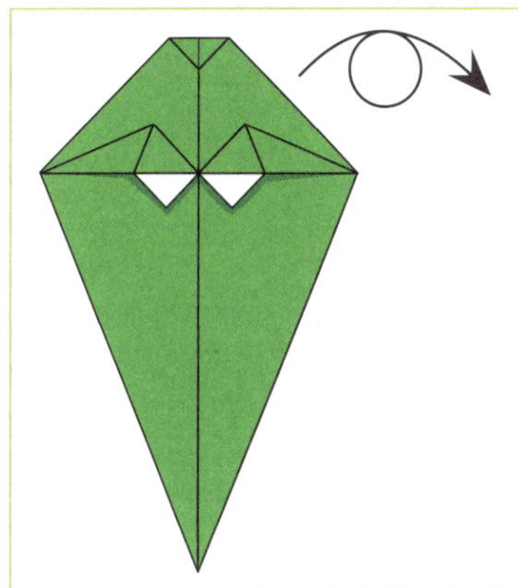

10.

Retournez le modèle.

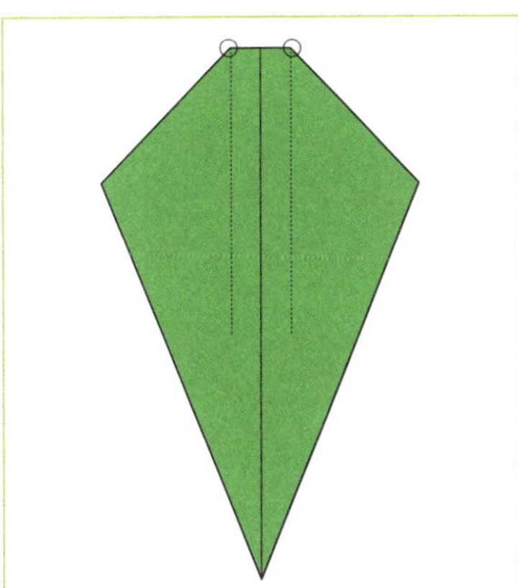

11.

À partir des coins du museau, imaginez des lignes verticales, parallèles à l'axe central.
Nous allons utiliser ces lignes pour la prochaine étape.

12.

Pliez en deux les angles formés par les bords rouges sur les lignes imaginaires verticales jaunes.

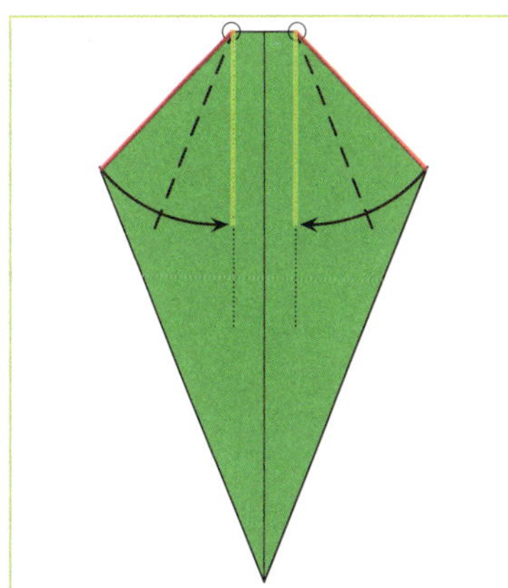

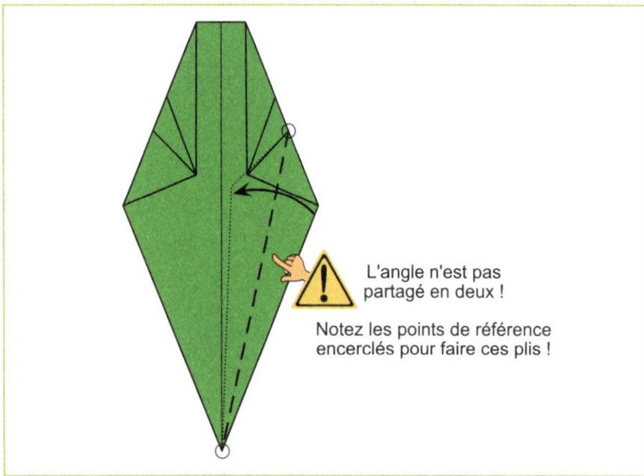

13.

Repérez les cercles et réalisez un pli entre les deux cercles à travers toutes les couches.

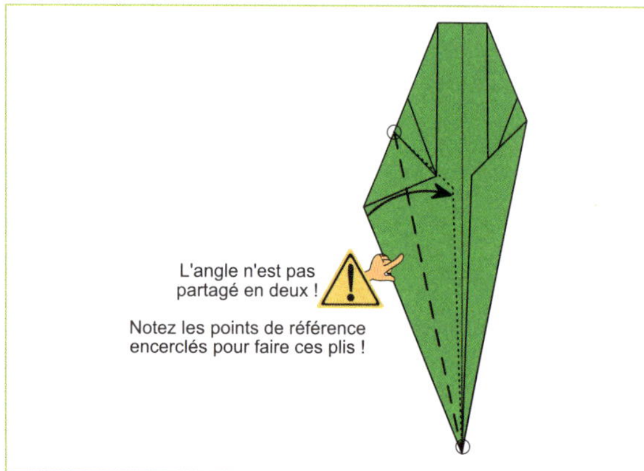

14.

Repérez les cercles et réalisez un pli entre les deux cercles à travers toutes les couches.

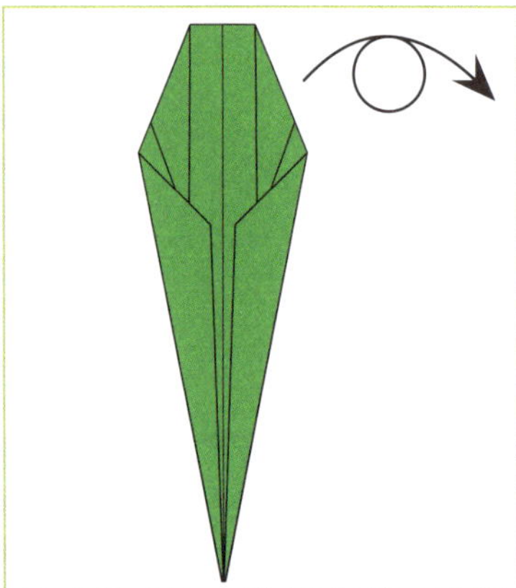

15.

Retournez le modèle.

16.

Dessinez les yeux.

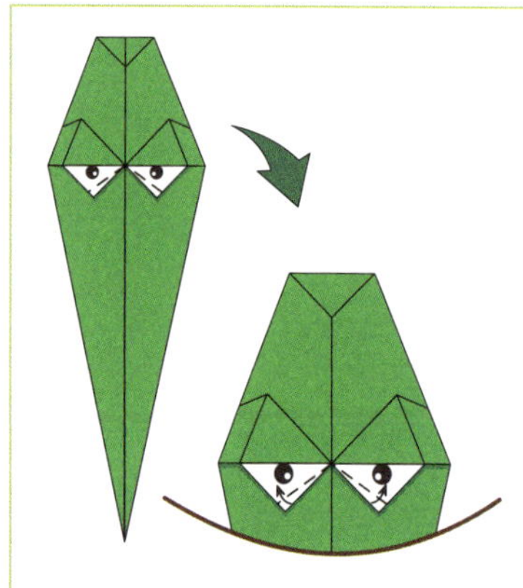

17.

Zoom sur les yeux. Pliez les bords pour faire un crocodile féroce.

18.

Pliez à 90° les yeux.

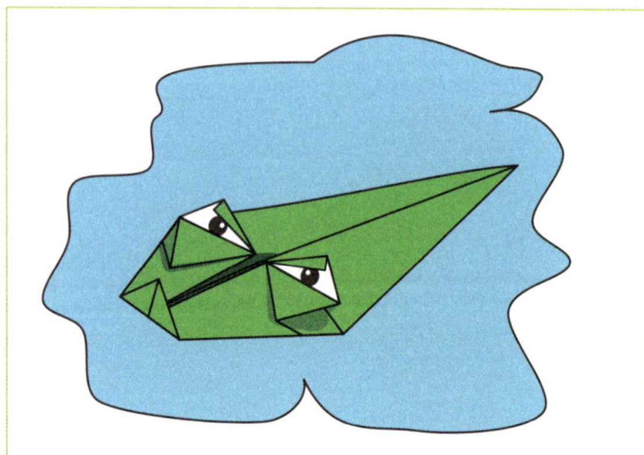

19.

Le crocodile est terminé.

LA CHAUVE-SOURIS

Il vous faut un carré de 15 x 15 cm coloré avec une face blanche au verso.

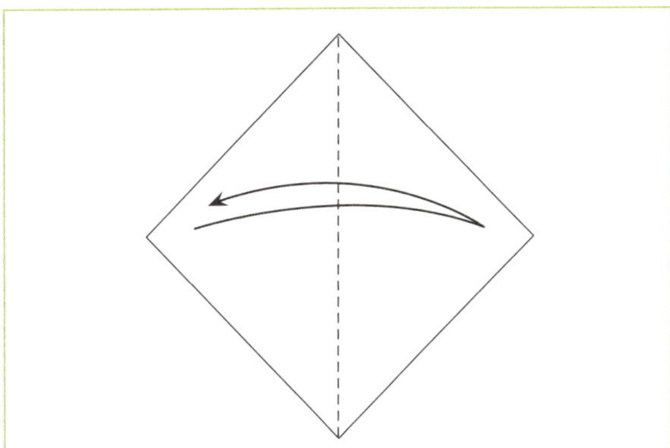

1.
Commencez avec la face blanche au-dessus.
Pliez le carré en deux selon la diagonale puis dépliez.

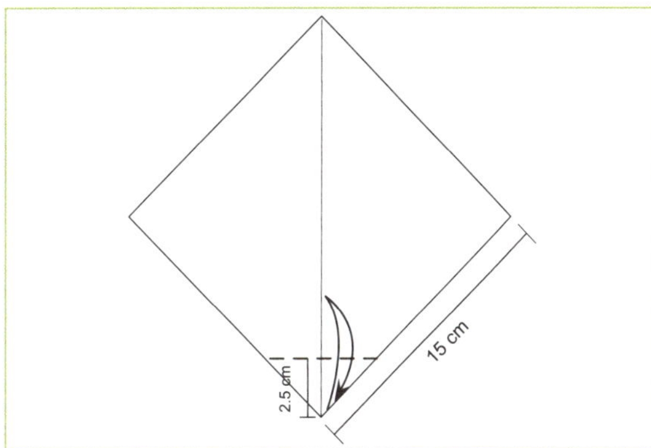

2.
Pour un carré de 15 cm, pliez environ à 2,5 cm à partir du coin bas.

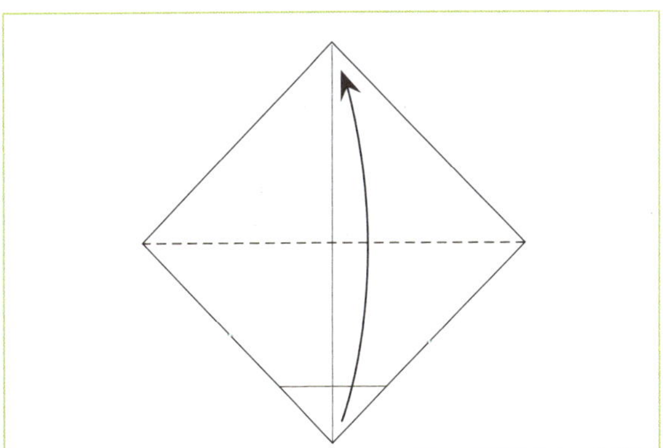

3.
Pliez la diagonale vers le haut.

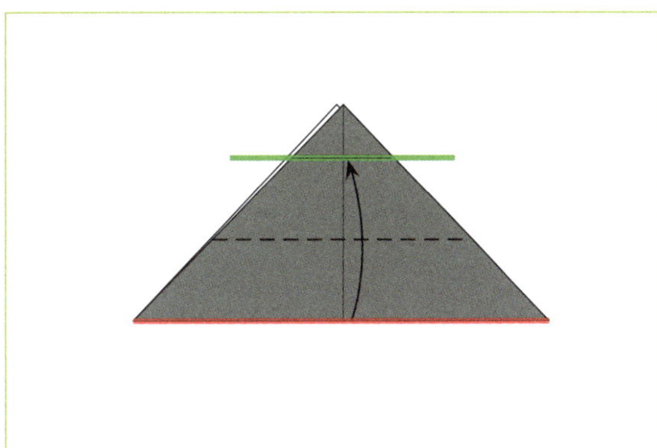

4.
Superposez le bord rouge sur la marque réalisée à l'étape 2, surlignée ici en vert. Pliez à travers toutes les couches.

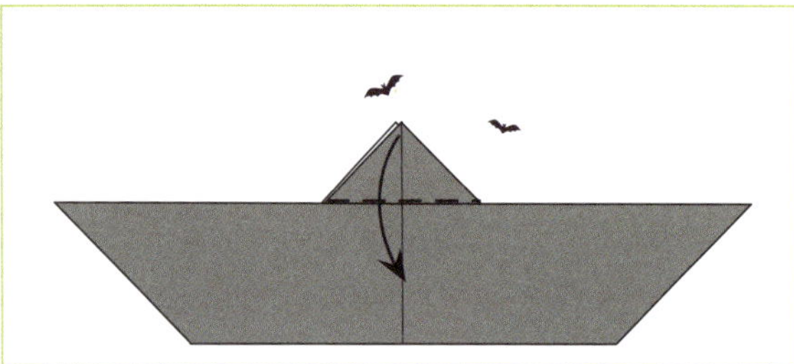

5.
Pliez uniquement la première petite pointe.

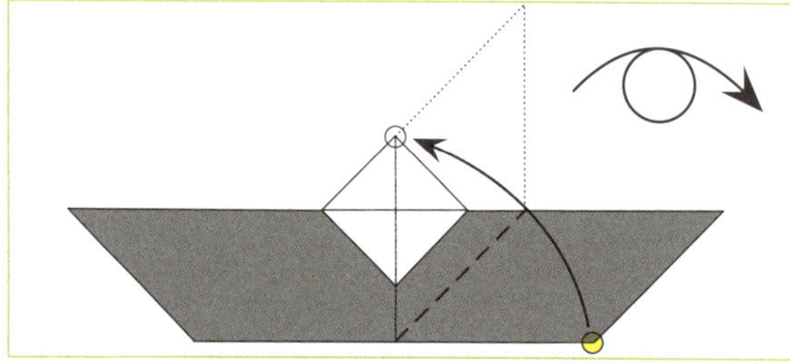

6.
Amenez le coin droit sur la pointe du triangle blanc.

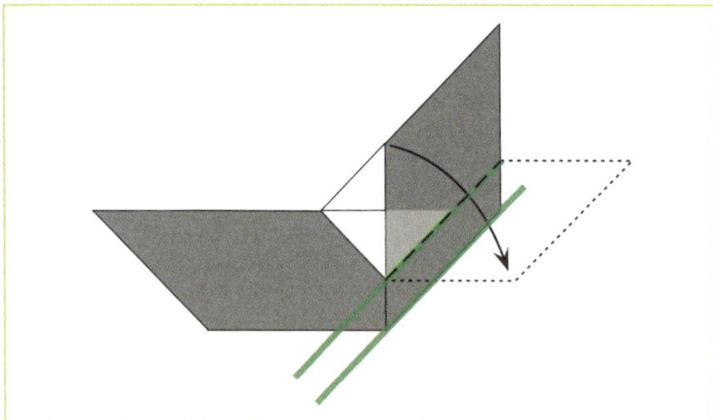

7.
Pliez l'aile vers la droite. Pour trouver ce pli, pliez le long du rebord du triangle blanc caché dessous.

ASTUCES

▶ Vous pouvez aussi visualiser l'aile une fois pliée : elle sera horizontale. Ou encore : notez que le pli à réaliser est parallèle au rebord de l'aile (les parallèles sont ici notées en vert).

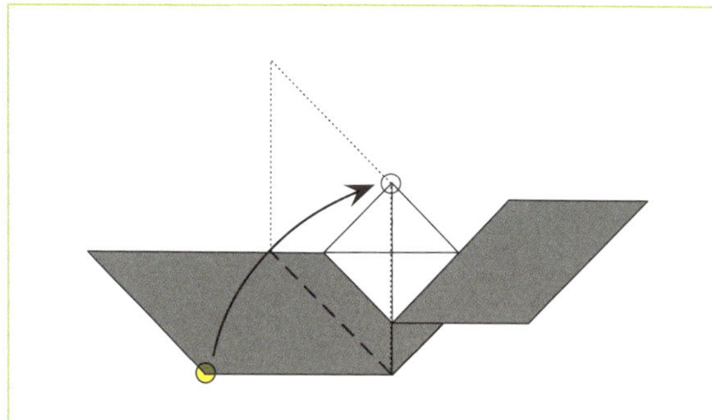

8.
Amenez le coin gauche sur la pointe du triangle blanc.

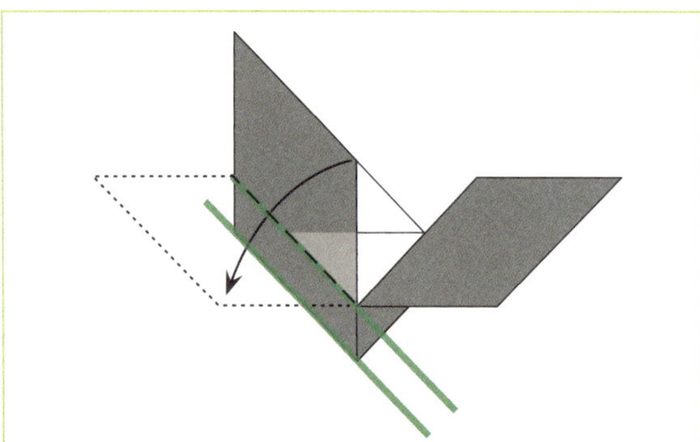

9.
Pliez l'aile vers la droite. Pour trouvez ce pli, pliez le long du rebord du triangle blanc caché dessous.

ASTUCES

▶ De même que pour l'étape 7, visualisez l'aile à l'horizontale une fois pliée. Ou bien, pliez une parallèle au rebord de l'aile (parallèles ici notées en vert).

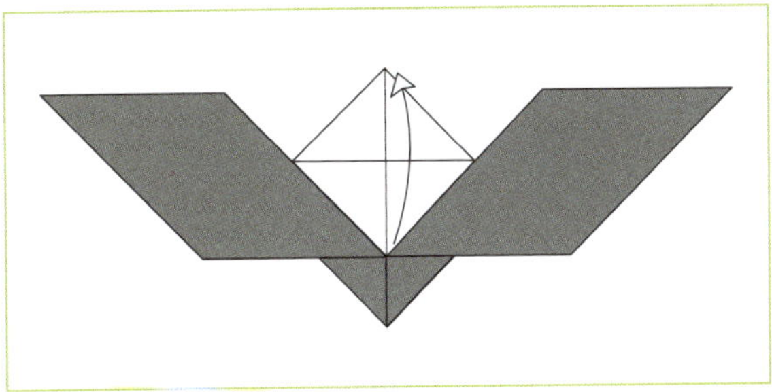

10.
Dépliez le triangle blanc.

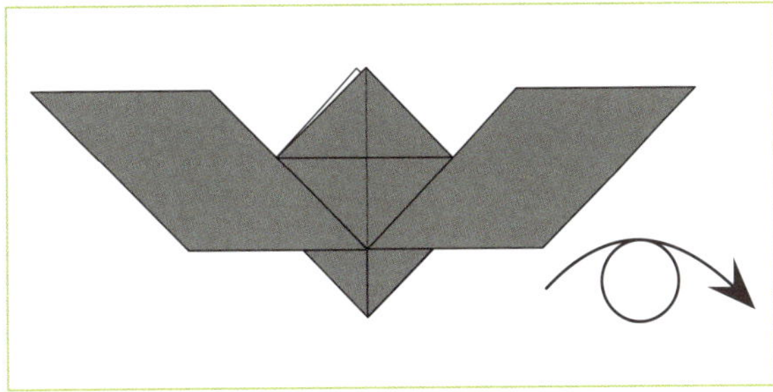

11.
Retournez le modèle.

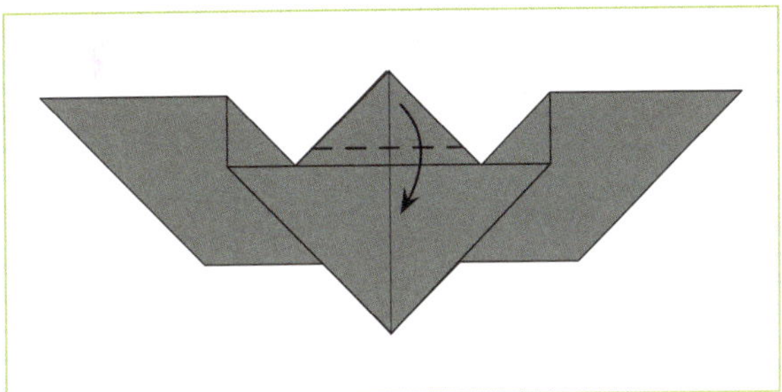

12.
Pliez les deux pointes en même temps.

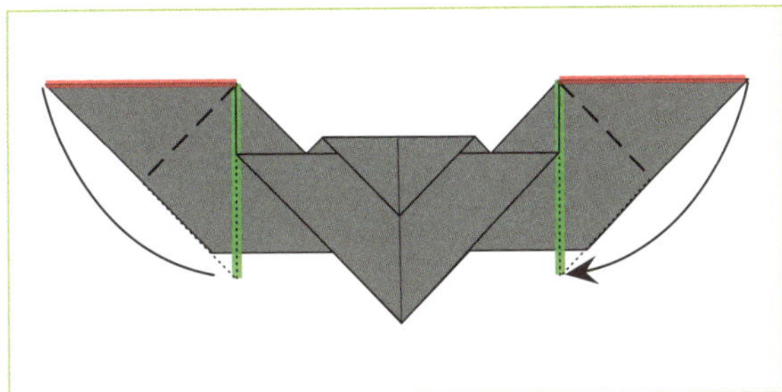

13.
Partagez l'angle en deux en superposant les bords rouge sur les axes verts.

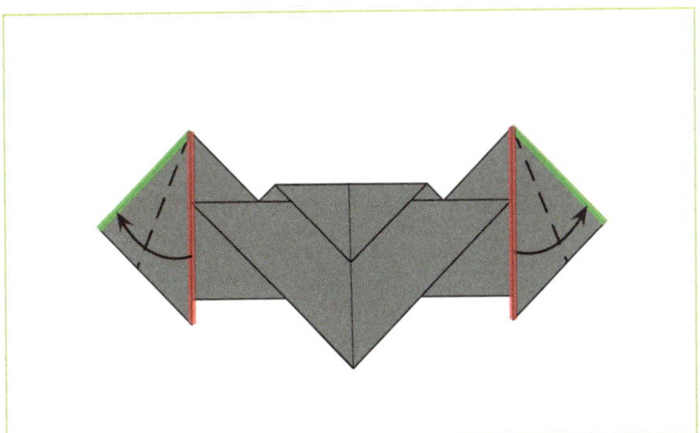

14.
Partagez les angles en deux en superposant les bords rouges sur les bords verts.

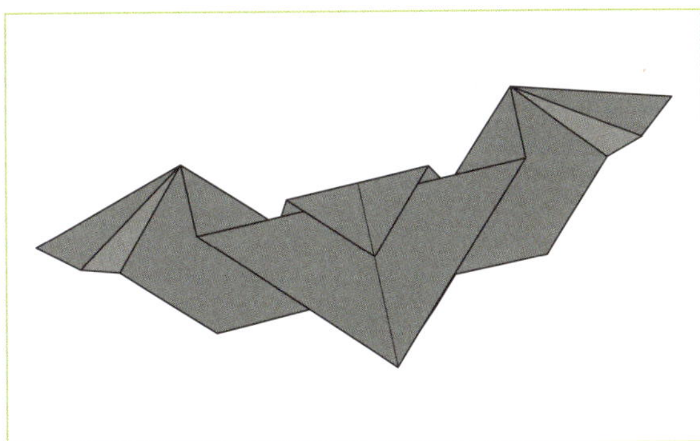

15.
La chauve-souris est terminée.

L'AIGLE

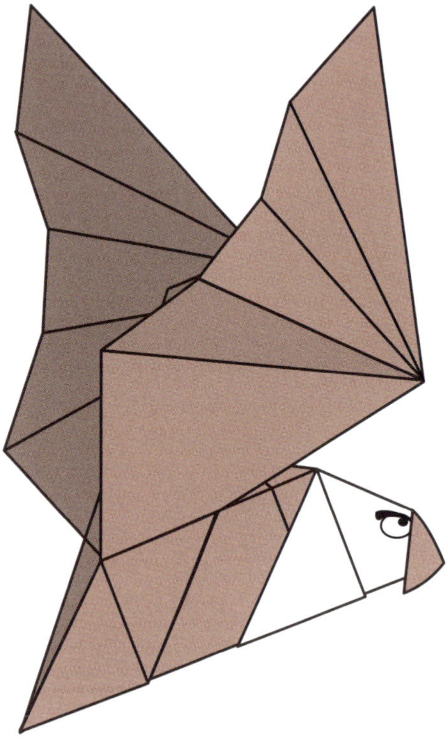

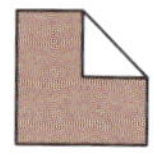

Il vous faut un carré de 15 x 15 cm coloré avec une face blanche au verso.

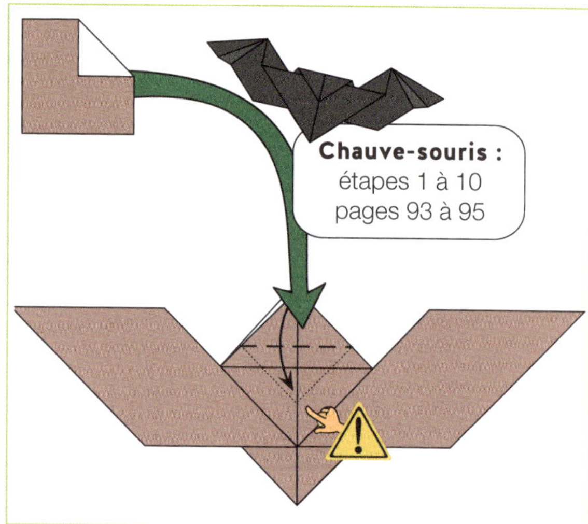

1.

Réalisez les étapes 1 à 10 de la chauve-souris pages 93 à 95. Puis pliez un petit triangle marron vers le bas comme indiqué.

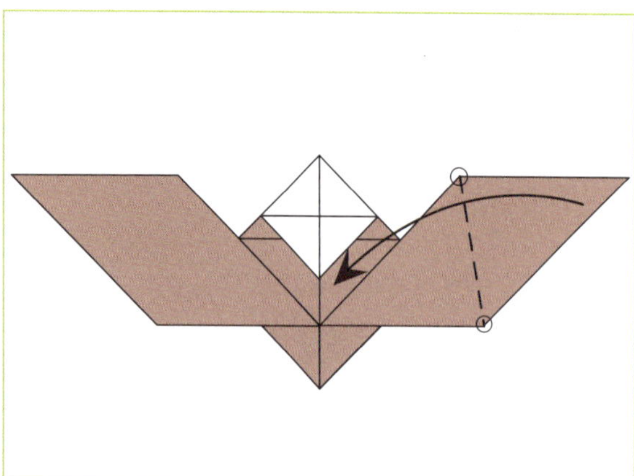

2.

Repérez les cercles et réalisez un pli entre les deux cercles.

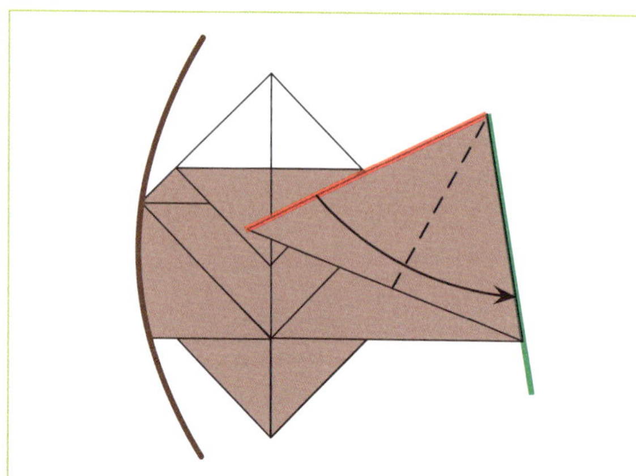

3.

Partagez l'angle en deux en superposant le bord rouge sur le bord vert.

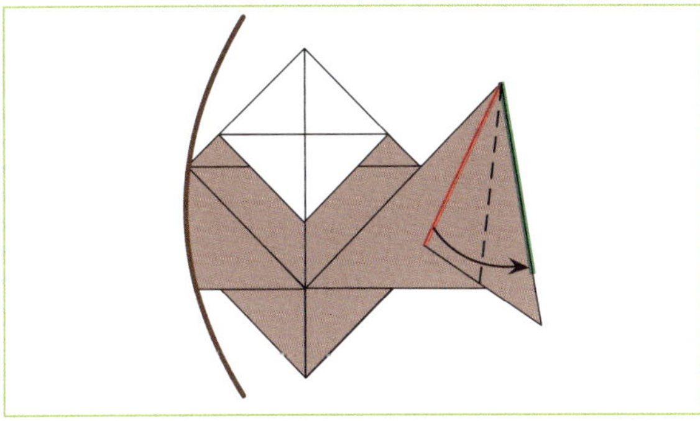

4.

Partagez l'angle en deux en superposant le bord rouge sur le bord vert. Pliez à travers toutes les couches. Il y a plusieurs épaisseurs donc aidez-vous éventuellement d'un plioir.

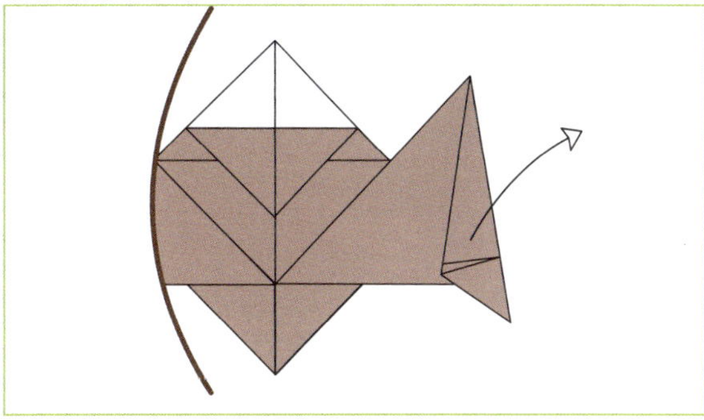

5.

Dépliez l'aile.

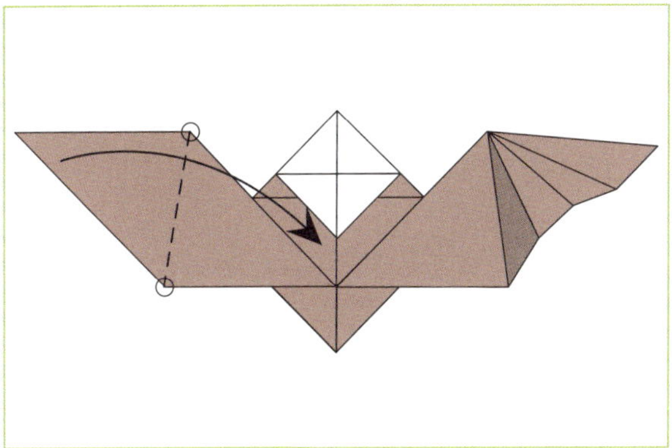

6.

Recommencez les étapes 2 à 5 sur l'aile de gauche. Repérez les cercles et réalisez un pli entre les deux cercles.

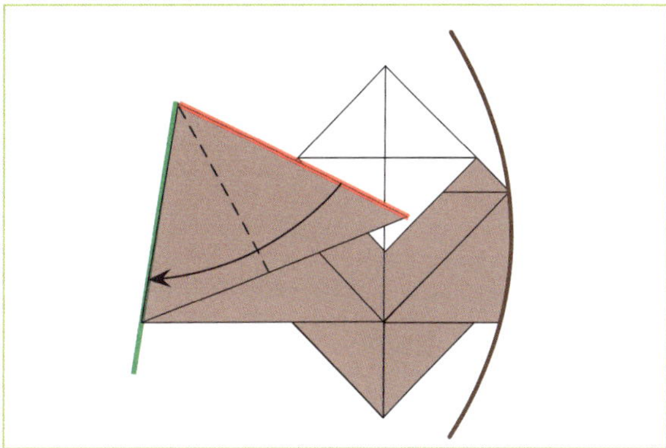

7.

Partagez l'angle en deux en superposant le bord rouge sur le bord vert.

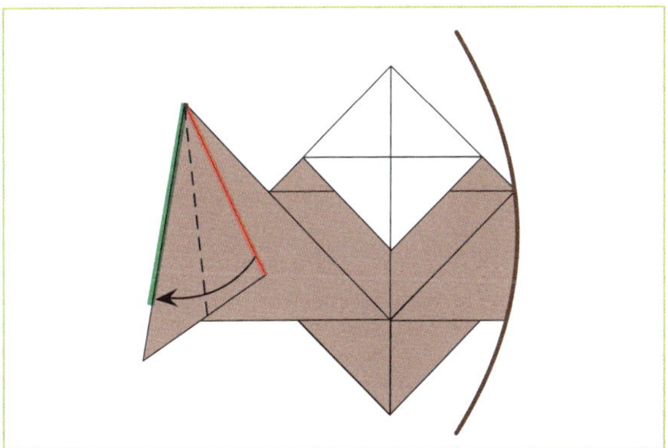

8.

Partagez l'angle en deux en superposant le bord rouge sur le bord vert. Pliez à travers toutes les couches.

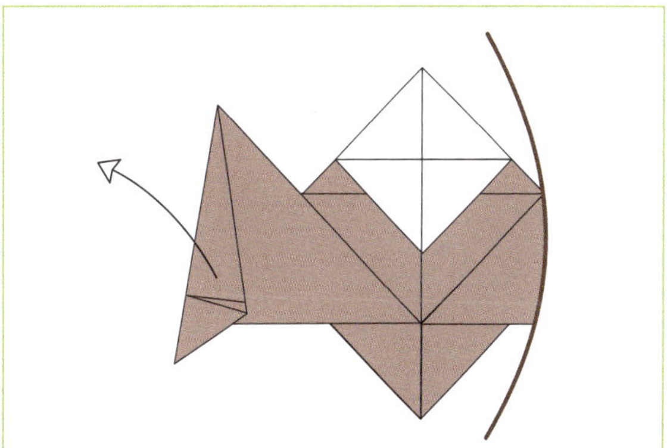

9.

Dépliez l'aile.

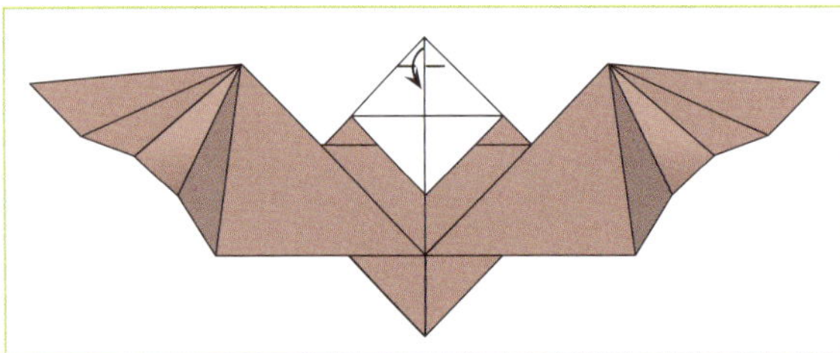

10.
Pliez le bec.

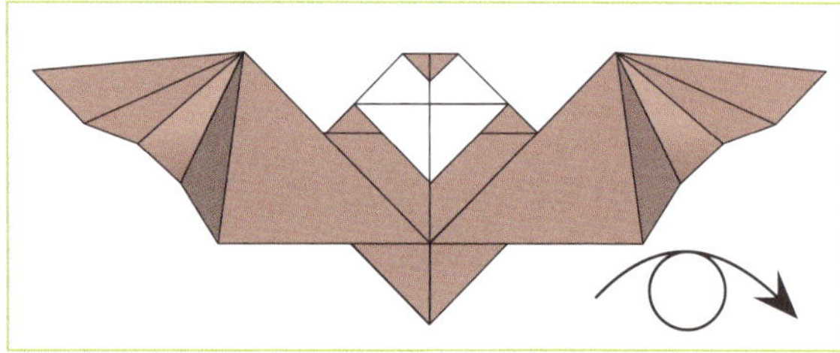

11.
Retournez le modèle.

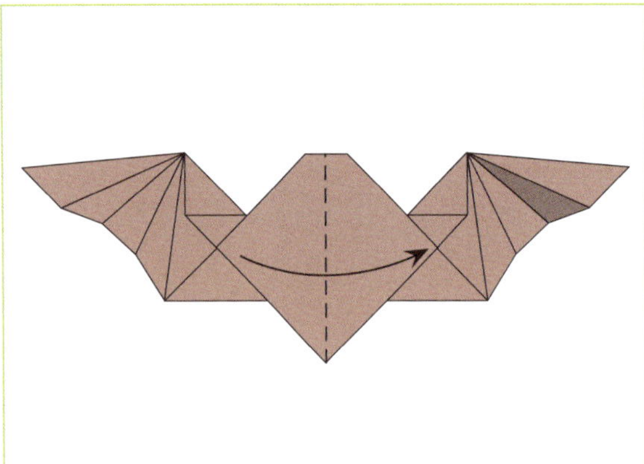

12.
Pliez le modèle en deux.

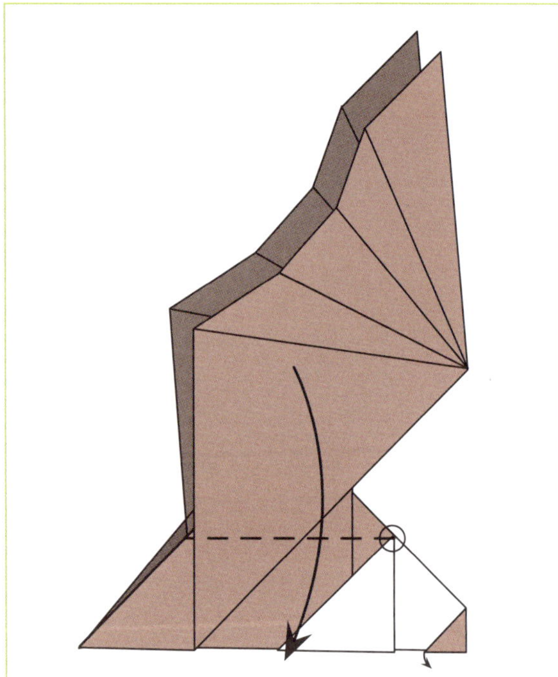

13.
Pliez les ailes à 90° de chaque côté.
Pivotez légèrement le bec pour le rendre crochu.

14.
L'aigle est terminé.

L'OURS

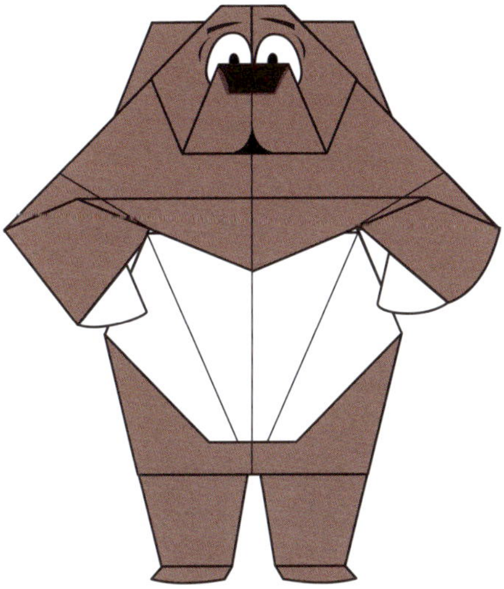

Il vous faut deux carrés de 15 x 15 cm coloré avec une face blanche au verso.

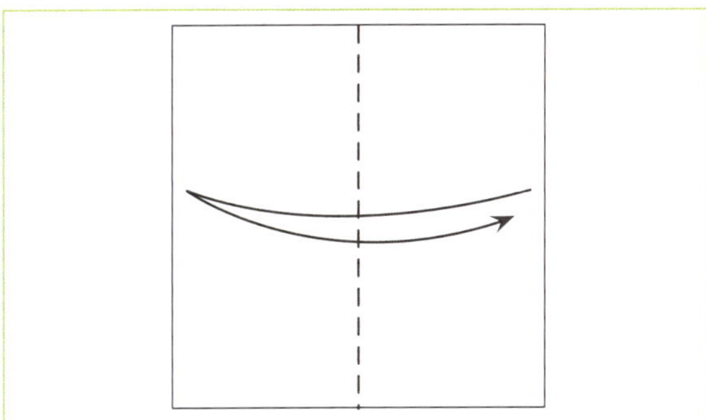

1.
Commencez avec la face blanche au-dessus.
Pliez le carré en deux puis dépliez.

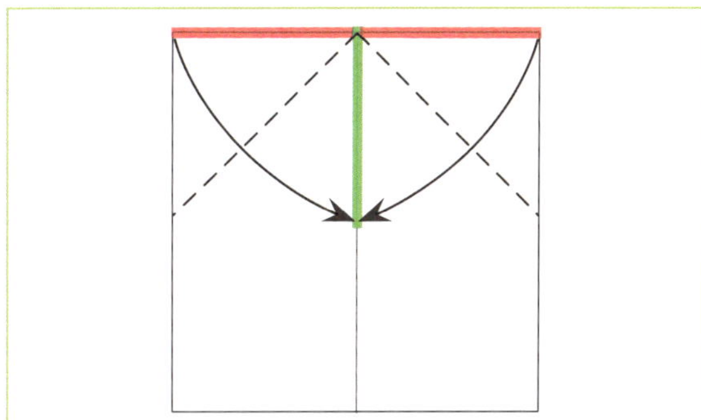

2.
Partagez les angles en deux en pliant les bords rouges sur l'axe central vert.

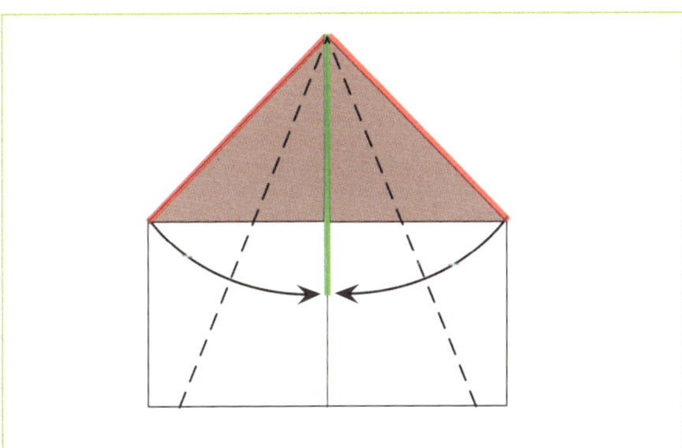

3.
Partagez les angles en deux à droite et à gauche.

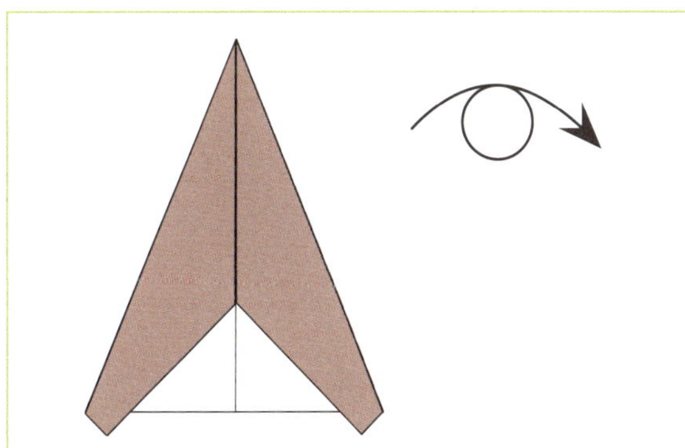

4.
Retournez le modèle.

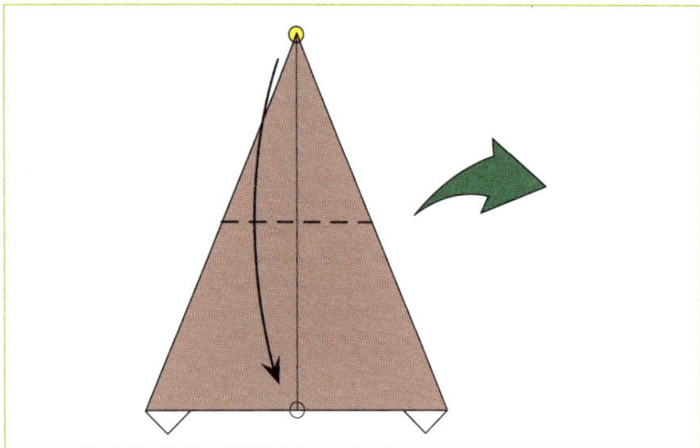

5.
Pliez la pointe sur la base du modèle.

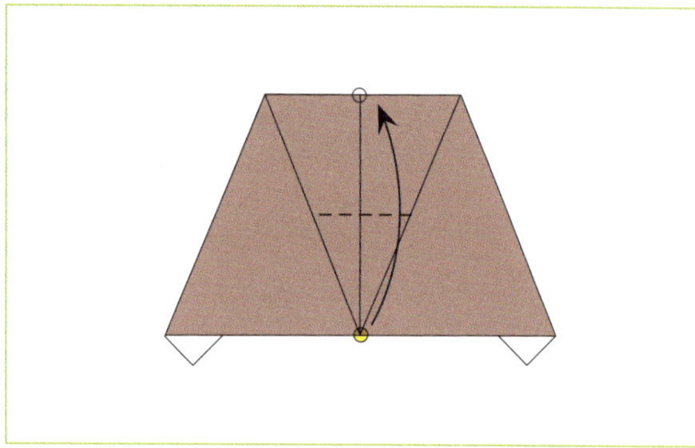

6.
Pliez la pointe sur le bord haut du modèle.

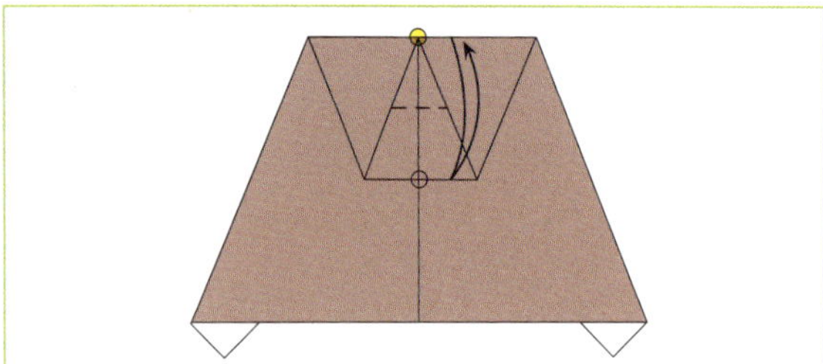

7.
Pliez puis dépliez.

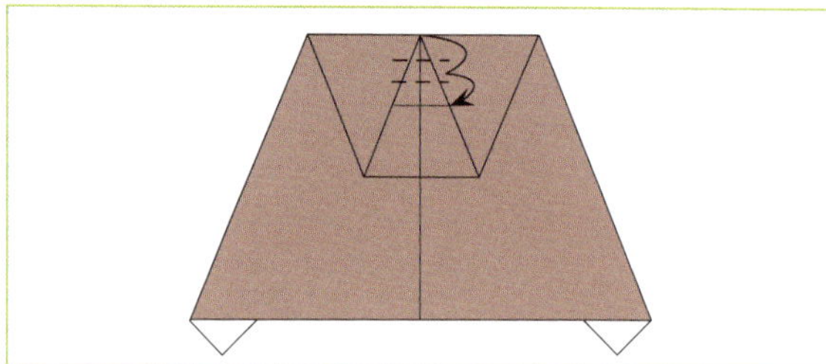

8.
Pliez la petite pointe puis repliez-la encore.

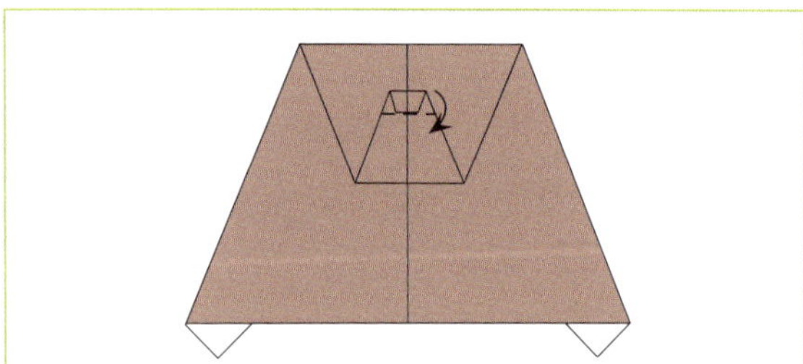

9.
Pliez une dernière fois pour créer le nez.

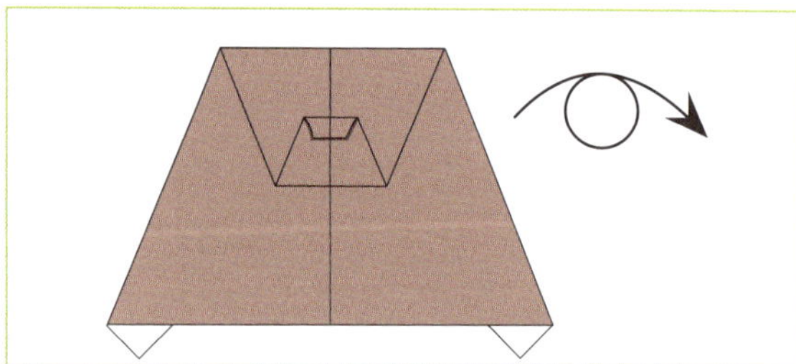

10.
Retournez le modèle.

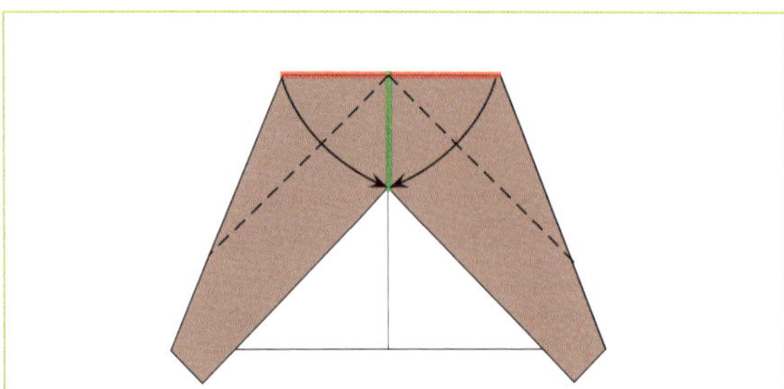

11.
Partagez les angles en deux en pliant les bords rouges sur l'axe central vert.

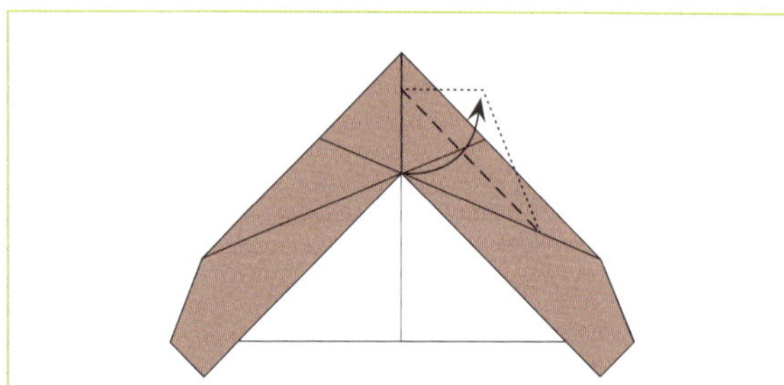

12.
Pliez un petit rebord pour faire dépasser le coin et ainsi créer une oreille.

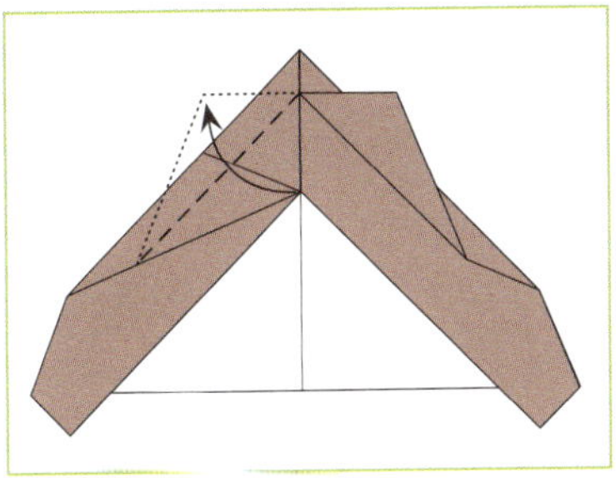

13.
Pliez un petit rebord à gauche pour créer l'autre oreille.

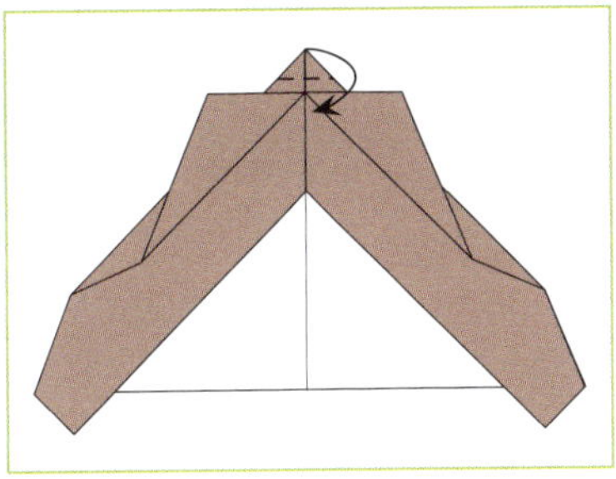

14.
Pliez la petite pointe pour arrondir la tête. Attention, la pointe est épaisse. Aidez-vous éventuellement d'un plioir.

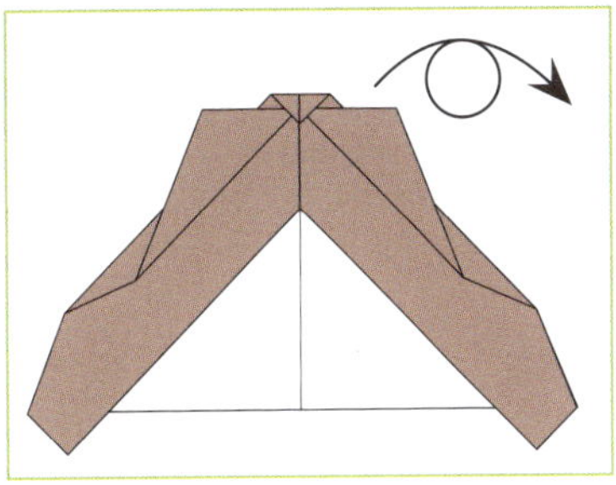

15.
Retournez le modèle.

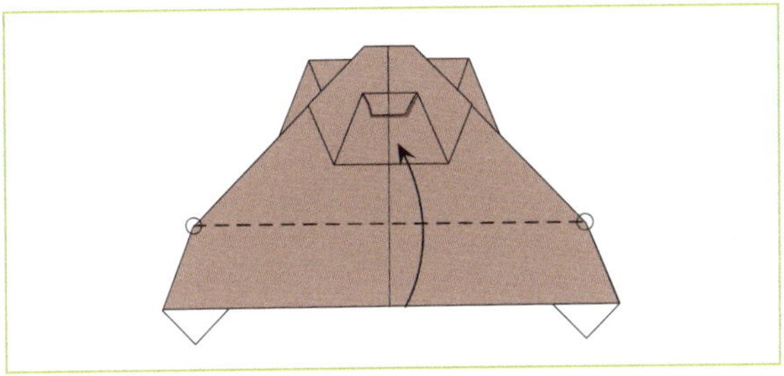

16.
Notez les points de référence encerclés.
Pliez le rebord entre les deux cercles.

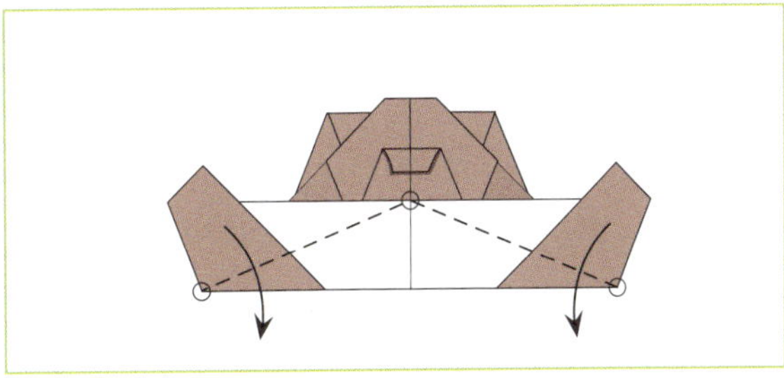

17.
Pliez les pattes avant comme indiqué.

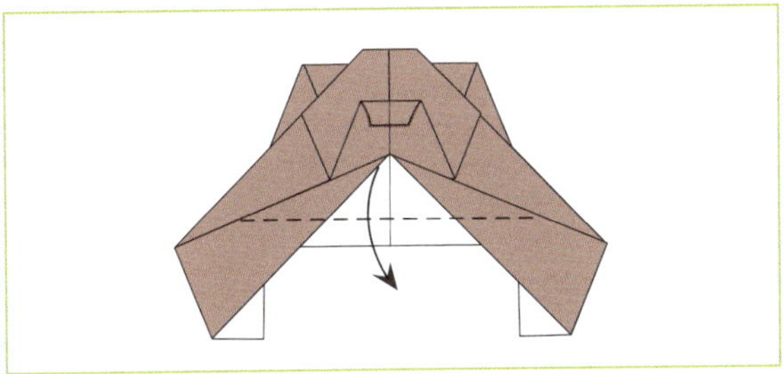

18.
Pliez le volet de devant pour cacher la partie blanche.

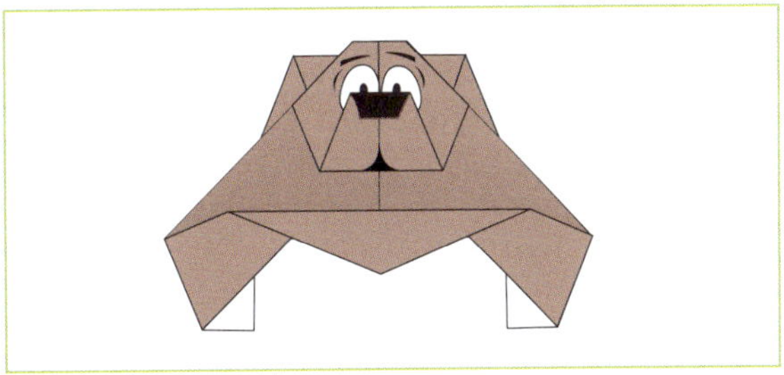

19.
Et voilà le résultat !

ASTUCES

▶ Il est possible de plier bien d'autres types de tête. Exemple :

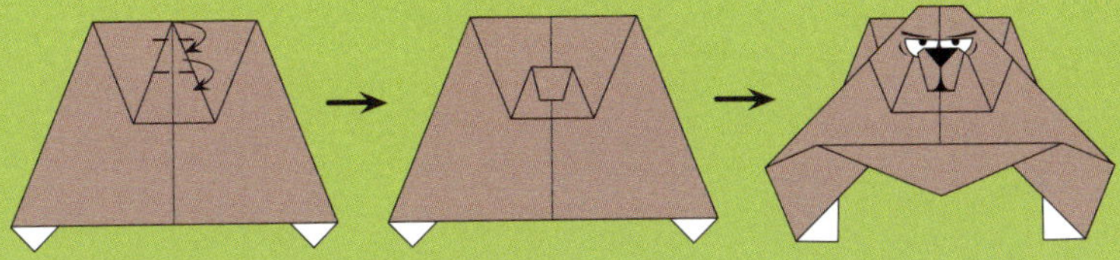

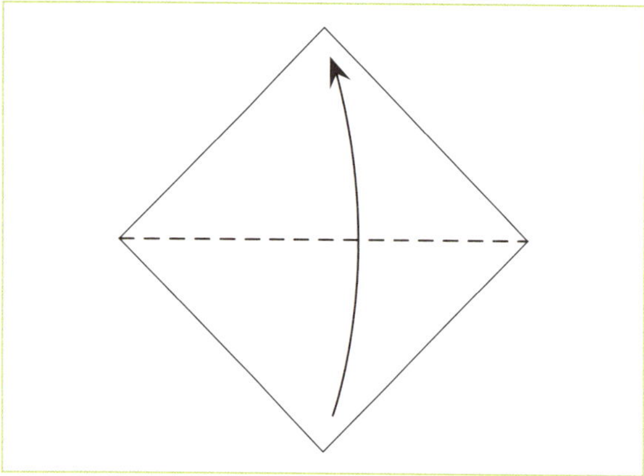

20.

Prenez l'autre feuille et pliez-la en deux suivant la diagonale.

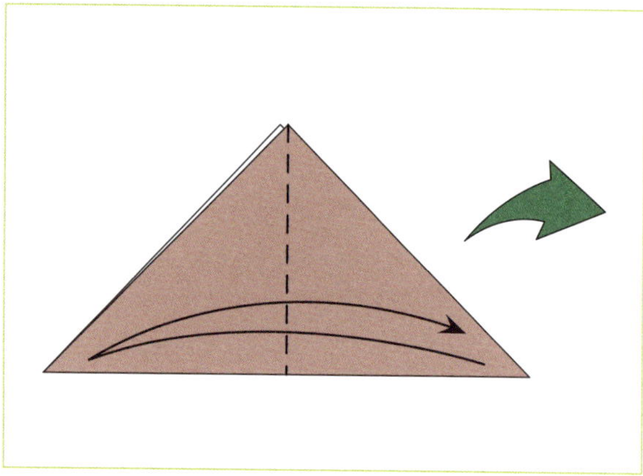

21.

Pliez en deux puis dépliez.

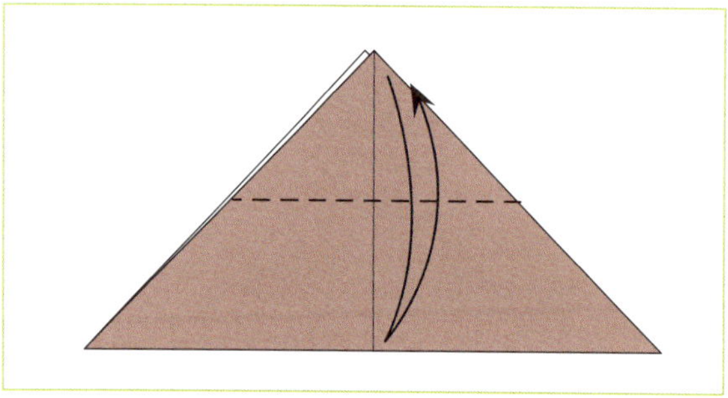

22.

Pliez en deux uniquement le premier volet puis dépliez.

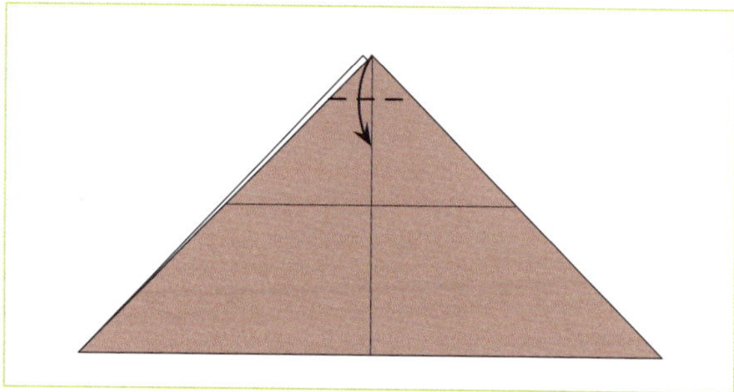

23.

Pliez un petit coin sur le premier volet uniquement.

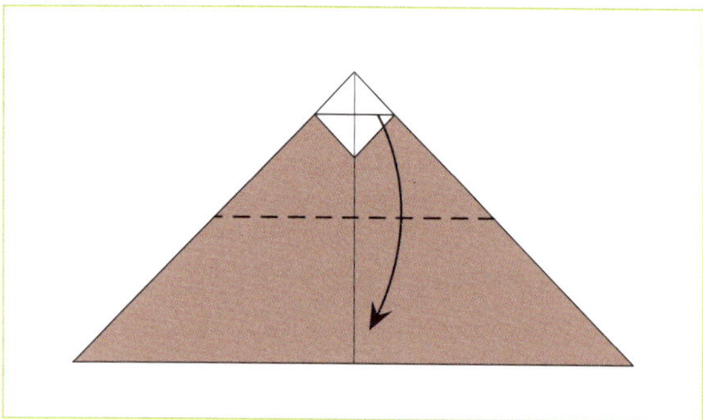

24.

Pliez le modèle en utilisant le pli déjà existant.

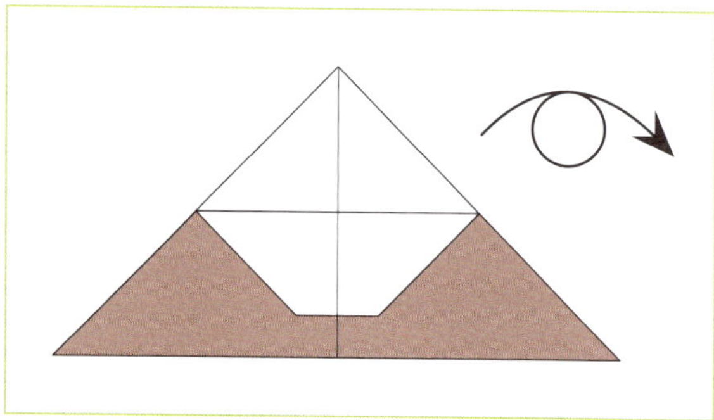

25.

Retournez le modèle.

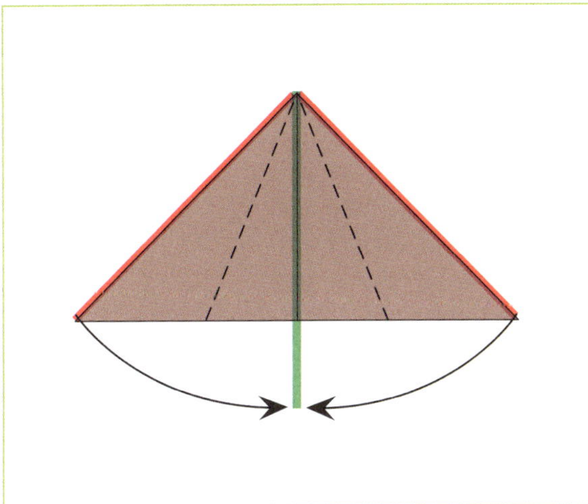

26.

Partagez les angles en deux en pliant les bords rouges sur l'axe central vert.

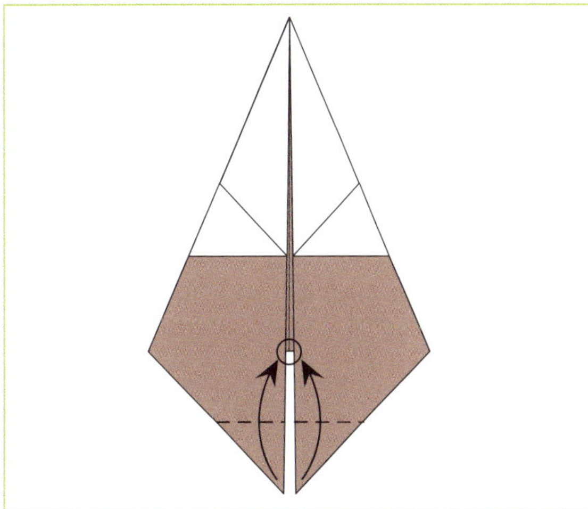

27.

Pliez les deux pointes vers le haut.

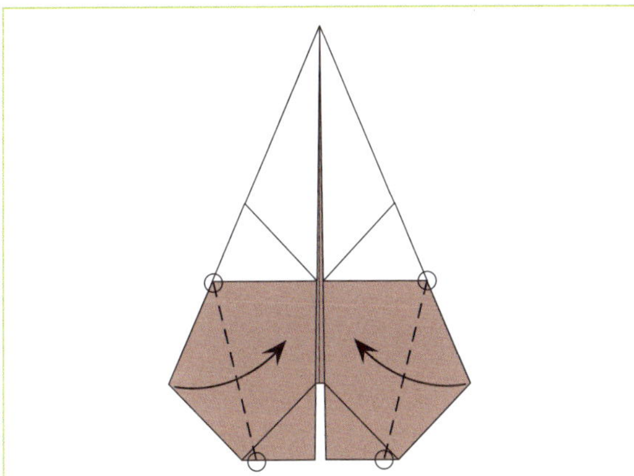

28.

Repérez les points de références encerclés et pliez les volets.

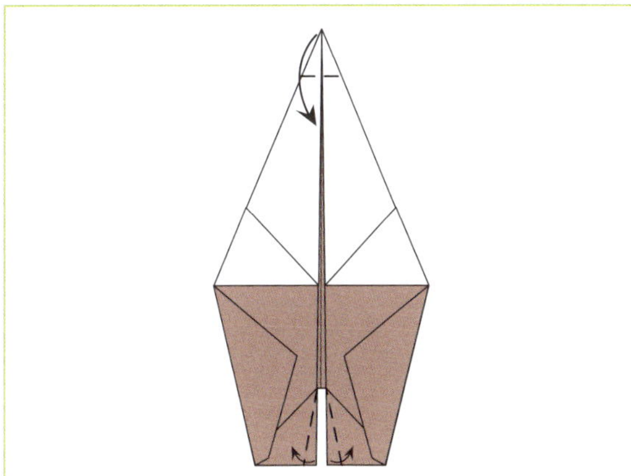

29.

Pliez un petit repli de chaque côté pour séparer les pattes. Pliez la pointe.

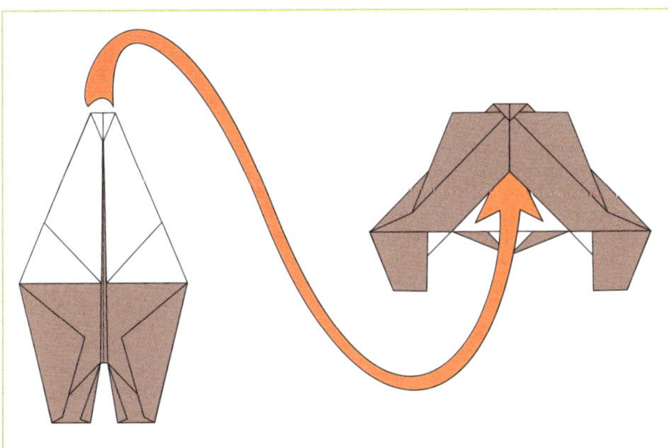

30.

Prenez la partie supérieure et retournez-la.
Insérez la partie inférieure dans la pochette du dos.
Éventuellement, collez pour maintenir fermement les deux parties ensemble.
La partie inférieure de l'ours est terminée.

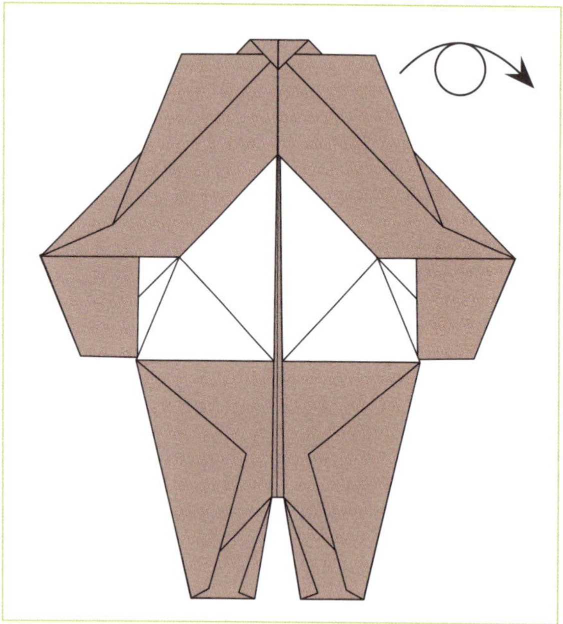

31.
Retournez le modèle.

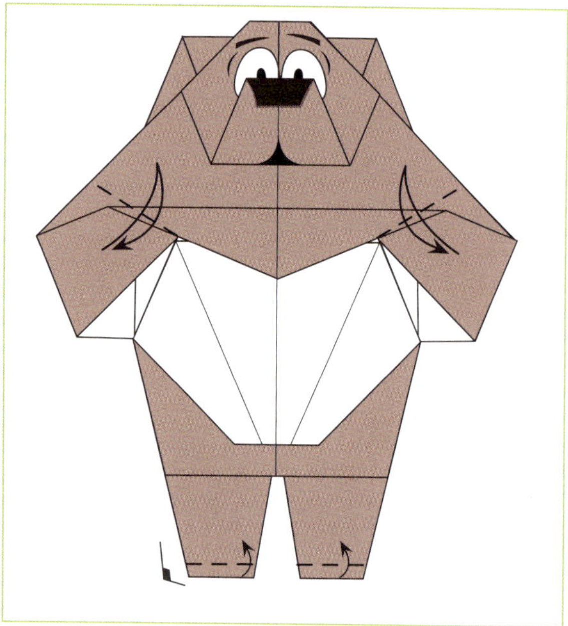

32.
Ces plis sont facultatifs et permettent juste de donner un peu plus de volume au modèle.

33.
L'ours est terminé.

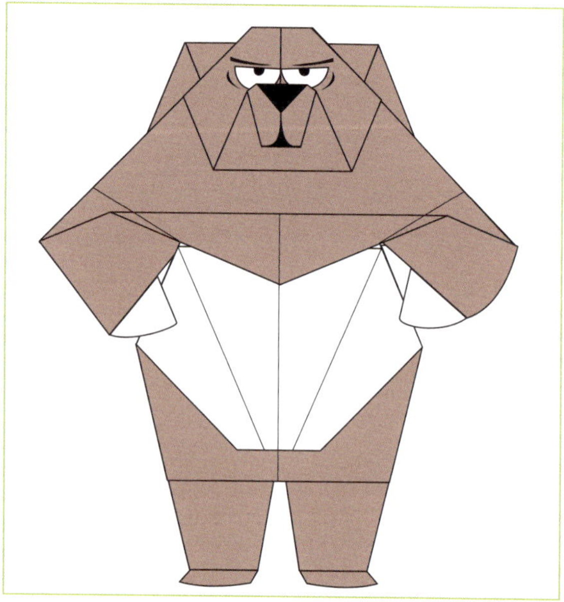

34.
Pliez d'autres ours.

LEÇON 5
LE PLI PAR-DERRIÈRE
OU PLI MONTAGNE

Je t'aime

LEÇON 5

Ce pli se représente TOUJOURS avec :

Une ligne pointillée comme celle-ci :

Une flèche avec une pointe comme celle-ci :

> LE PLI PAR-DERRIÈRE OU PLI MONTAGNE

Le pli par-derrière est le deuxième pli de base de l'origami.

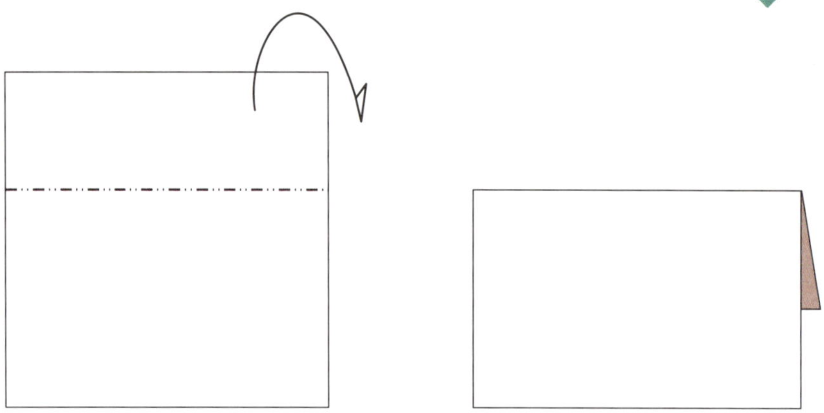

On appelle aussi habituellement ce pli un « pli montagne » car si on regarde la feuille pliée depuis le côté, le pli forme une montagne. On peut l'appeler aussi « pli reliure » car il prend la forme d'une reliure d'un livre posé à plat.

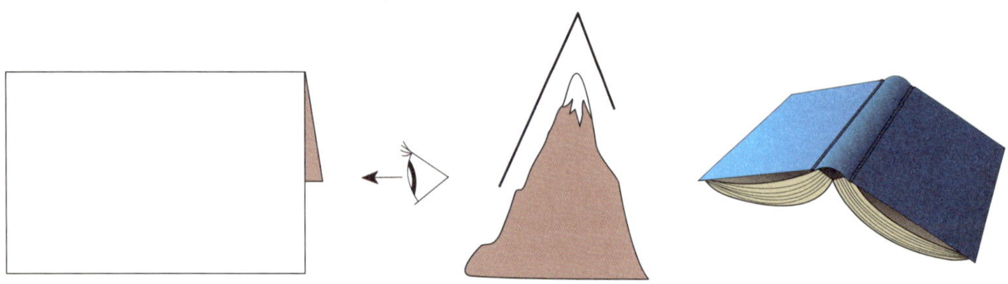

LA COCOTTE

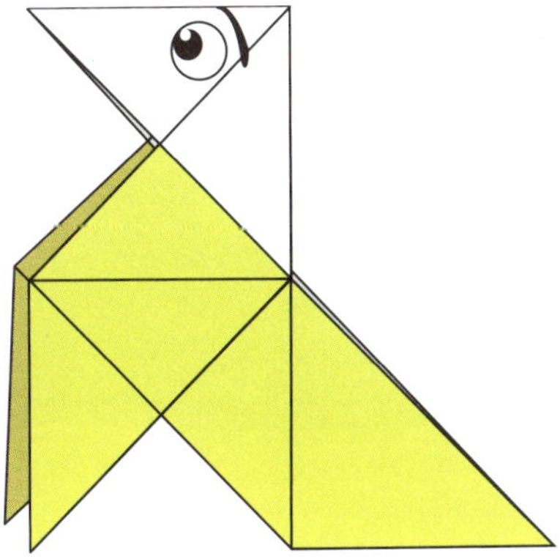

Il vous faut un carré de 15 x 15 cm.
La face blanche au verso sert ici principalement d'aide au pliage.

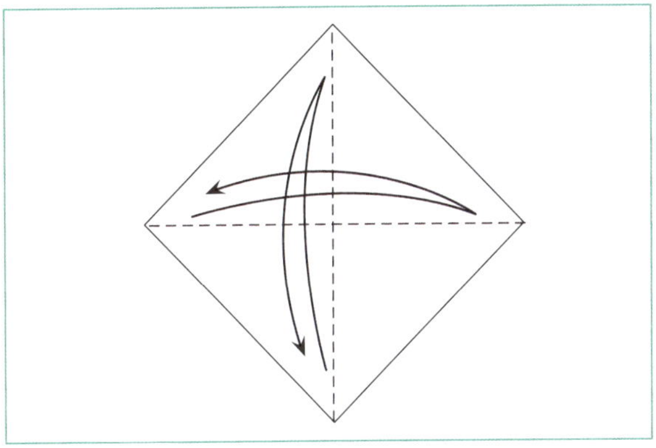

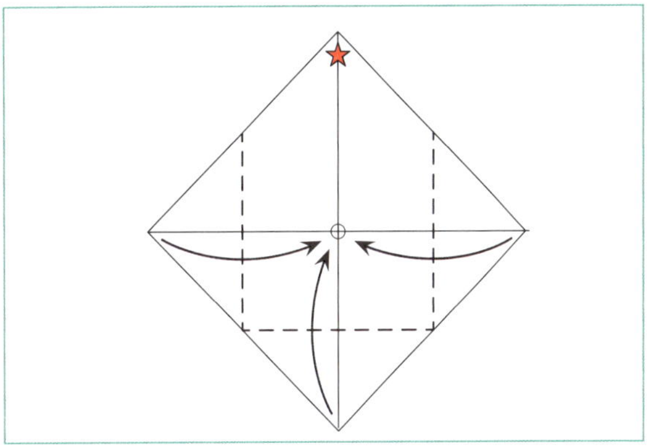

1.

Commencez avec la face blanche au-dessus. Pliez le carré selon les diagonales puis dépliez.

2.

Pliez 3 coins au centre. Ne pliez pas encore le quatrième coin. Ce quatrième coin, qui deviendra la tête de la cocotte, est noté ici avec une étoile pour que vous puissiez vous repérer dans la suite du pliage.

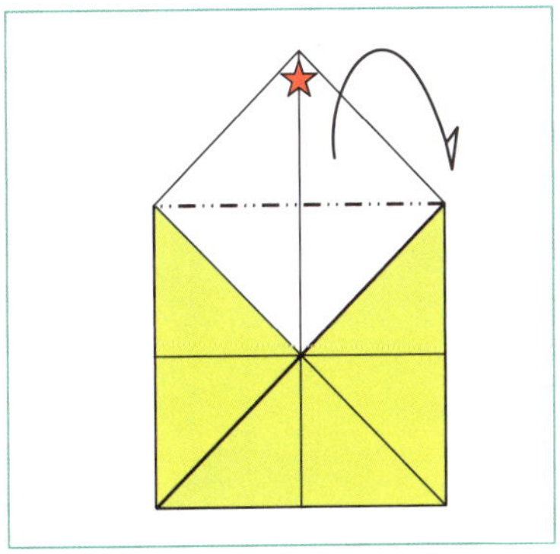

3.

Pliez ce dernier coin vers l'arrière en MONTAGNE.

ASTUCES

▶ **Pour plier en montagne, vous pouvez souvent simplement retourner le modèle et plier en vallée :**

3.1 Retournez.

3.2 Pliez en vallée.

3.2 Retournez.

4. Le résultat.

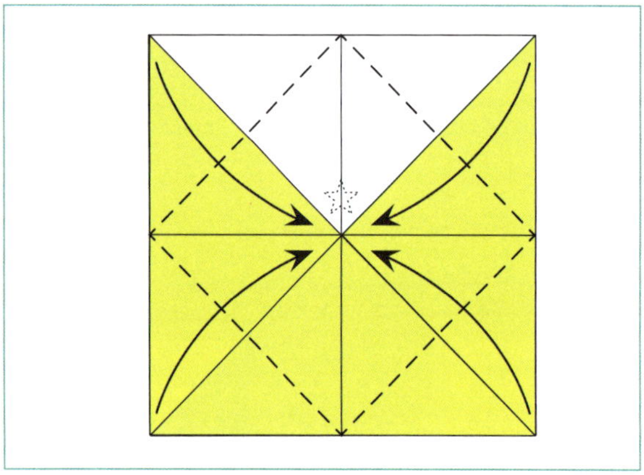

4.
Pliez les 4 coins au centre.

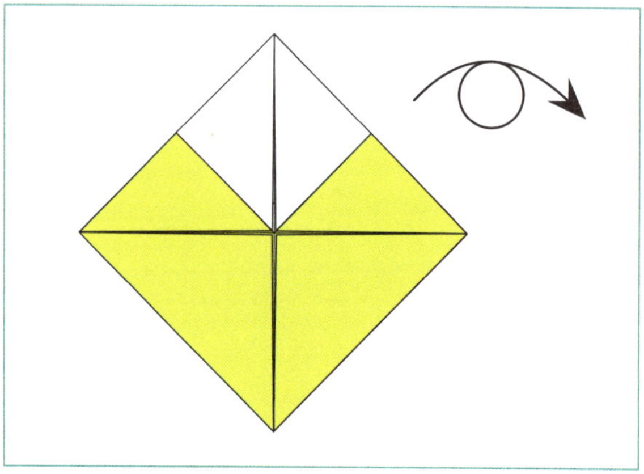

5.
Retournez le modèle.

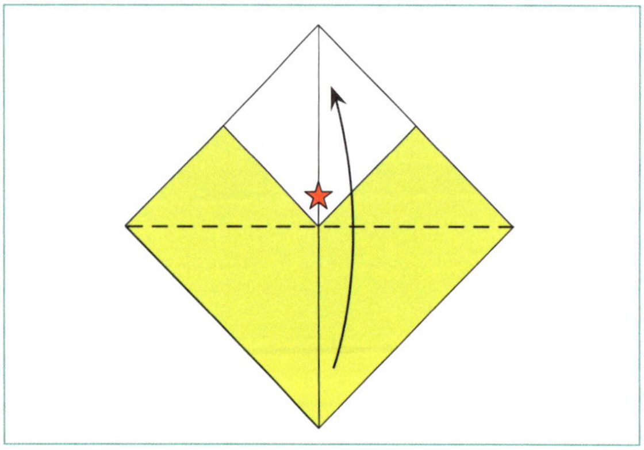

6.
Pliez en deux.

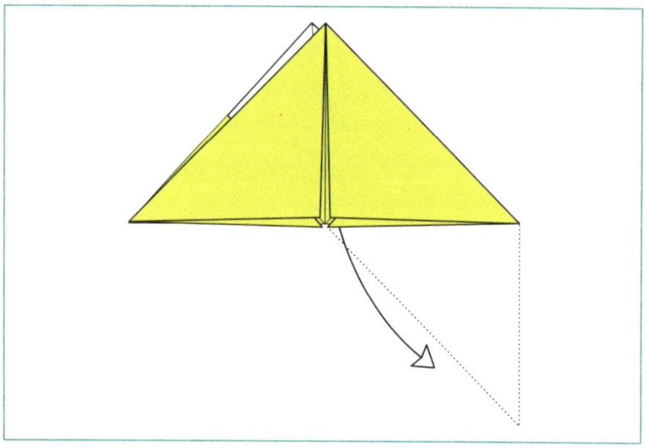

7.
Trouvez la pointe cachée à l'intérieur et tirez-la doucement pour déplier le volet.

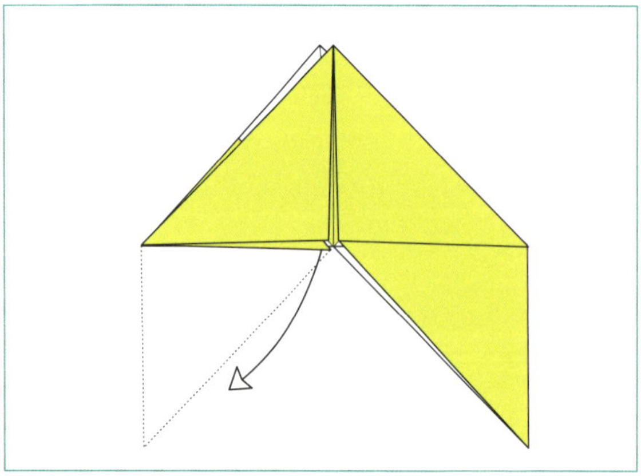

8.
Trouvez la pointe cachée à l'intérieur et tirez-la doucement pour déplier l'autre volet.

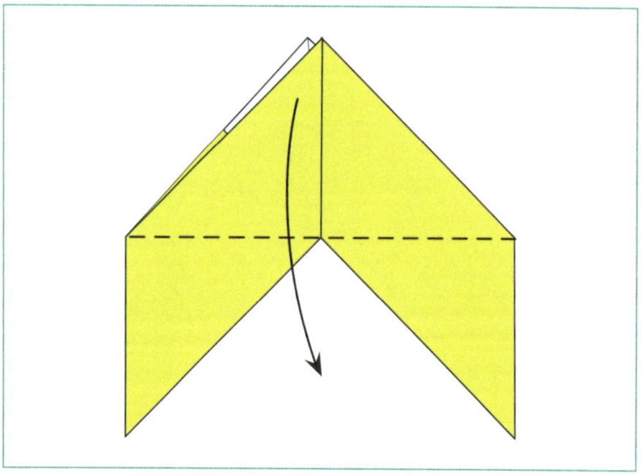

9.
Pliez le volet de devant vers le bas.

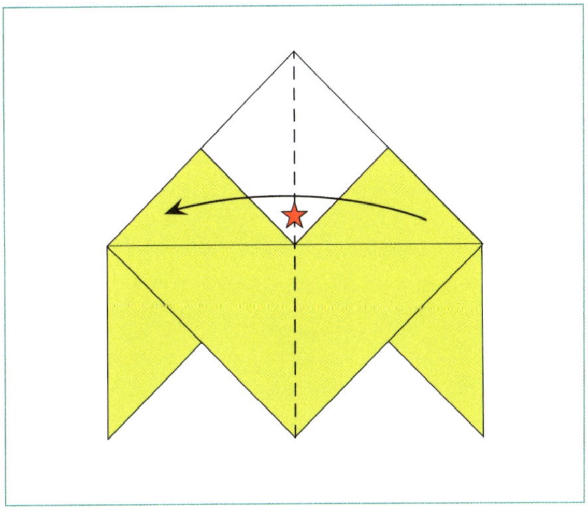

10.

Pliez en deux.

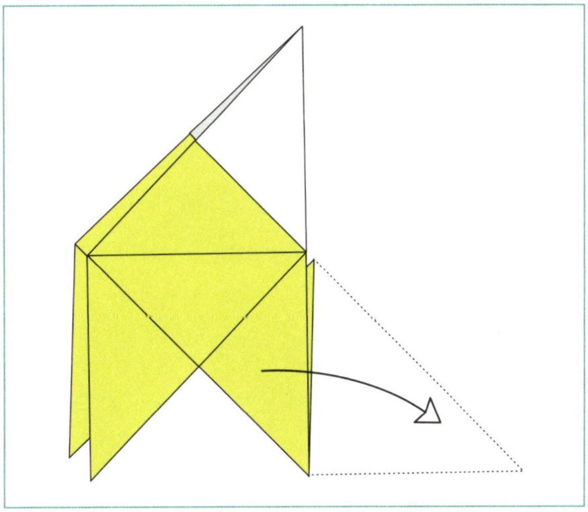

11.

Trouvez la pointe cachée à l'intérieur et tirez-la doucement pour déplier la queue.

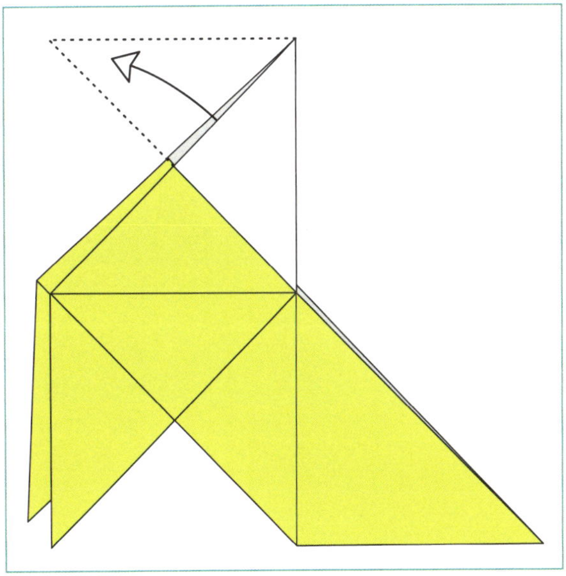

12.

Trouvez la pointe cachée à l'intérieur et tirez-la doucement pour déplier la tête.

13.

La cocotte est terminée.

L'OISEAU QUI PARLE

Il vous faut un carré de 15 x 15 cm coloré. La présence d'une face blanche n'est pas nécessaire mais peut aider au pliage.

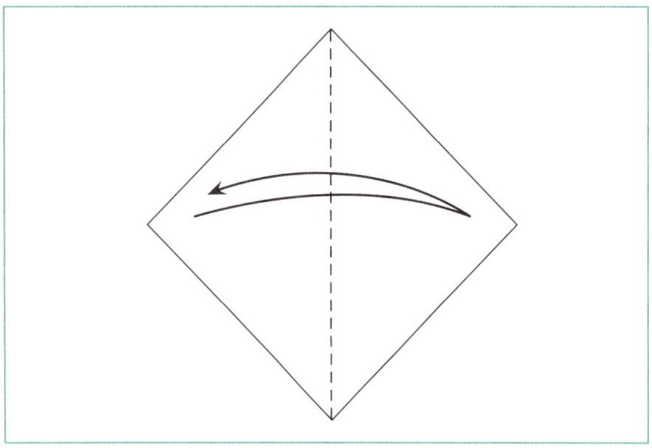

1.
Commencez avec la face blanche au-dessus.
Pliez le carré en deux selon la diagonale puis dépliez.

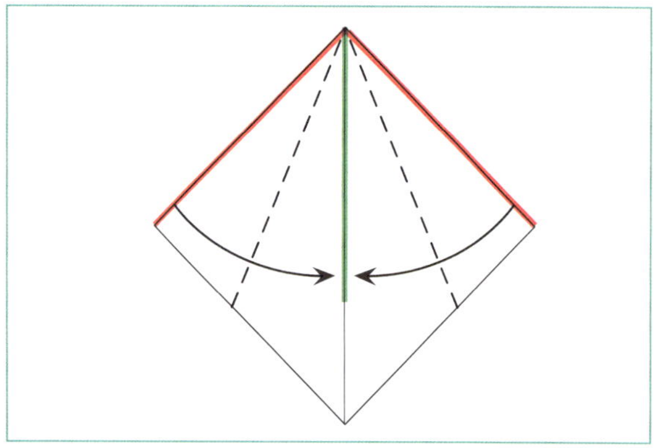

2.
Pliez les bords rouges sur l'axe central vert.

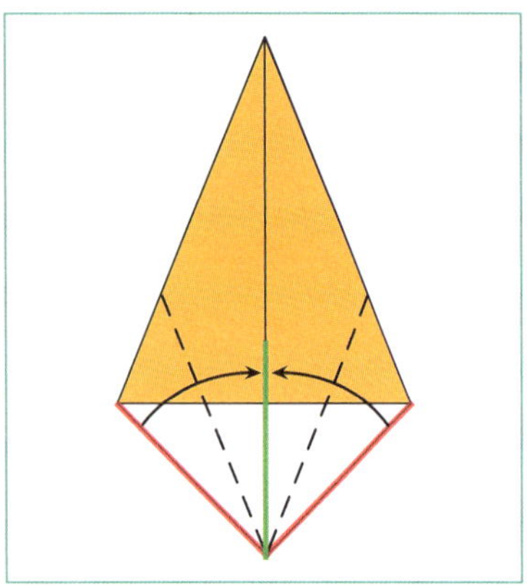

3.
Pliez les bords rouges sur l'axe central vert.

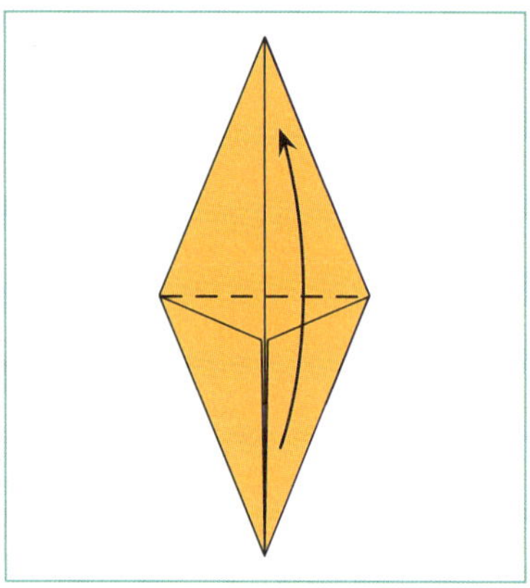

4.
Pliez la pointe du bas sur celle du haut.

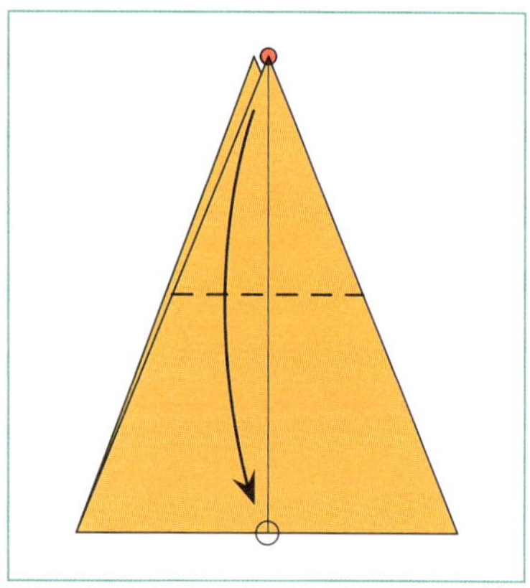

5.
Pliez la première pointe sur la base du triangle.

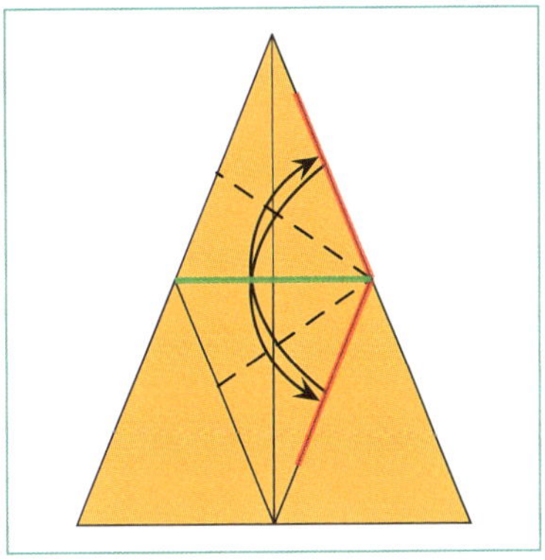

6.
Partagez les angles en deux en pliant les bords rouges sur le pli vert puis dépliez.

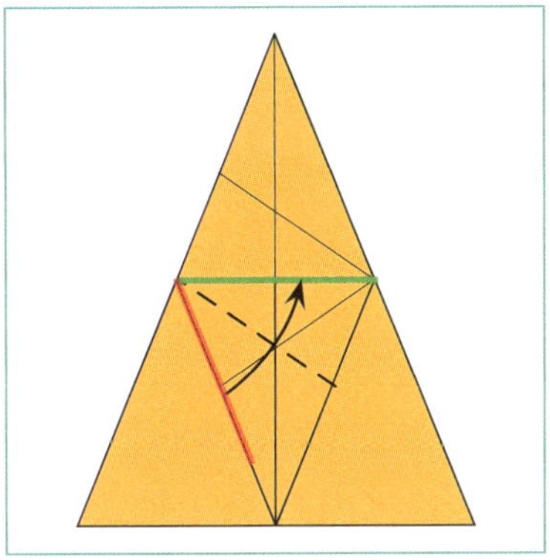

7.
Partagez l'angle en deux en pliant le bord rouge sur le pli vert.

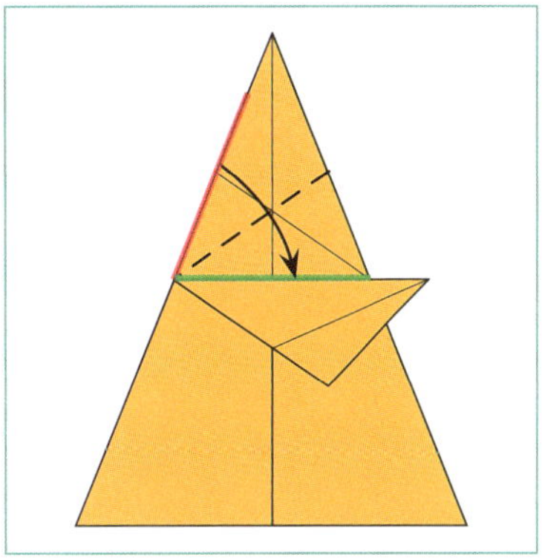

8.
Partagez l'angle en deux en pliant le bord rouge sur le pli vert.

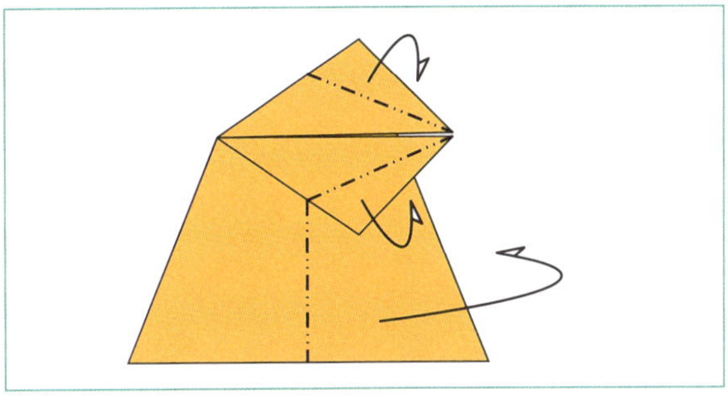

9.
Pliez vers l'arrière, en MONTAGNE, le volet de droite. En faisant cela, les deux pointes se plient en même temps avec un pli montagne.

10.
Décorez le modèle.

11.
Tenez les deux côtés du modèle et écartez les mains pour faire bouger le bec.

LA POULE

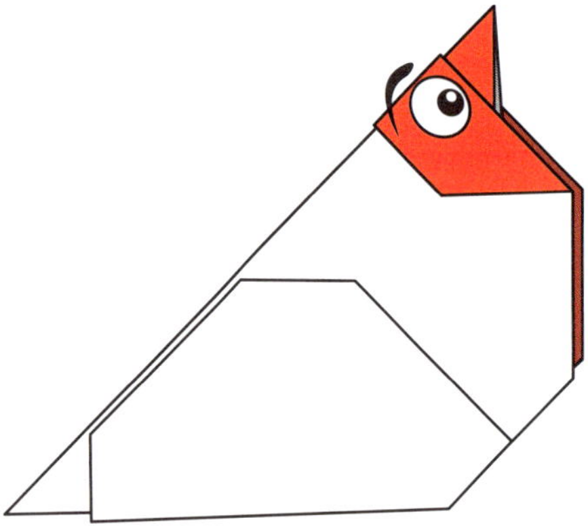

Il vous faut un carré de 15 x 15 cm coloré avec une face blanche au verso.

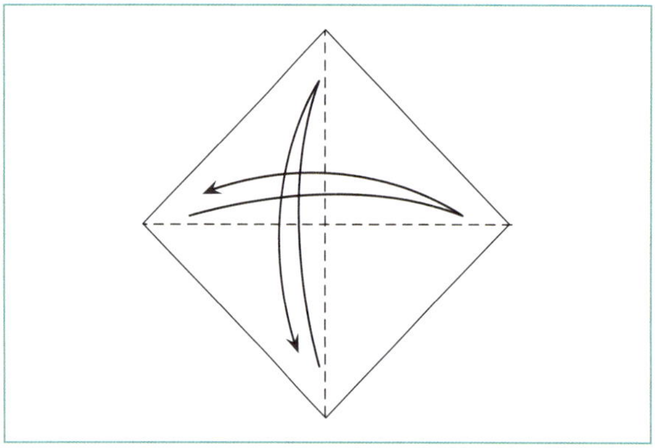

1.

Commencez avec la face blanche au-dessus.
Pliez le carré en deux selon les diagonales puis dépliez.

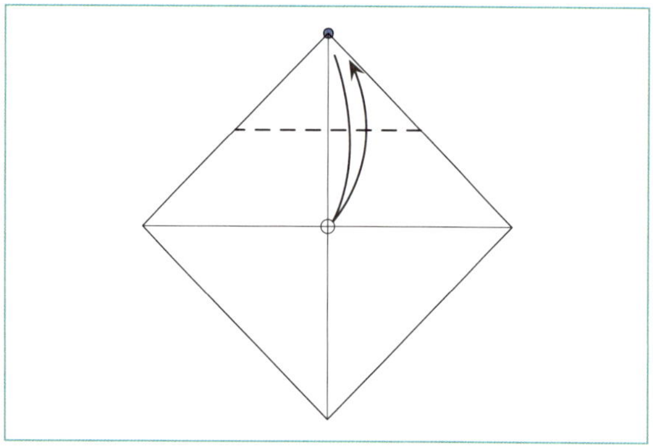

2.

Pliez le coin au centre puis dépliez.

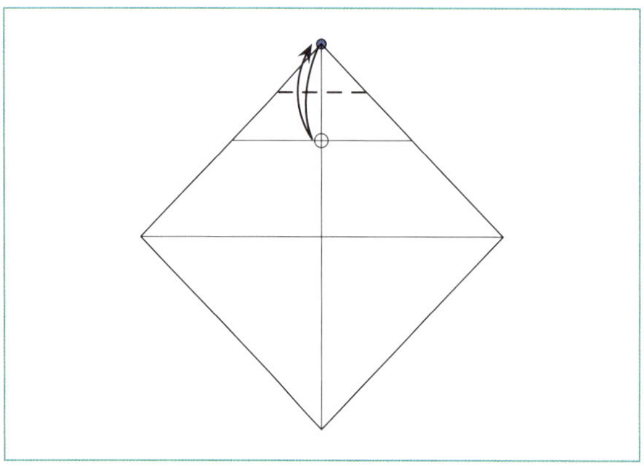

3.

Pliez à nouveau le coin mais sur le pli venant d'être fait puis dépliez.

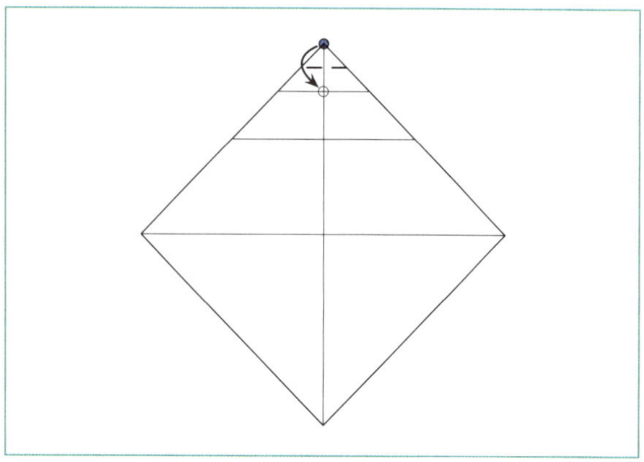

4.

Pliez le coin sur le nouveau pli.

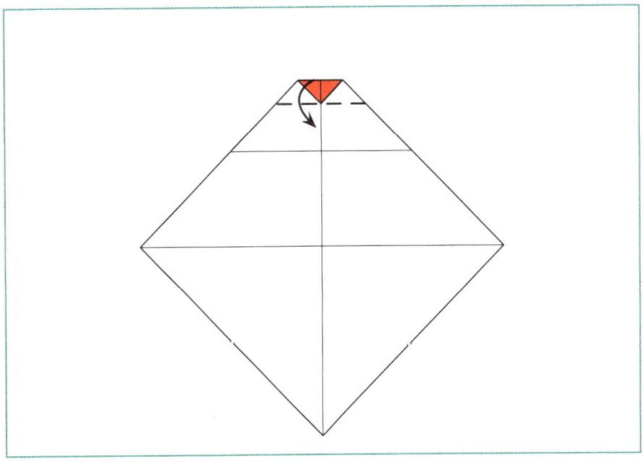

5.
Pliez encore une fois en utilisant le pli déjà existant.

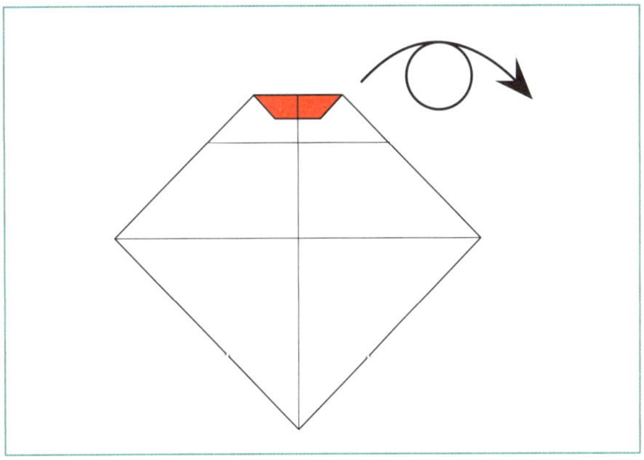

6.
Retournez le modèle.

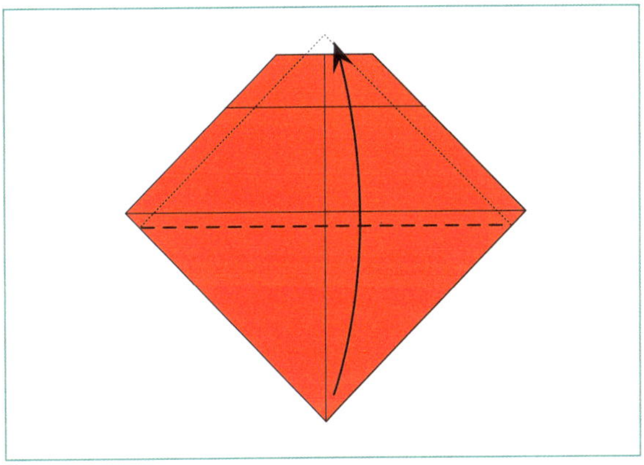

7.
Pliez la pointe du bas vers le haut en la faisant dépasser.

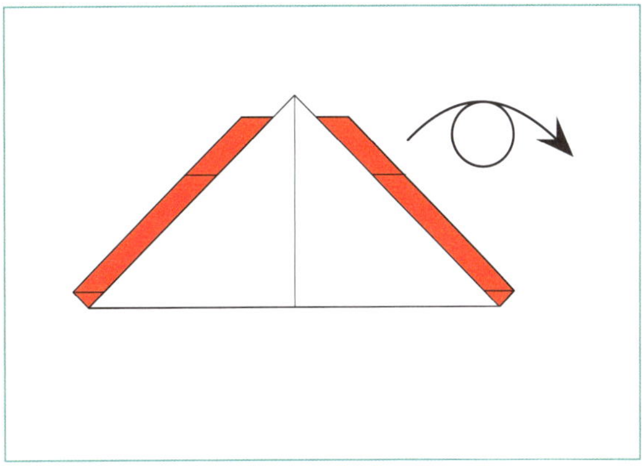

8.
Retournez le modèle.

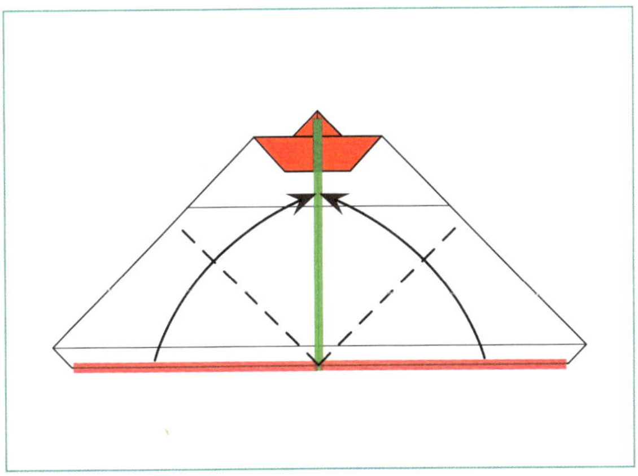

9.
Amenez les bords droit et gauche sur l'axe central.

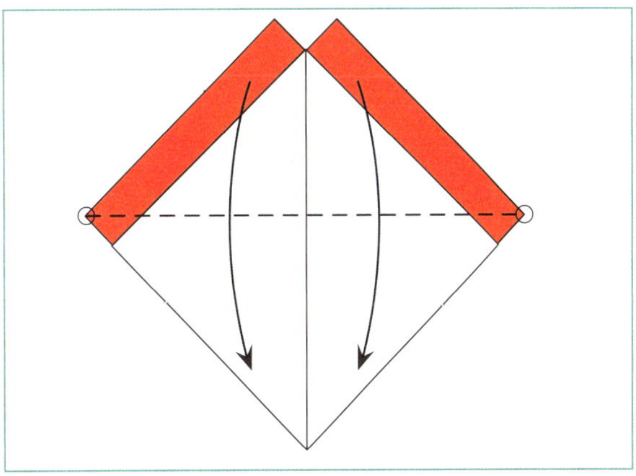

10.
Pliez les deux volets vers le bas.

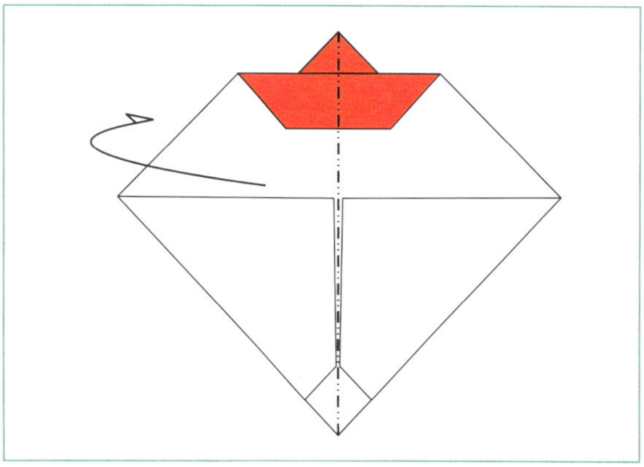

11.
Pliez en deux en MONTAGNE.

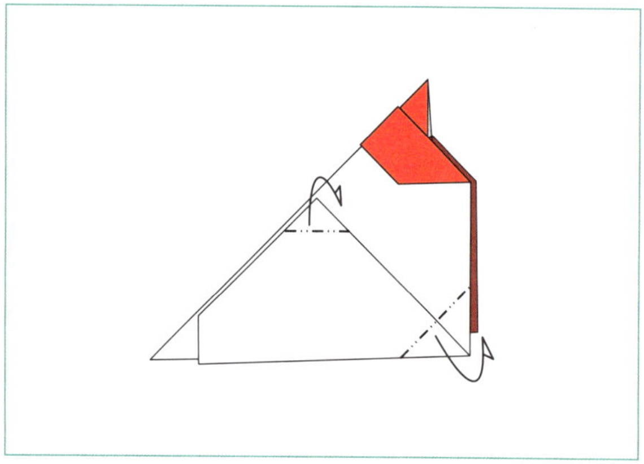

12.
Pliez le coin de l'aile et le coin du corps pour les arrondir.

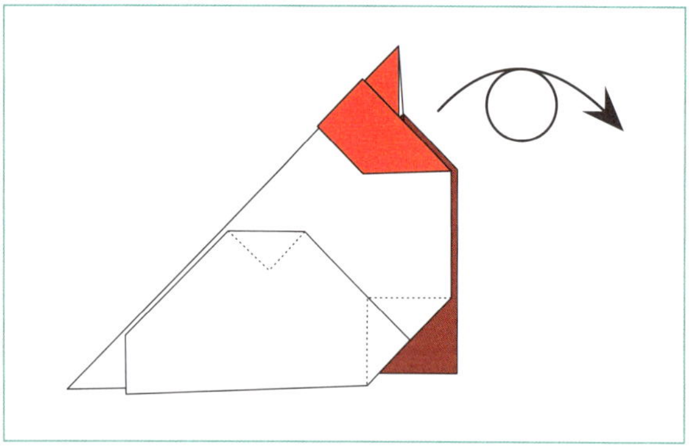

13.
Retournez le modèle.

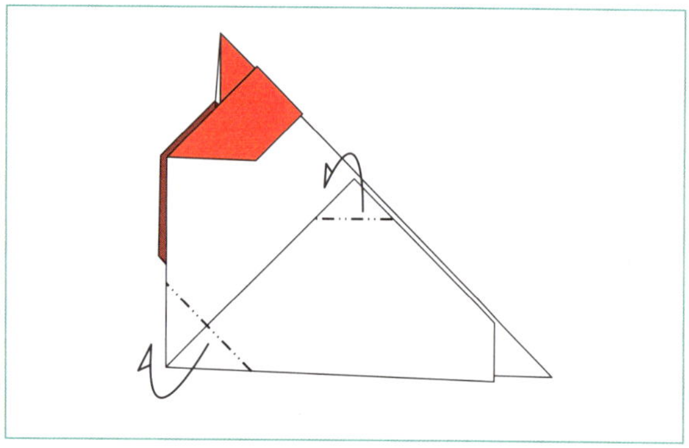

14.
Pliez le coin de l'aile et le coin du corps pour les arrondir.

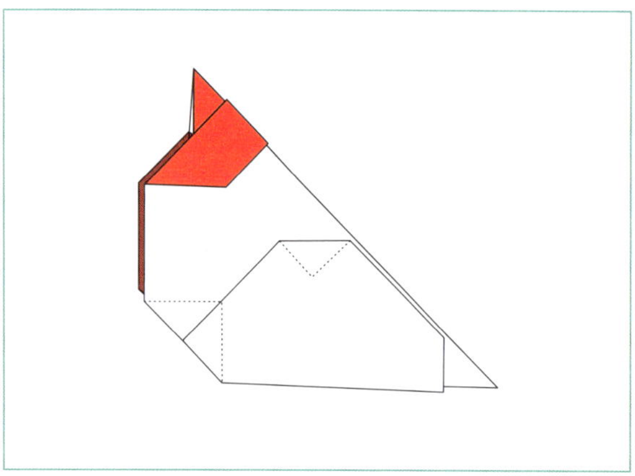

15.
La poule est terminée.

16.
Changez la couleur des papiers pour réaliser des poussins et d'autres poules.

LE BATEAU DES ÉCOLIERS

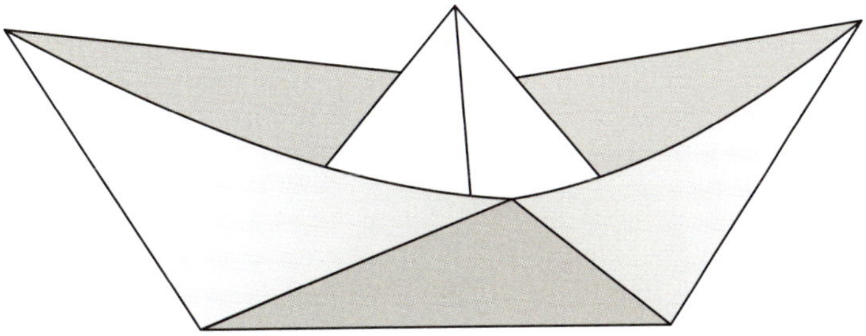

Il vous faut une feuille au format A4 de type photocopie.

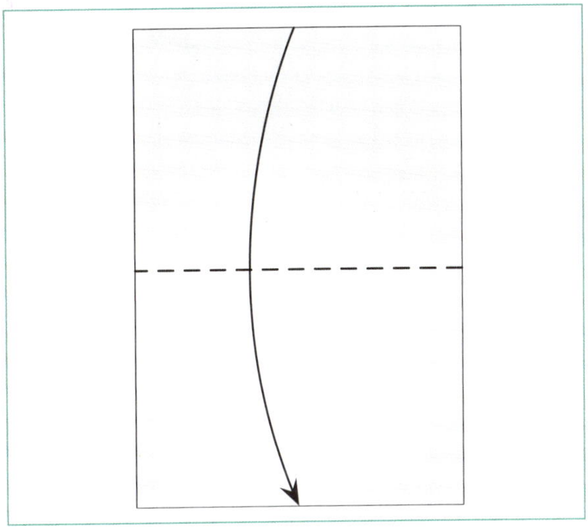

1.
Pliez la feuille en deux.

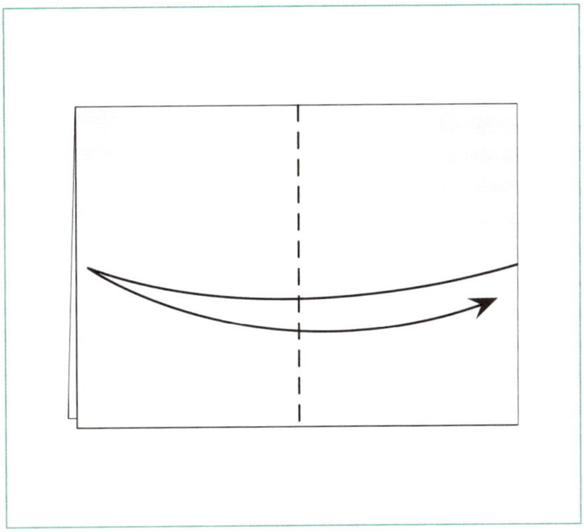

2.
Pliez en deux puis dépliez.

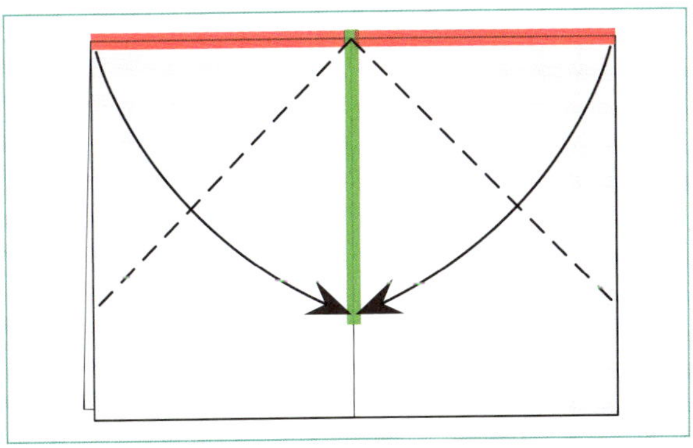

3.
Pliez la pointe en superposant les bords sur l'axe central.

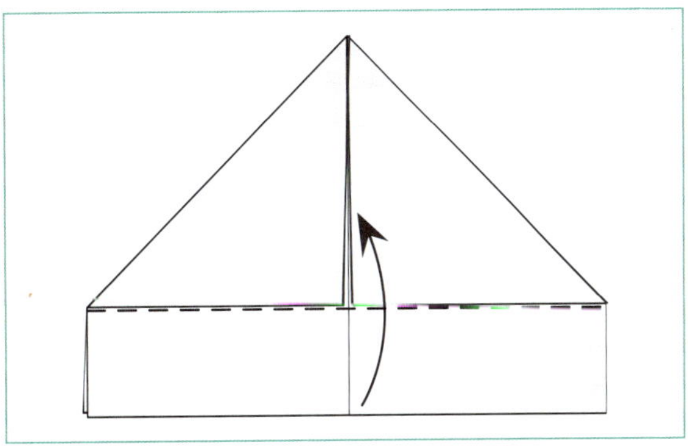

4.
Pliez le premier volet vers le haut.

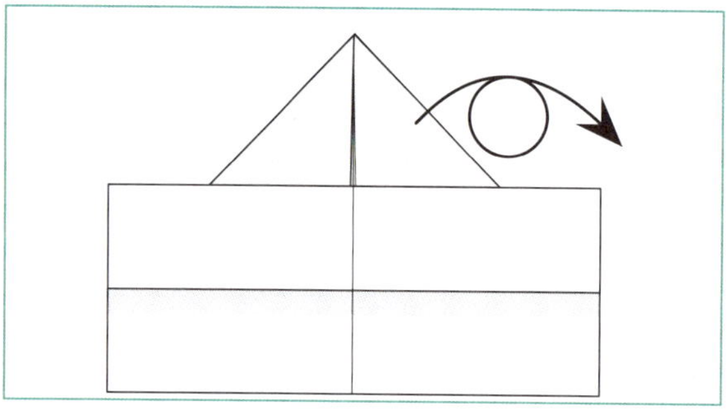

5.
Retournez le modèle.

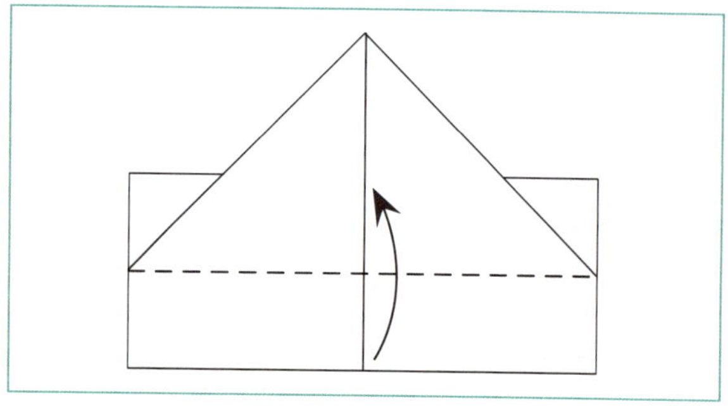

6.
Pliez le premier volet vers le haut.

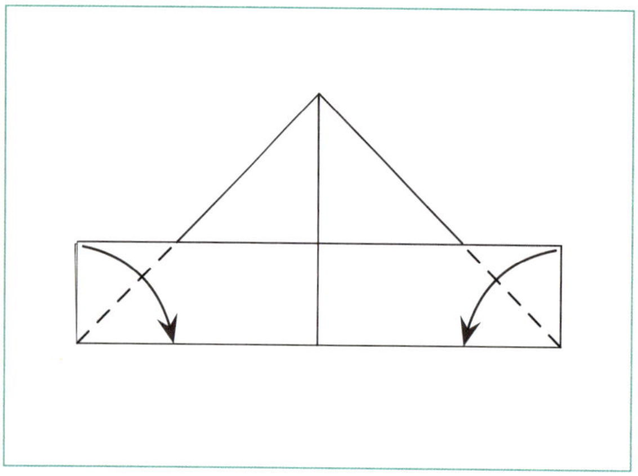

7.
Pliez en même temps les deux coins de chaque côté.

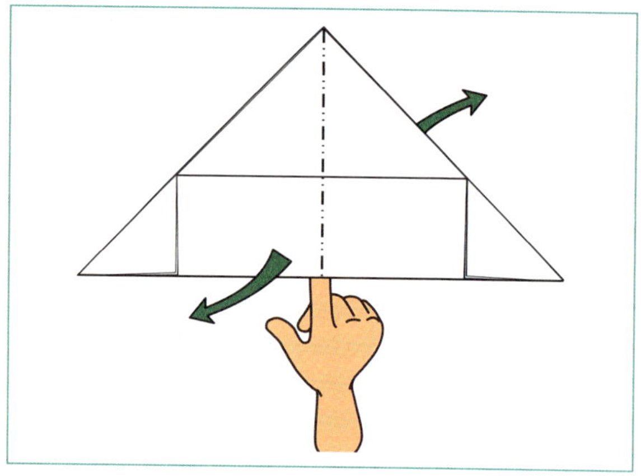

8.
Écartez chaque côté en ouvrant la pochette en dessous. Placez un doigt à l'intérieur de la pochette pour vous aider.

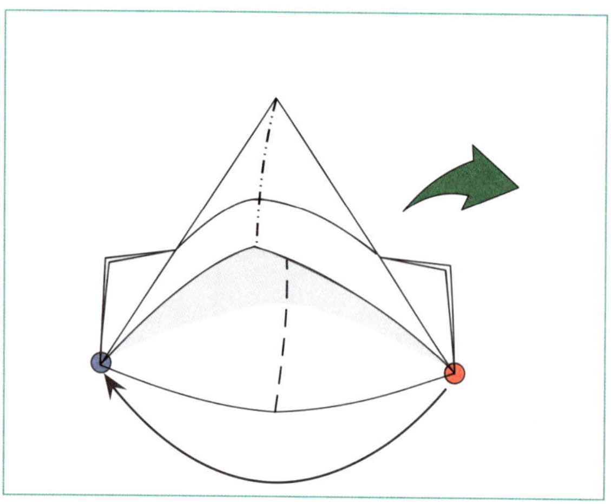

9.
Superposez maintenant la pastille rouge sur la pastille bleue pour aplatir le modèle.

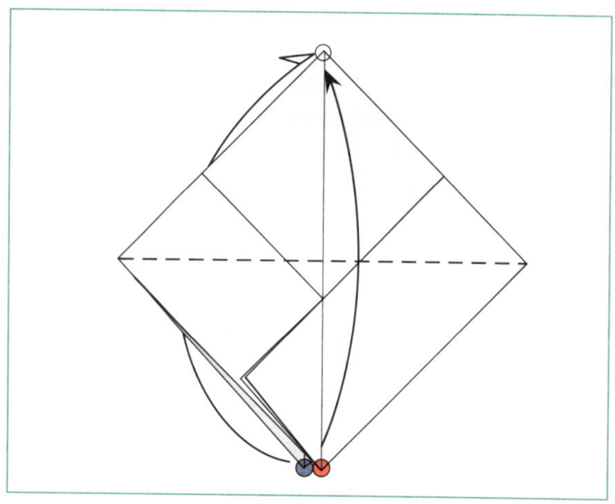

10.
Pliez le volet de devant vers le haut. Faites de même de l'autre côté.

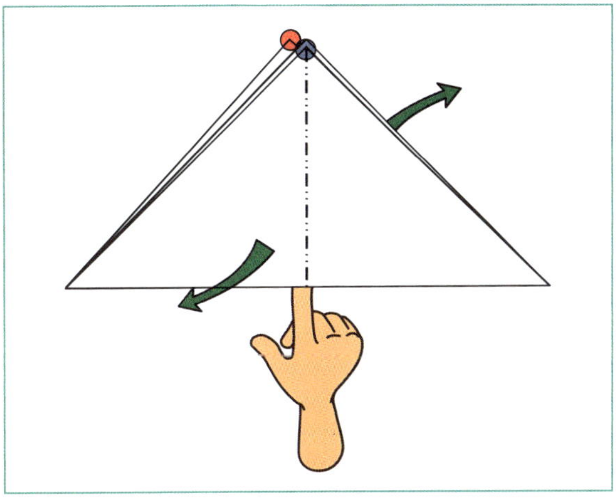

11.

Écartez chaque côté en ouvrant la pochette en dessous. L'étape est similaire à l'étape 8 page 120.

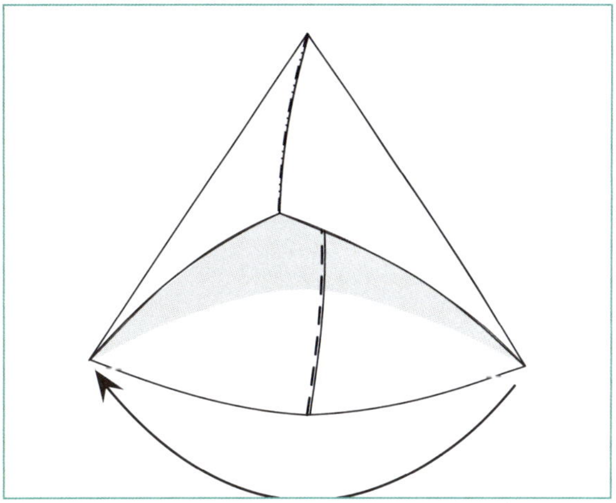

12.

Superposez maintenant les deux coins opposés (comme à l'étape 9 page 120) pour aplatir le modèle.

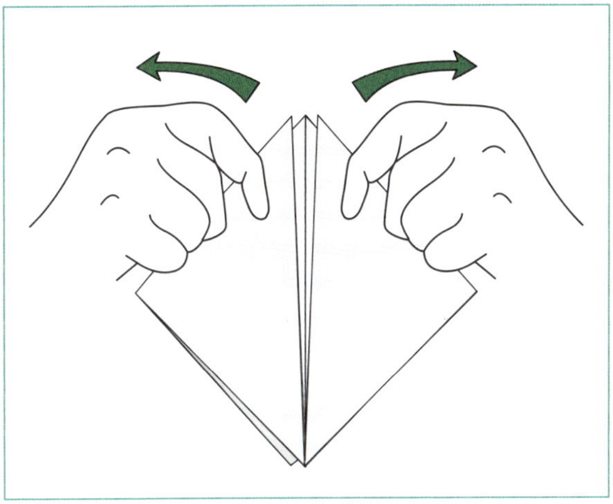

13.

Écartez doucement les deux pointes et ouvrez au maximum le modèle.

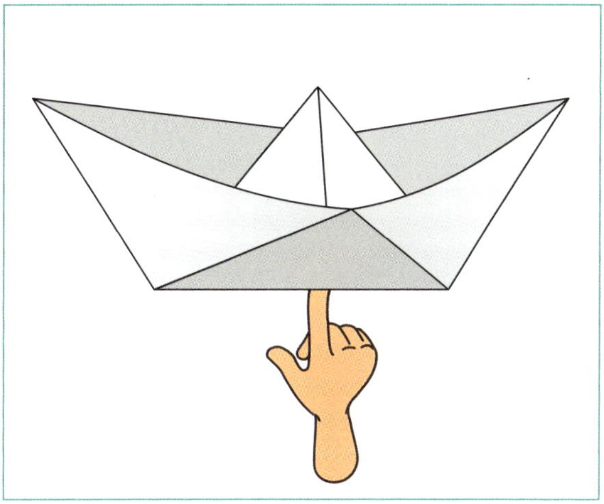

14.

Le bateau est terminé. Ouvrez avec un doigt la pochette en dessous pour lui permettre de flotter !

LA SALIÈRE OU LA DISEUSE DE BONNE-AVENTURE

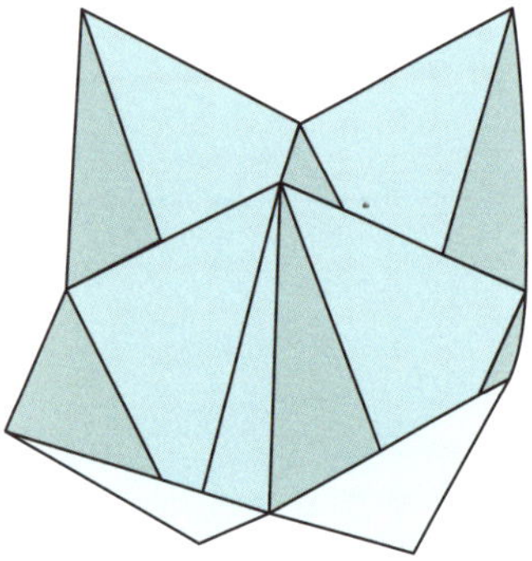

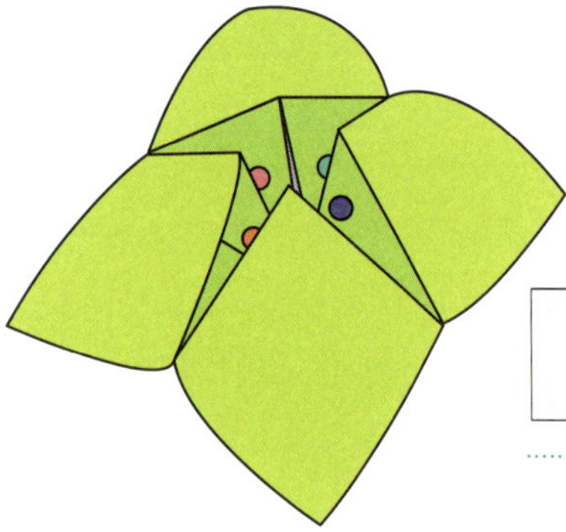

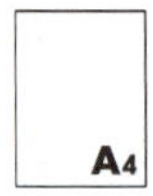

Il vous faut une feuille au format A4 de type photocopie.

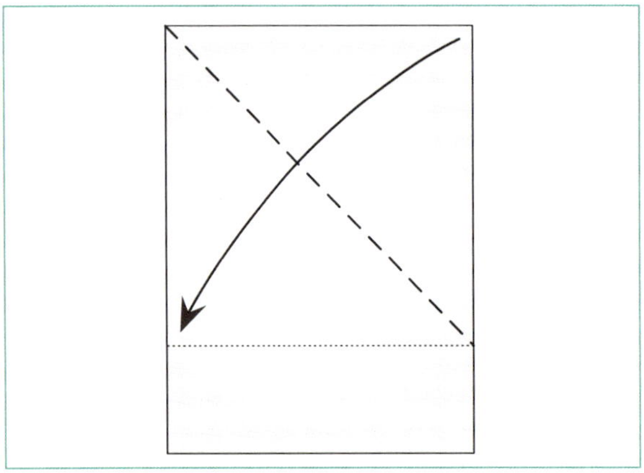

1.

Pliez un coin de la feuille A4.

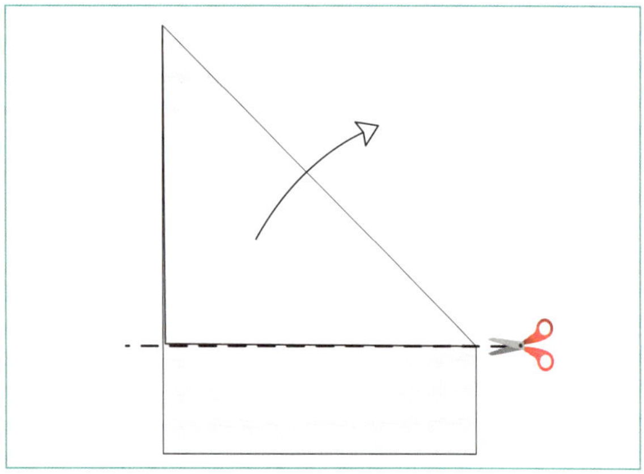

2.

Coupez la feuille puis dépliez-la.

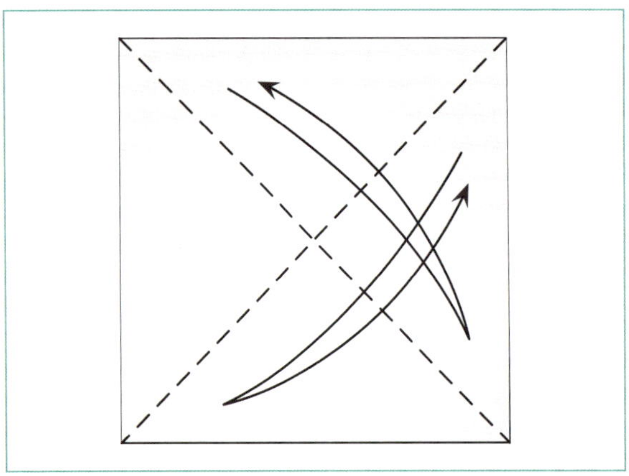

3.

Pliez et dépliez les diagonales.

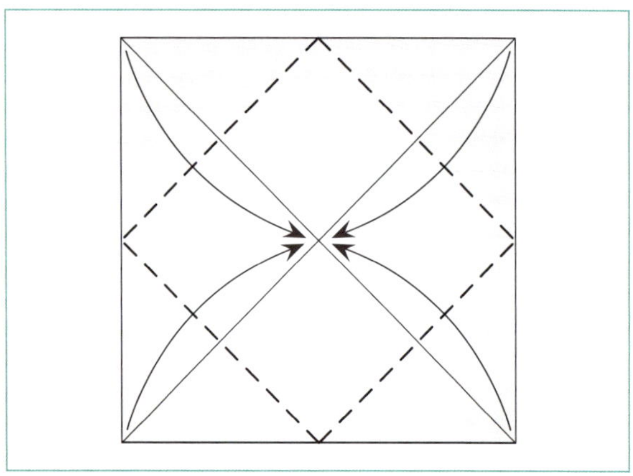

4.

Pliez les 4 coins au centre.

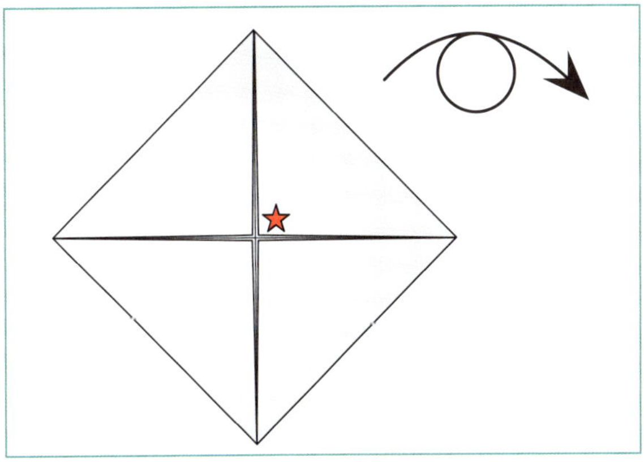

5.

Ce pliage comporte quelques retournements. Pour vous aider à vous repérer, vous pouvez annoter un coin, ce qui a été fait ici avec une étoile. Retournez le pliage.

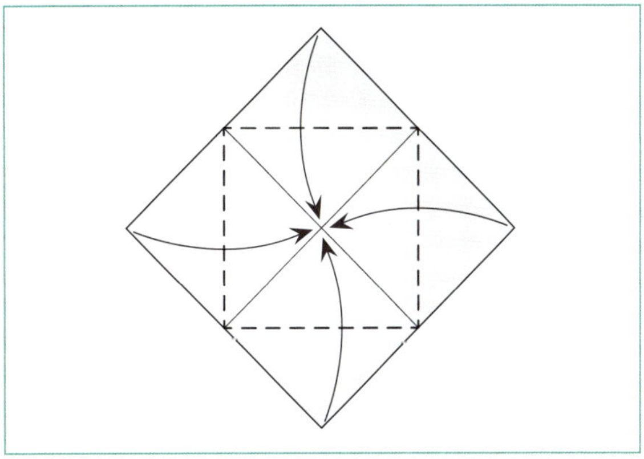

6.

Pliez les 4 coins au centre.

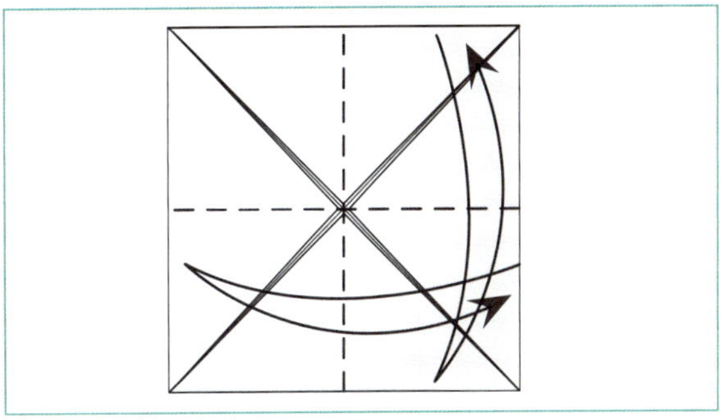

7.

Pliez pour superposer un bord sur l'autre. Recommencez pour l'autre bord. Pliez bien à travers toutes les couches puis dépliez.

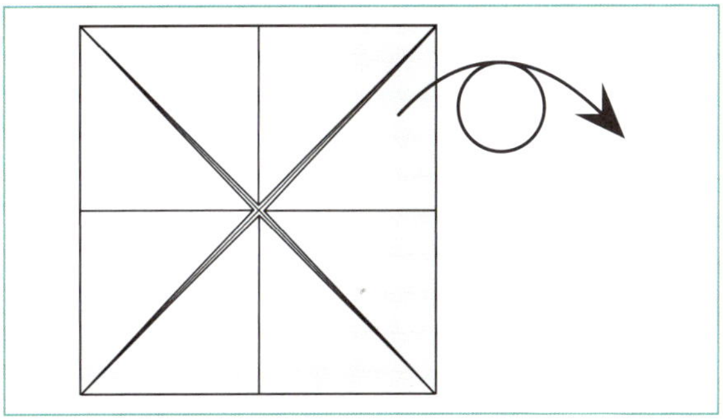

8.

Retournez le pliage.

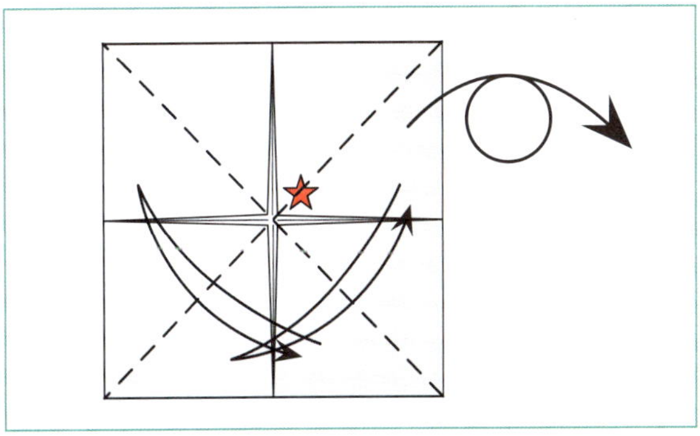

9.

Pliez les diagonales à travers toutes les couches puis dépliez. Puis retournez le modèle.

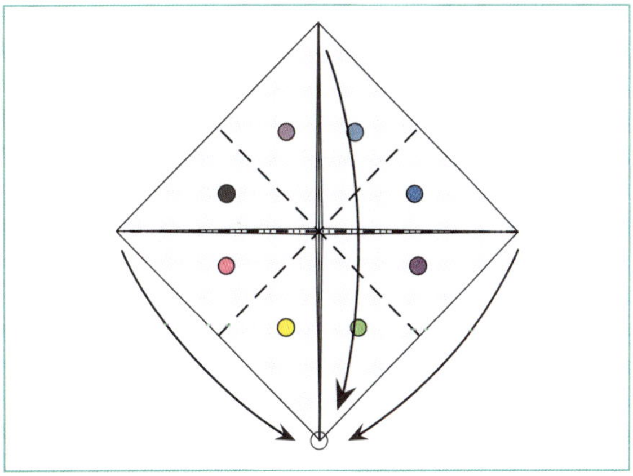

10.

Dessinez les points de couleur. Puis superposez les coins en bas.

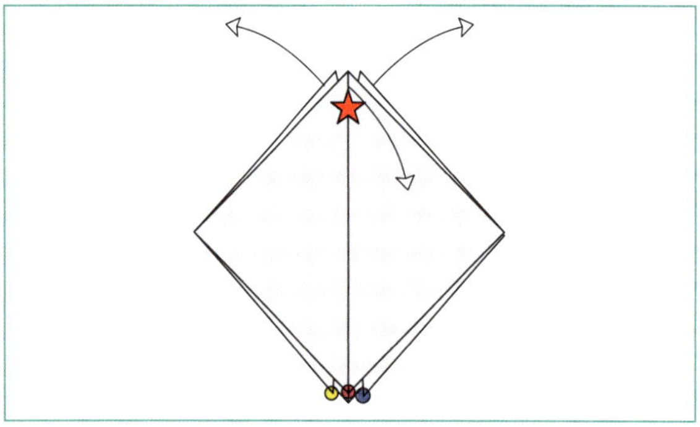

11.

Ouvrez les 4 pochettes du haut.

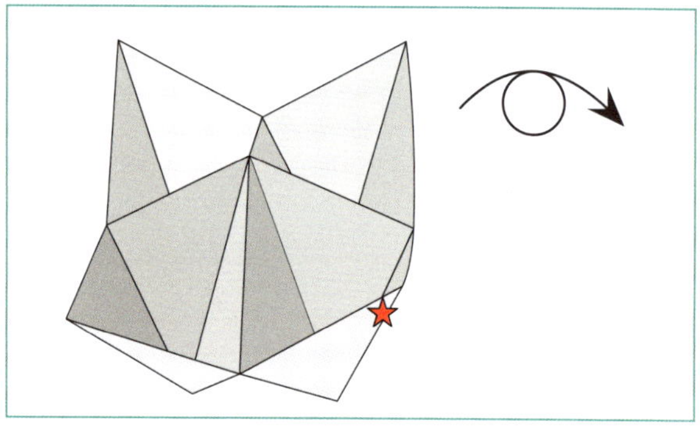

12.

La salière est terminée. Ce modèle porte ce nom car il est constitué de 4 compartiments hermétiques pouvant contenir poivre et sel pour une table. Retournez le modèle pour l'utiliser comme « Diseuse de bonne-aventure ».

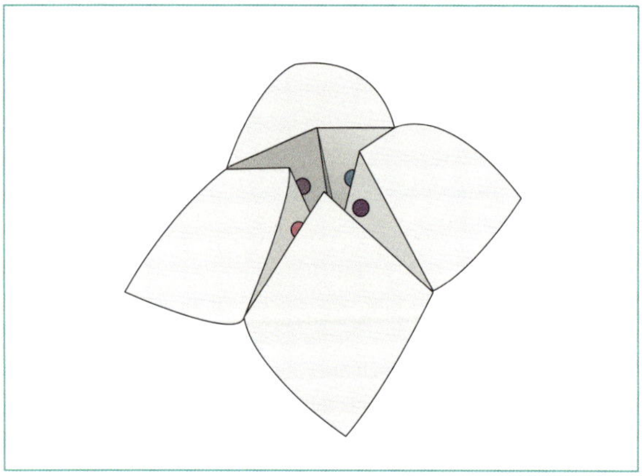

13.

Une fois le modèle retourné, placez les doigts dans les 4 pochettes pour dire la bonne-aventure ou donner un gage !

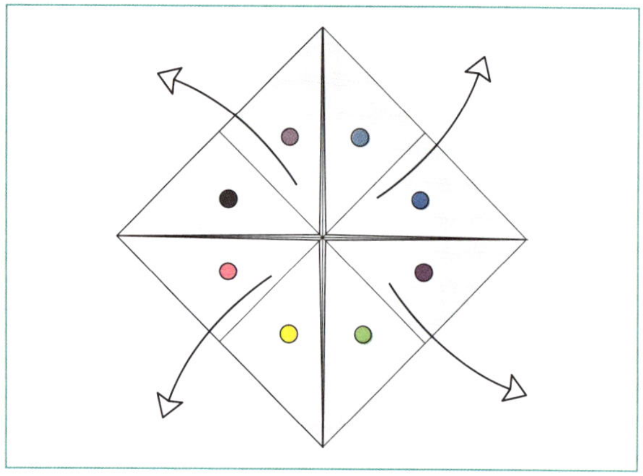

14.

Pour écrire les gages, ouvrez le modèle (retour à l'étape 10 page 123) et dépliez chaque coin.

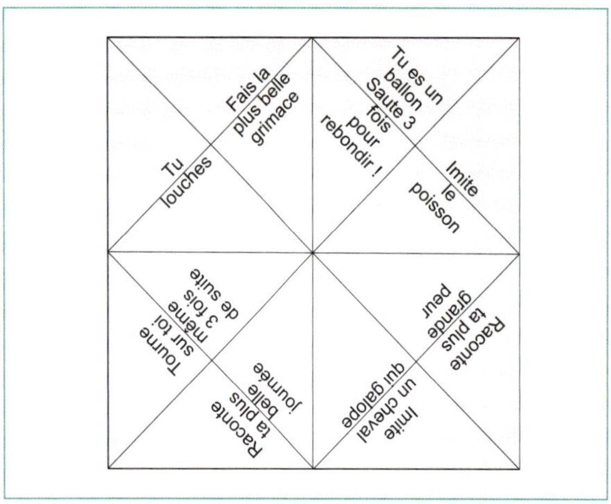

15.

Exemple de gages ci-dessus.
Refermez le modèle. Demandez à quelqu'un un nombre entre 1 et 10. Ouvrez et fermez la salière en décomptant. Puis faites choisir une couleur parmi les 4 apparentes.
Dépliez le coin choisi pour découvrir le gage.

LE DRAGON CLAQUE-BEC

Il vous faut 1 carré de 15 x 15 cm coloré avec une blanche au verso.

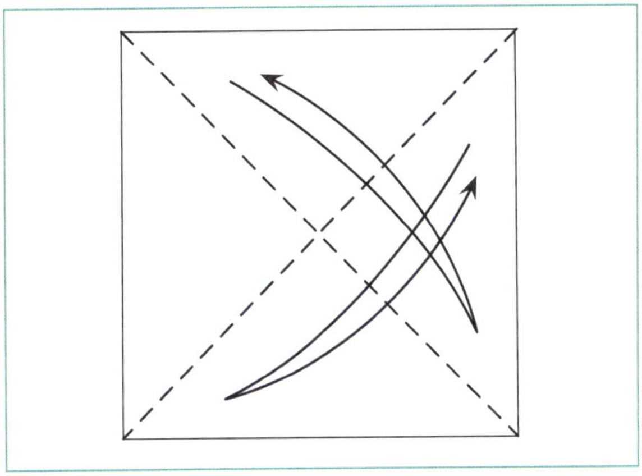

1.
Pliez et dépliez les diagonales.

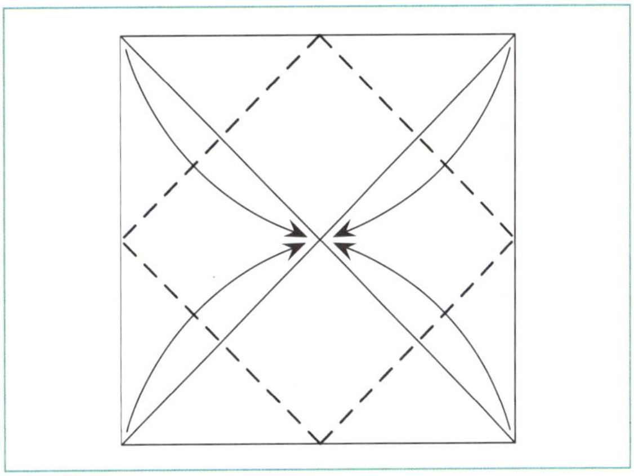

2.
Pliez les 4 coins au centre.

3.
Retournez le pliage.

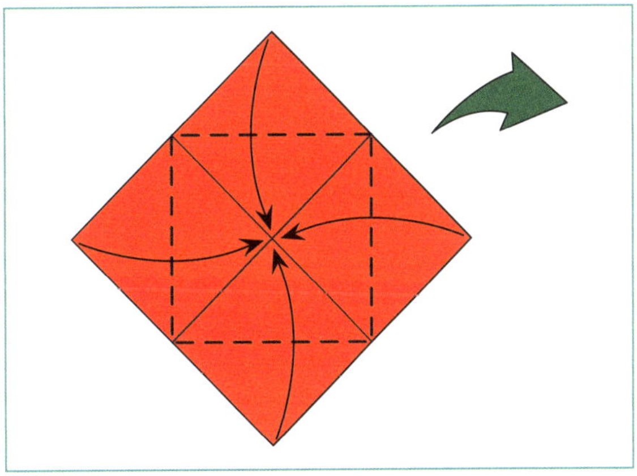

4.
Pliez les 4 coins au centre.

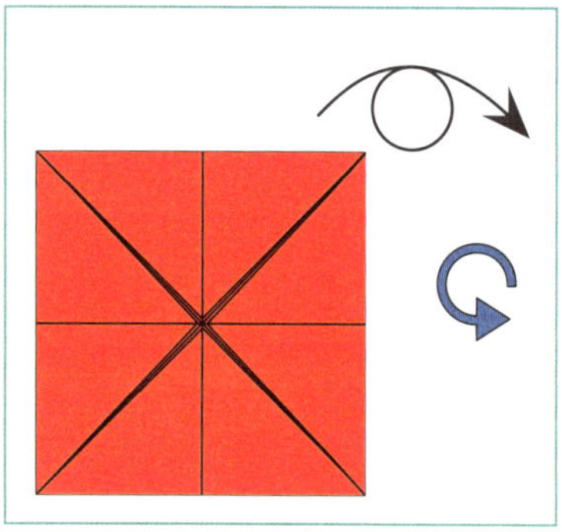

5.
Retournez le pliage.

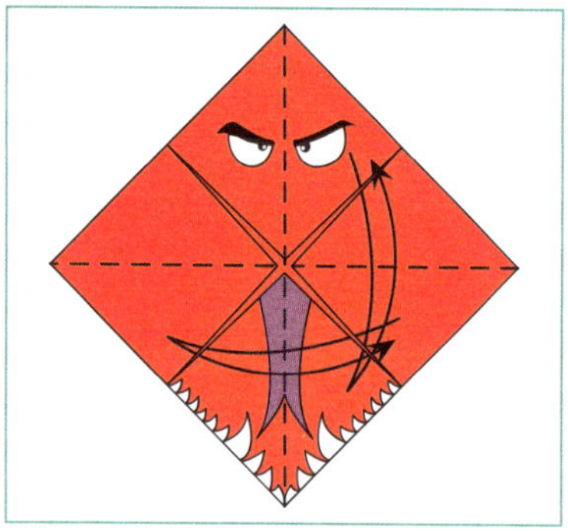

6.
Dessinez les yeux et la mâchoire. Pliez puis dépliez les diagonales.

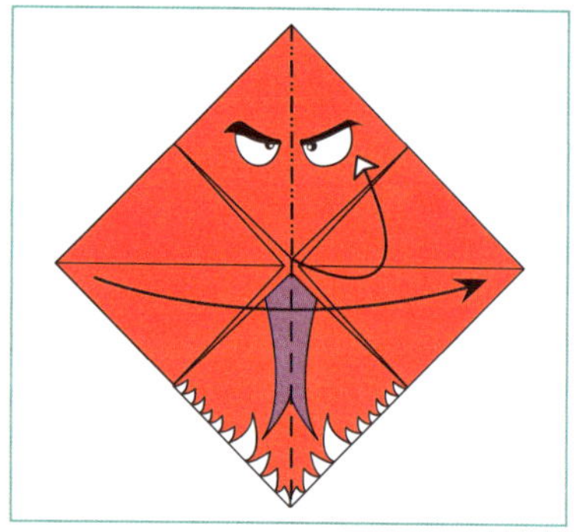

7.
Pliez le modèle en deux MAIS en soulevant la pochette de la tête (pli montagne).

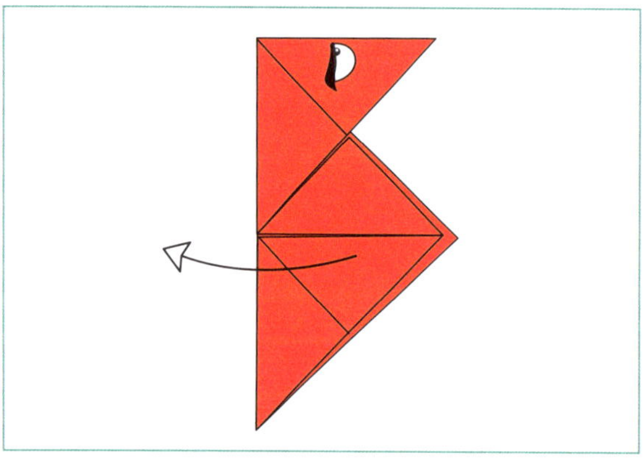

8.
Dépliez pour revenir à l'étape précédente.

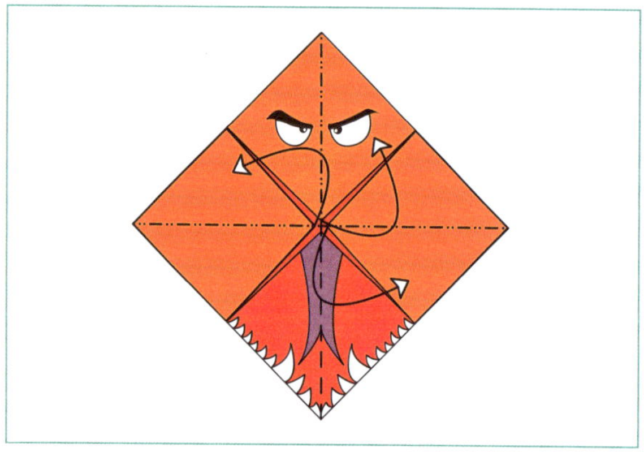

9.
Pliez à nouveau le modèle en deux mais cette fois en soulevant les TROIS pochettes colorisées ici en orange. Laissez bien le volet de la mâchoire plié en vallée.

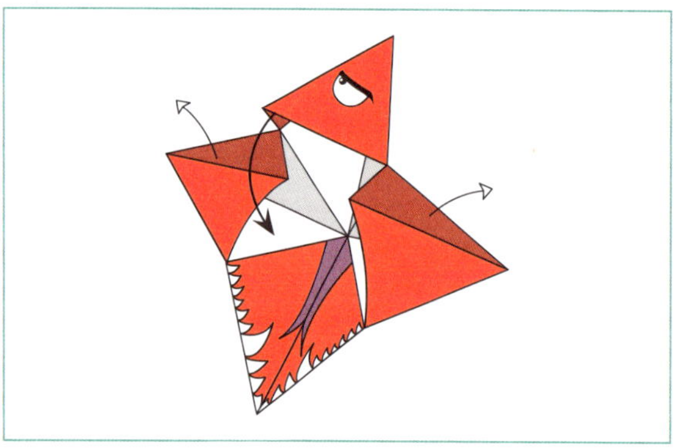

10.
Pliage en cours. Fermez le modèle en superposant le triangle de la tête sur le volet de la mâchoire.

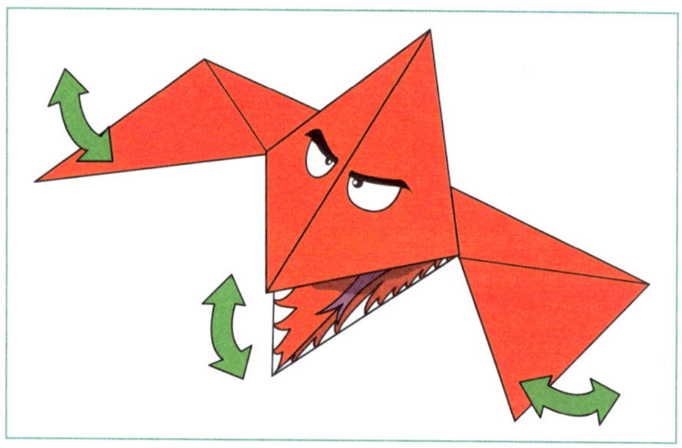

11.
Le dragon est terminé. Rapprochez puis tirez sur les ailes pour ouvrir et fermer la gueule.

LE PORTE-MENU OU LE CATAMARAN

Il vous faut 1 carré de 15 x 15 cm coloré avec une blanche au verso.

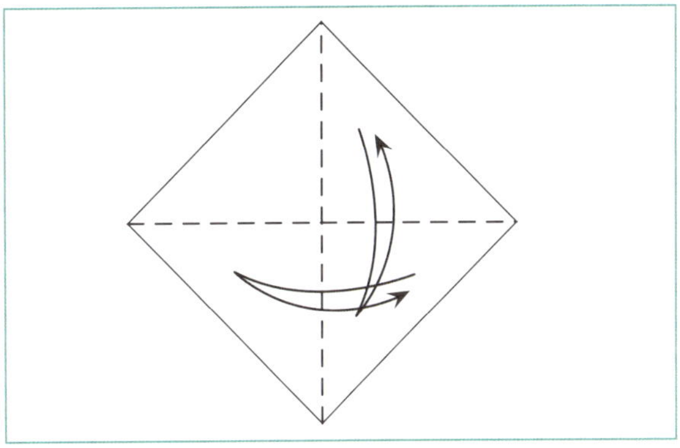

1.
Commencez avec la face blanche au-dessus. Pliez les diagonales puis dépliez.

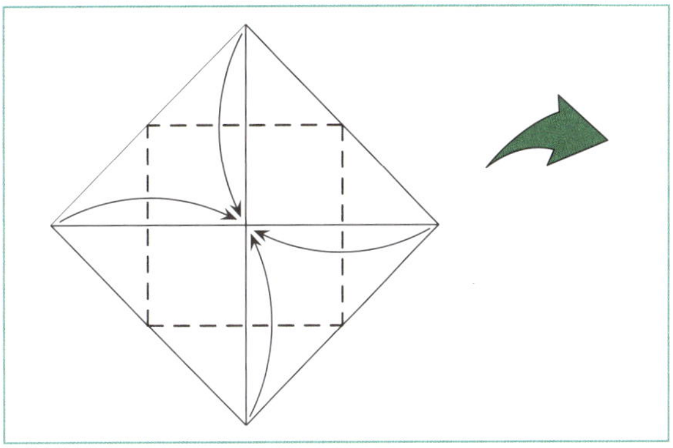

2.
Pliez les quatre coins au centre.

3.
Retournez le modèle.

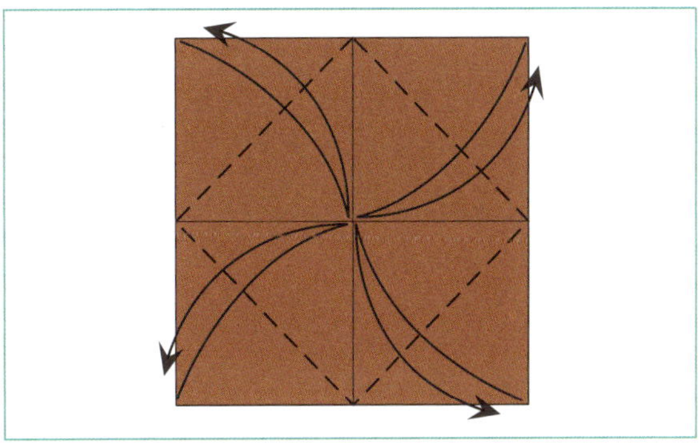

4.
Pliez les quatre coins au centre puis dépliez.

5.

Retournez le modèle.

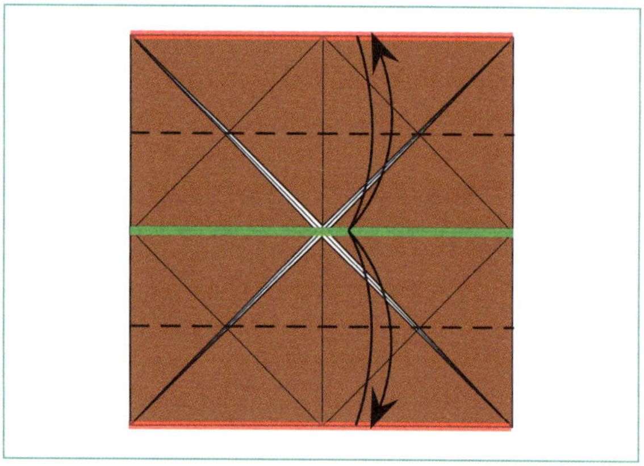

6.

Superposez les bords rouges haut et bas sur l'axe vert puis dépliez.

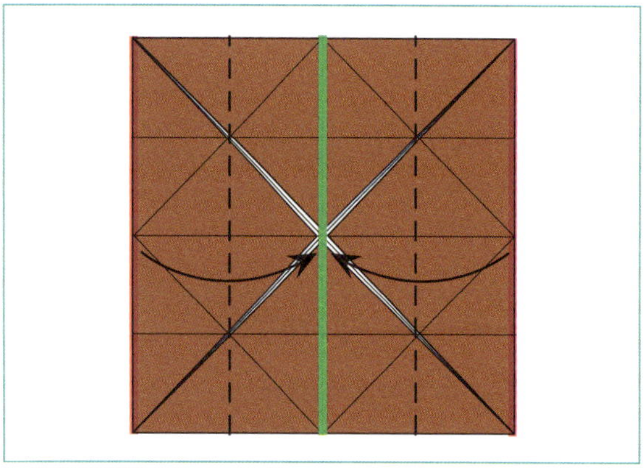

7.

Superposez les bords rouges droit et gauche sur l'axe vert. **Ne dépliez pas.**

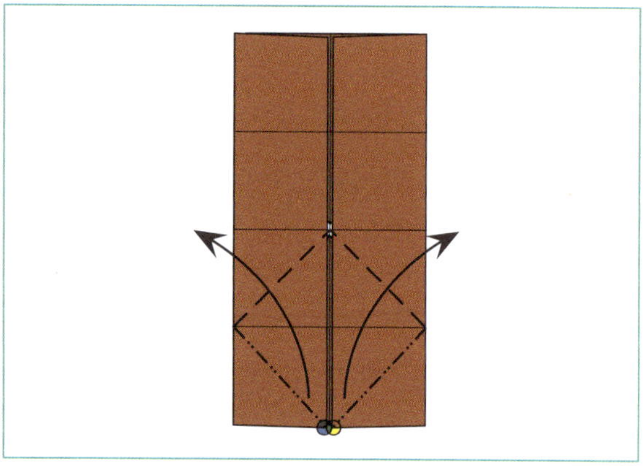

8.

Commencez par ouvrir le volet du bas.

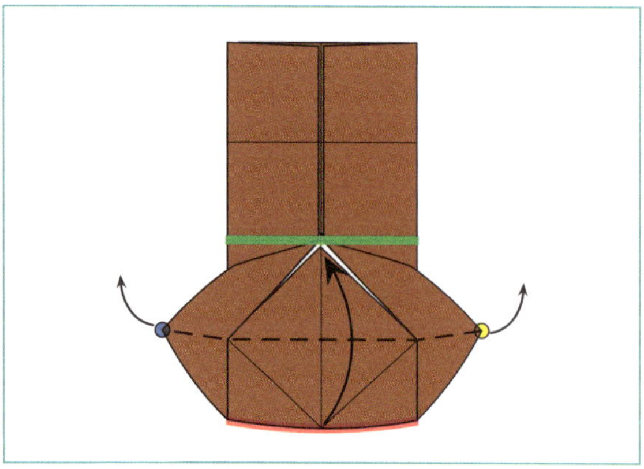

9.

Pliage en cours. Superposez le bord rouge sur l'axe vert.

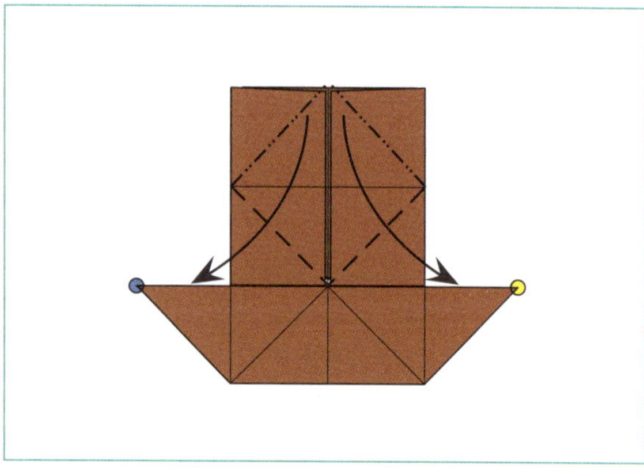

10.

Ouvrez de la même façon le volet du haut.

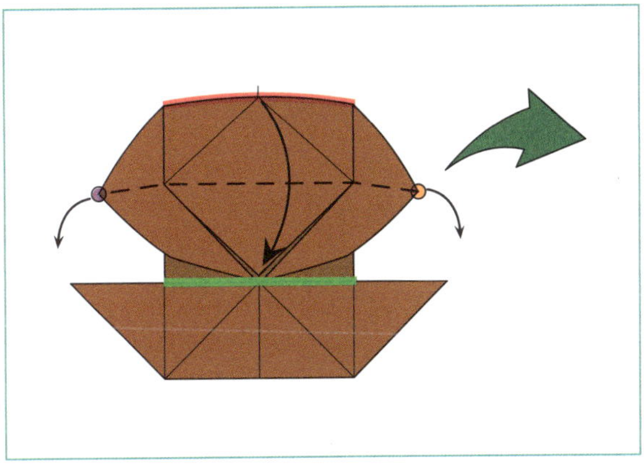

11.
Pliage en cours. Superposez le bord rouge sur l'axe vert.

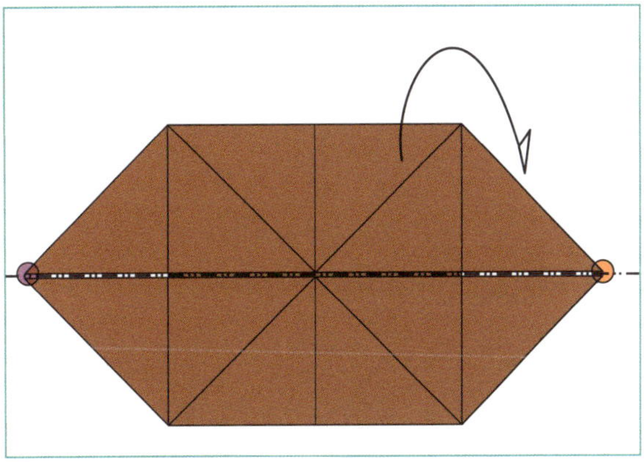

12.
Pliez en deux vers l'arrière.

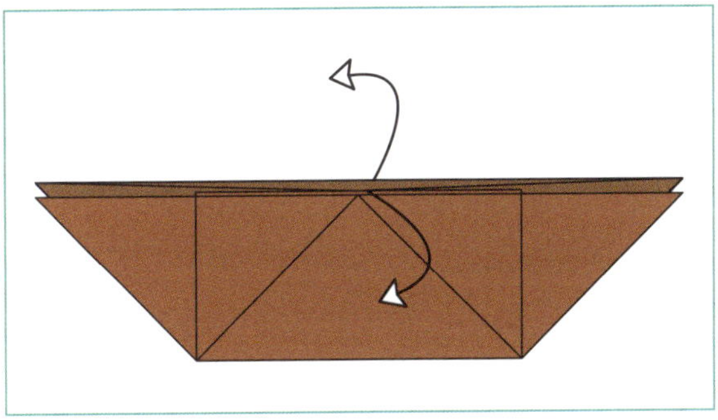

13.
Écartez les volets.

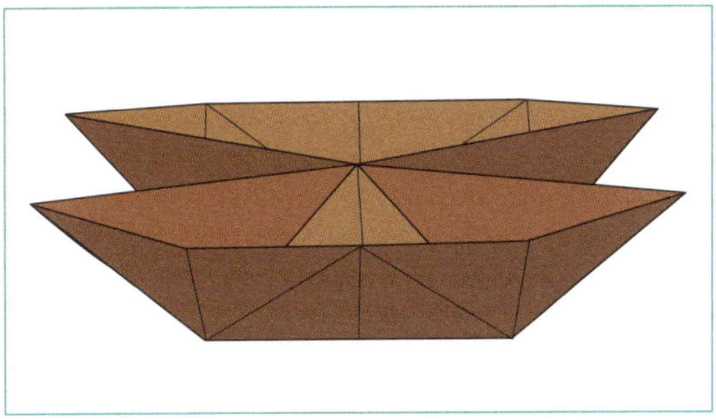

14.
Le catamaran est terminé.
Retournez-le pour faire un support de menu.

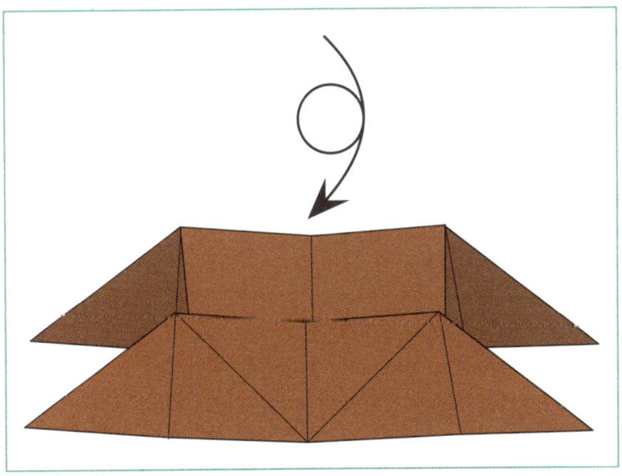

15.
Pliez vers l'arrière le bord du menu pour qu'il prenne appui sur le support et tienne bien.

LA BOITE VIDE-POCHE

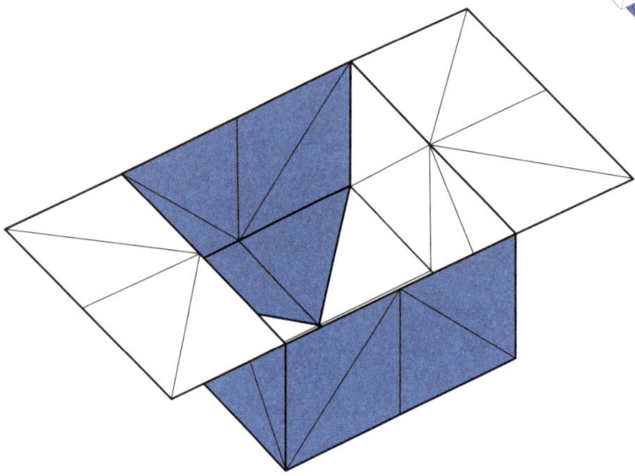

Il vous faut 1 carré de 15 x 15 cm coloré avec une blanche au verso.

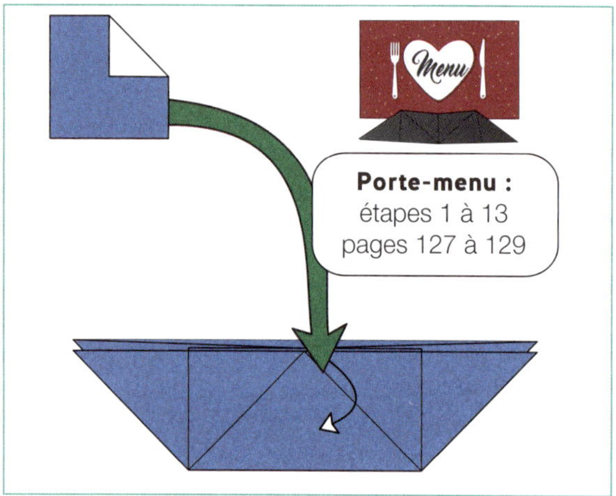

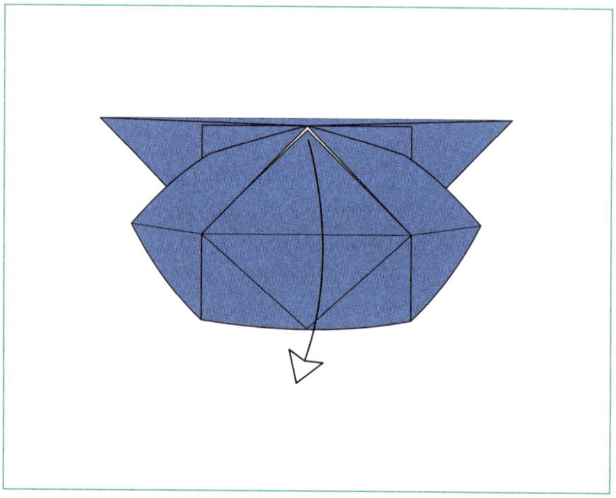

1.

Pliez les étapes 1 à 13 du porte-menu.
Puis ouvrez légèrement le premier bord.

2.

Dépliez la pointe.

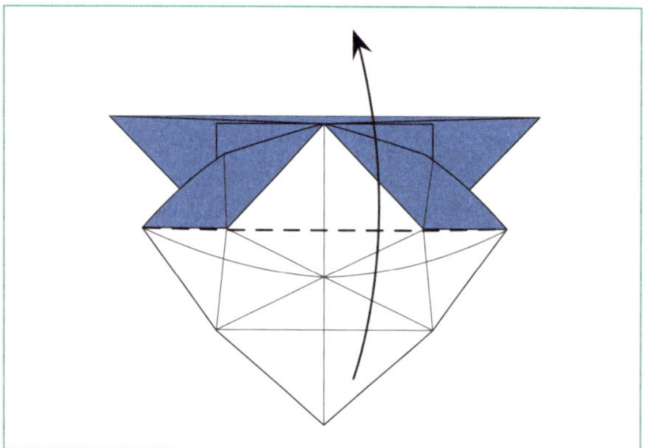

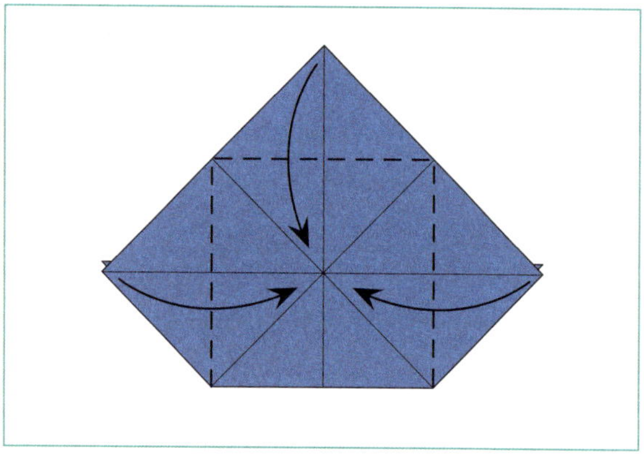

3.

Pliez le volet vers le haut.

4.

Pliez les trois coins au centre.

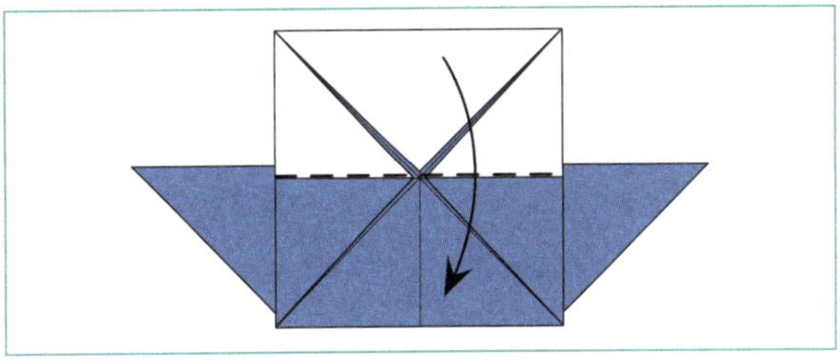

5.
Abaissez ce volet blanc.

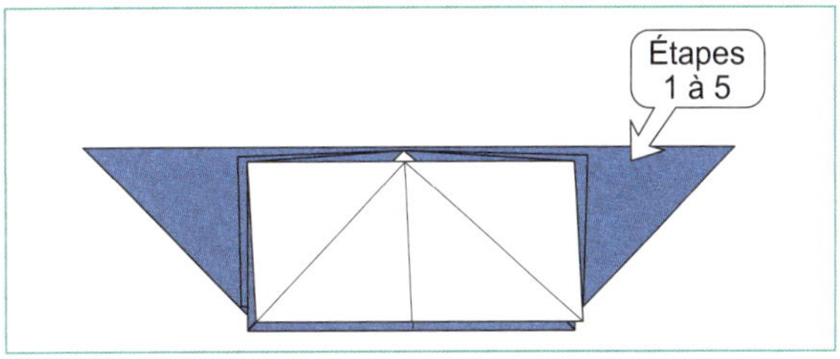

6.
Recommencez les étapes 1 à 5 de l'autre côté.

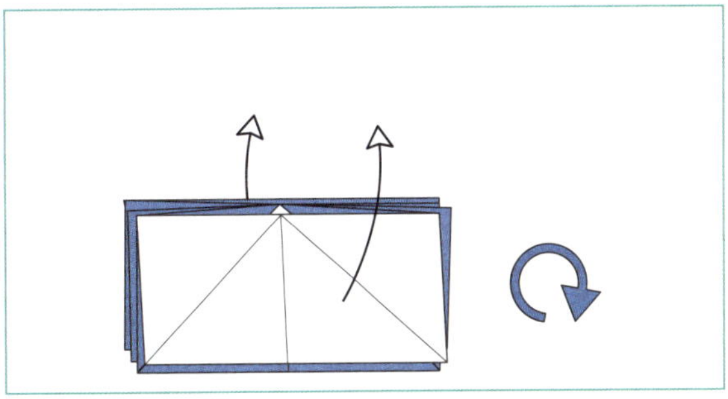

7.
Levez les volets blancs.

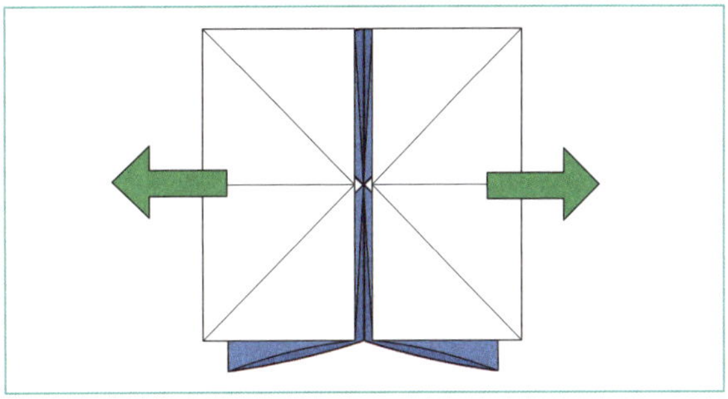

8.
Tirez les deux volets blancs pour mettre en forme la boite.

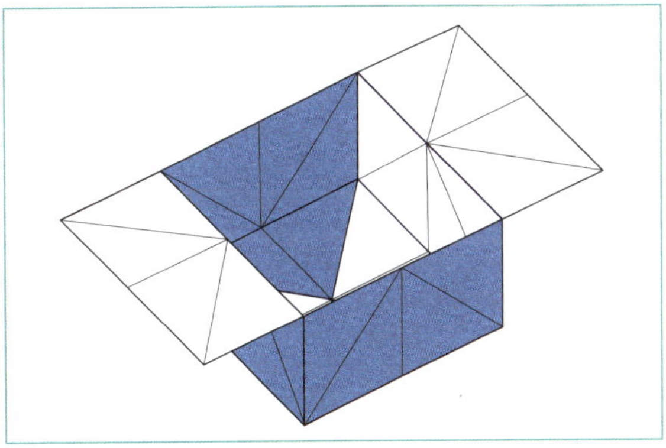

9.
La boite est terminée.

ASTUCES

▶ **La boite est imperméable et peut contenir de l'eau pendant un certain temps !**

▶ **Vous pouvez vous en servir comme vide-poche ou distributeur à bonbons.**

LA BOÎTE CŒUR SURPRISE

Il vous faut 1 carré de 15 x 15 cm coloré avec une face rouge au verso.

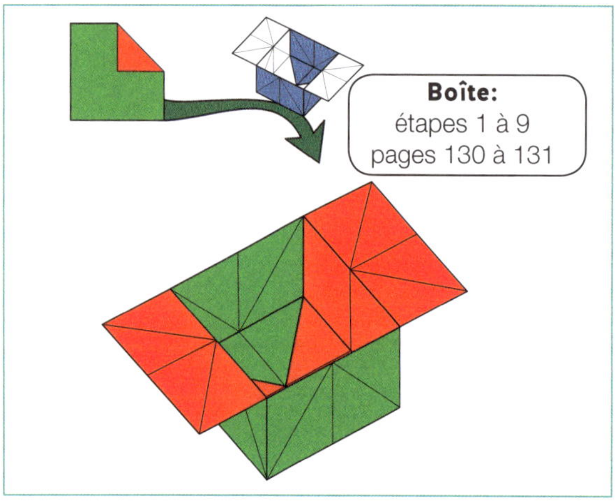

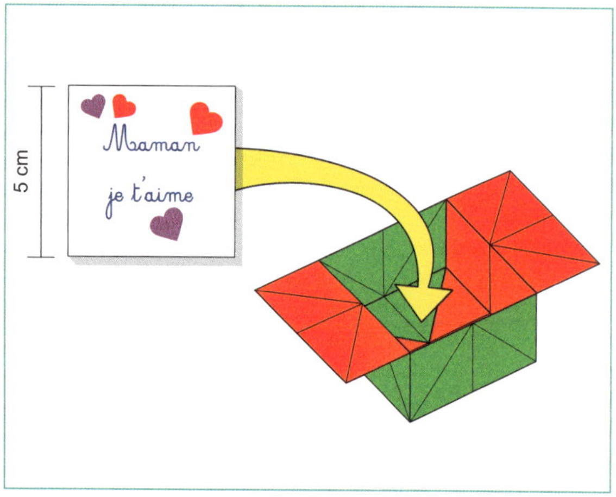

1.
Pliez les étapes 1 à 9 de la boite pages 130 à 131 **avec la face rouge remplaçant la face blanche.**

2.
Pour une boite formée avec un carré de 15 x 15 cm, découpez dans un papier cartonné un carré de 5 x 5 cm et écrivez votre message secret. Puis cachez-le dans la boite.

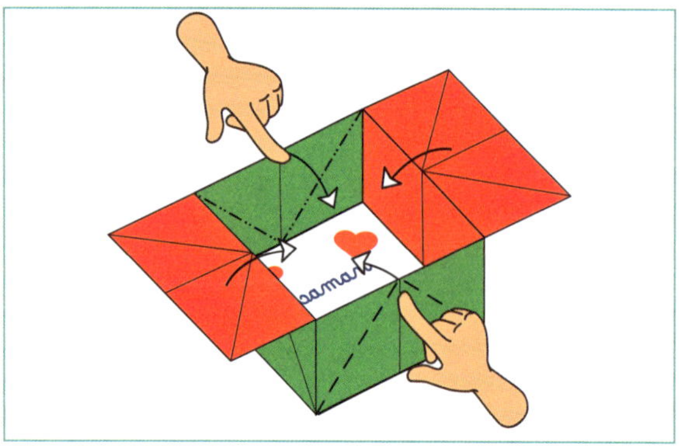

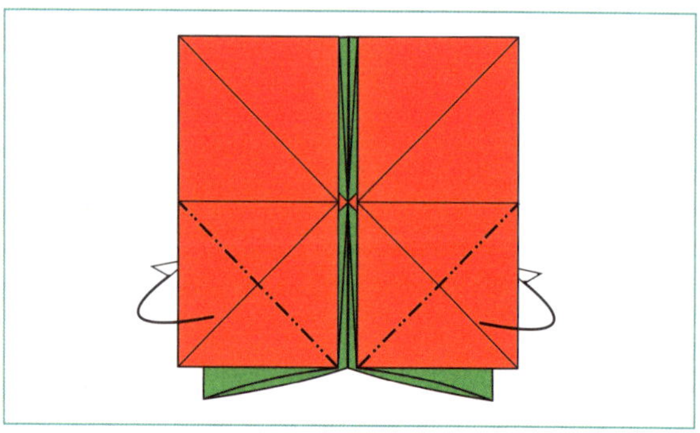

3.
Refermez la boite.

4.
Pliez les 2 coins du bas vers l'arrière.

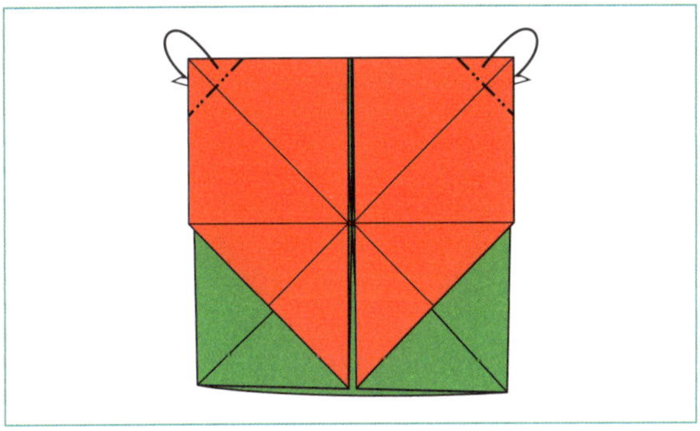

5.
Pliez deux petits coins du haut pour arrondir les coins du cœur.

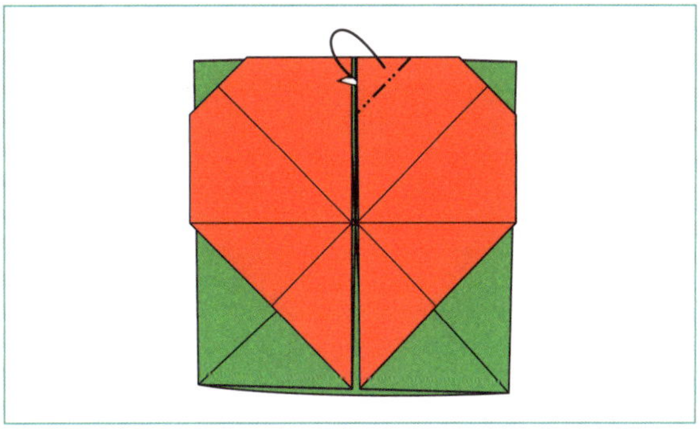

6.
Pliez le coin vers l'arrière.
Pliez les deux couches ensemble.

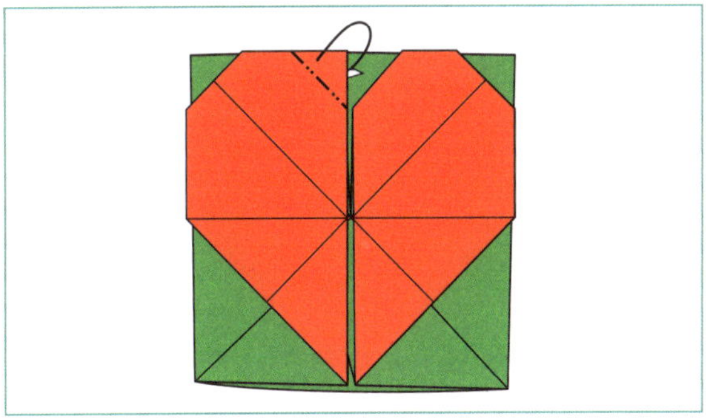

7.
Pliez l'autre coin vers l'arrière.
Pliez les deux couches ensemble.

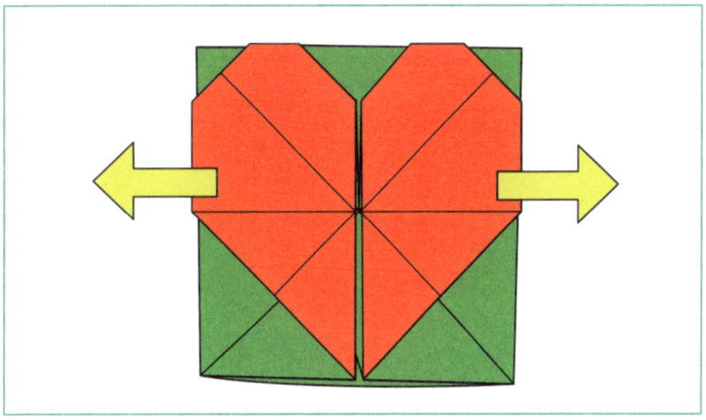

8.
La boite cœur est terminée.
Tirez sur les deux bords pour découvrir le message surprise.

Leçon 6
Pli « oreille de lapin »

LE COQ > p. 139 à 141

LEÇON 6

> LE PLI « OREILLE DE LAPIN »

Ce pli « Oreille de lapin » consiste à partager les angles d'un triangle pour réaliser un volet plus fin.

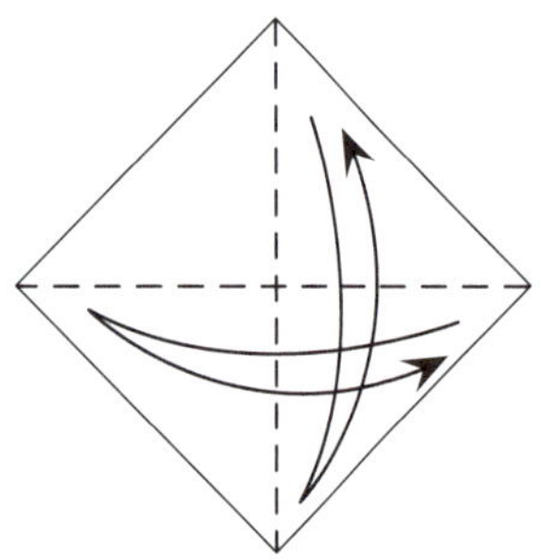

1.
Pliez les diagonales puis dépliez.

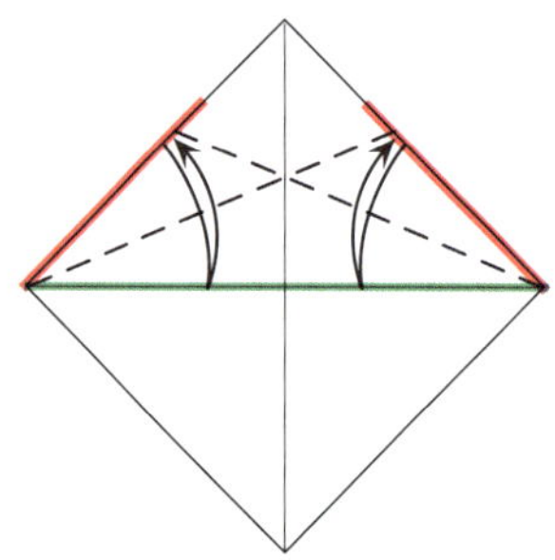

2.
Superposez les bords rouges sur l'axe central vert puis dépliez.

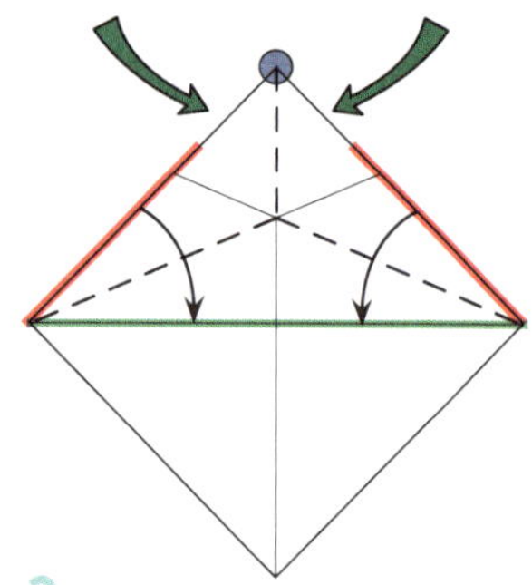

3.
Pliez en même temps les deux côtés. Pour vous aider, pincez le coin du haut, noté ici en bleu.

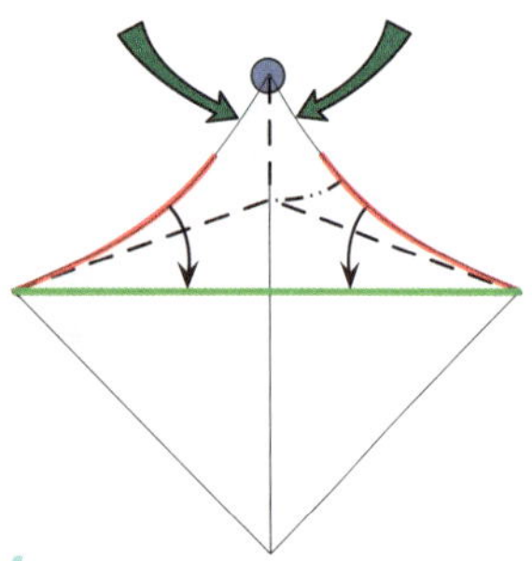

4.
Pliage en cours. Cherchez à aplatir le volet en amenant la pointe bleue sur l'axe vert. Un pli montagne va se créer à l'intérieur spontanément à la bonne place.

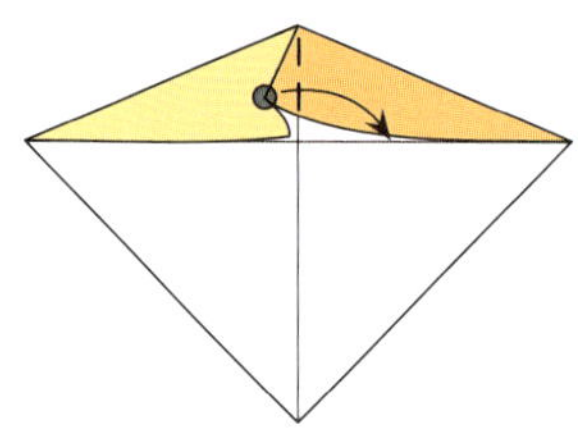

5.
La pointe bleue est encore en l'air. Pliez-la sur un côté pour aplatir complètement le modèle.

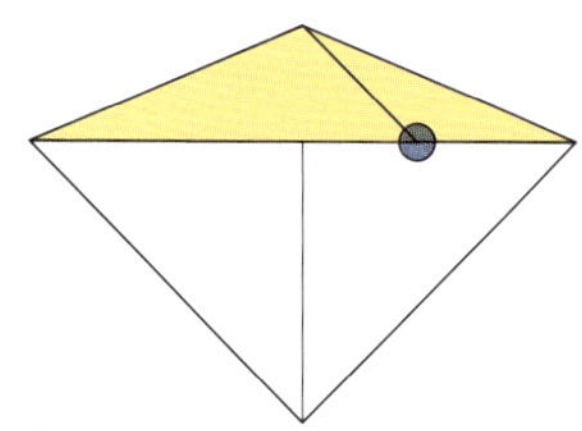

6.
Le pli « Oreille de lapin » est terminé.

LE COQ

Il vous faut un carré de 15 x 15 cm coloré avec une face verte au recto et rouge au verso.

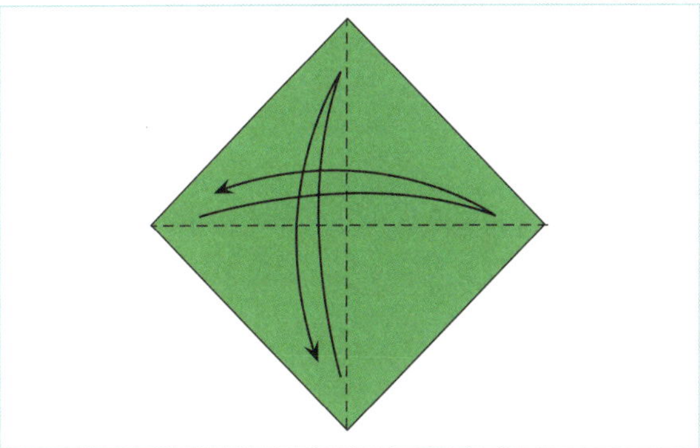

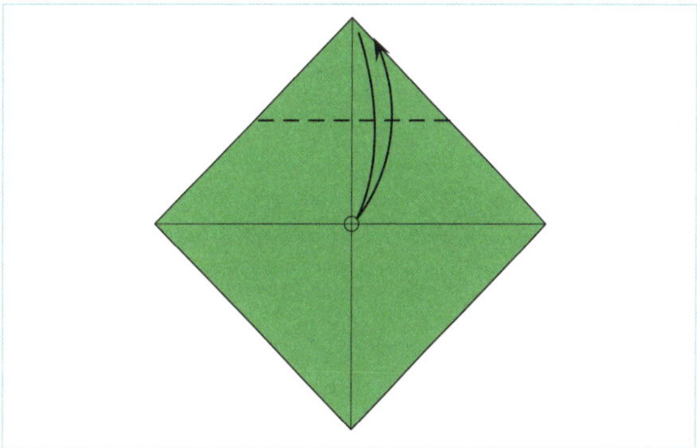

1.
Commencez avec la face verte au-dessus.
Pliez le carré en deux selon les diagonales puis dépliez.

2.
Pliez le coin au centre puis dépliez.

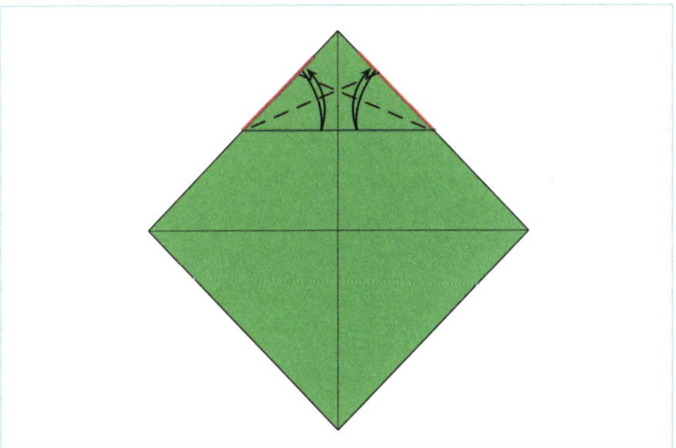

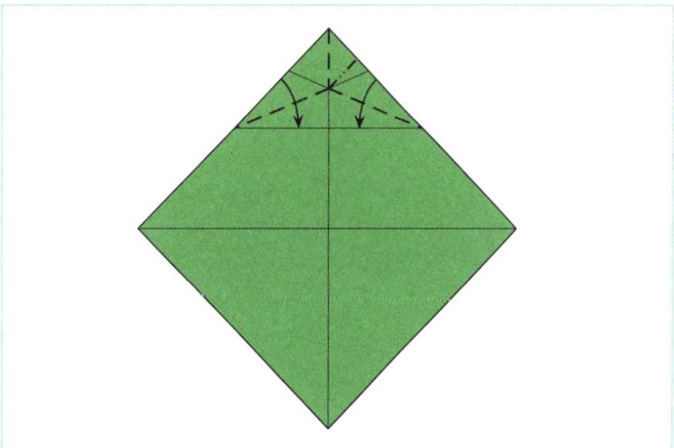

3.
Partagez les angles en deux en amenant les bords rouges sur le pli vert puis dépliez.

4.
Pliez le volet en « OREILLE DE LAPIN ».
Aidez-vous en pinçant la pointe du carré.

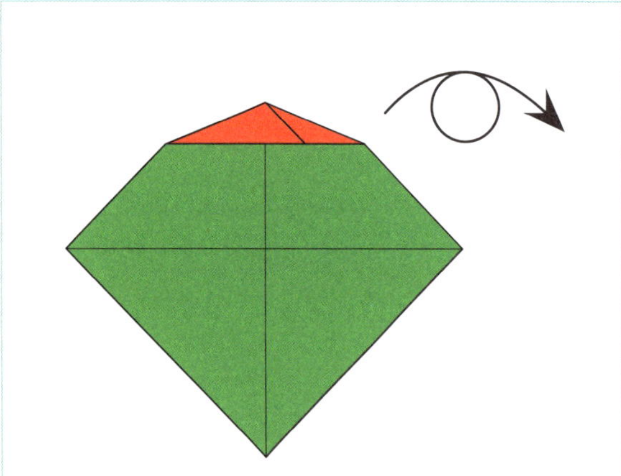

5.
Retournez le modèle.

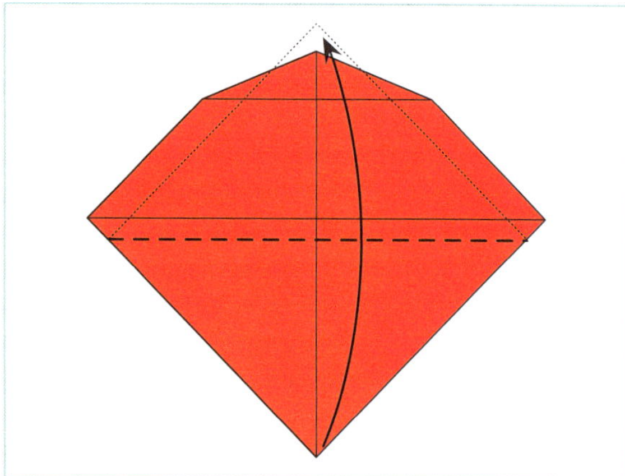

6.
Pour créer le bec, pliez la pointe du bas pour la faire dépasser en haut.

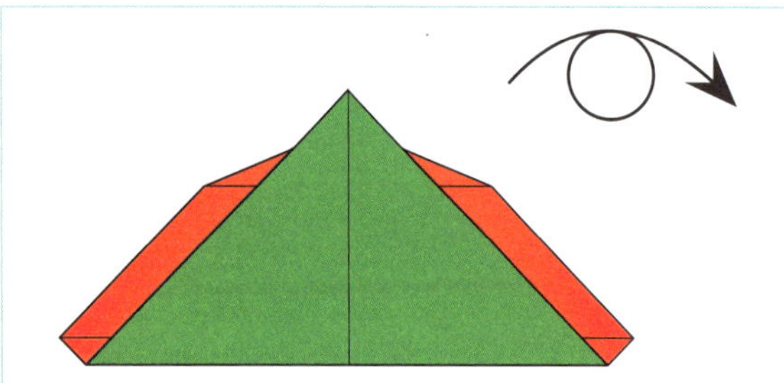

7.
Retournez le modèle.

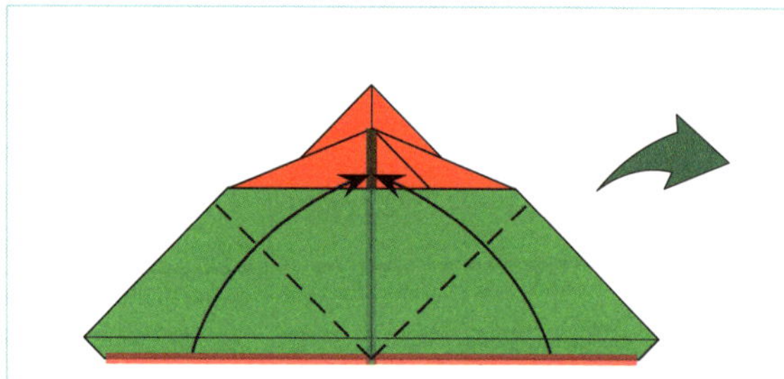

8.
Amenez les bords droit et gauche sur l'axe central.

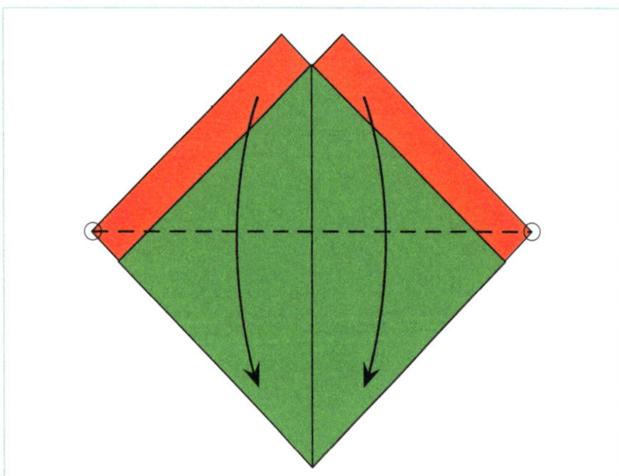

9.
Pliez les deux volets vers le bas.

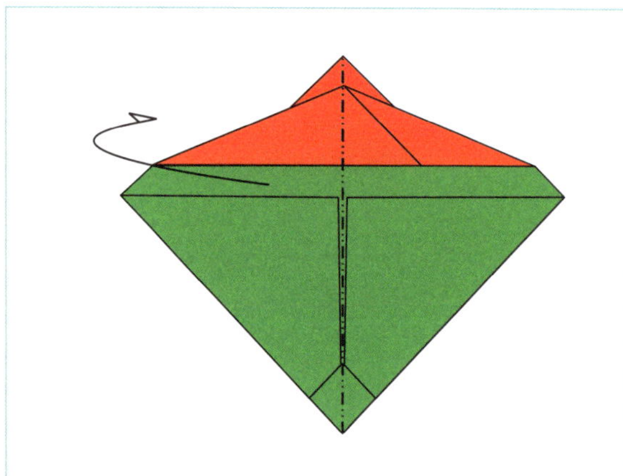

10.
Pliez en deux en montagne.

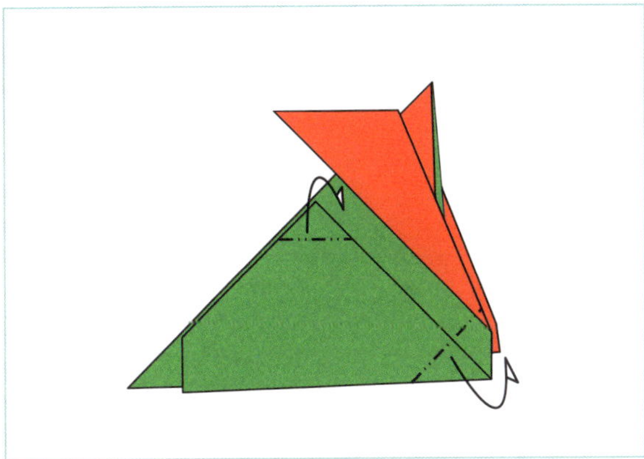

11.

Pliez le coin de l'aile et le coin du corps pour les arrondir.

12.

Retournez le modèle.

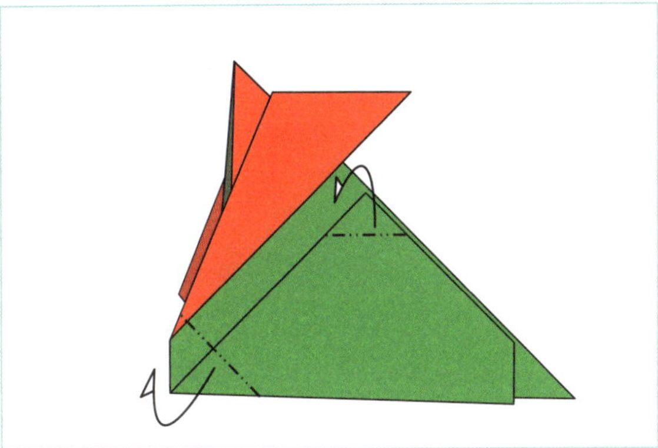

13.

Pliez le coin de l'aile et le coin du corps pour les arrondir.

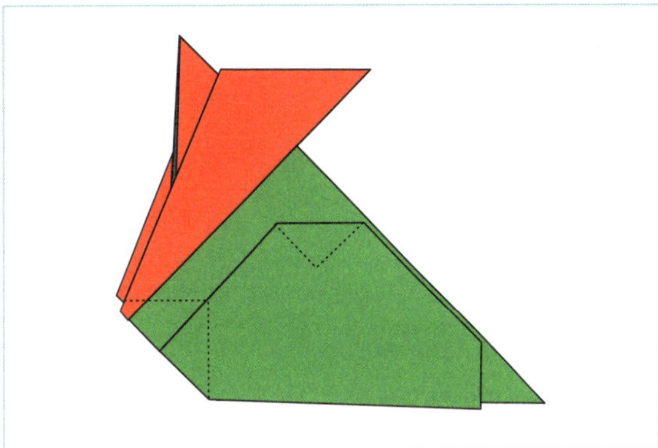

14.

Le coq est terminé.

15.

Ajoutez les poussins et la poule pliés à la leçon 5 pages 116 à 118.

Leçon 7
La base de la bombe à eau

> LA BASE DE LA BOMBE À EAU

Cette séquence de pliage fournit un modèle que l'on appel une base car elle sert très souvent de point de départ pour plier de nombreux origami. En particulier, elle permet de plier la célèbre « bombe à eau ».
C'est pourquoi, elle est appelée « Base de la bombe à eau ».

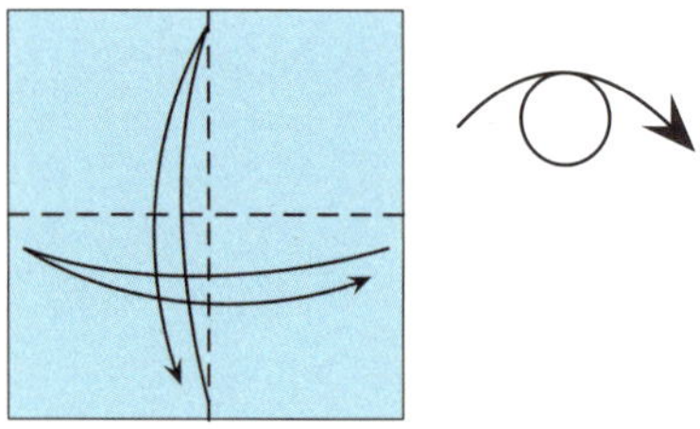

1.
Commencez avec la face colorée au-dessus. Pliez le carré en deux selon les médianes en superposant les bords opposés puis dépliez. Enfin, retournez le modèle.

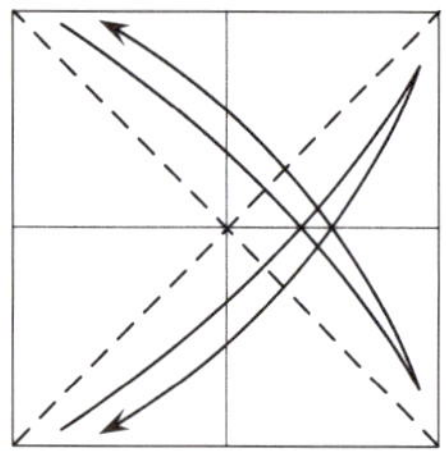

2.
Pliez les diagonales en superposant les coins opposés puis dépliez.

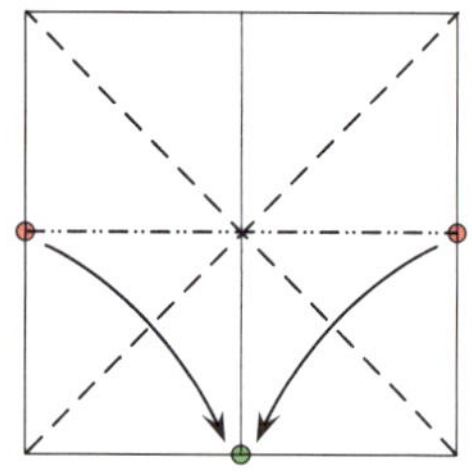

3.
Superposez les pastilles rouges sur la pastille verte en bas en utilisant les plis réalisés aux étapes précédentes. **Ne rajoutez pas de nouveaux plis !**

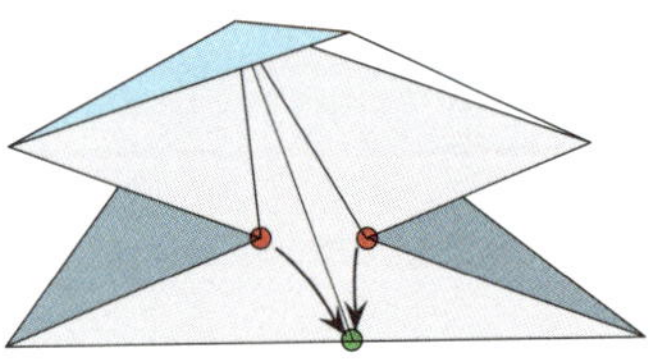

4.
Le pliage est en cours.

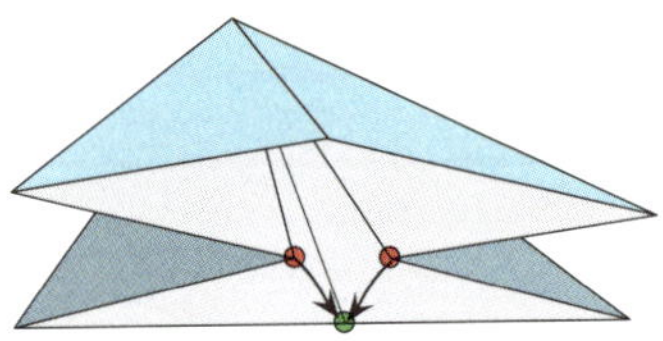

5.
Aplatissez complètement le modèle pour obtenir un triangle plat !

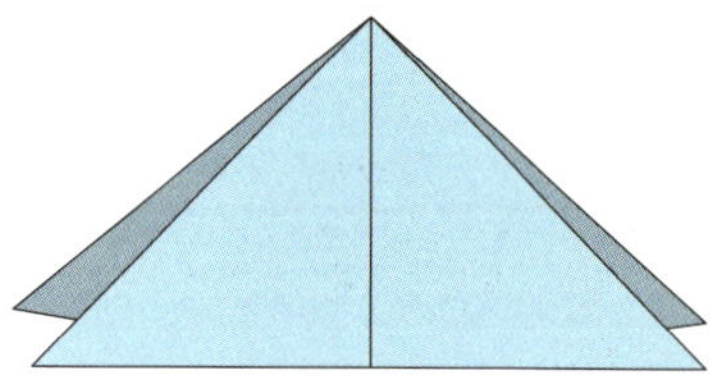

6.
La base de la « bombe à eau » est terminée. Cette base ressemble à un triangle plat avec 4 pointes à sa base ou si vous la mettez debout, à une petite pyramide.

LA GRENOUILLE SAUTEUSE

Il vous faut un carré de 15 x 15 cm coloré avec ou sans face blanche au verso.

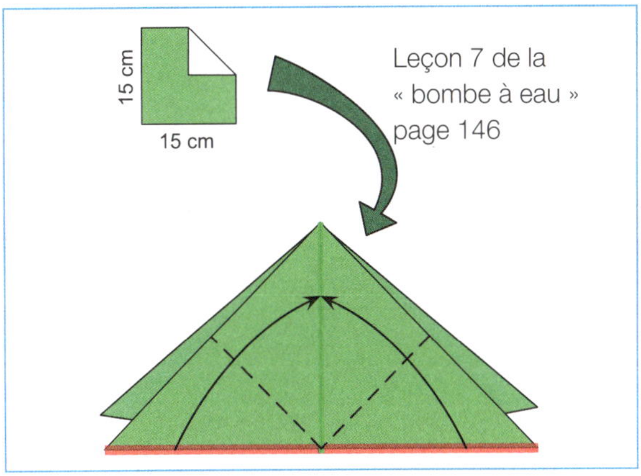

1.

Commencez avec la base de la « bombe à eau » expliquée lors de la leçon 7 page 146.
Pliez les deux coins vers le haut.

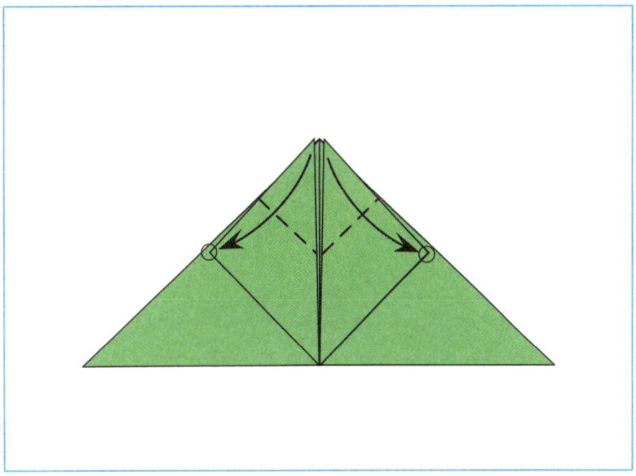

2.

Pliez les deux petites pointes du haut pour les superposer au coin des volets.

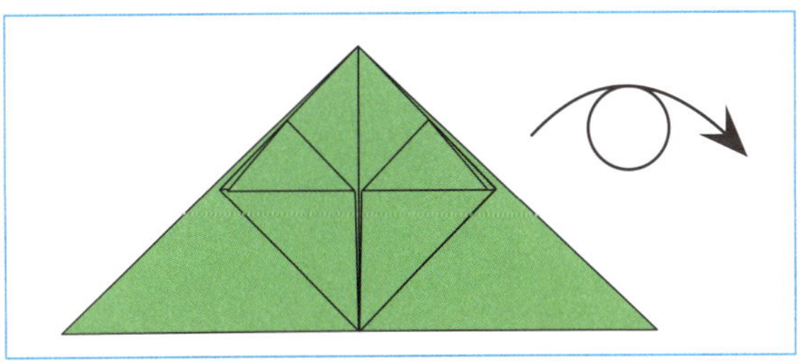

3.

Retournez le modèle.

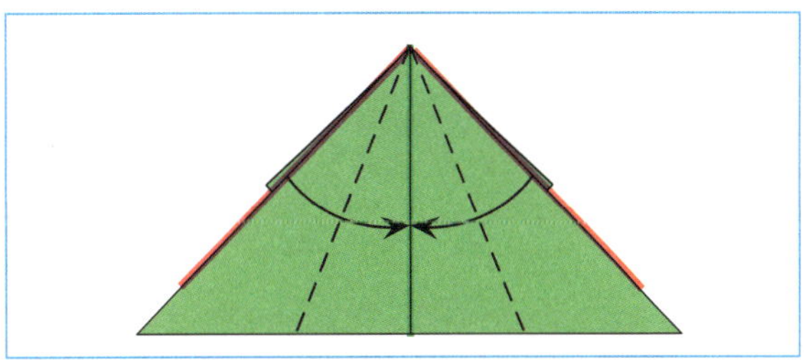

4.

Pliez les angles de la pointe en deux en amenant les bords rouges sur l'axe central vert.

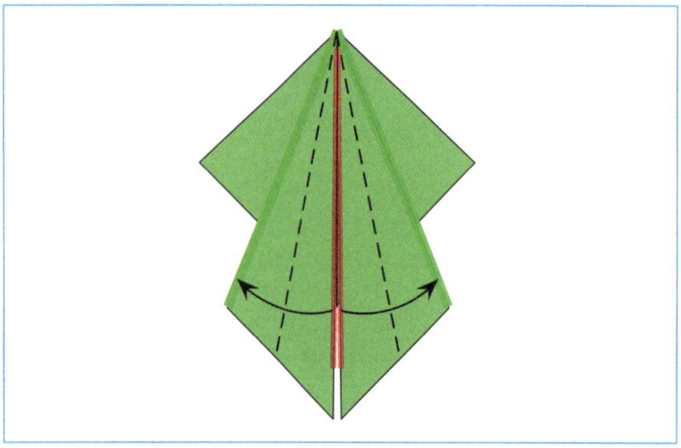

5.

Pour chaque grand volet, pliez-les en deux en amenant les bords rouges du centre sur les rebords verts extérieurs.

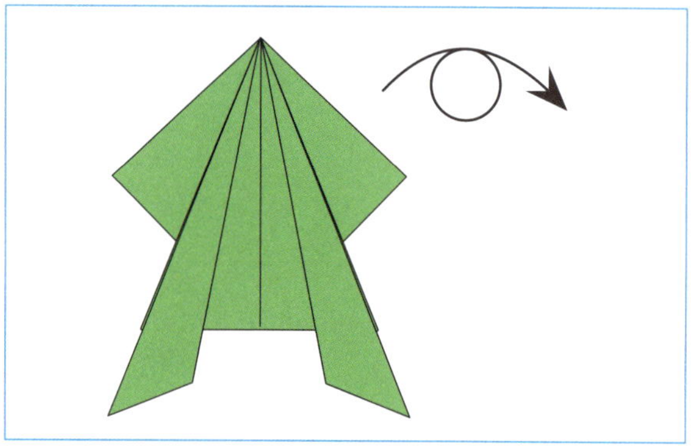

6.

Retournez le modèle.

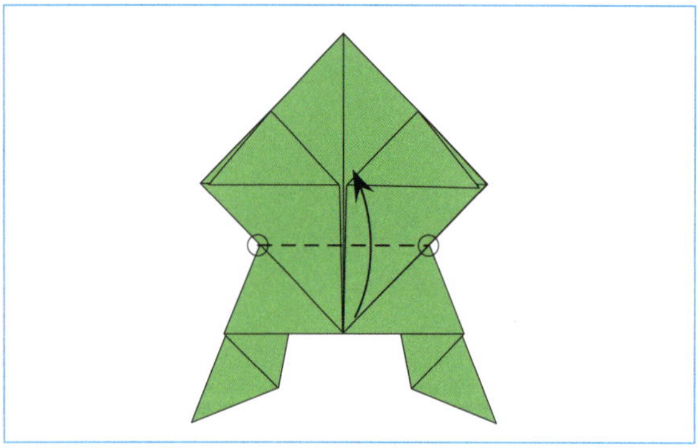

7.

Trouvez les deux points de référence encerclés.
Pliez à travers toute les couches entre ces deux points.
Utilisez éventuellement un plioir pour plier plus fermement.

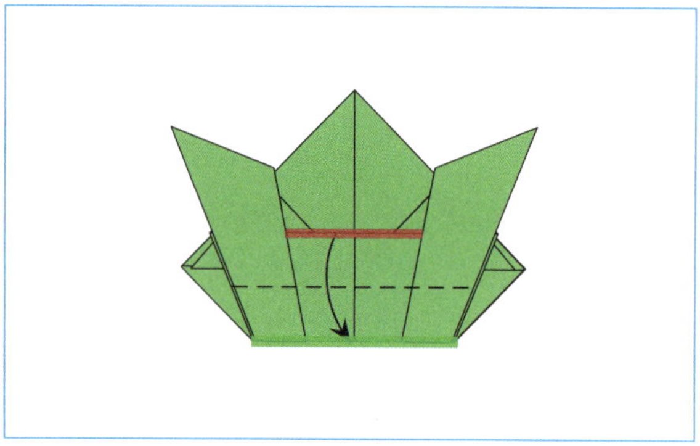

8.

Superposez le bord rouge sur le bord vert.
Pliez à travers toutes les couches. Aidez-vous éventuellement d'un plioir.

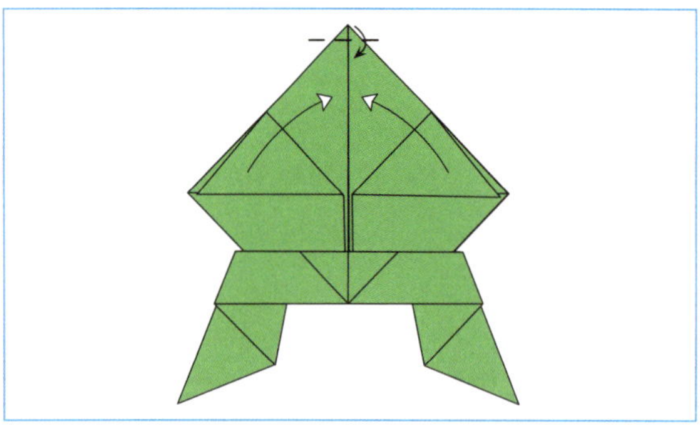

9.

Dépliez légèrement les pattes avant pour que la grenouille puisse tenir sur ses pattes.
Facultatif : Vous pouvez arrondir la tête avec un petit pli vallée.

10.

Appuyez sur l'arrière de la grenouille pour la faire sauter.

LE PAPILLON

Il vous faut un carré de 15 x 15 cm coloré avec ou sans face blanche au verso.

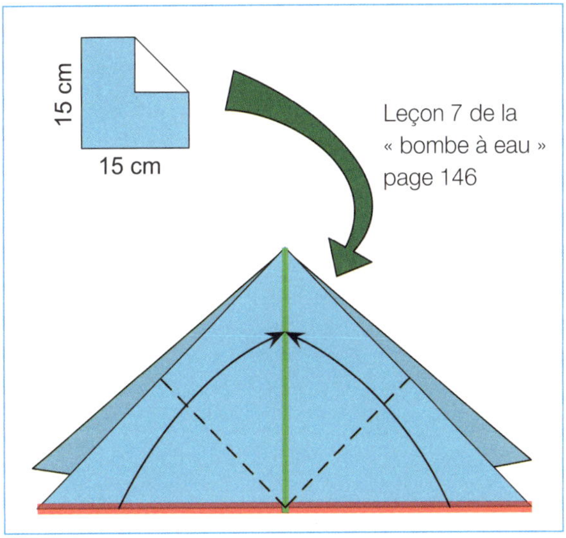

1.
Commencez avec la base de la « bombe à eau » expliquée lors de la leçon 7 page 146. Pliez les deux coins vers le haut.

2.
Retournez le modèle.

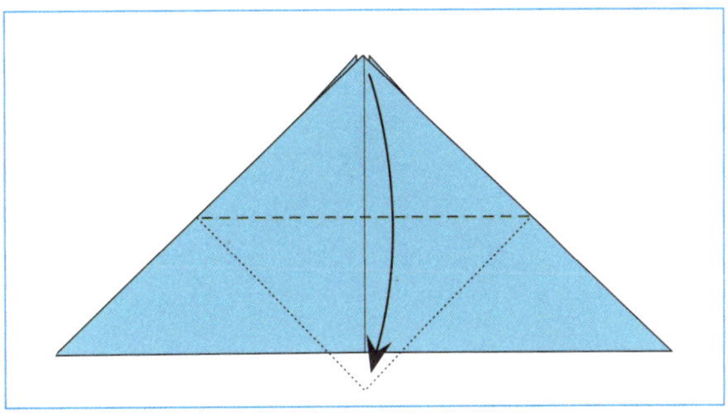

3.
Pliez le premier coin vers le bas, plus loin que la base du triangle. Ne pliez pas les autres volets derrière !

4.
Le modèle n'est plus plat. Retournez-le.

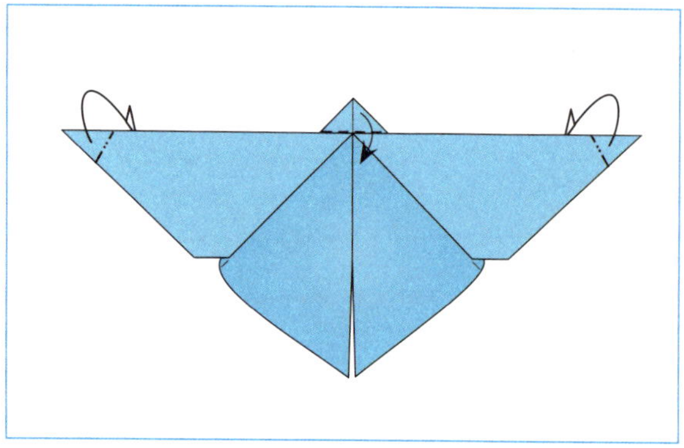

5.
Notez comment les ailes du bas présente un bel arrondie. Pliez la tête et arrondissez le bout des ailes.

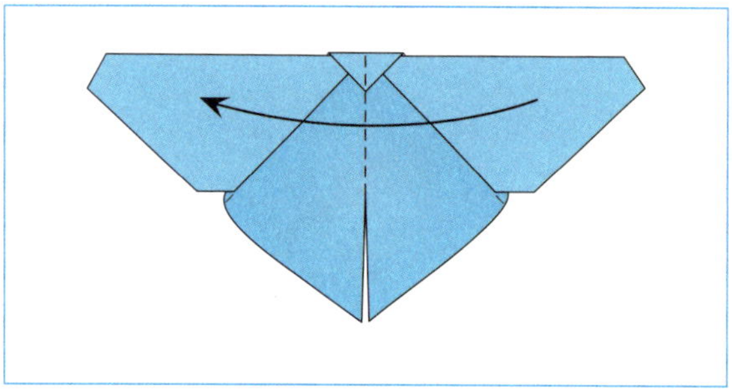

6.
Bloquez le modèle en le pliant en deux.

7.
Le papillon est terminé.

LA GIRAFE

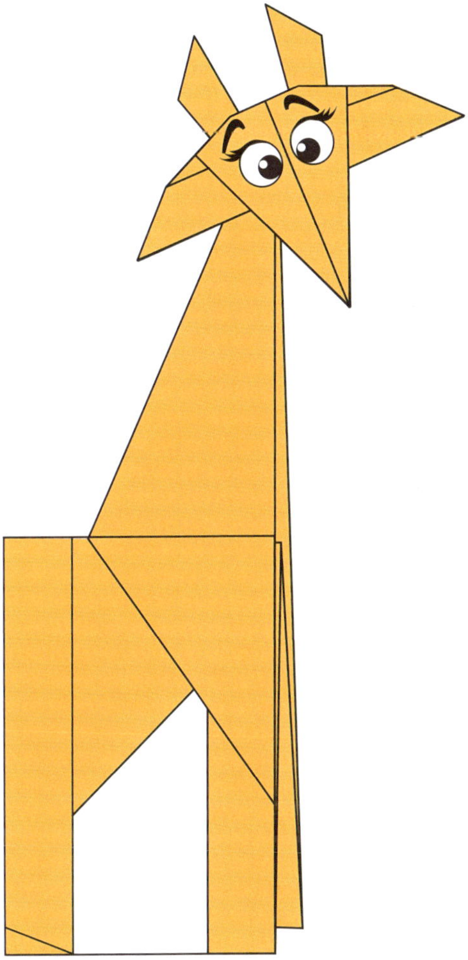

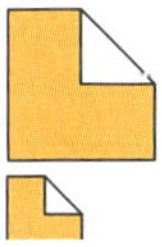

Il vous faut :
- un carré de 24 x 24 cm coloré avec une face blanche au verso
- un carré de 10 x 10 cm coloré avec une face blanche au verso.

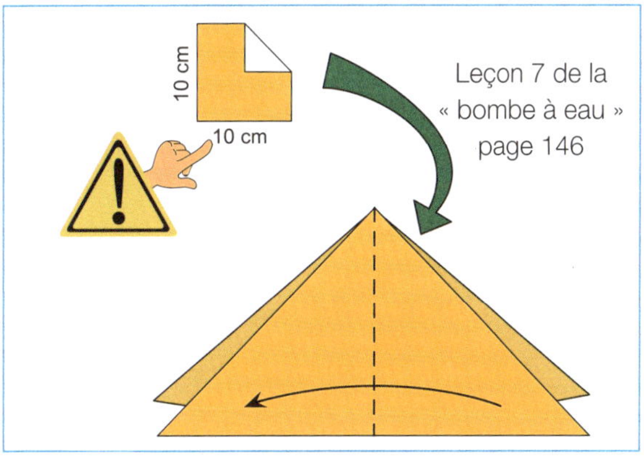

1.

Avec le carré de 10 x 10 cm, commencez par plier la base de la « bombe à eau » expliquée lors de la leçon 7 page 146. Puis pliez le coin droit vers la gauche.

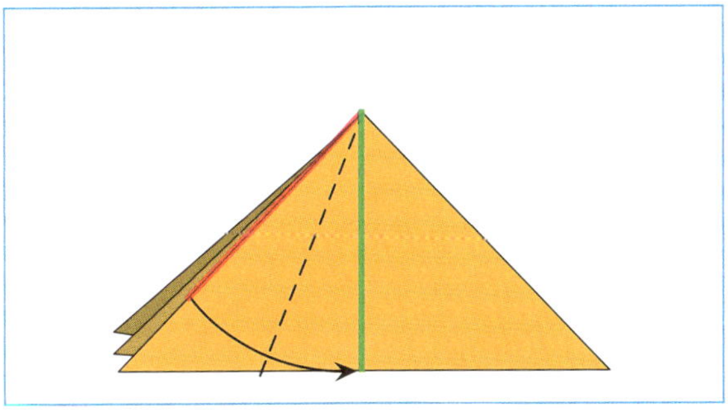

2.

Pliez le rebord rouge sur l'axe vert pour partager l'angle en deux.

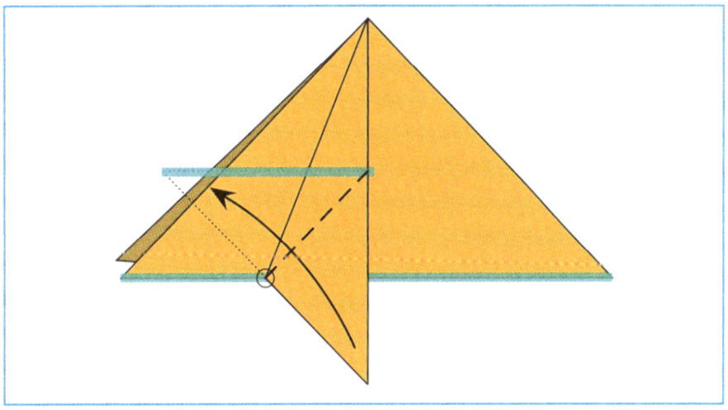

3.

Pliez la pointe vers la gauche pour qu'elle devienne horizontale.

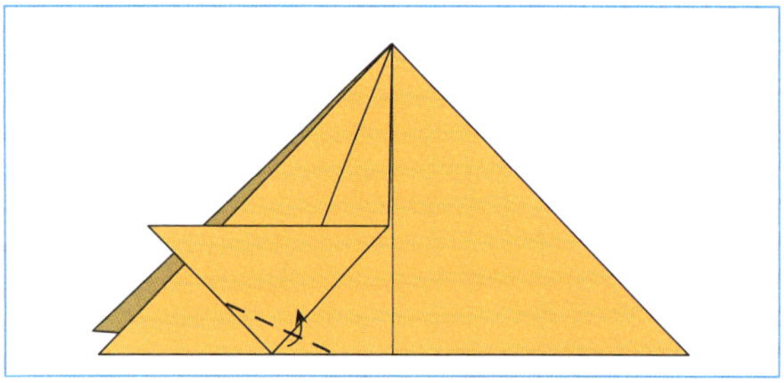

4.
Pliez le coin.

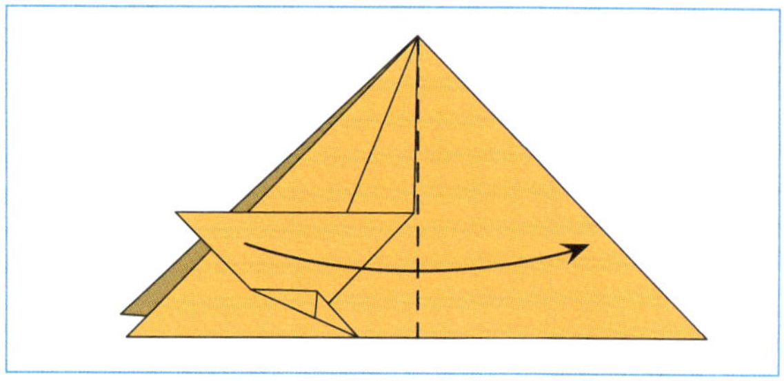

5.
Pliez le volet vers la gauche.

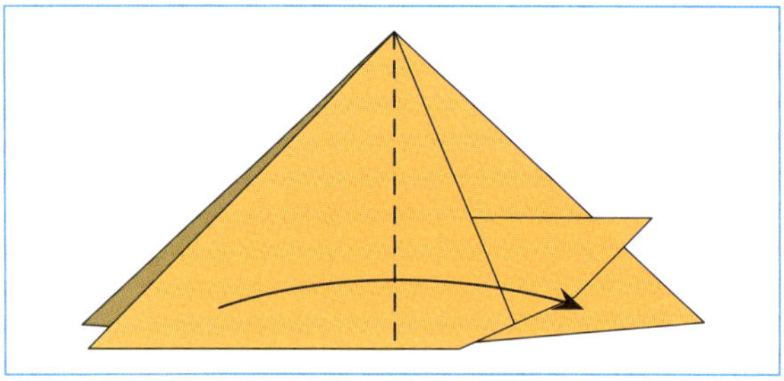

6.
Pliez le volet de gauche vers la droite.

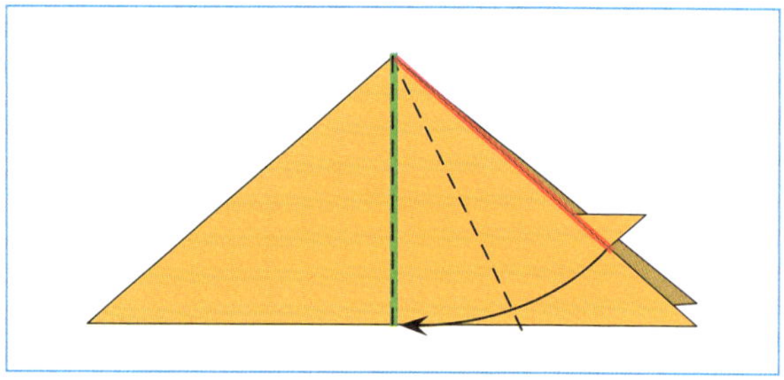

7.
Pliez le rebord rouge sur l'axe vert pour partager l'angle en deux.

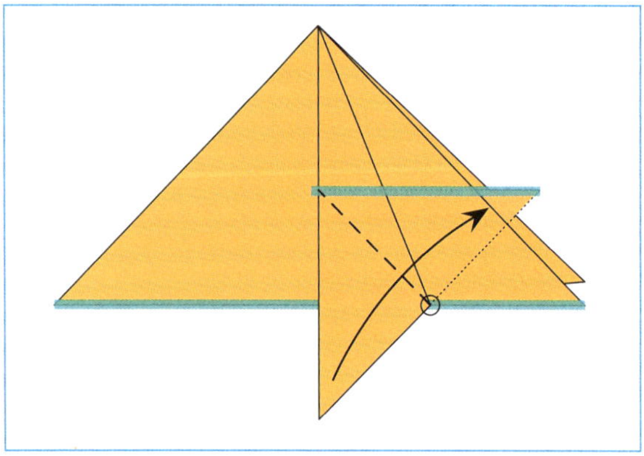

8.
Pliez la pointe vers la droite pour qu'elle devienne horizontale.

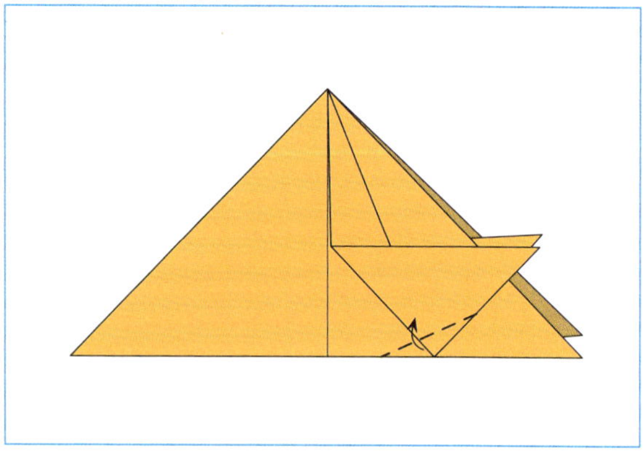

9.
Pliez le coin.

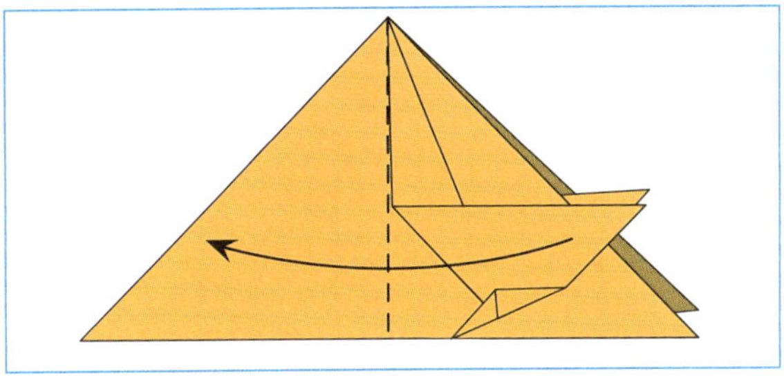

10.
Pliez le volet vers la droite.

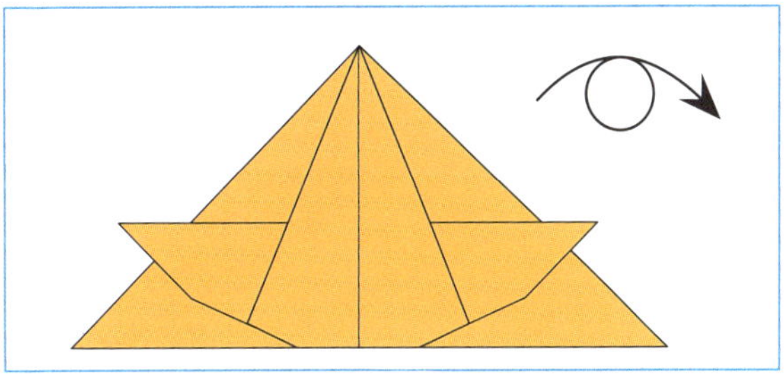

11.
Retournez le modèle.

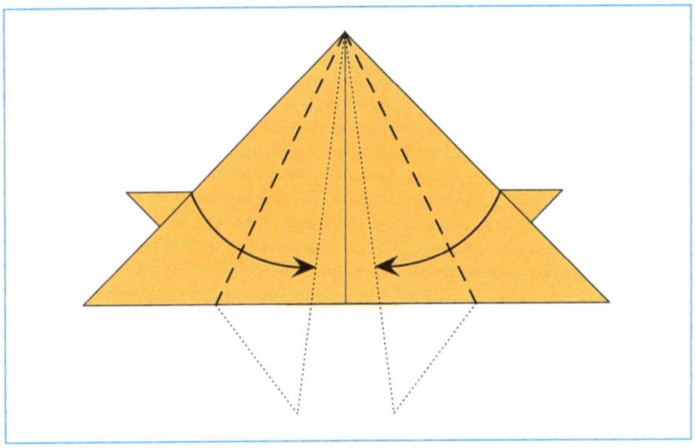

12.
Pliez les deux volets vers le centre. Ne superposez pas les bords sur l'axe central mais décalez-les légèrement.

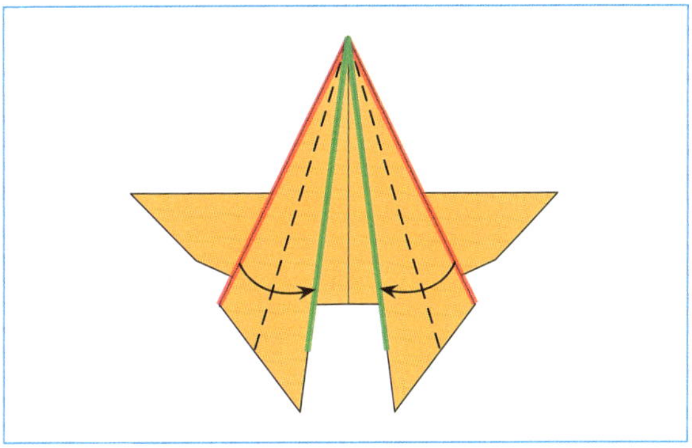

13.
Partagez les volets en deux en amenant les bords rouges sur les bords verts.

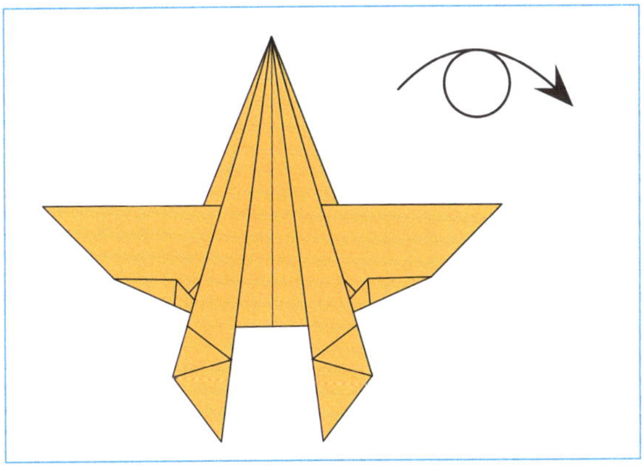

14.
Retournez le modèle.

15.
La tête de la girafe est terminée.

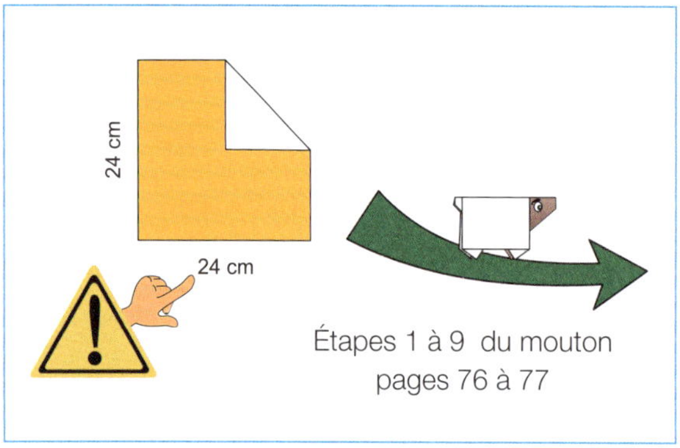

16.

Avec le carré de 24 x 24 cm, pliez les étapes 1 à 9 du mouton pages 76 à 77.

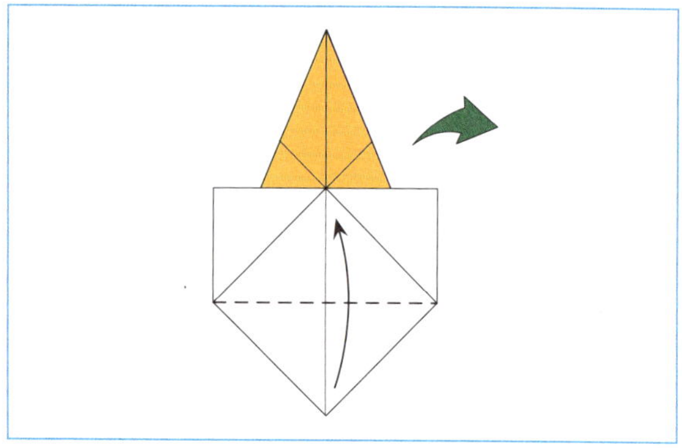

17.

Pliez le coin du bas vers le haut.

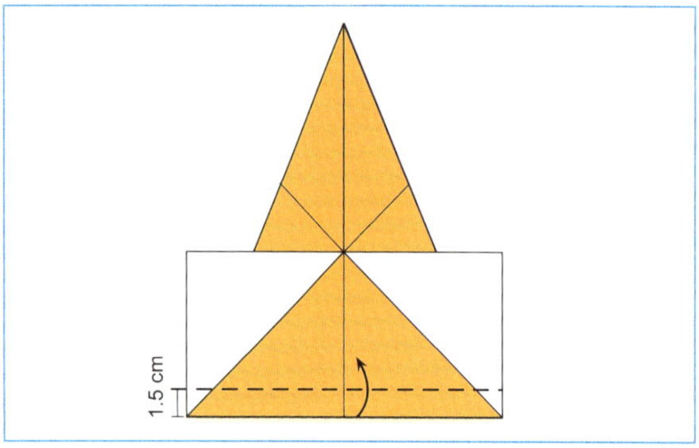

18.

Pliez un petit rebord à travers toutes les couches. La largeur de ce rebord donnera la largeur des pattes arrières. Habituellement, la largeur de ce rebord est d'environ 1,5 cm pour un carré de 24 cm.

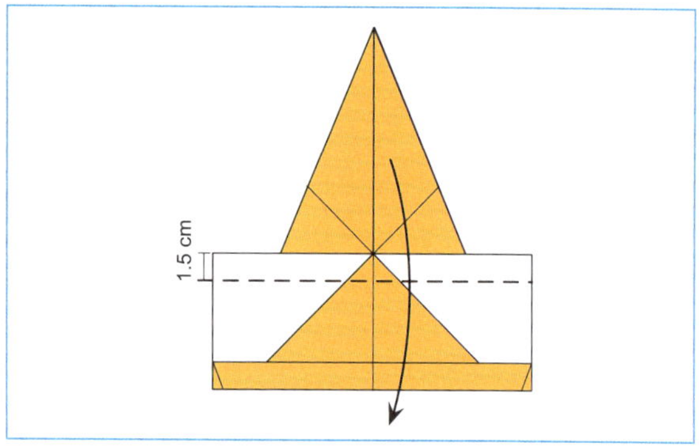

19.

Pliez la grande pointe vers le bas en créant un petit rebord de même taille que le rebord de l'étape précédente. Habituellement, la largeur de ce rebord est d'environ 1,5 cm pour un carré de 24 cm.

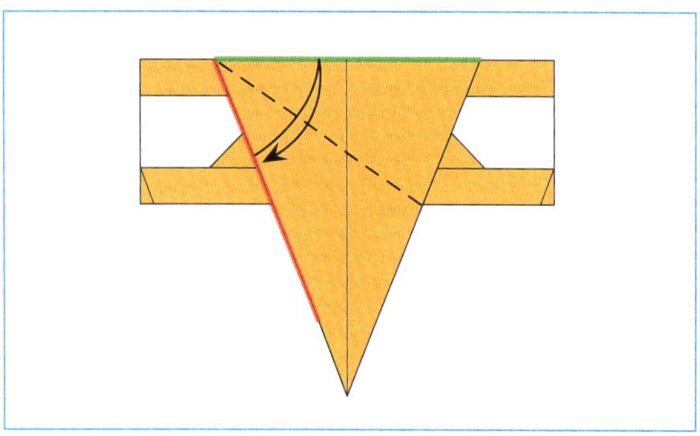

20.

Partagez l'angle en deux en amenant le bord rouge sur le bord vert.

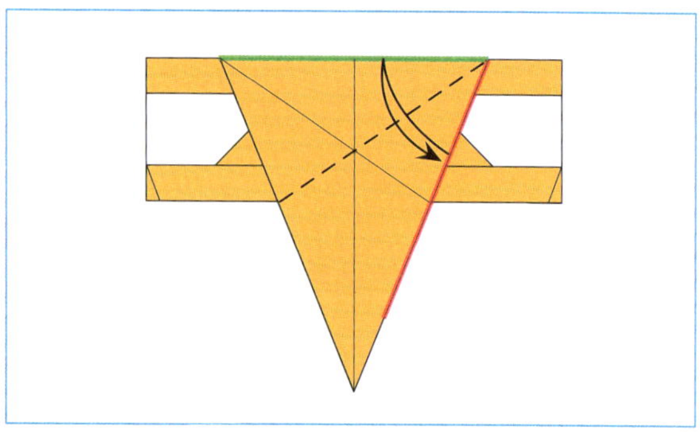

21.

Partagez l'angle en deux en amenant le bord rouge sur le bord vert.

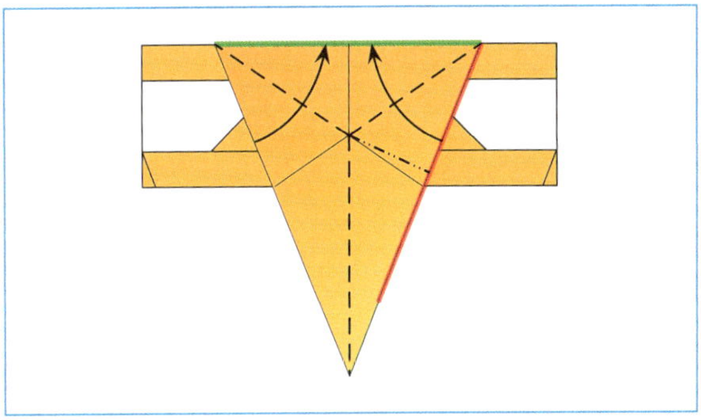

22.
Pliez le volet en « oreille de lapin » (cf. leçon 6 page 138).

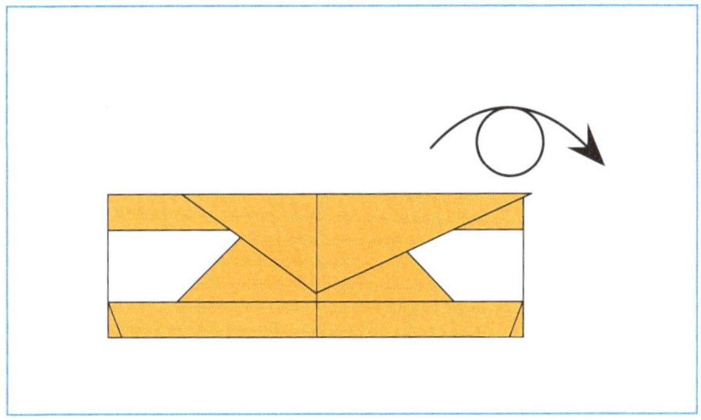

23.
Retournez le modèle.

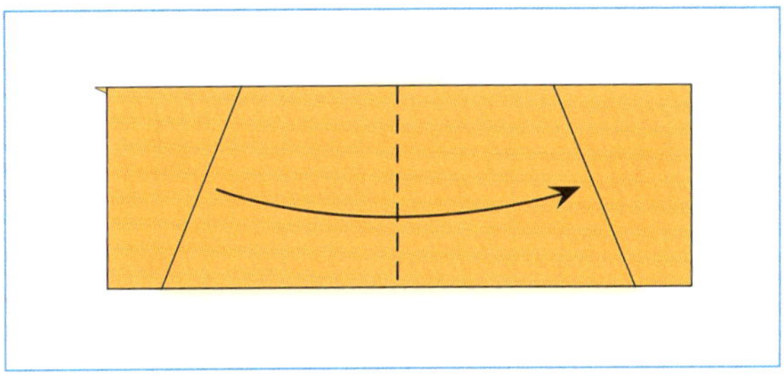

24.
Pliez le modèle en deux.

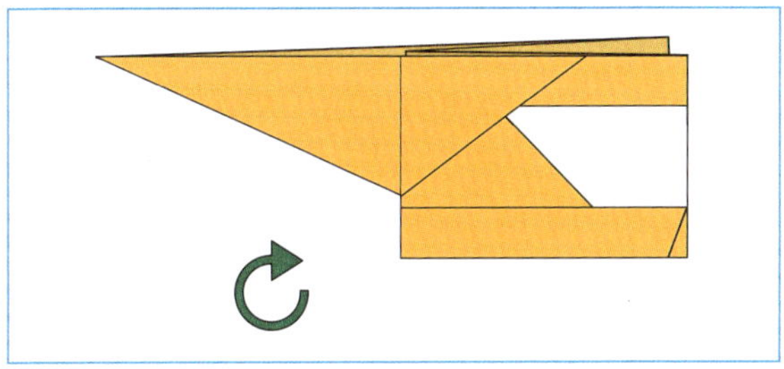

25.
Tournez le modèle.

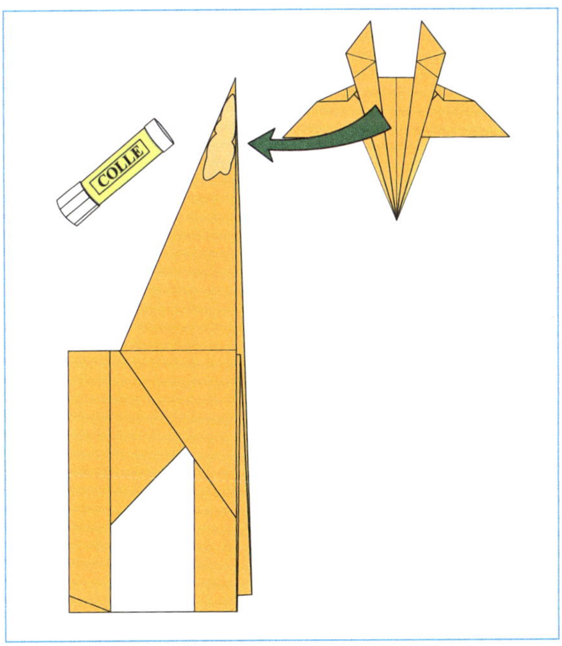

26.
Collez la tête.

27.
La girafe est terminée.

Leçon 8
Le pli aplati

LEÇON 8

> LE PLI APLATI

Le pli aplati permet, comme son nom l'indique, d'aplatir un volet.
Voici une séquence de plis pour comprendre et réaliser un pli aplati.

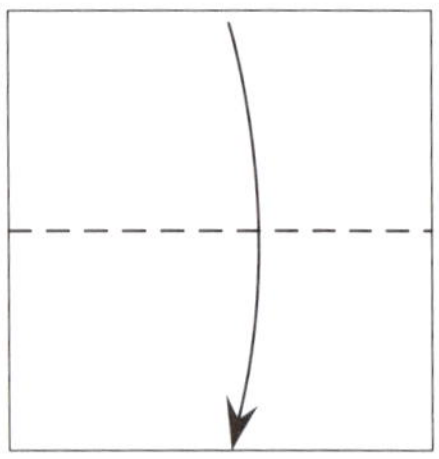

1.
Pliez en deux.

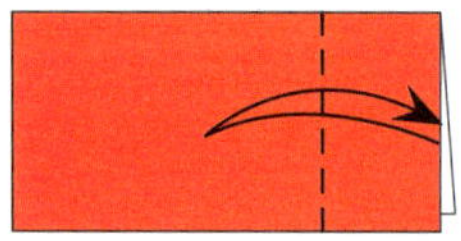

2.
Pliez un bord et dépliez.

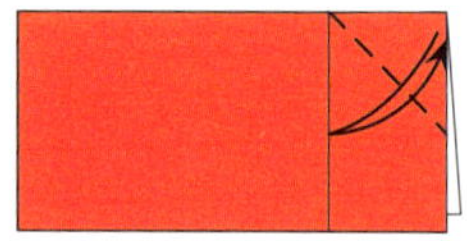

3.
Pliez le coin puis dépliez.

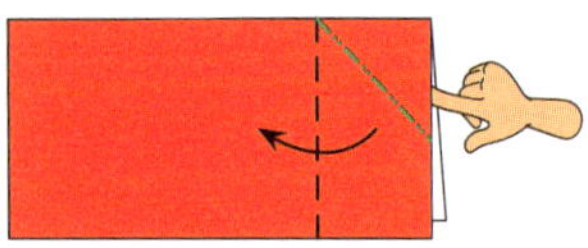

4.
Ouvrez délicatement le volet en insérant un doigt. Le pli vallée commence à se transformer en montagne (pli vert).

5.
Appuyez maintenant doucement sur l'arête bleue tout en continuant d'ouvrir le premier volet.

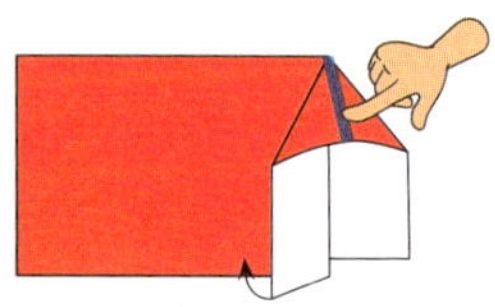

6.
Continuez à aplatir le volet jusqu'à ce qu'il devienne plat.

LA MAISON

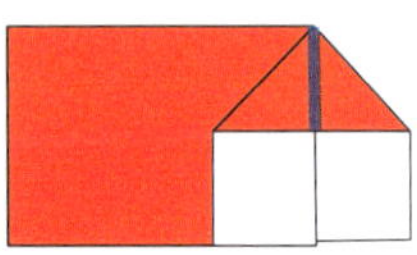

7.
Le pli aplati est réalisé.

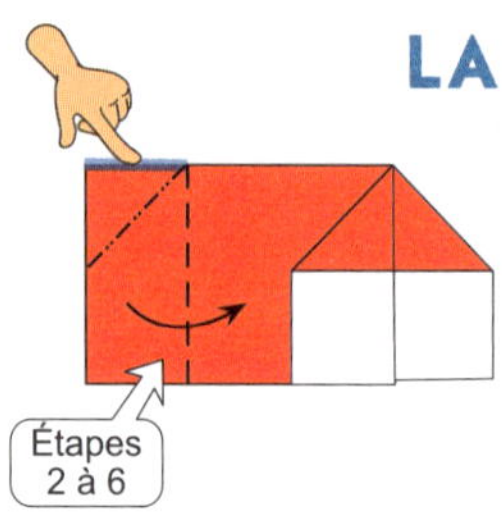

8.
Recommencez les étapes 2 à 6 à gauche.

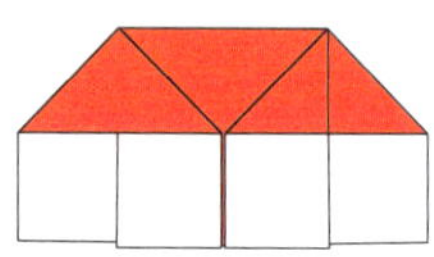

9.
La maison est terminée.

LA FEUILLE D'ÉRABLE

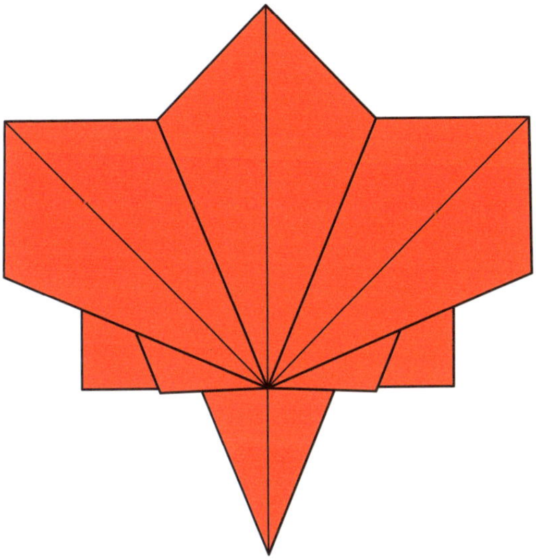

Il vous faut un carré de 15 x 15 cm coloré avec ou sans face blanche au verso.

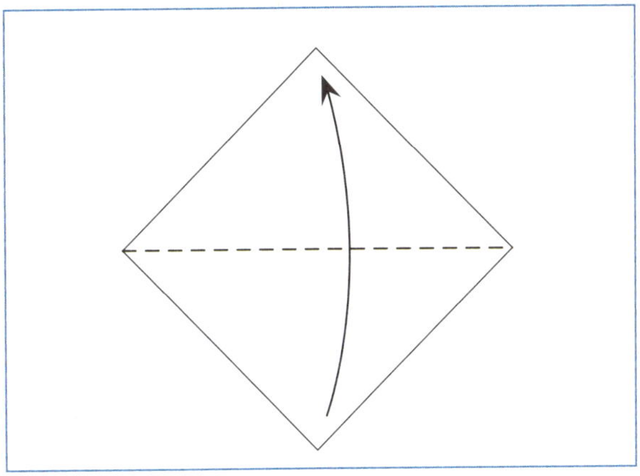

1.
Commencez avec la face blanche au-dessus. Pliez le carré en deux en superposant le coin du bas sur le coin du haut.

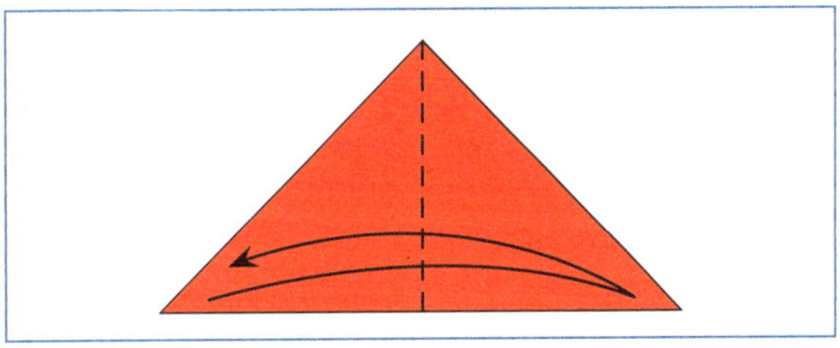

2.
Pliez le triangle en deux puis dépliez.

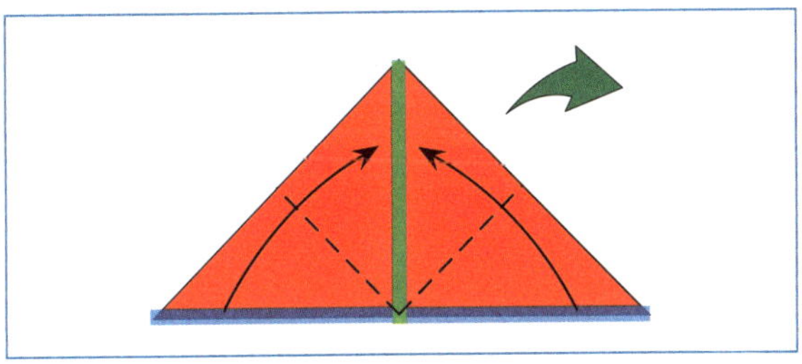

3.
Pliez les coins gauche et droit pour les superposer sur le coin du haut.

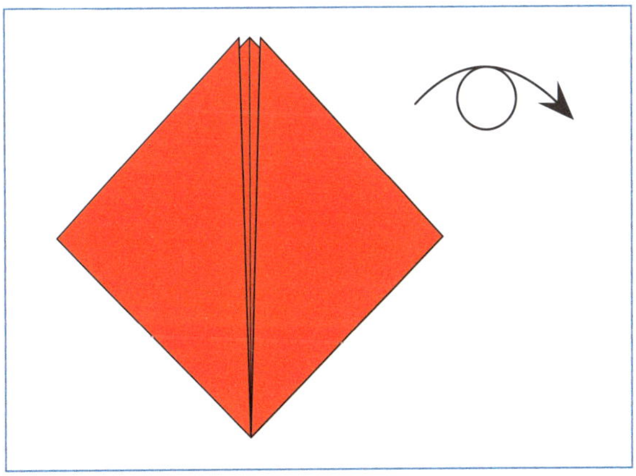

4.
Retournez le modèle.

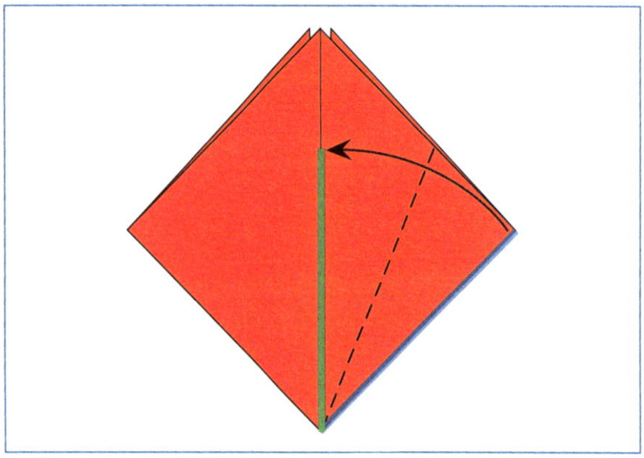

5.
Partagez l'angle en deux en amenant le bord bleu sur l'axe vert.

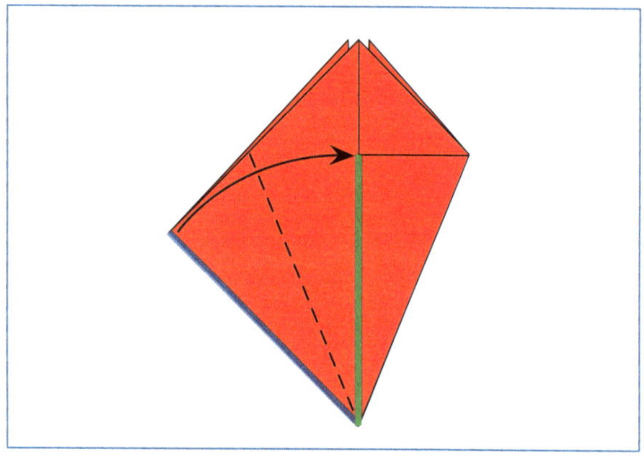

6.
Partagez l'angle en deux en amenant le bord bleu sur l'axe vert.

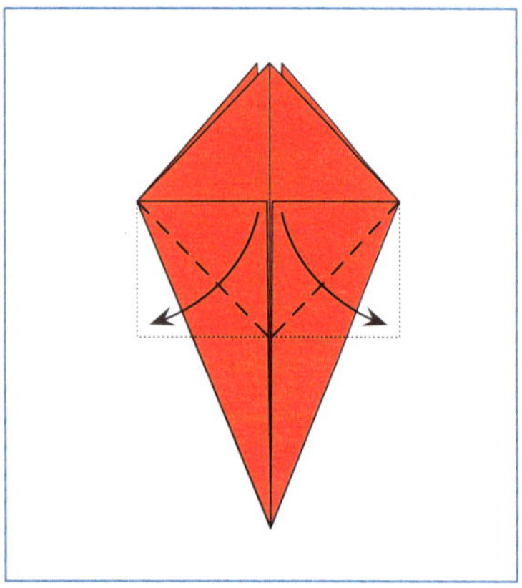

7.
Pliez les coins.

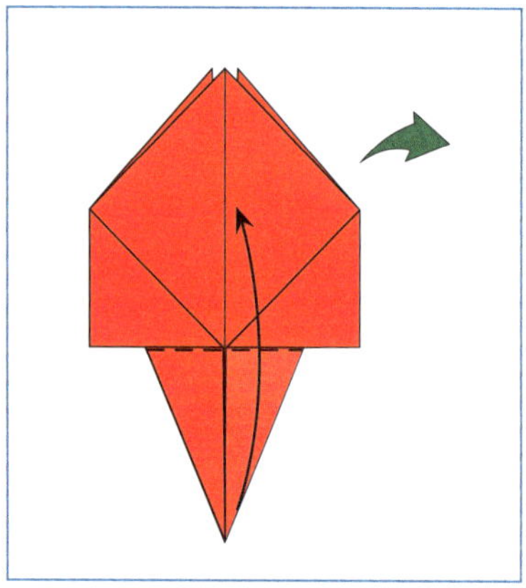

8.
Pliez la pointe vers le haut.

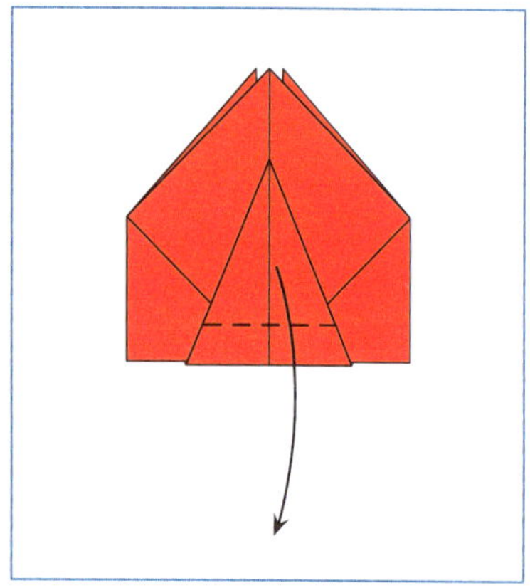

9.
Pliez la pointe vers le bas.

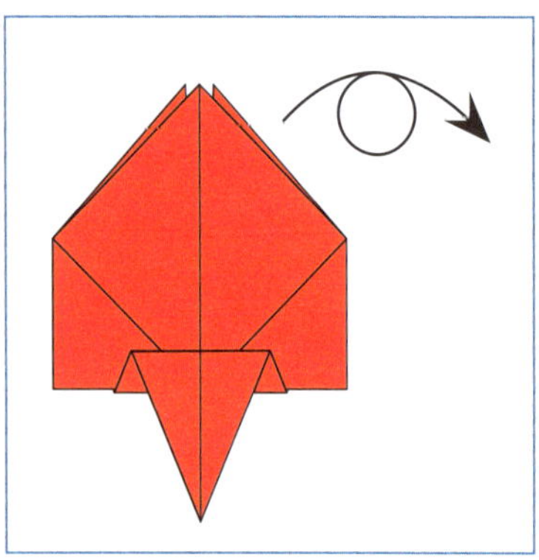

10.
Retournez le modèle.

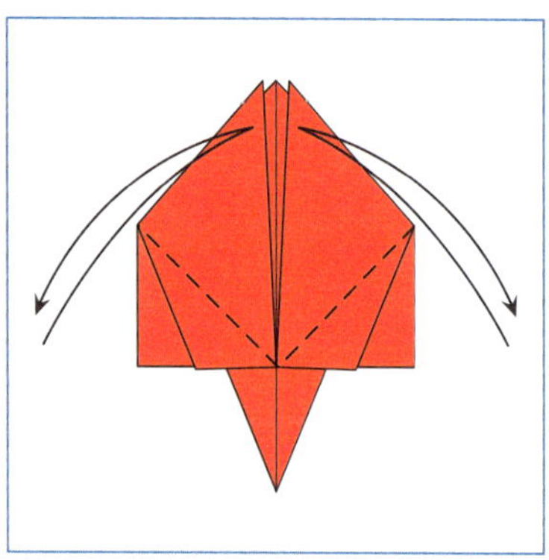

11.
Pliez les deux volets vers le bas puis dépliez.

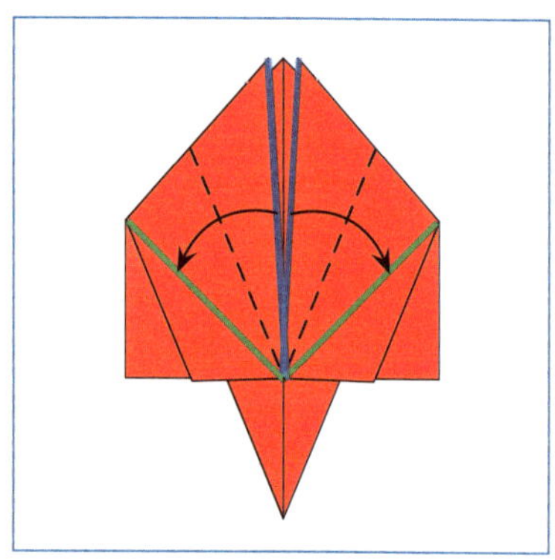

12.
Pliez les volets en deux en amenant les bords bleus sur les plis verts réalisés à l'étape précédente.

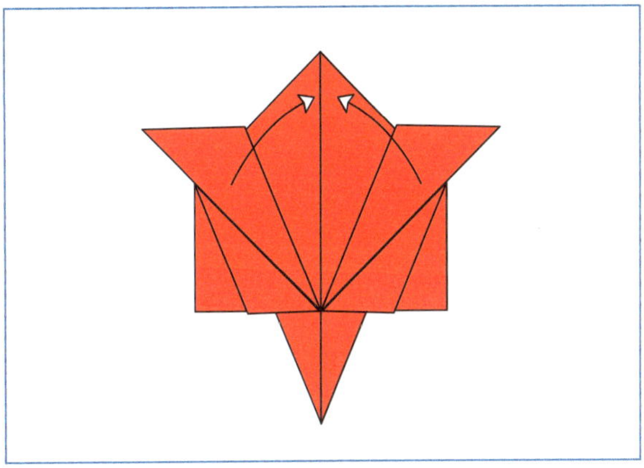

13.
Dépliez.

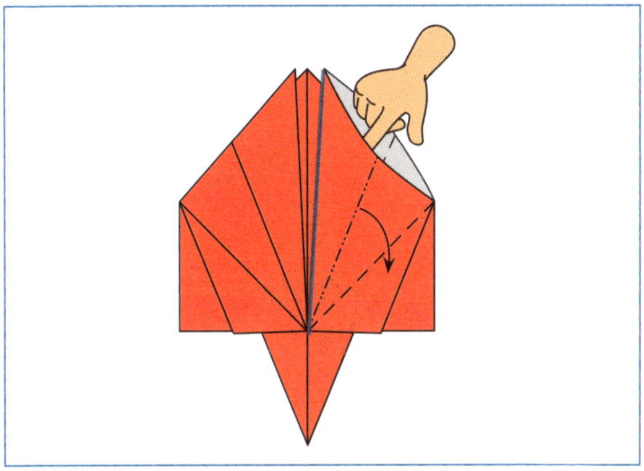

14.
Réalisez un pli APLATI. Pour cela, ouvrez la pochette du volet en insérant un doigt.
Puis commencez par appuyer sur l'arête surlignée en bleu.

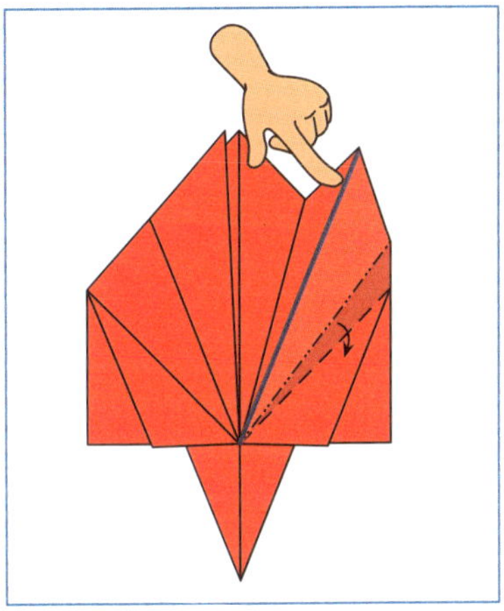

15.
Aplatissez le volet en poussant sur l'arête surlignée en bleu.

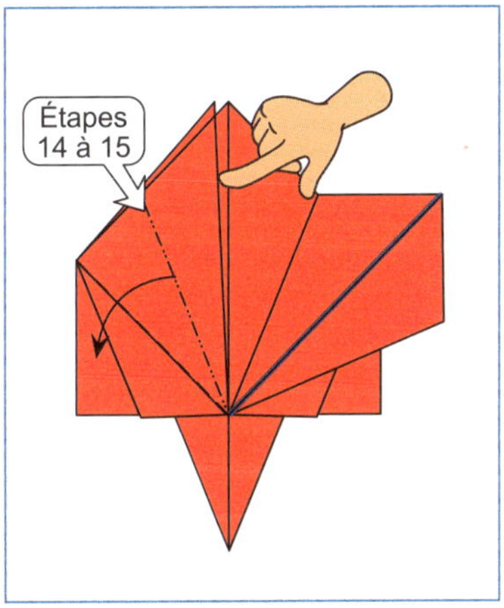

16.
Recommencez les étapes 14 à 15 à gauche.

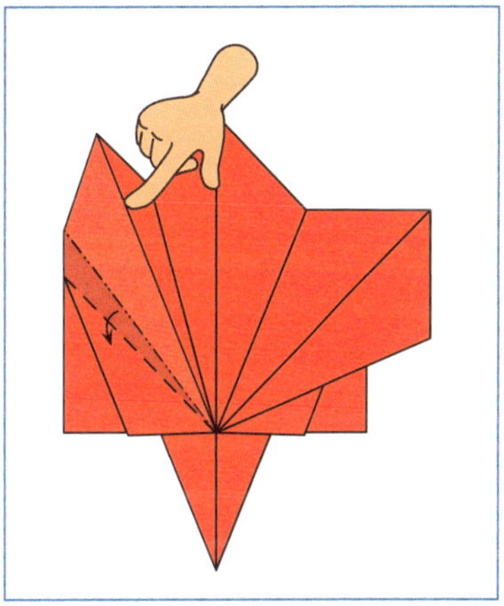

17.
Aplatissez le volet en appuyant sur son arête.

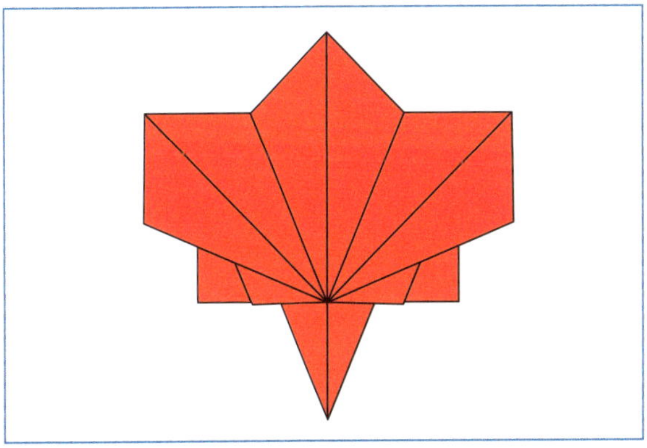

18.
La feuille d'érable est terminée.

LE SORCIER

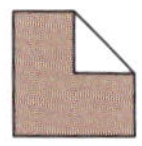

Il vous faut un carré de 15 x 15 cm coloré avec ou sans face blanche au verso.

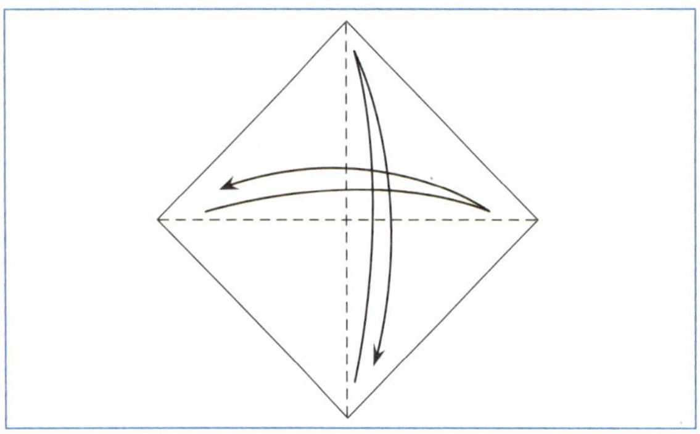

1.
Commencez avec la face blanche sur le dessus. Pliez les diagonales puis dépliez.

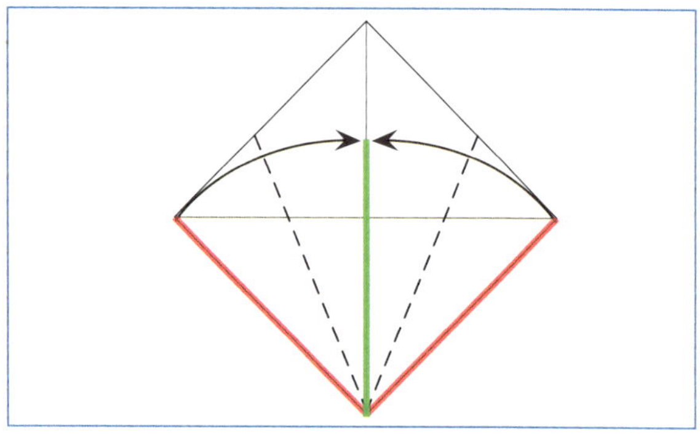

2.
Pliez une pointe sur le coin du bas en amenant les bords rouges sur l'axe central vert.

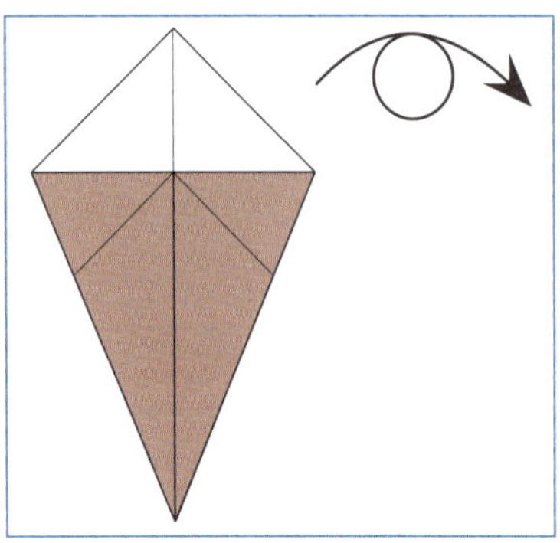

3.
Retournez le modèle.

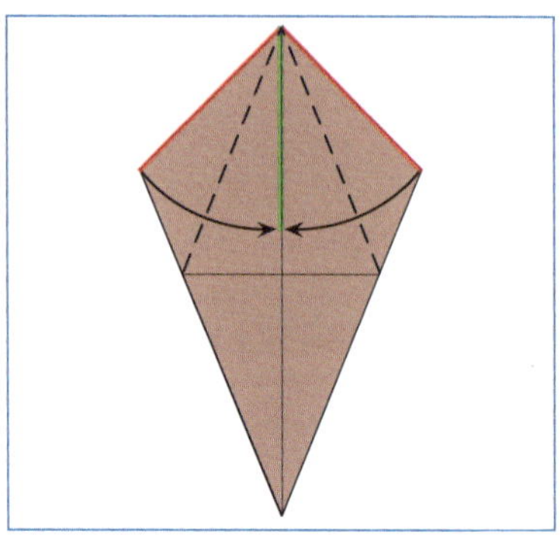

4.
Partagez les angles en deux en amenant les bords rouges sur l'axe central vert.

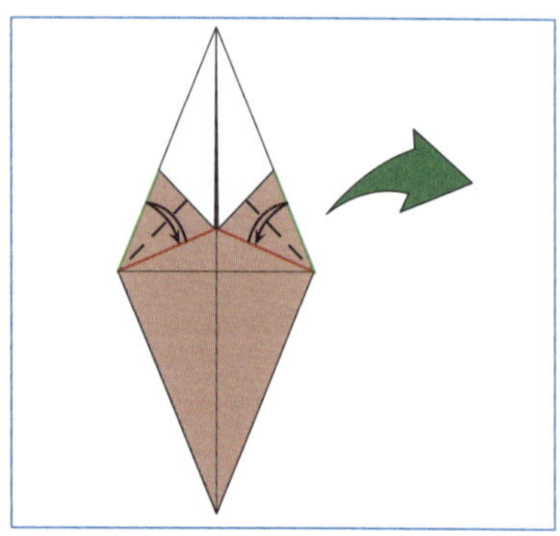

5.
Partagez les angles en deux en amenant les bords rouges sur les rebords verts puis dépliez.

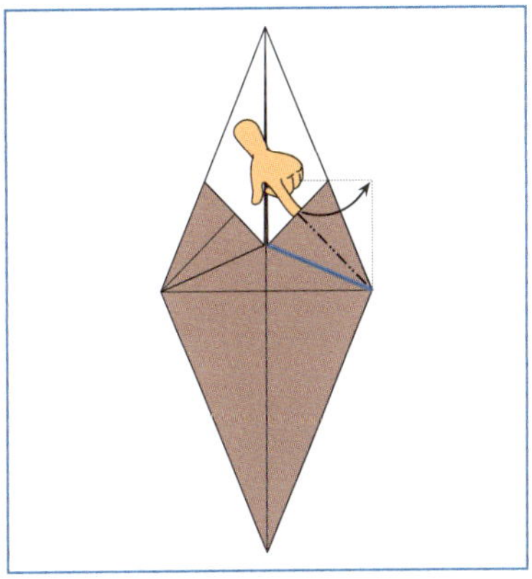

6.

Réalisez un PLI APLATI sur le petit triangle de droite. Insérez d'abord un doigt dans la pochette pour changer le pli vallée en pli montagne. Puis appuyez doucement sur l'arête bleue.

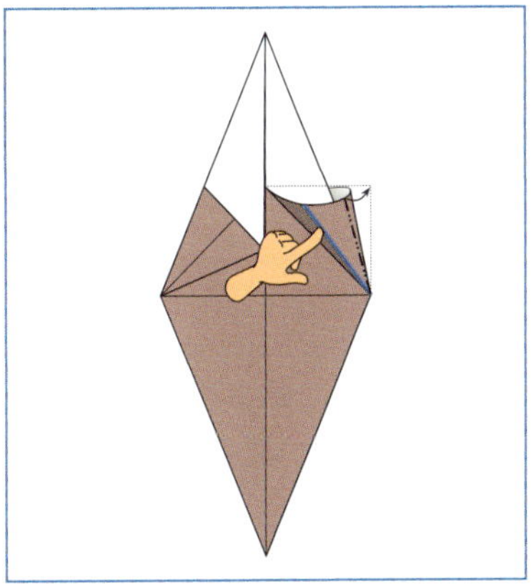

7.

Appuyez doucement sur l'arête pour aplatir complètement le volet.

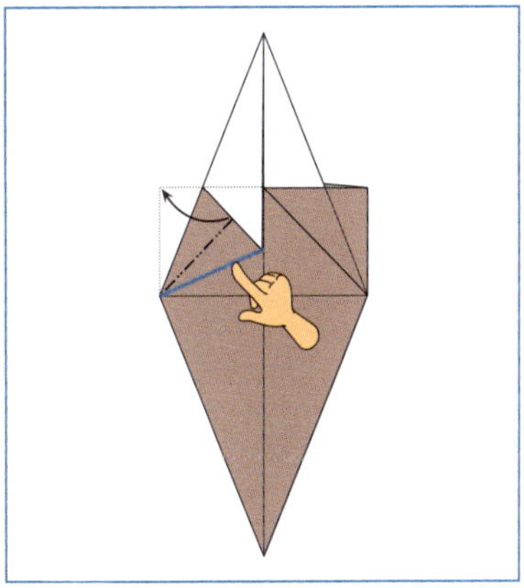

8.

Réalisez un pli aplati sur le volet de gauche en recommençant les étapes 6 et 7.

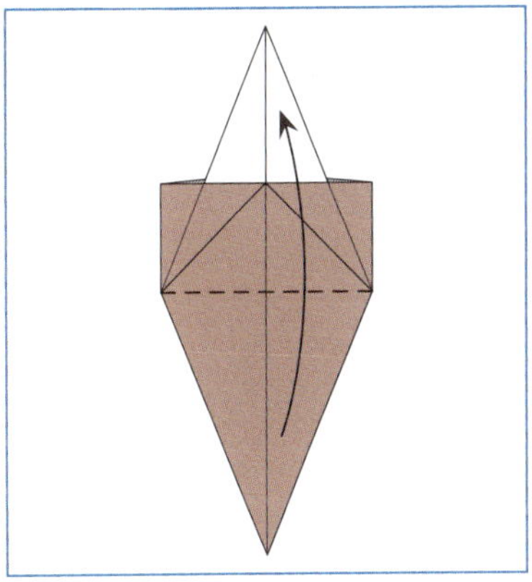

9.

Pliez la pointe du bas sur la pointe du haut.

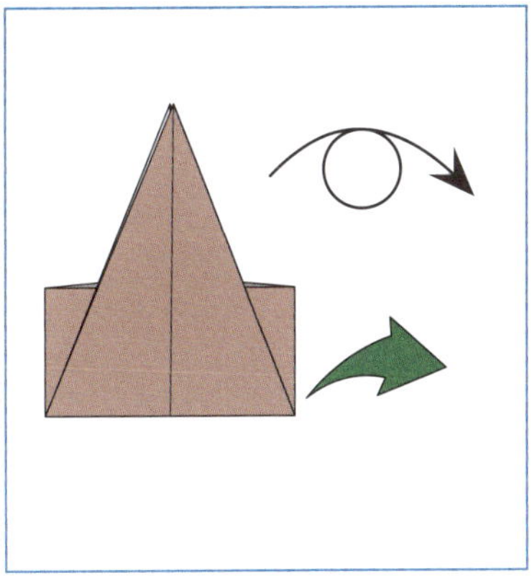

10.

Retournez le modèle.

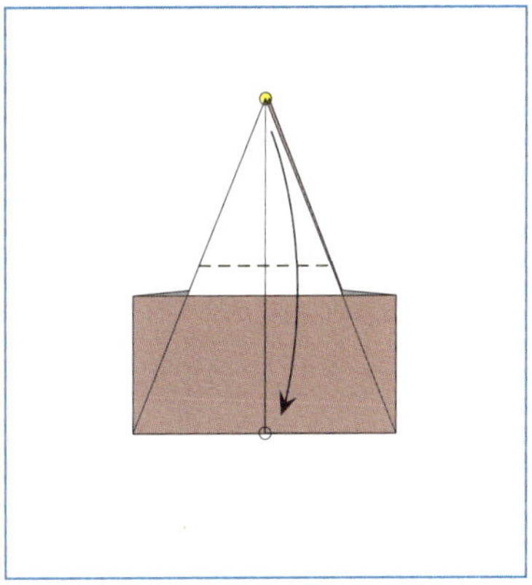

11.

Pliez la pointe sur la base du modèle.

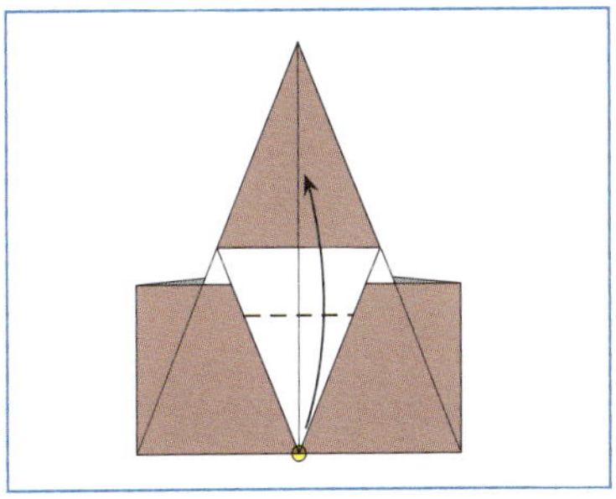

12.

Pliez la pointe blanche vers le haut comme indiqué.

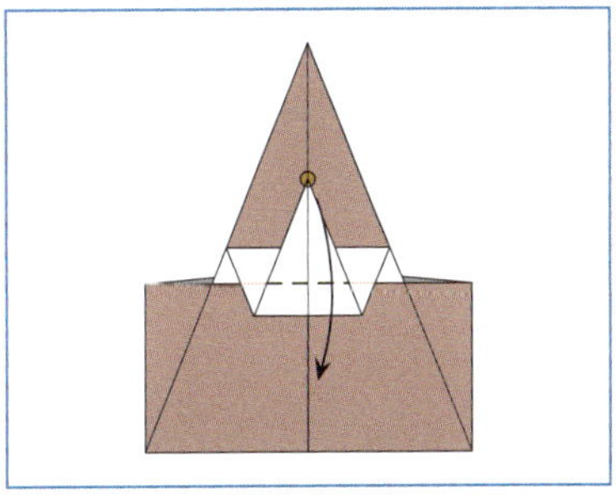

13.

Pliez le volet blanc vers le bas au niveau des pointillés.

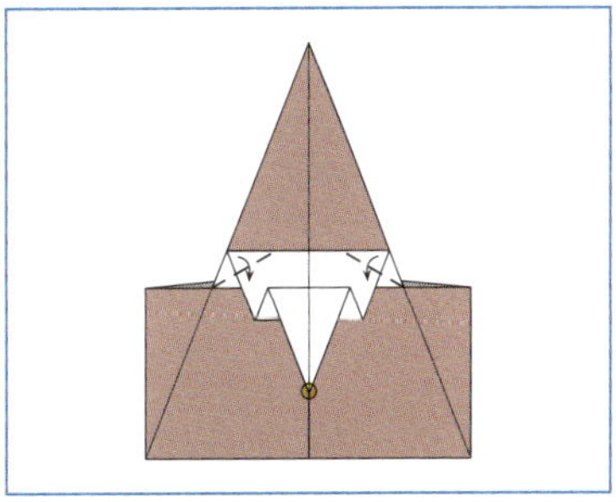

14.

Pliez les cheveux.

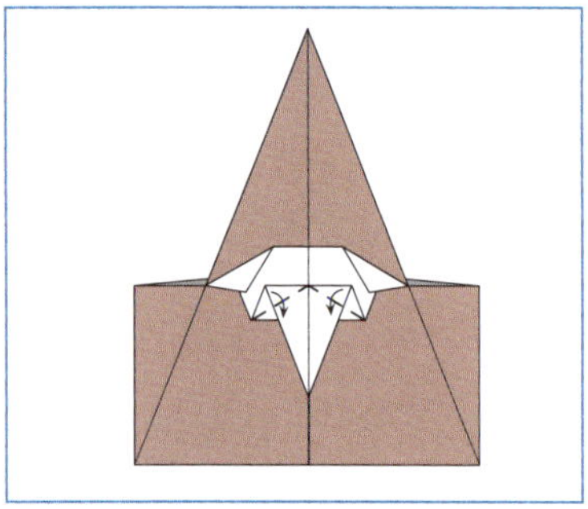

15.

Pliez les moustaches.

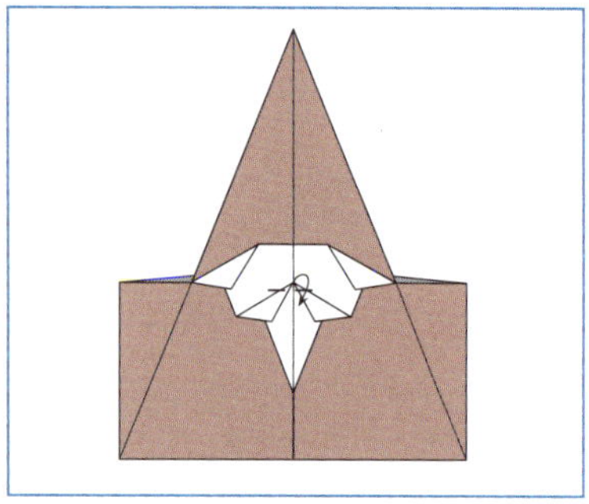

16.

Pliez le bout du nez.

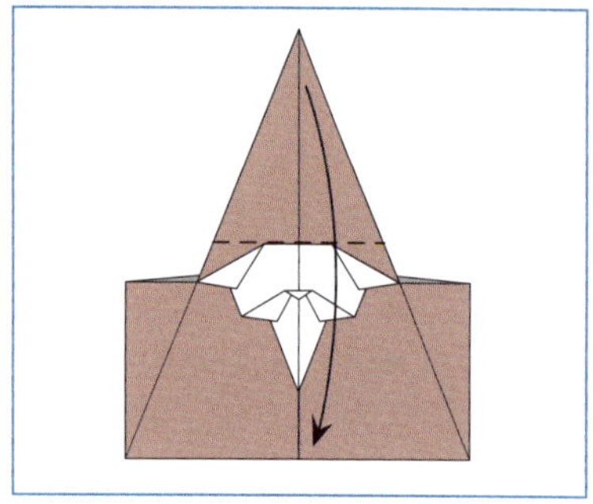

17.

Pliez la grande pointe au niveau du sommet de la tête.

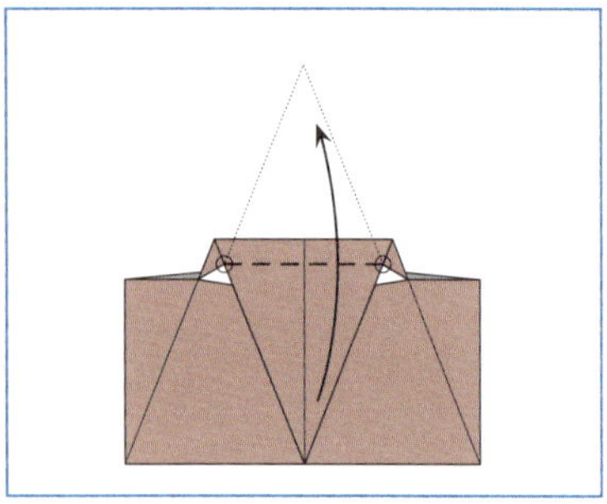

18.

Notez les points de références encerclés. Pliez le volet vers le haut à partir de ces points.

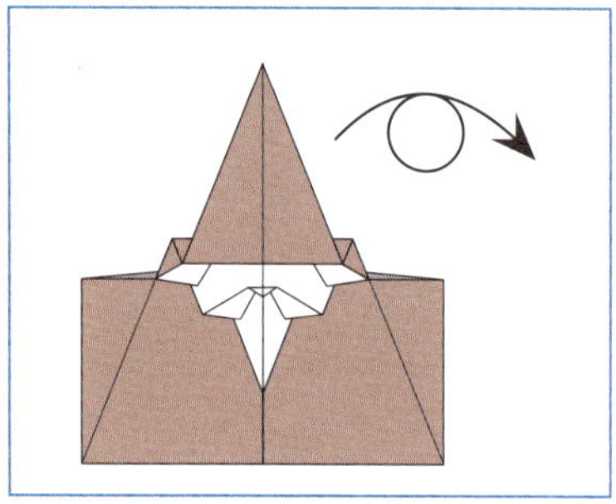

19.

Retournez le modèle.

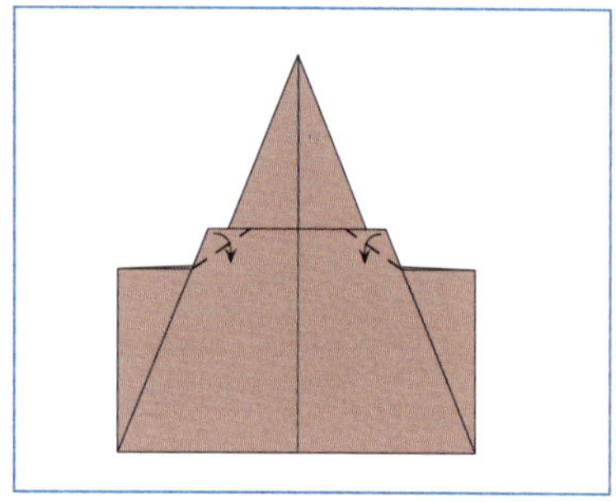

20.

Pliez les coins pour fixer le chapeau sur la tête.

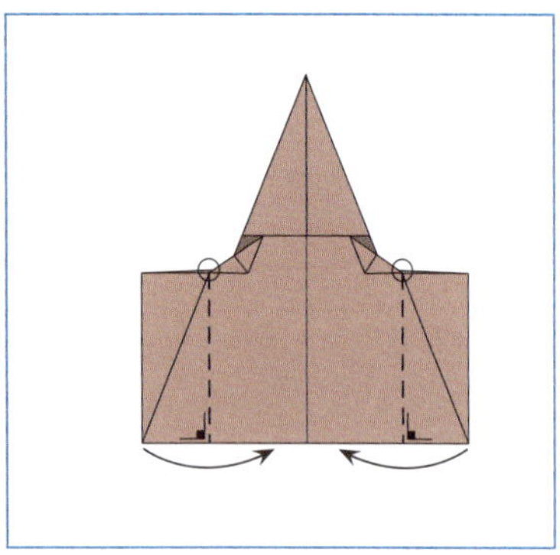

21.

Notez les points de référence encerclés d'où partent les plis. Pliez
les volets à angle droit.

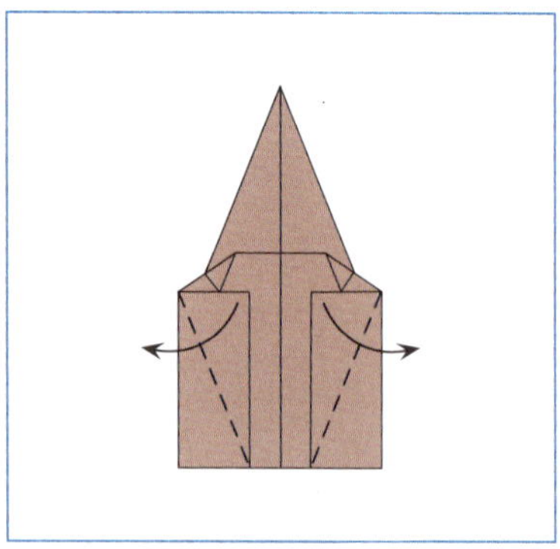

22.

Pliez les volet vers l'extérieur en utilisant les plis déjà existants.

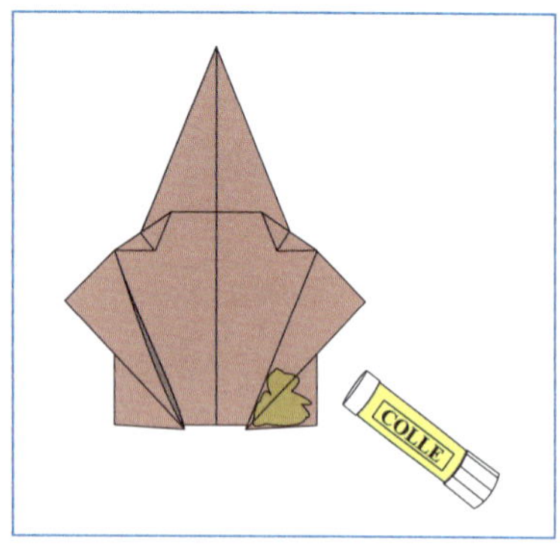

23.

Choisissez un des volets et ajoutez un peu de colle.

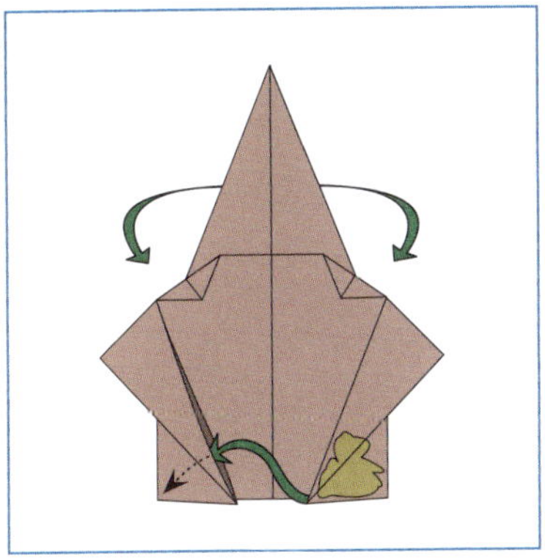

24.

Insérez la pointe dans la pochette de l'autre volet jusqu'au bout. Aidez-vous en arrondissant tout le corps du modèle.

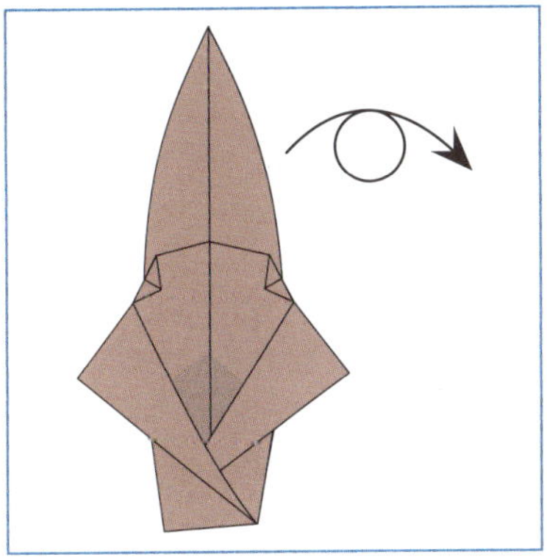

25.

Retournez le modèle.

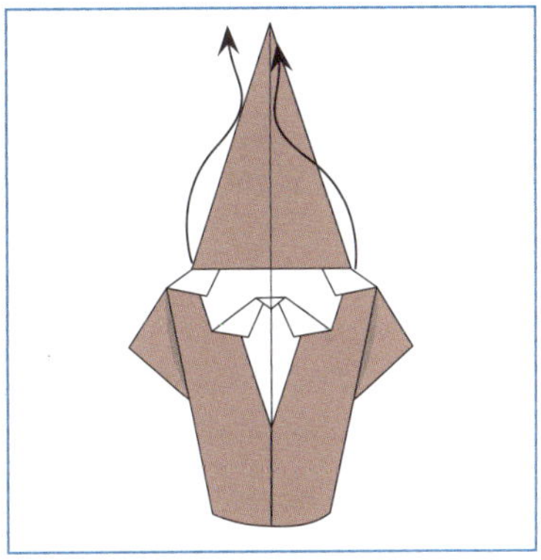

26.

Modelez le chapeau.

27.

Le sorcier est terminé. Vous pouvez le transformer en magicien, et même en Père Noël !

LA SORCIÈRE

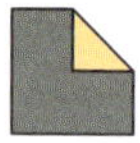

Il vous faut un carré de 15 x 15 cm coloré avec une face claire et une face sombre.

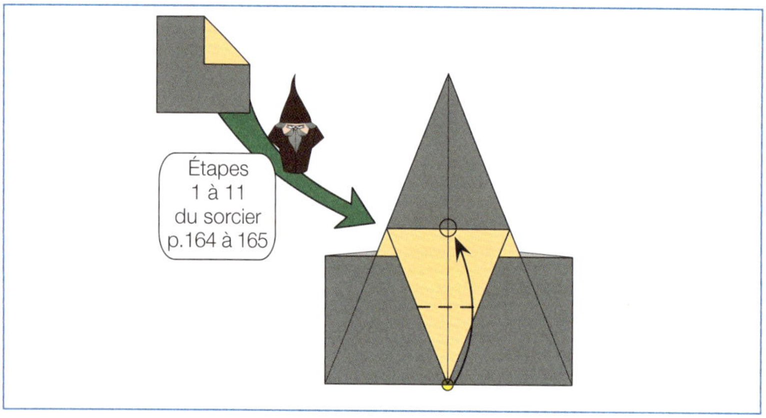

1.

Réalisez les étapes 1 à 11 du sorcier (pages 164 à 165). Puis pliez la pointe comme indiqué.

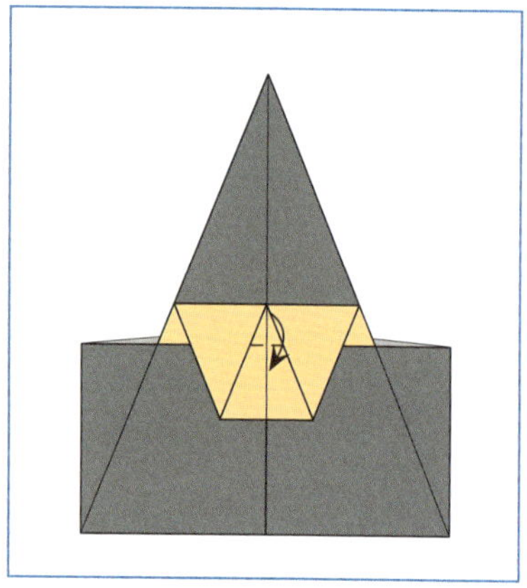

2.

Pliez le bout du nez de la sorcière.

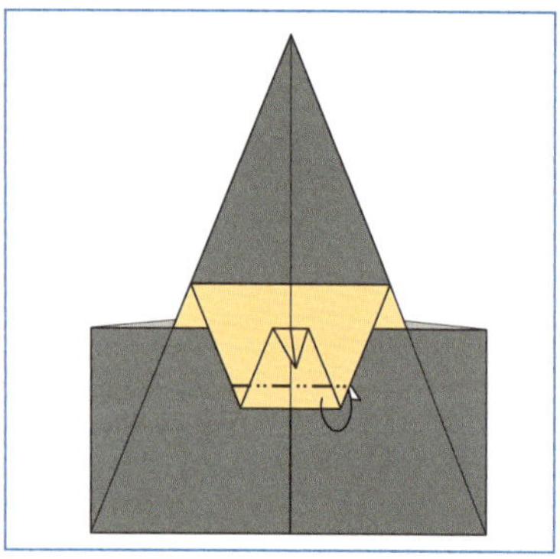

3.

Pliez le rebord vers l'arrière pour diminuer la taille du visage.

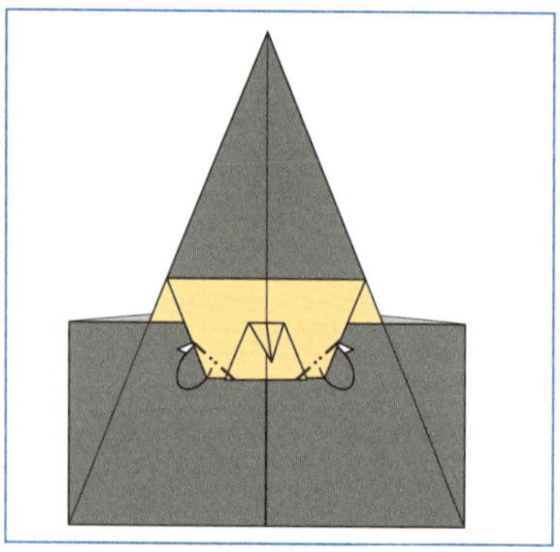

4.

Arrondissez le visage.

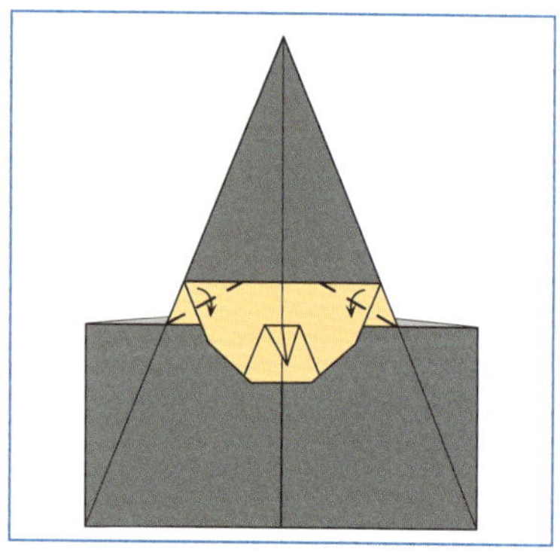

5.

Pliez les cheveux.

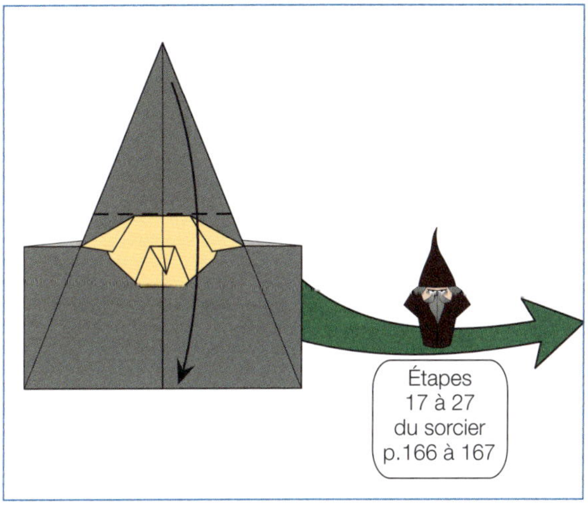

6.

Répétez les étapes 17 à 27 du sorcier pages 166 à 167.

7.

La sorcière est terminée.

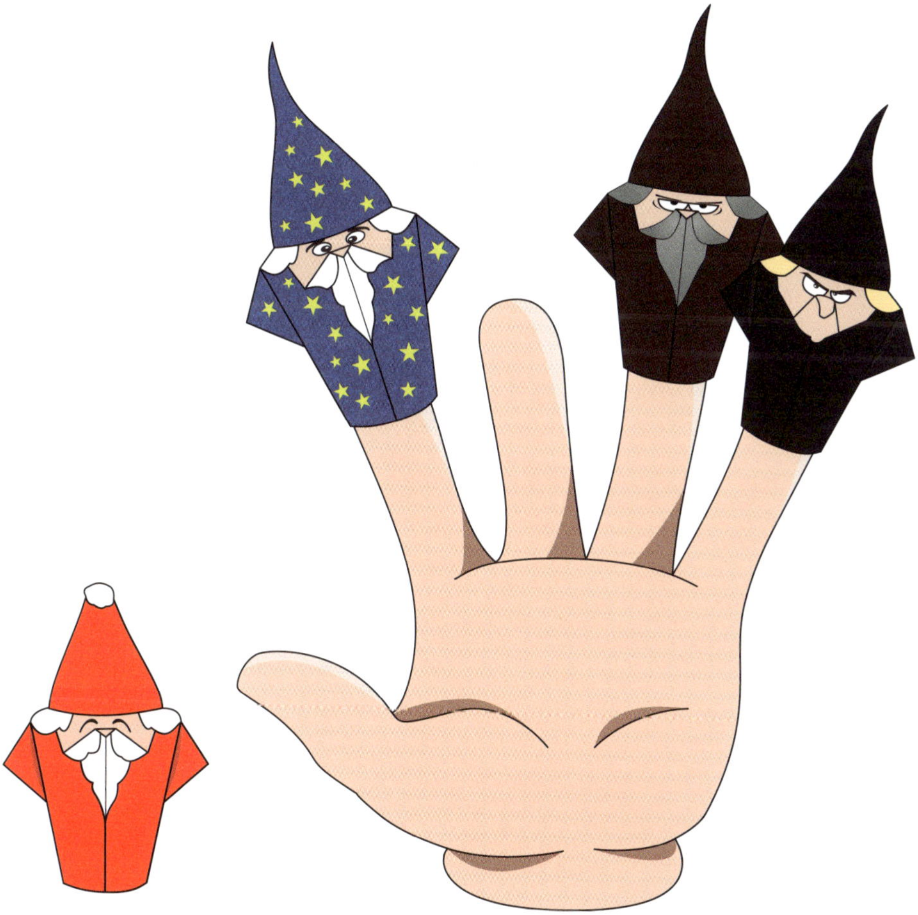

Leçon 9
Le pli inversé intérieur

LEÇON 9

> LE PLI INVERSÉ INTÉRIEUR

Ce pli est appelé «inversé» car il inverse le sens du pli. Une arête devient un creux et inversement (c'est le cas de le dire).

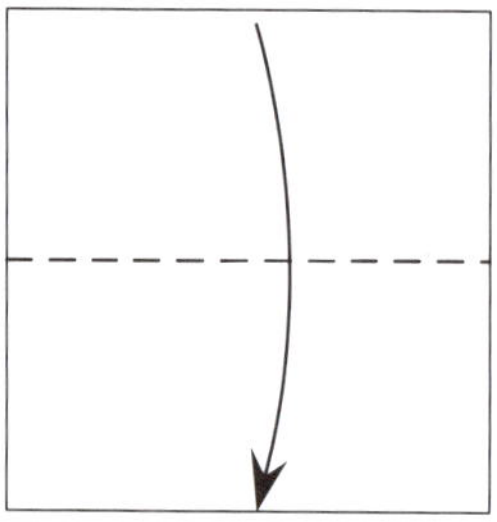

1.
Pliez en deux.

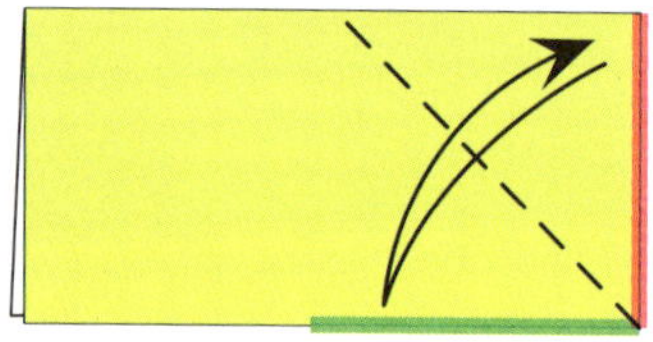

2.
Pliez un un coin en amenant le bord rouge sur le bord vert. Puis dépliez.

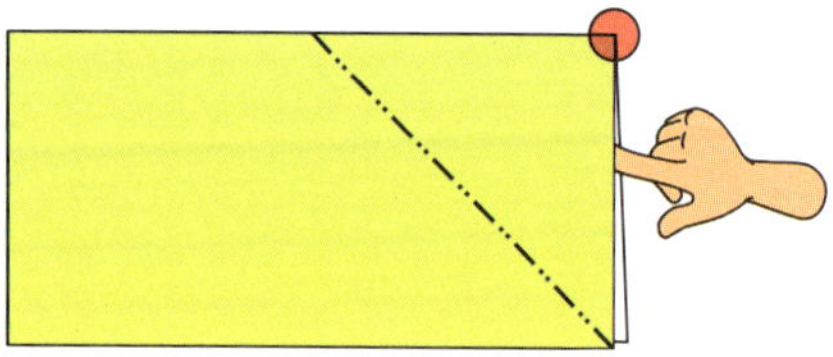

3.
Glissez un doigt à l'intérieur du modèle pour changer le sens du pli de devant : faites-le passer en montagne.

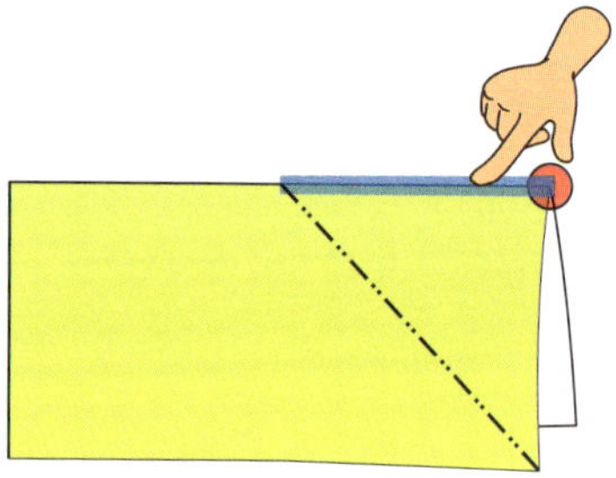

4.
Appuyez doucement pour enfoncer le volet à l'intérieur.

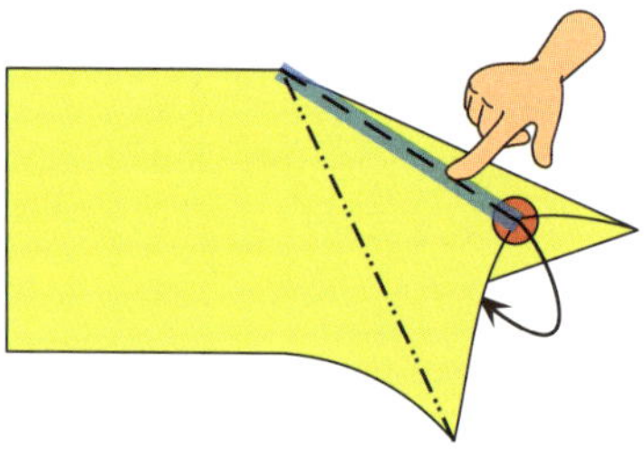

5.
Continuez à appuyer jusqu'à ce que l'arête bleue passe en creux et se positionne à l'intérieur du modèle.

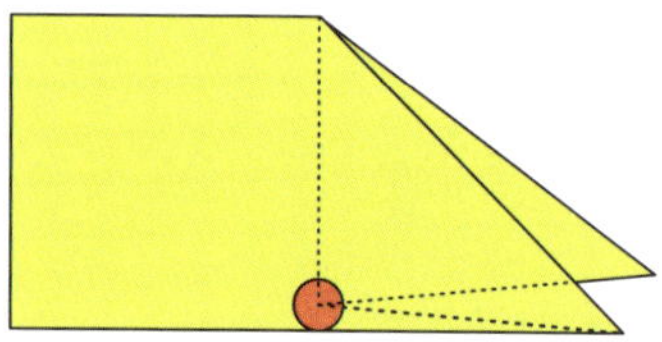

6.
Le coin est maintenant rentré à l'intérieur du modèle.
L'arête est en creux. Vous venez donc d'inverser le volet en réalisant un « Pli inversé intérieur ».

LA GRUE JAPONAISE

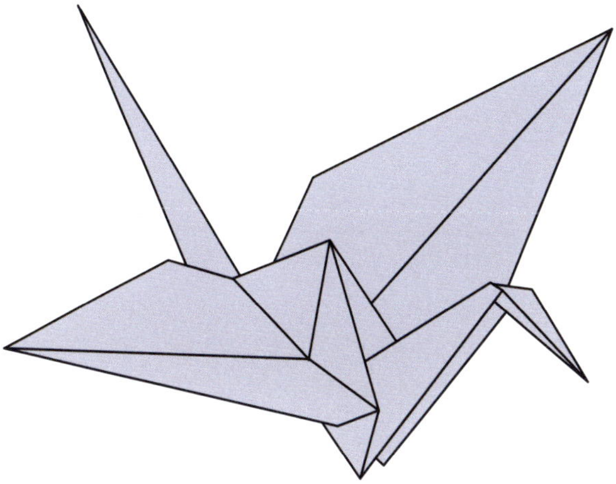

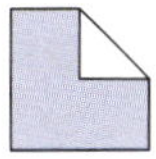

Il vous faut un carré de 15 x 15 cm coloré avec une face colorée au recto et blanche au verso.

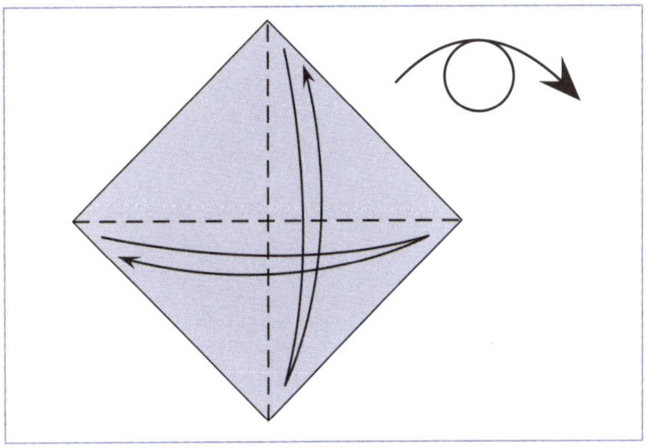

1.
Pliez puis dépliez les diagonales. Retournez le modèle.

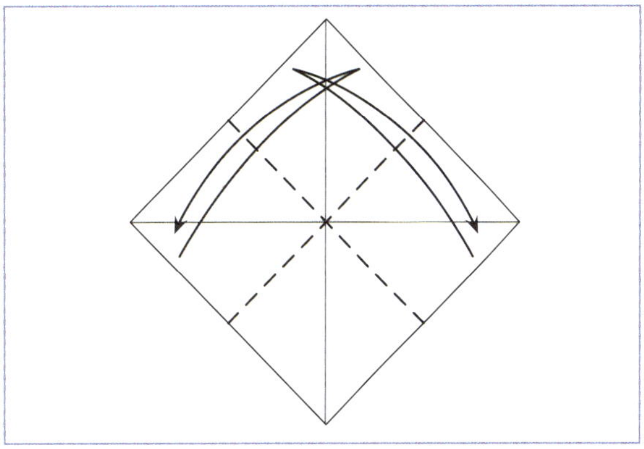

2.
Superposez un bord sur l'autre puis dépliez. Recommencez avec l'autre bord.

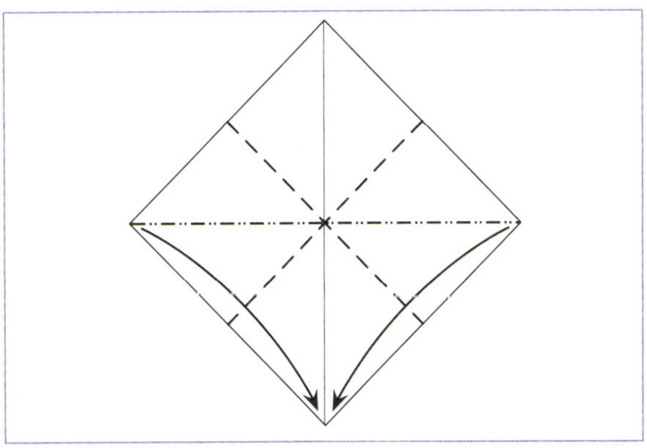

3.
Superposez les coins de gauche et de droite sur le coin du bas en utilisant les plis réalisés précédemment.

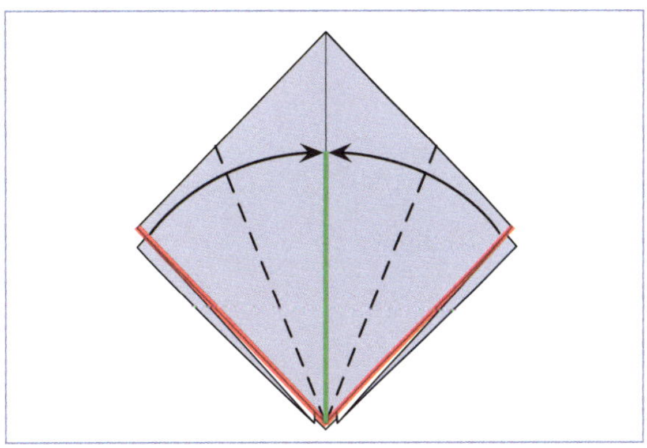

4.
Pour le volet de devant, superposez les bords rouges sur l'axe central vert.

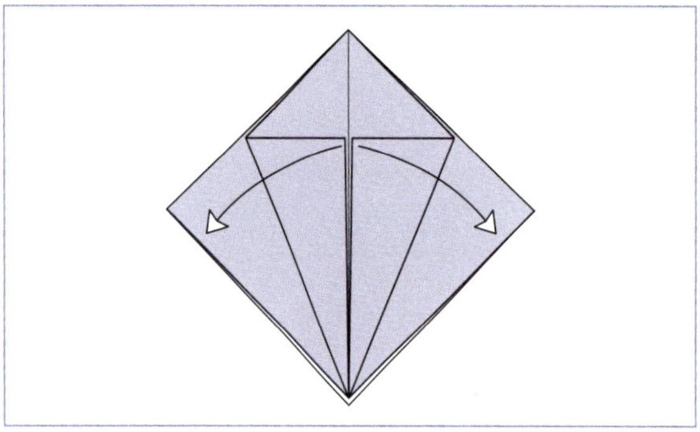

5.

Dépliez les deux volets.

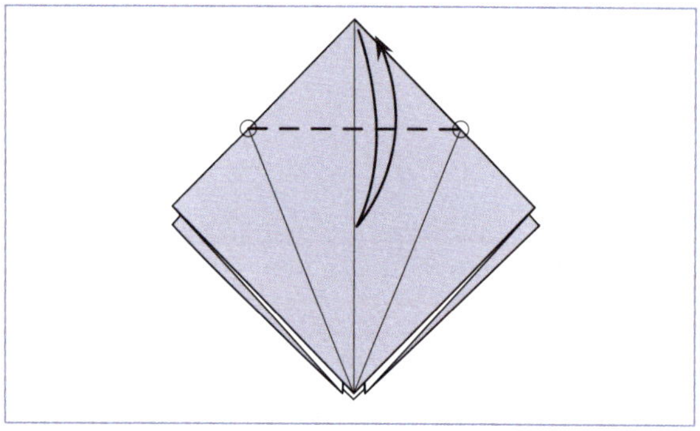

6.

Pliez le coin à travers toutes les couches puis dépliez.

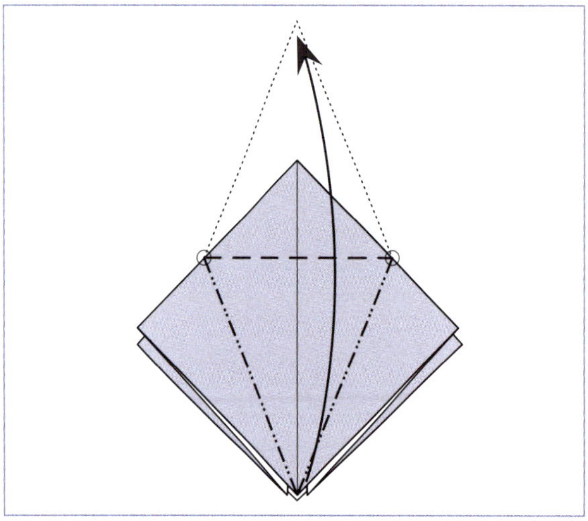

7.

Levez le volet de devant en utilisant le pli de l'étape 6.

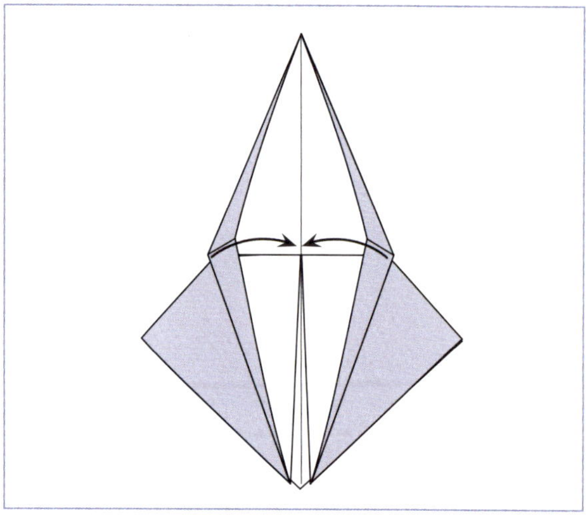

8.

Pliage en cours. Aplatissez les volets au centre.

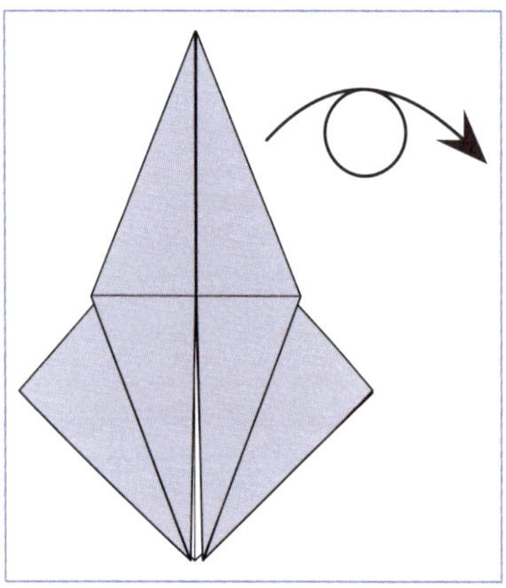

9.

Retournez le modèle.

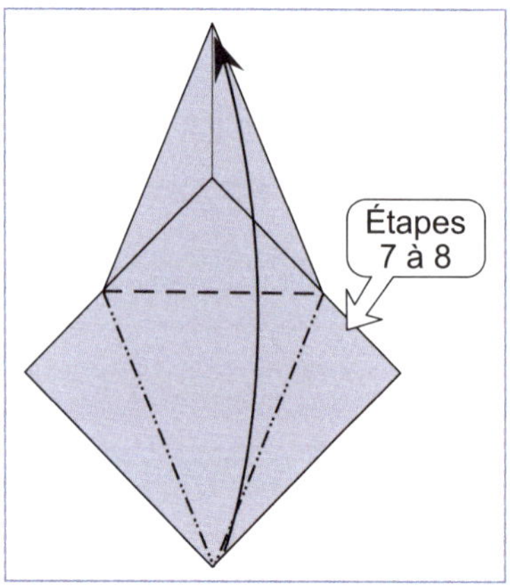

10.

Répétez la même séquence sur cette face. Levez le volet de devant.

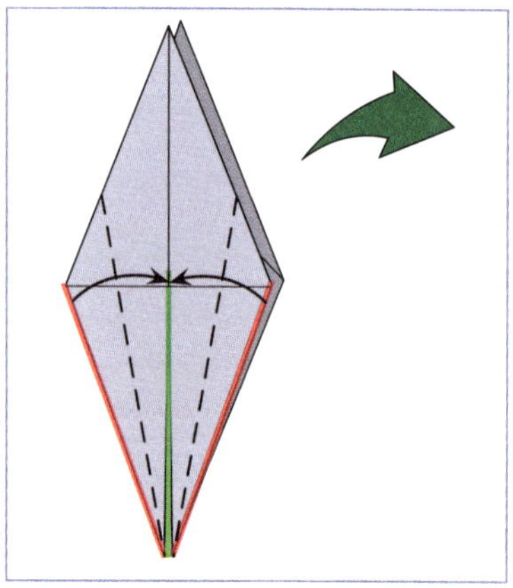

11.

Pliez les bords rouges de chaque volet sur l'axe central vert.

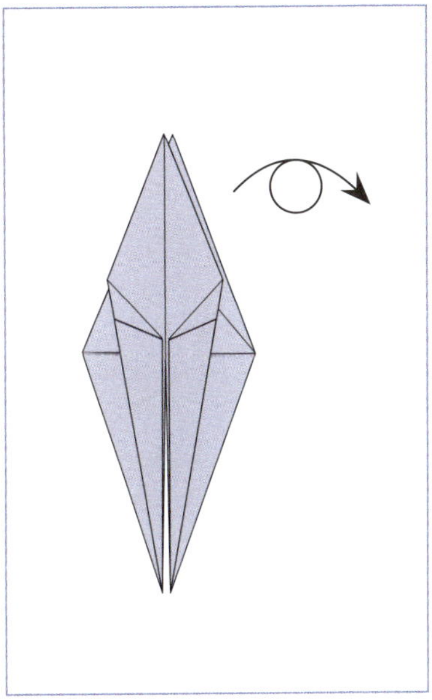

12.
Retournez le modèle.

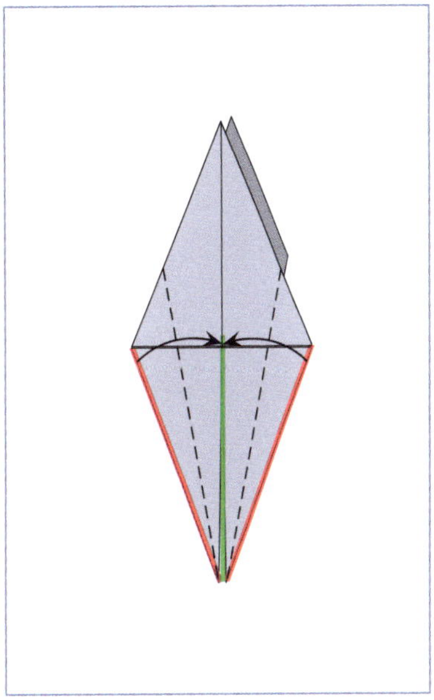

13.
Pliez les bords rouges de chaque volet sur l'axe central vert.

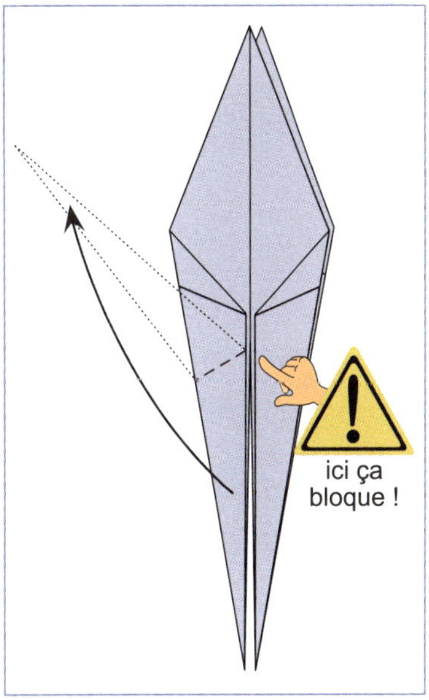

14.
Montez la pointe de gauche le plus loin possible.

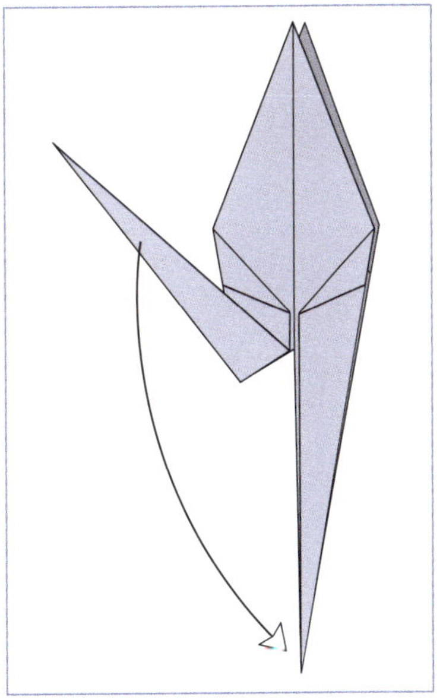

15.
Dépliez pour revenir à l'étape précédente.

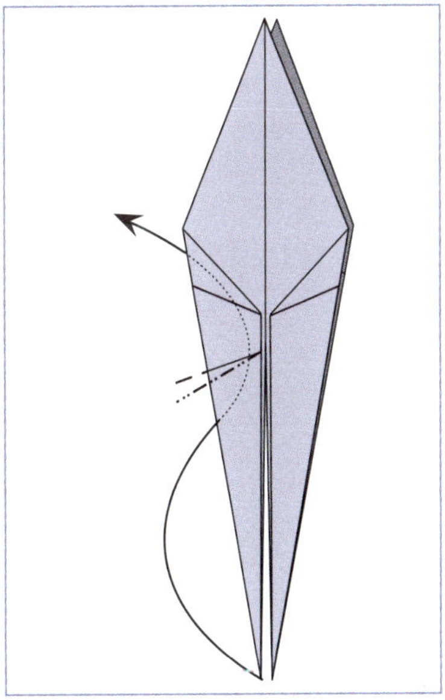

16.
Pliez à nouveau la pointe mais en la faisant passer cette fois par l'intérieur du volet avec un pli inversé intérieur.

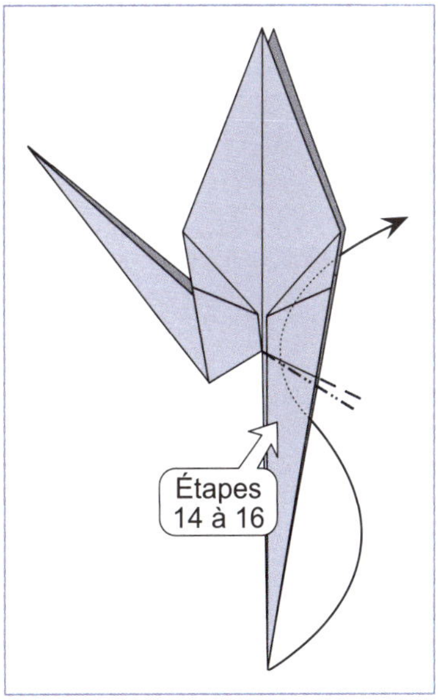

17.
Recommencez les étapes 14 à 16 sur l'autre pointe.

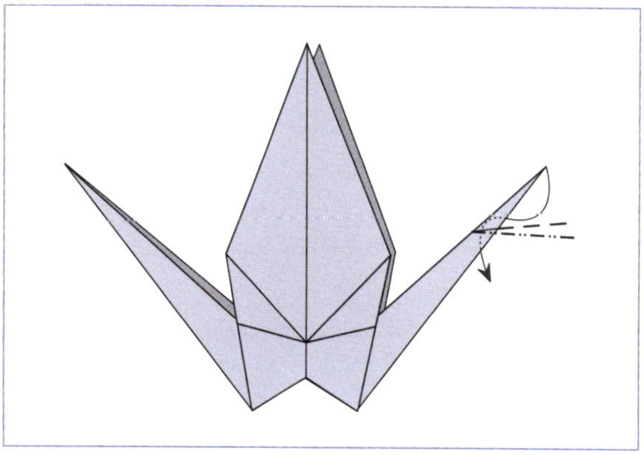

18.

Formez le bec avec un pli inversé intérieur.

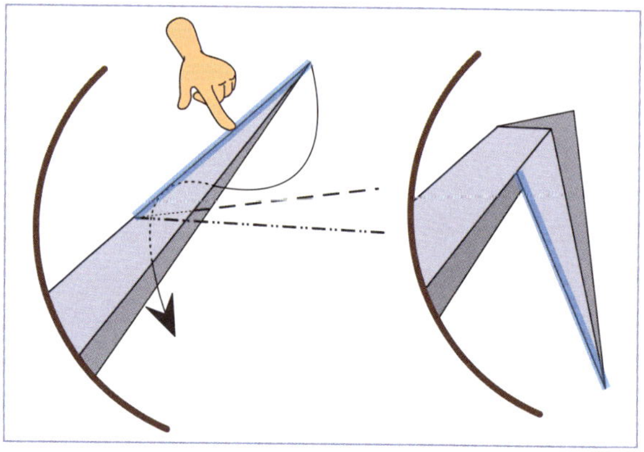

19.

Zoom sur le pli inversé intérieur : Inversez le sens de l'arête bleue en retournant la pointe à l'intérieur du modèle.

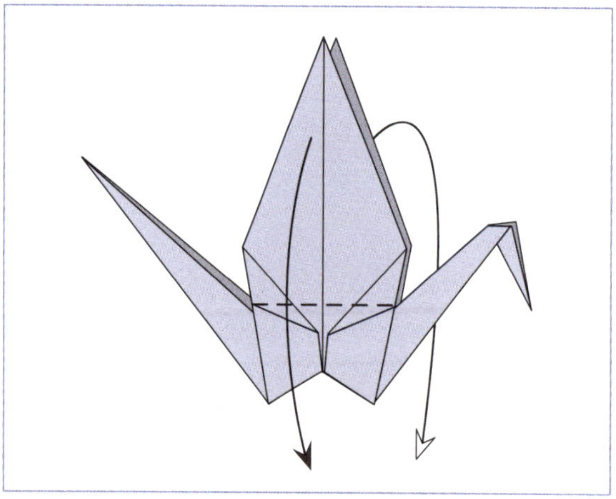

20.

Pliez les ailes vers le bas.

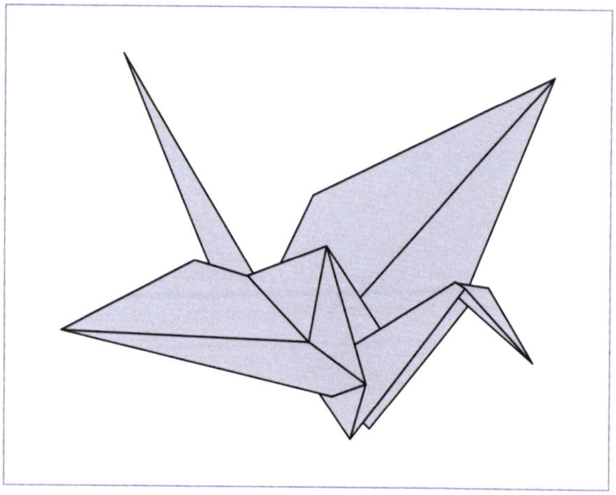

21.

La grue japonaise est terminée.

La légende des mille grues, originaire du Japon, raconte que si l'on plie mille grues en papier dans l'année, retenues ensemble par un lien, on peut voir son vœu de santé, de longévité, d'amour ou de bonheur exaucé.

LA SORCIÈRE SUR SON BALAI

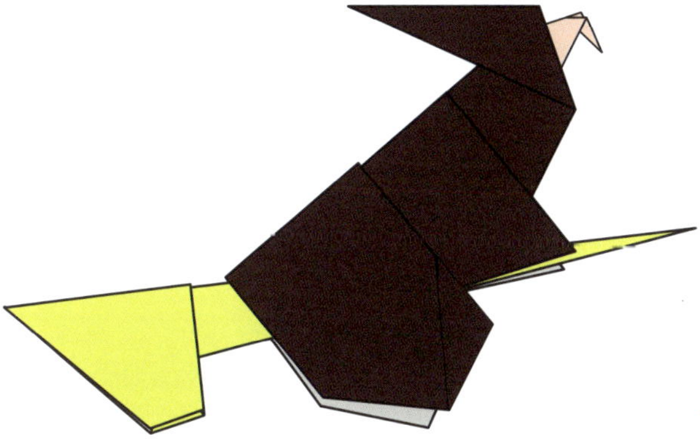

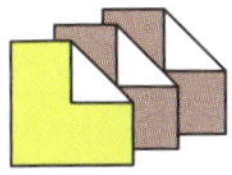

Il vous faut un carré jaune de 15 x 15 cm et deux carrés marron/blanc de 15 x 15 cm.

• LE BALAI •

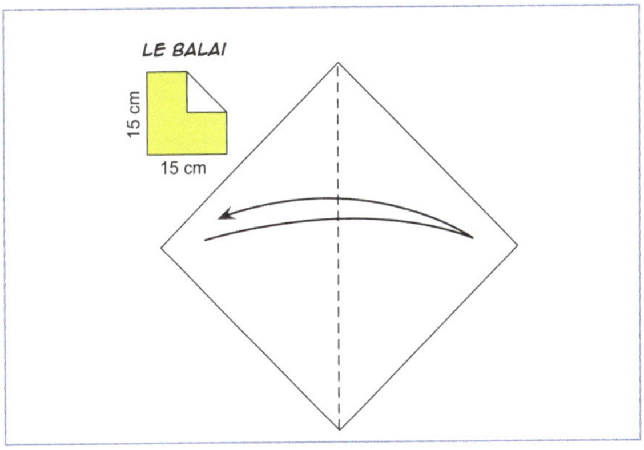

1.
Commencez avec la face blanche sur le dessus. Pliez la diagonale puis dépliez.

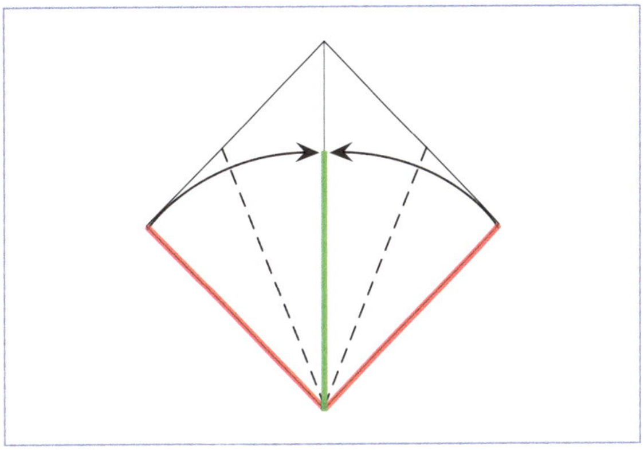

2.
Pliez une pointe sur le coin du bas en amenant les bords rouges sur l'axe central vert.

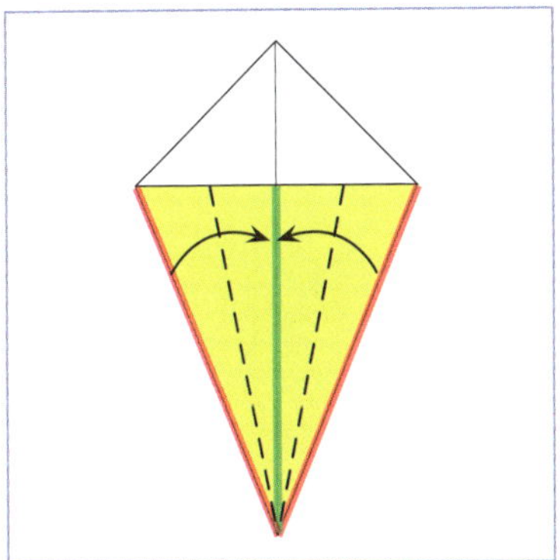

3.
Pliez encore la pointe sur le coin du bas en amenant les bords rouges sur l'axe central vert.

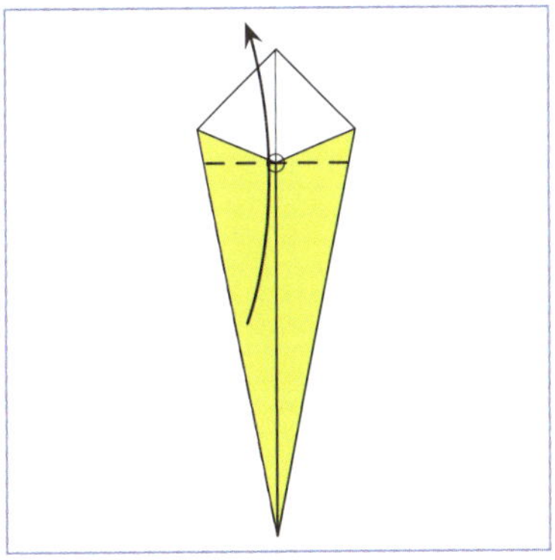

4.
Montez la pointe du bas vers le haut.

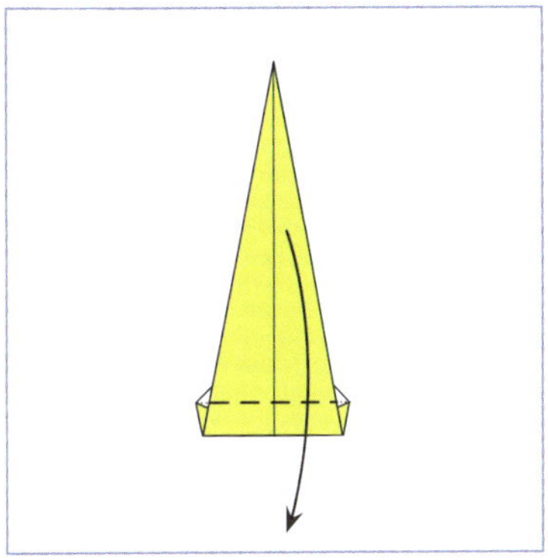

5.
Abaissez la pointe.

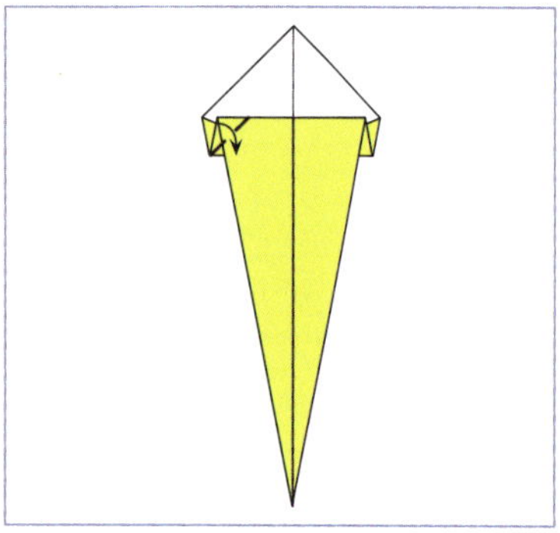

6.
Pliez un petit coin à gauche.

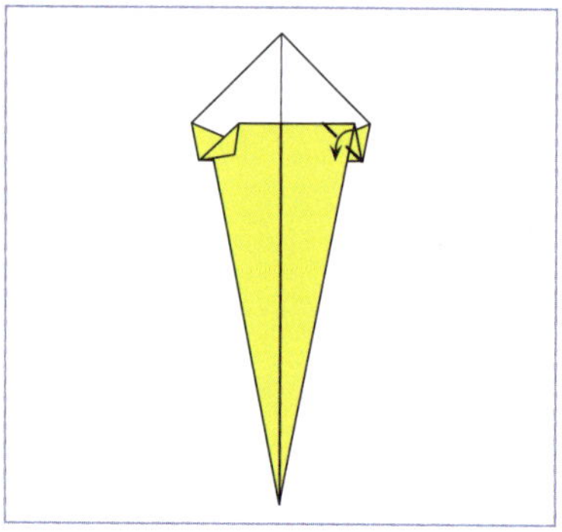

7.
Pliez un petit coin à droite.

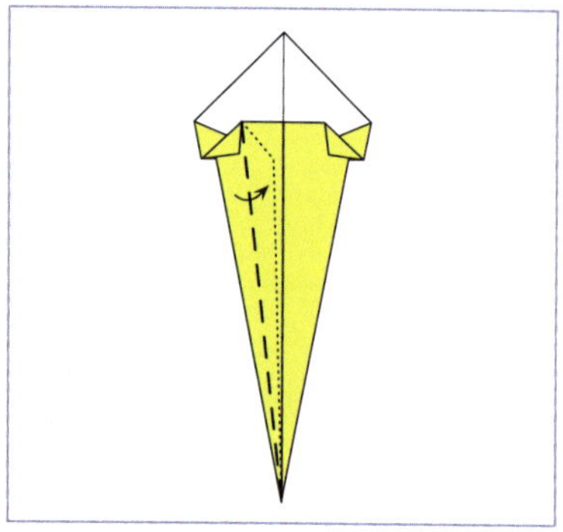

8.
Réalisez un pli aplati en amenant le bord du volet prêt de l'axe (mais sans le superposer). Le petit triangle se déplie pendant le mouvement.

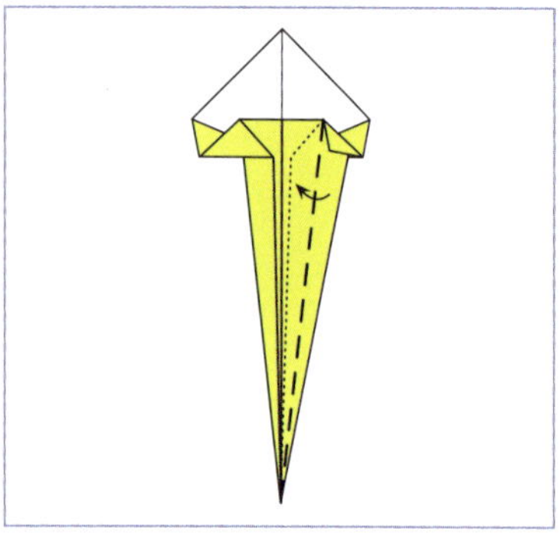

9.
Réalisez un pli aplati en amenant le bord du volet prêt de l'axe. Le petit triangle se déplie pendant le mouvement.

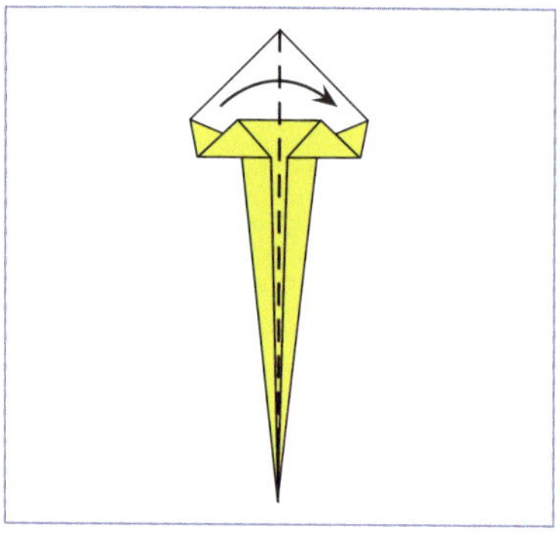

10.
Pliez en deux.

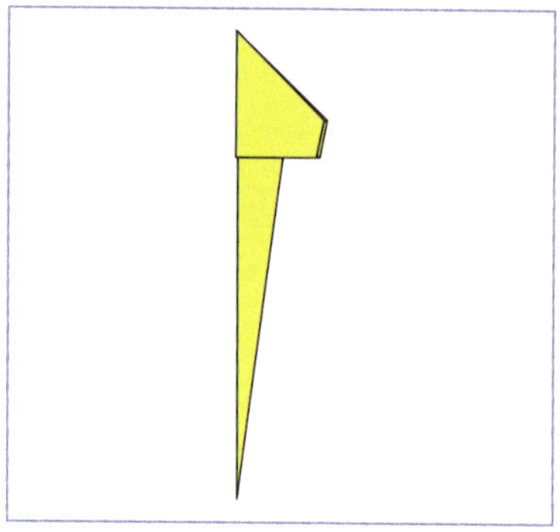

11.
Le balai de la sorcière est terminé.

• LE HAUT DU CORPS •

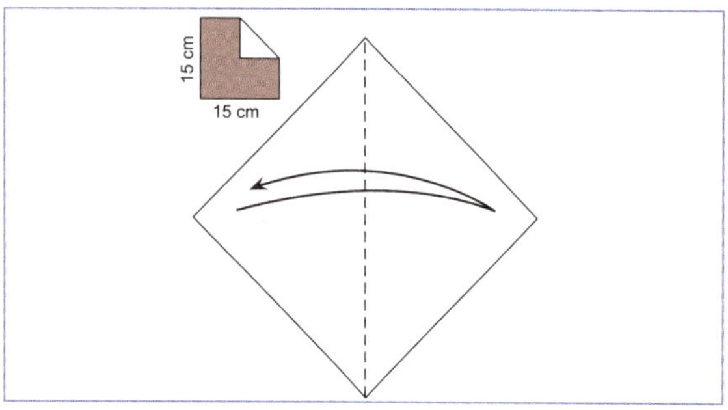

1.
Commencez avec la face blanche sur le dessus.
Pliez la diagonale puis dépliez.

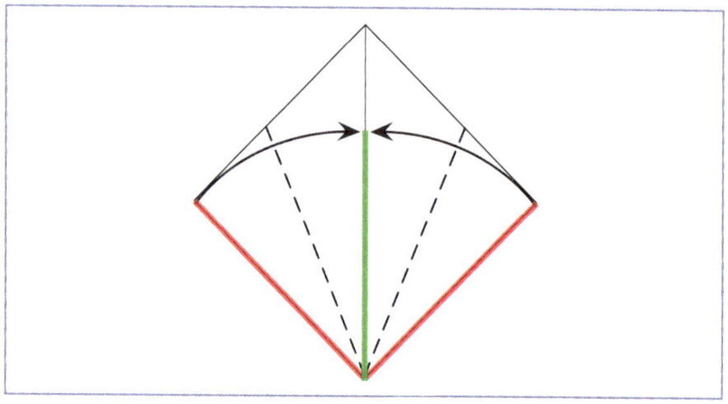

2.
Pliez une pointe sur le coin du bas en amenant les bords rouges sur l'axe central vert.

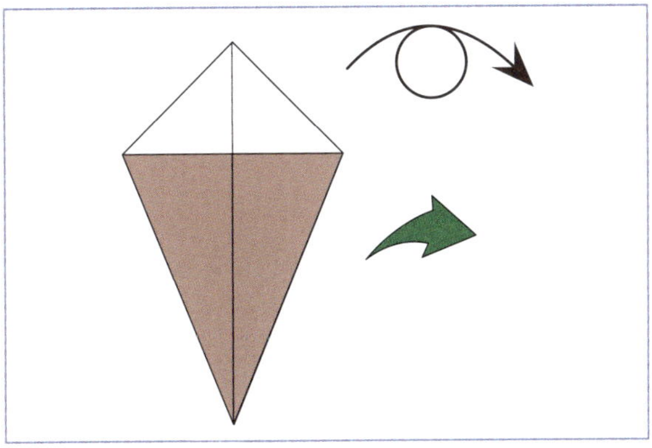

3.
Retournez le modèle.

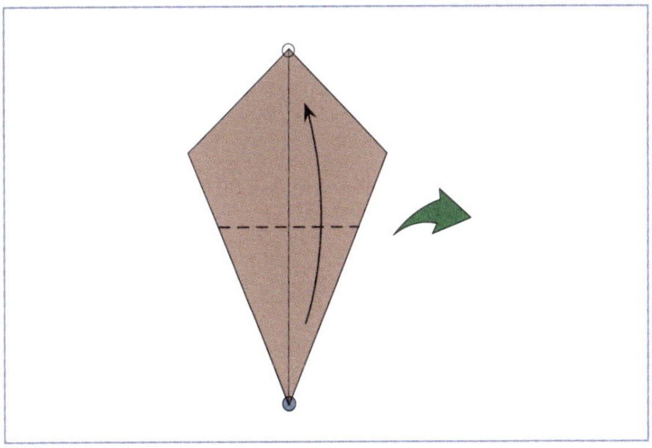

4.
Pliez la pointe du bas sur le coin du haut.

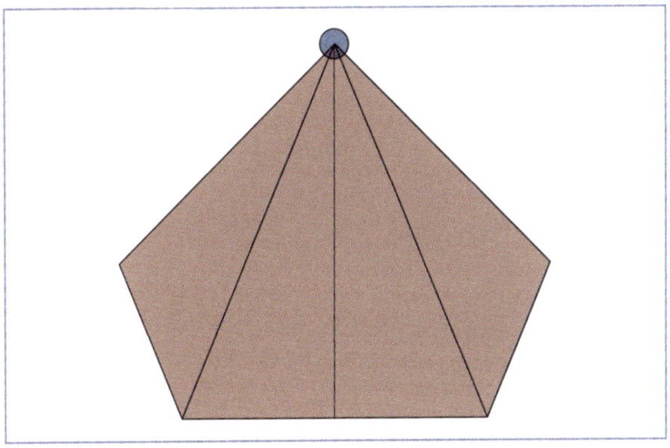

5.
Retournez le modèle.

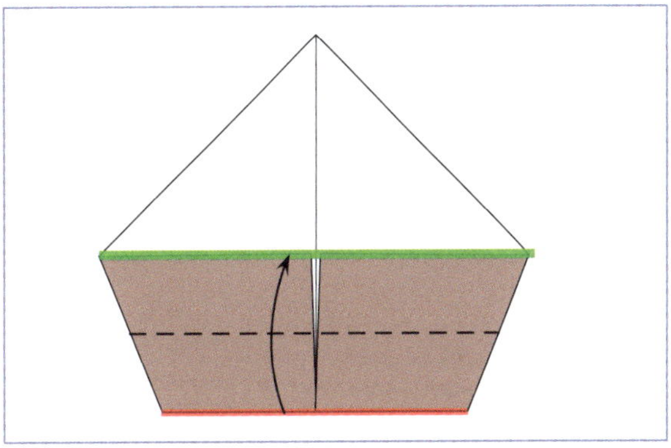

6.
Superposez le bord rouge sur les bords verts. Pliez à travers toutes les couches.

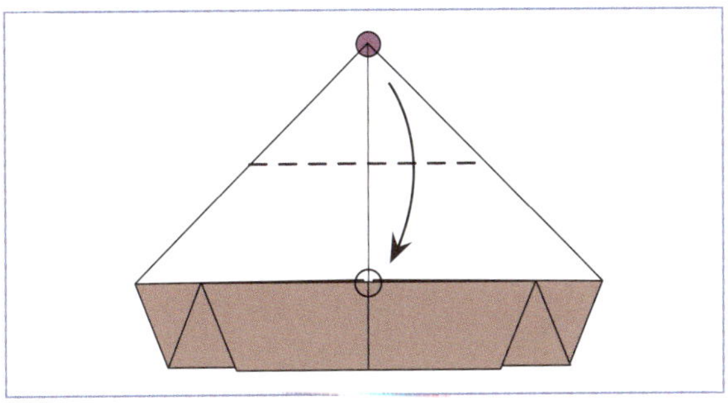

7.
Pliez la pointe comme indiqué.

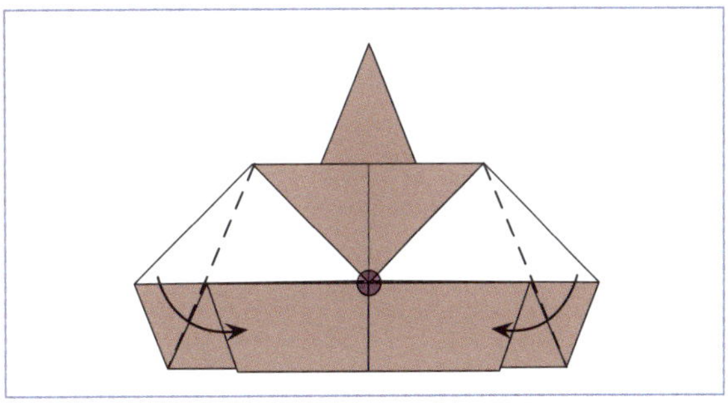

8.
Pliez chaque côté.

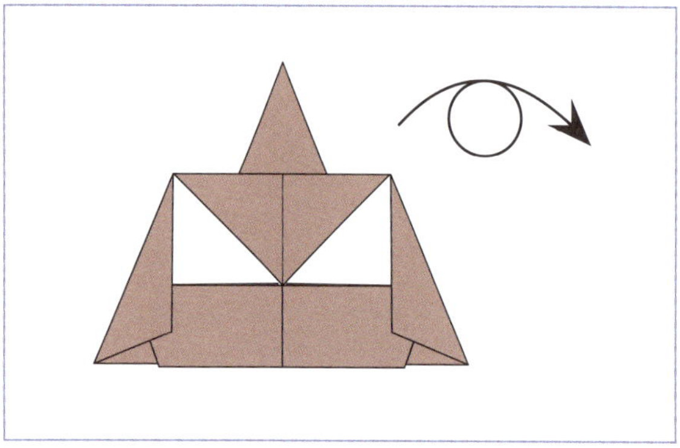

9.
Retournez le modèle.

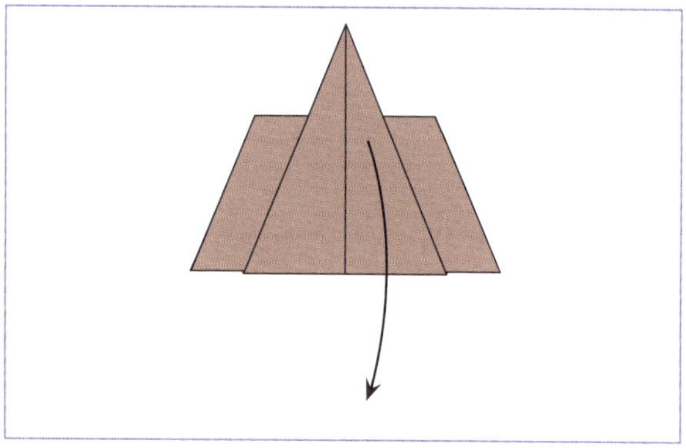

10.
Dépliez la pointe.

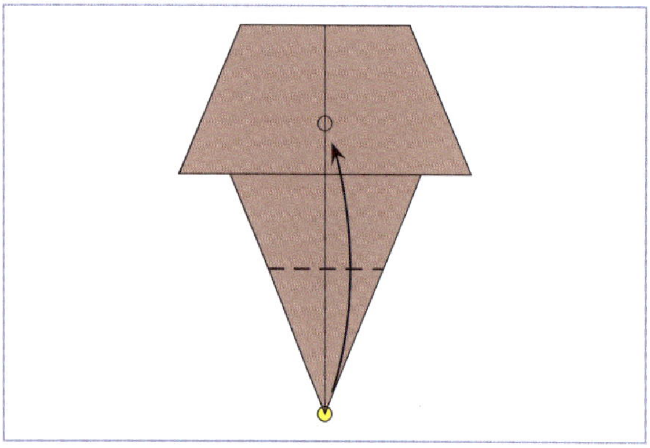

11.
Pliez la pointe comme indiqué.

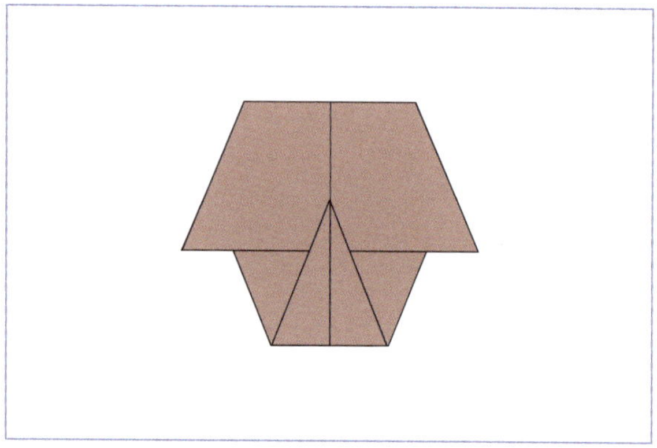

12.
Le haut du corps est terminé.

• LE BAS DU CORPS •

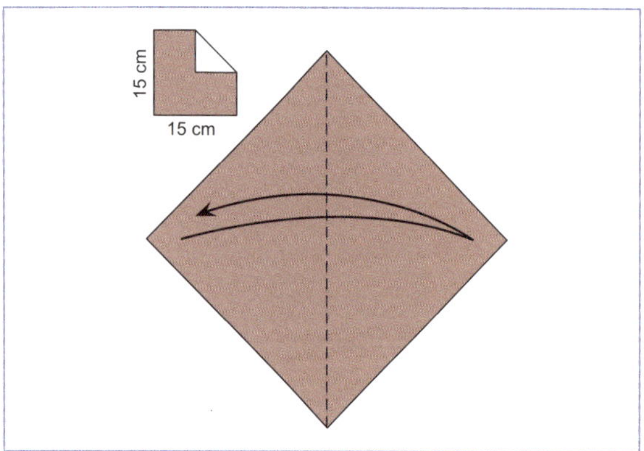

1.
Commencez avec la face colorée sur le dessus.
Pliez la diagonale puis dépliez.

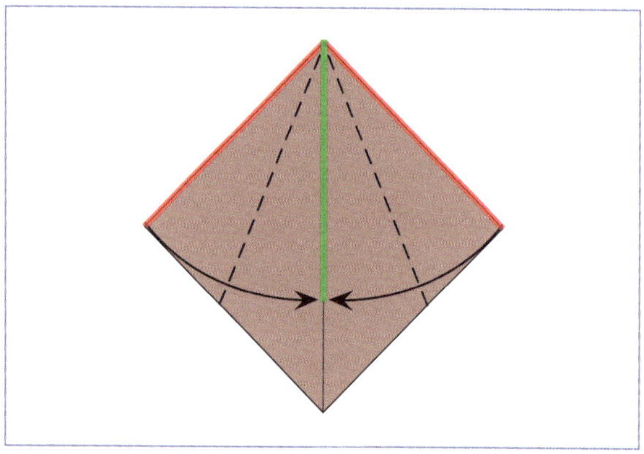

2.
Pliez une pointe sur le coin du haut en amenant les bords rouges sur l'axe central vert.

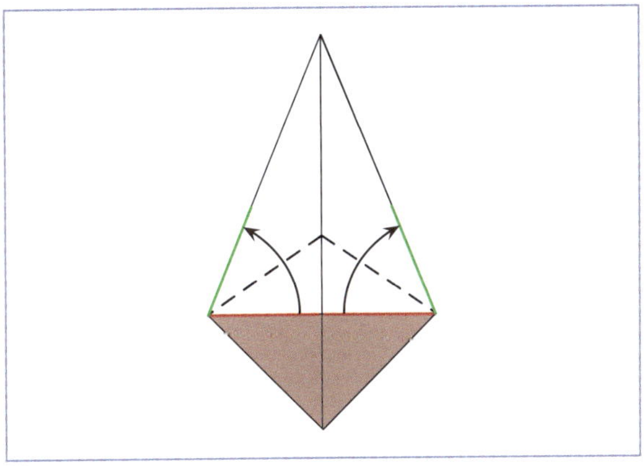

3.
Amenez les bords rouges sur les bords verts.

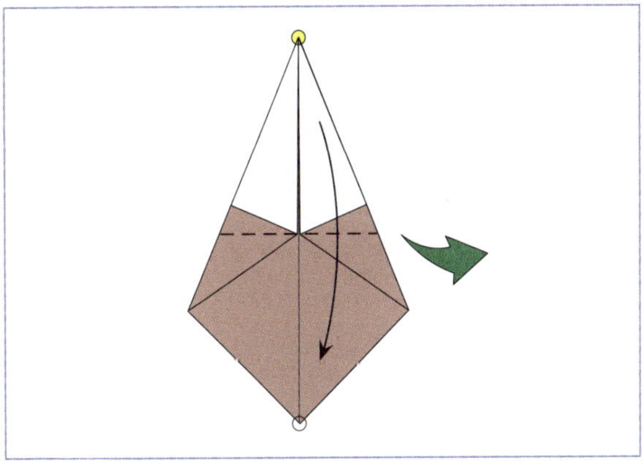

4.
Pliez la pointe du haut sur le coin du bas.

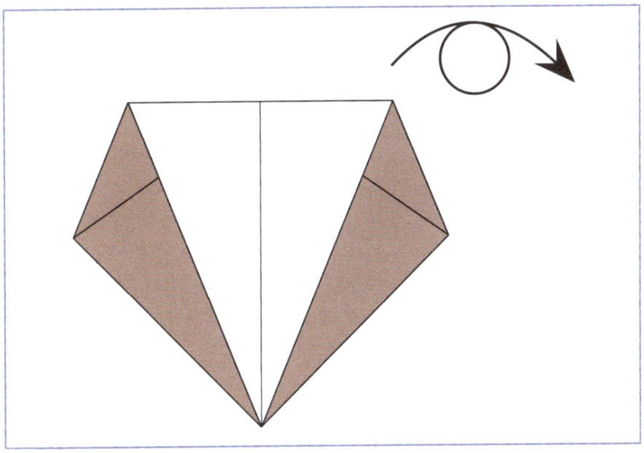

5.
Retournez le modèle.

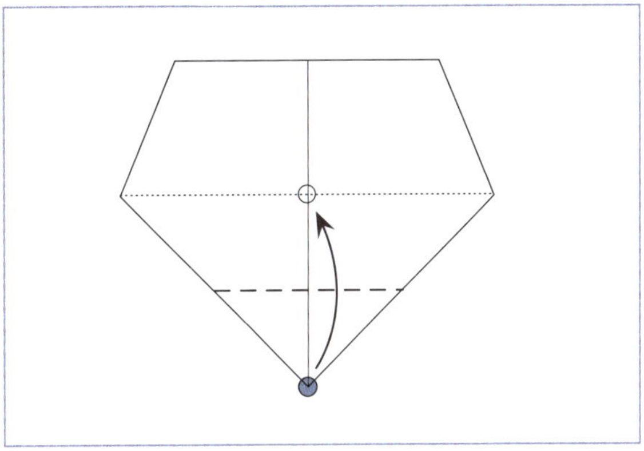

6.
Pliez le coin comme indiqué.

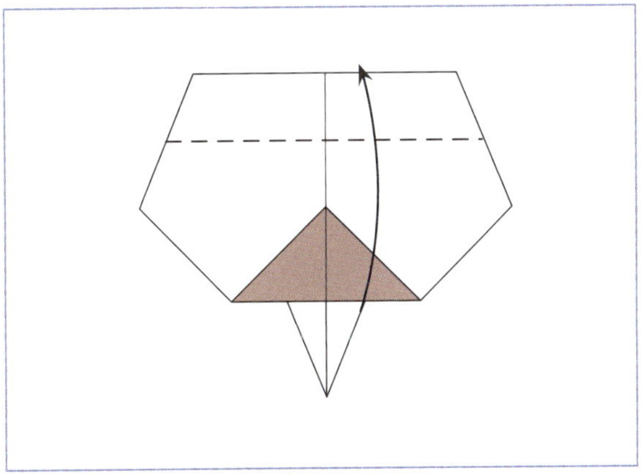

7.
Pliez le volet blanc vers le haut.

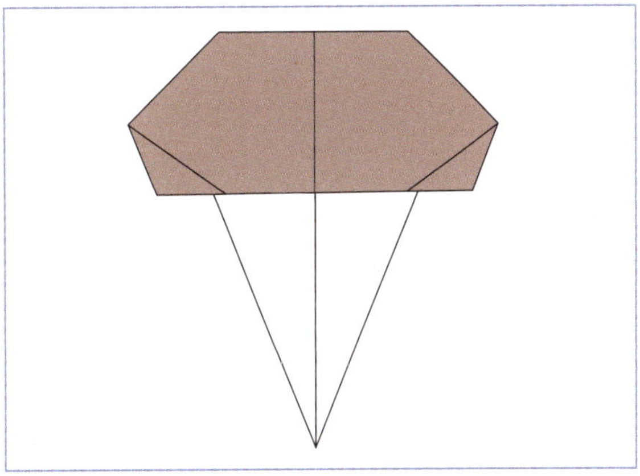

8.
Le bas du corps est terminé.

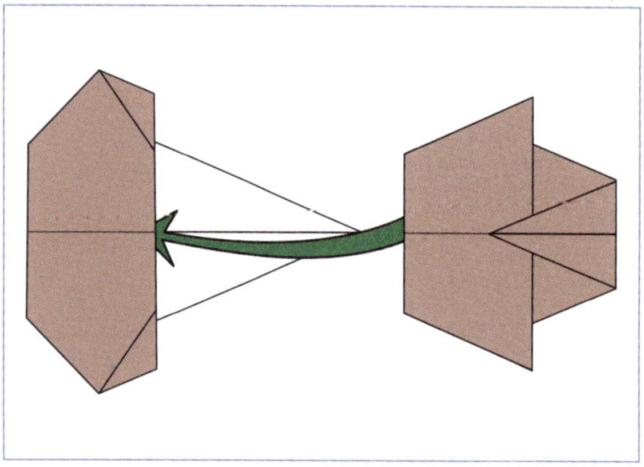

9.

Insérez le haut du corps dans la pochette du bas du corps le plus loin possible.

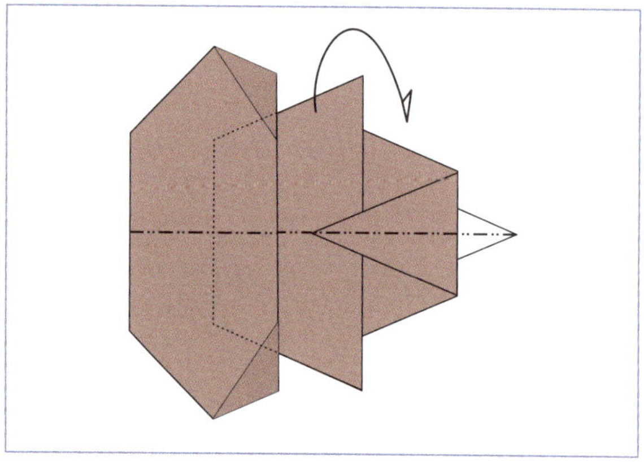

10.

Pliez en deux le modèle vers l'arrière (en montagne).

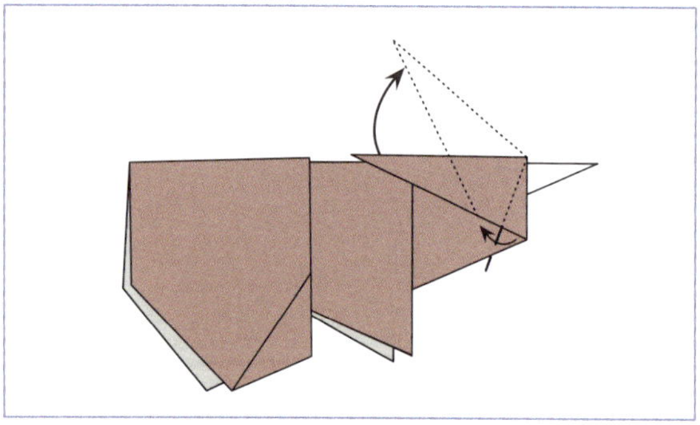

11.

Levez le chapeau de la sorcière.

12.

Réalisez un **pli inversé intérieur** sur le nez pour le faire crochu, en appuyant sur l'arête du nez pour retourner sa pointe vers le bas.

L'arête surlignée en bleue devient un pli vallée.

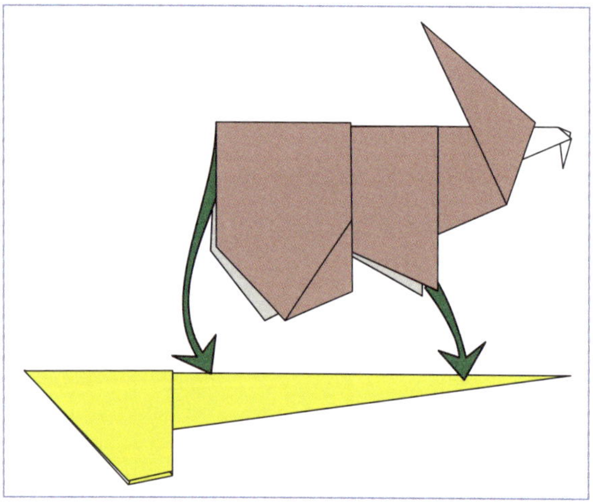

13.

Placez la sorcière sur son balai. Collez-les ensemble.

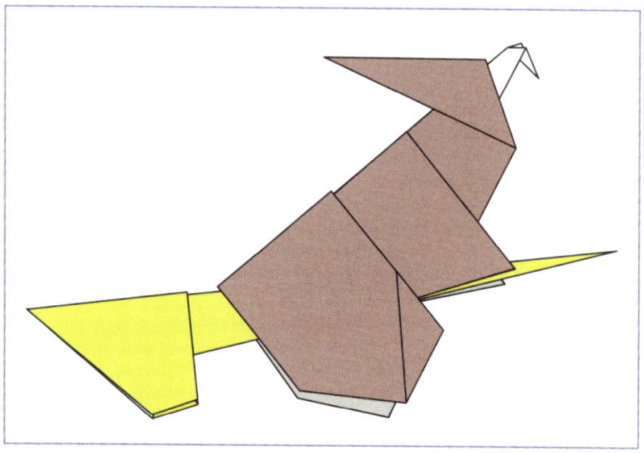

14.

La sorcière est terminée.

LE MORSE

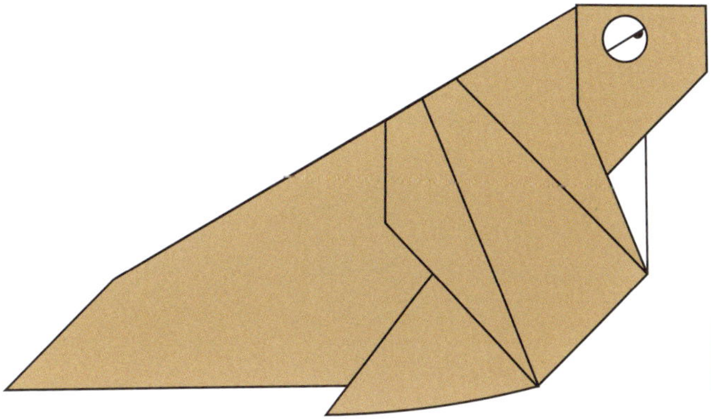

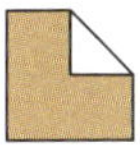

Il vous faut un carré de 15 x 15 cm coloré avec une face blanche au verso.

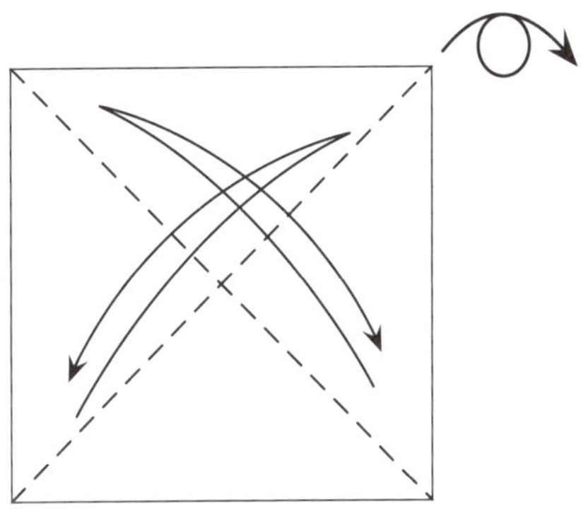

1.
Commencez avec la face blanche au-dessus.
Pliez le carré en deux selon les diagonales puis dépliez.
Retournez le modèle.

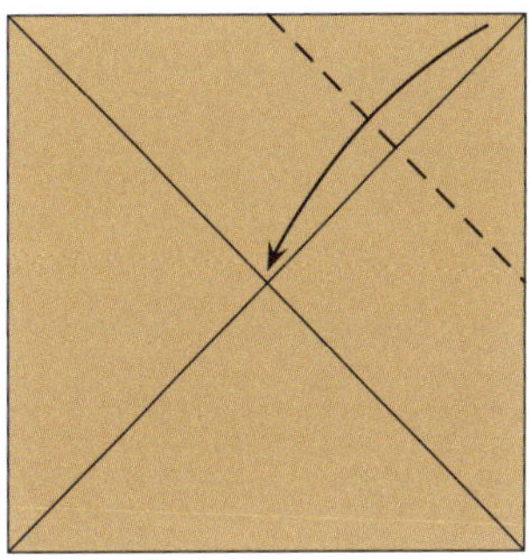

2.
Pliez un coin au centre.

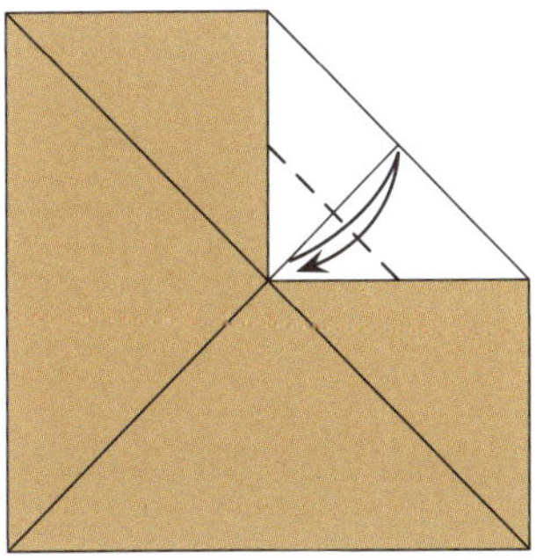

3.
Pliez la pointe blanche sur le bord puis dépliez.

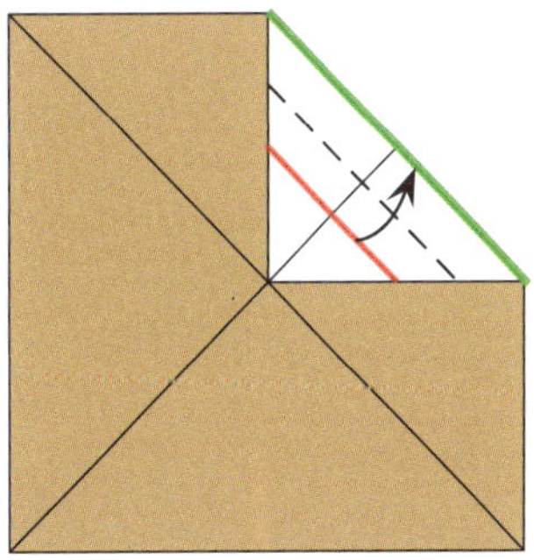

4.
Superposez le pli réalisé à l'étape précédente, ici surligné en rouge, sur le bord vert.

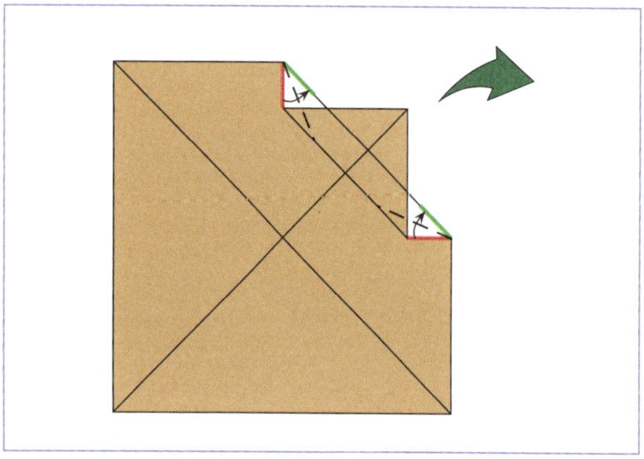

5.

Partagez les petits angles en deux en superposant les bords rouges aux bords verts.

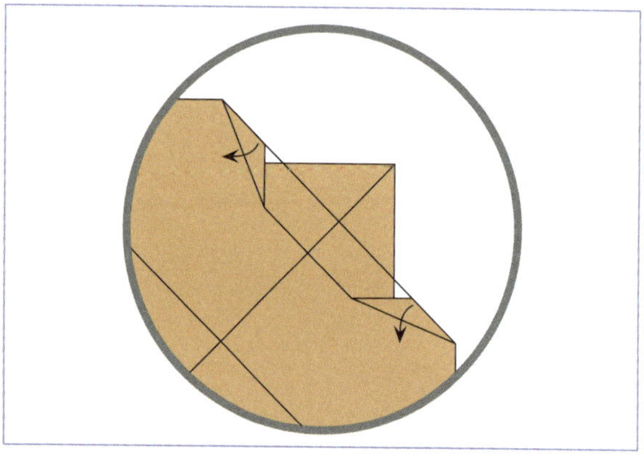

6.

Zoom. Dépliez.

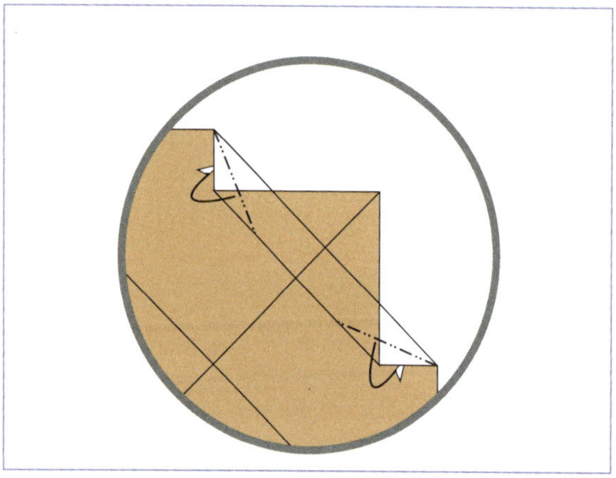

7.

Repliez en MONTAGNE pour cacher la partie du volet à l'intérieur.

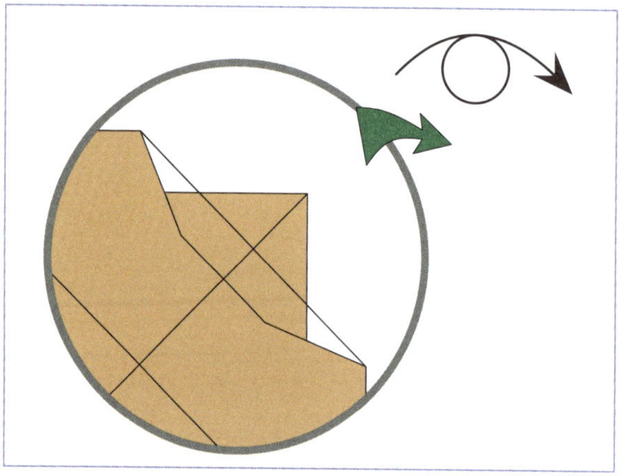

8.

Retournez le modèle.

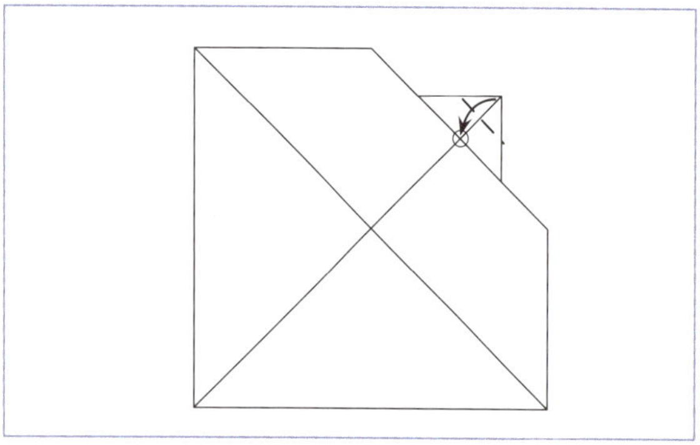

9.

Pliez le petit triangle en deux en amenant sa pointe sur le rebord.

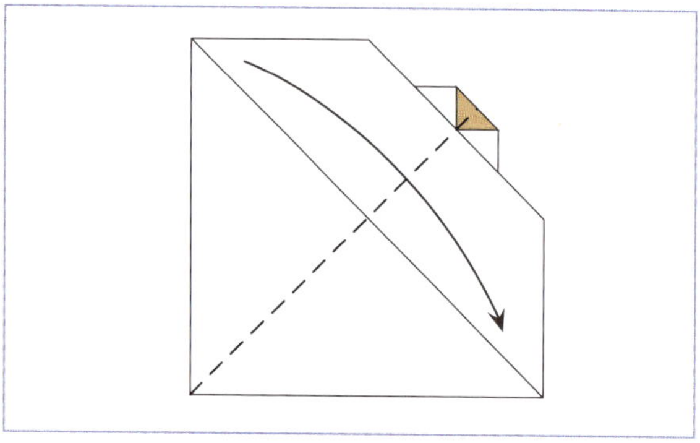

10.

Pliez le modèle en deux.

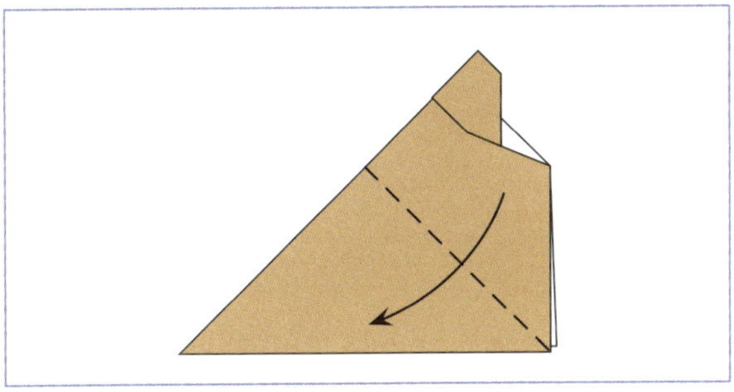

11.

Pliez toutes le couches en même temps en utilisant le pli existant.

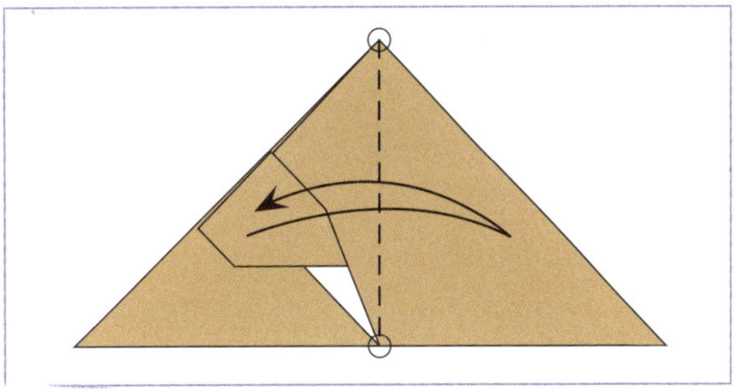

12.

Pliez le premier volet à droite puis dépliez.

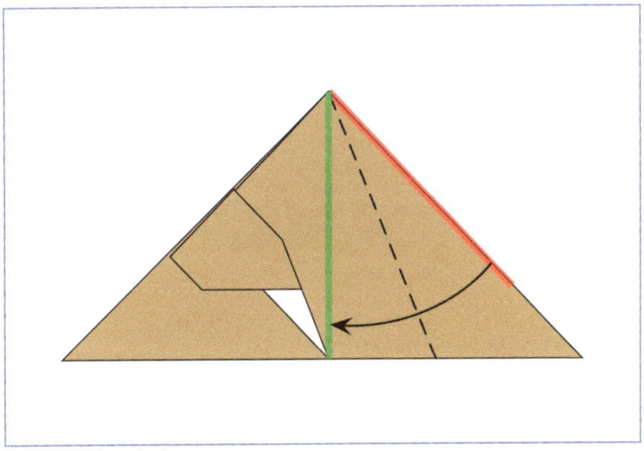

13.

Partagez l'angle en deux en amenant le bord rouge sur l'axe vert. Pliez à travers toutes les couches.

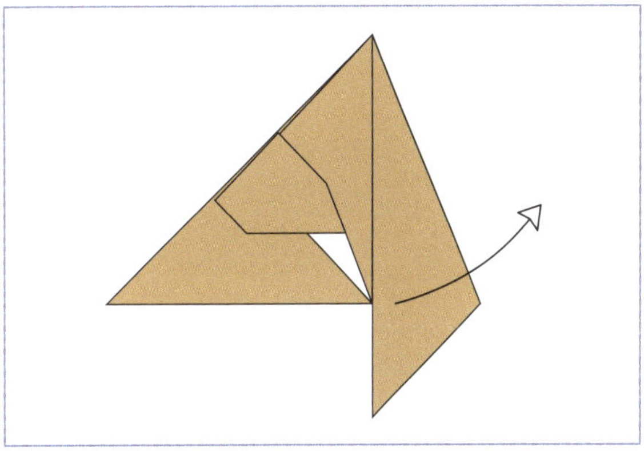

14.

Dépliez pour revenir à l'étape 13.

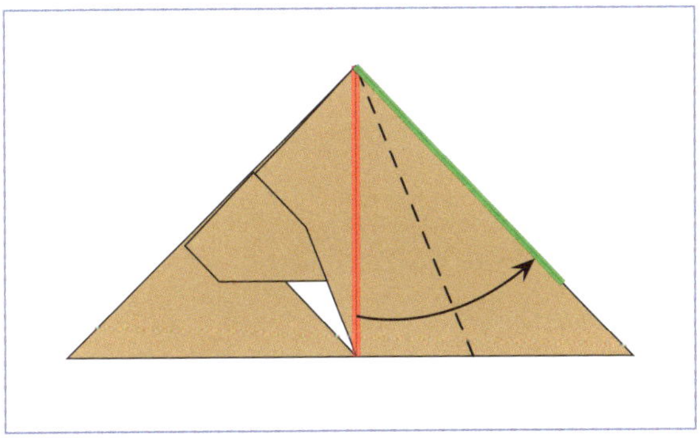

15.

Pliez le volet gauche vers la droite en utilisant le pli réalisé à l'étape 13 : Amenez ainsi l'axe rouge sur le bord vert.

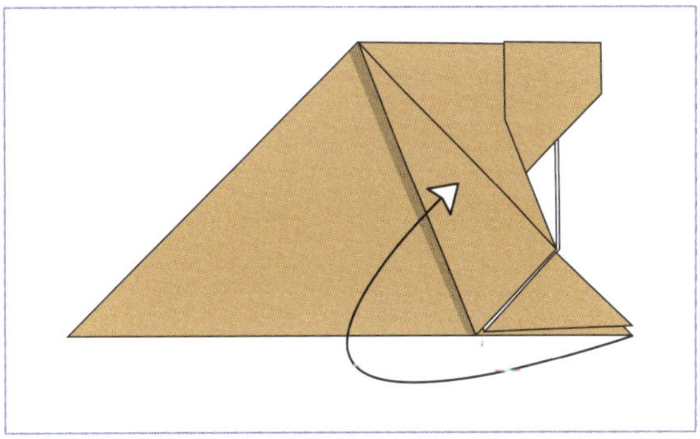

16.

Séparez les deux volets des pattes avant en amenant la pointe du dessous par-dessus le modèle. Ne rajoutez aucun pli supplémentaire. Il suffit juste de séparer les deux volets !

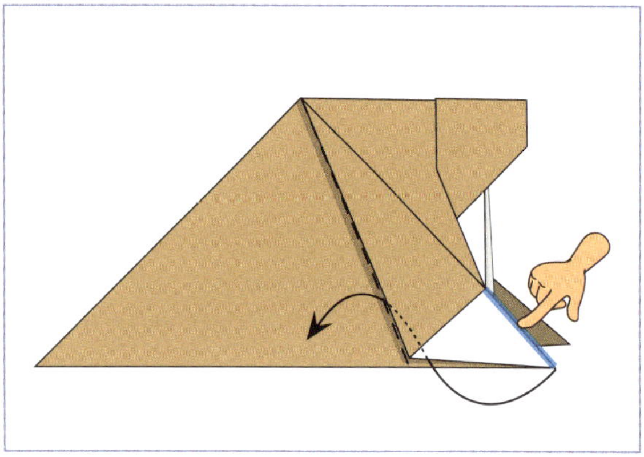

17.
Réalisez un pli inversé en appuyant sur le bord du volet blanc pour retourner le volet. Le pli montagne surligné en bleu devient un pli vallée.

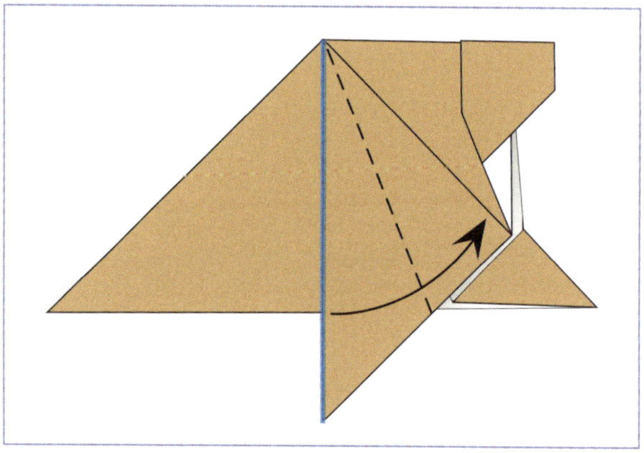

18.
Pliez le volet vers la droite en utilisant le pli existant.

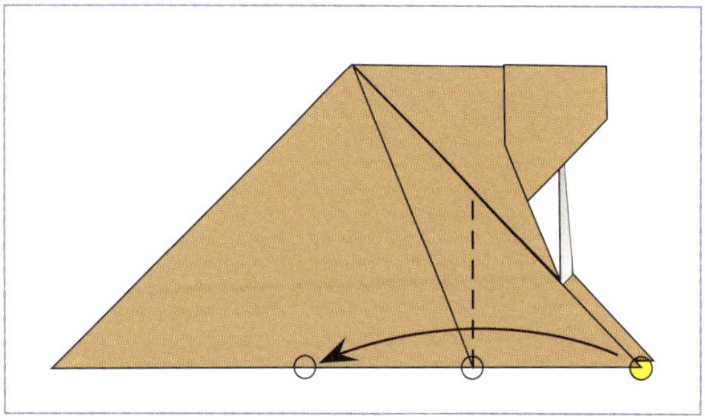

19.
Le modèle est maintenant identique au recto et au verso. Pliez le volet de la patte avant vers la gauche. Attention, le coin doit se positionner sur le bord du modèle (pli à 90°).

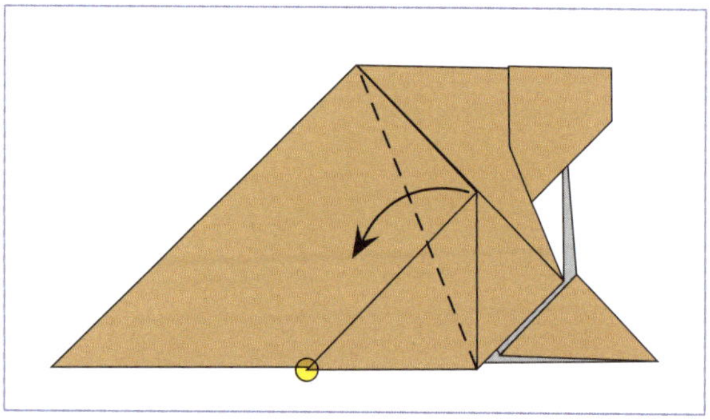

20.
Pliez le volet vers la gauche en utilisant le pli existant en dessous.

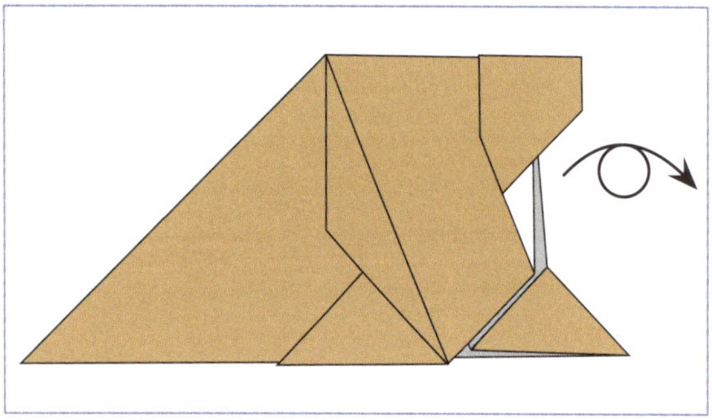

21.
Retournez le modèle.

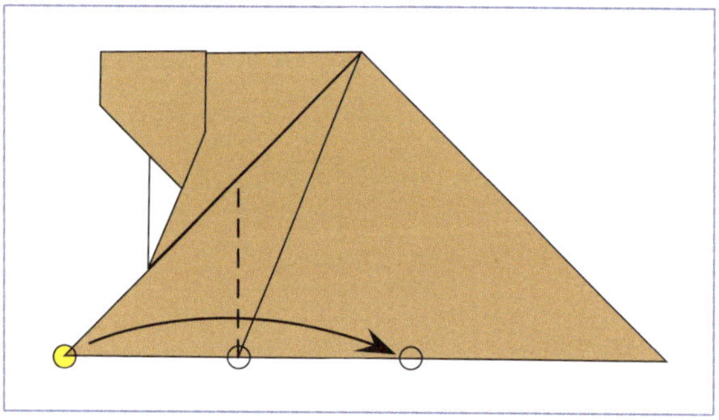

22.
Pliez le volet pour amener le coin sur le bord.

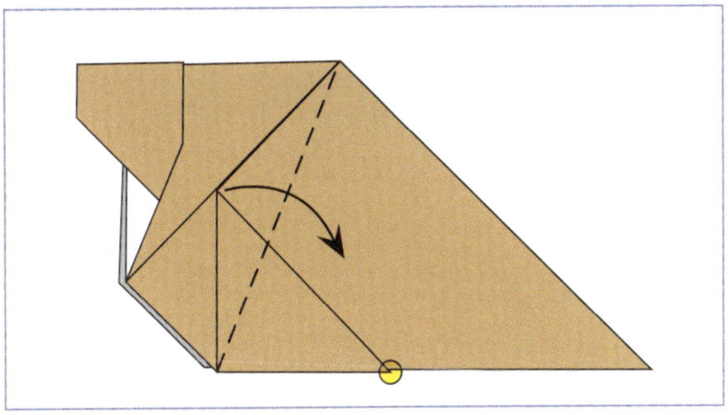

23.

Pliez le volet en utilisant le pli existant en dessous.

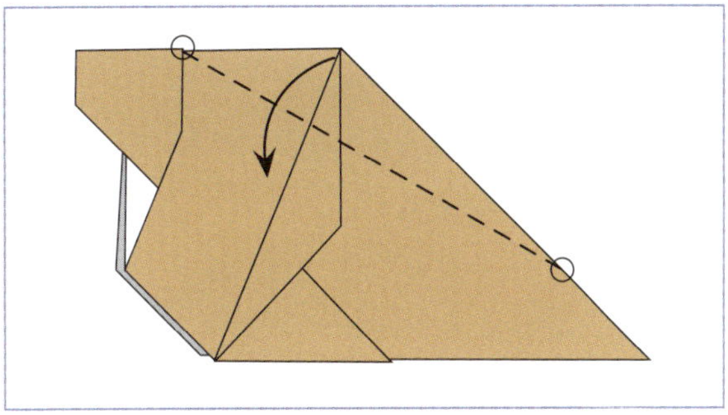

24.

Pliez à travers toutes les couches.

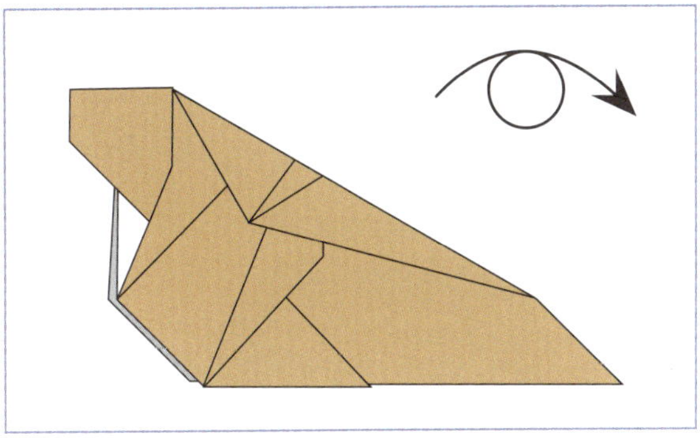

25.

Retournez le modèle.

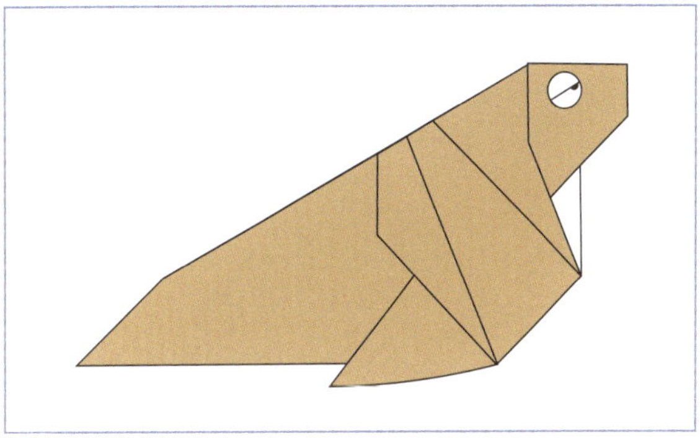

26.

Le morse est terminé.

ASTUCES POUR LES PROS

▶ **Pour obtenir un côté similaire au recto et au verso, lors de l'étape 24, dépliez puis ENFONCEZ l'ensemble du volet à l'intérieur du modèle.**

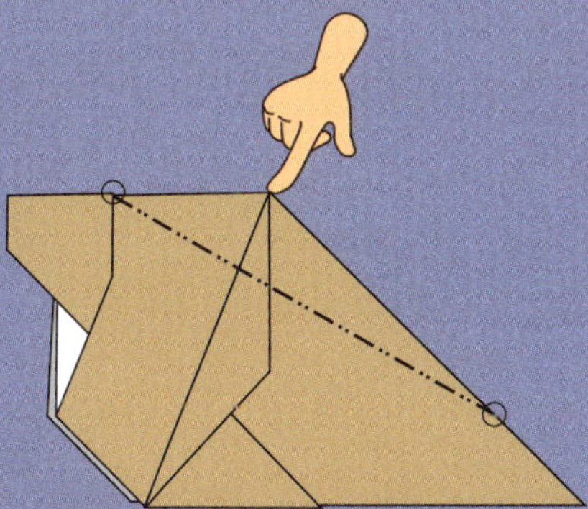

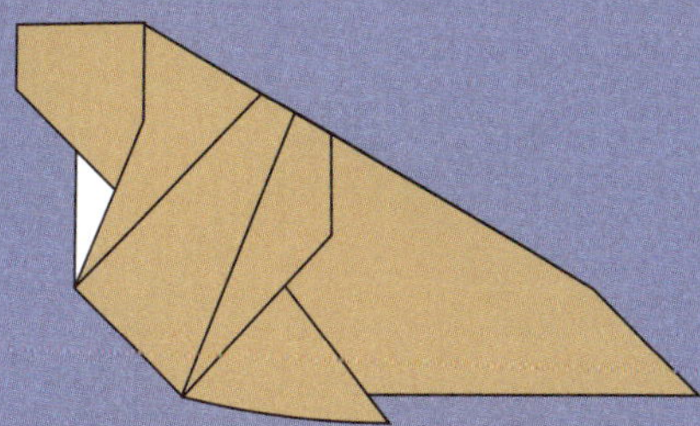

L'OISEAU CARDINAL

Il vous faut un carré de 15 x 15 cm coloré avec une face noire au recto et rouge au verso.

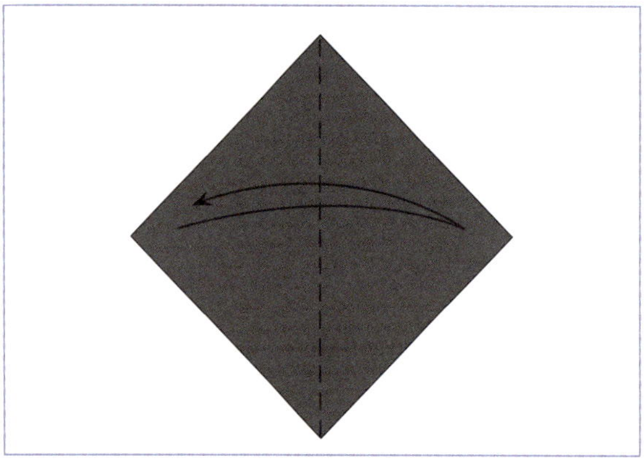

1.
Commencez avec la face noire au-dessus.
Pliez le carré en deux selon la diagonale puis dépliez.

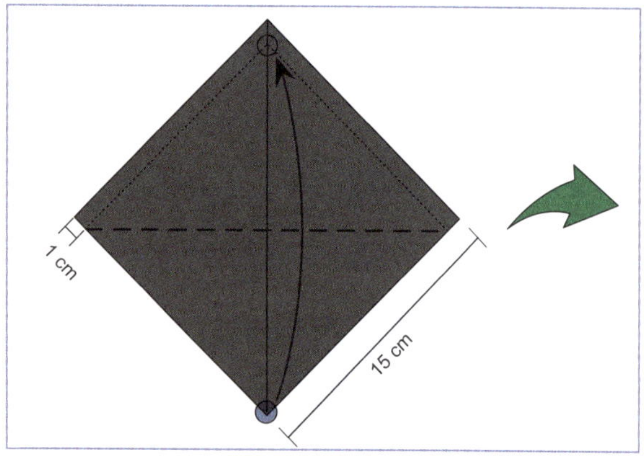

2.
Pliez la pointe du bas vers le haut. Ne la superposez pas sur la point du haut mais légèrement décalée vers le bas. Ainsi, nous allons créer un petit rebord.
Il n'est pas nécessaire de mesurer avec précision ce rebord, mais si vous le souhaitez, le rebord est d'environ 1 cm pour un carré de 15 x 15 cm.

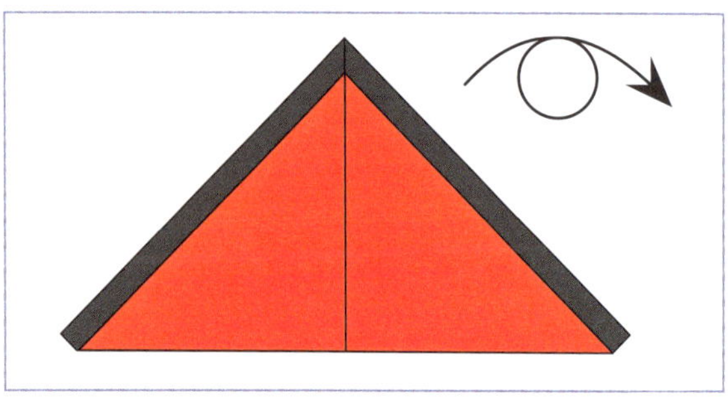

3.
Retournez le modèle.

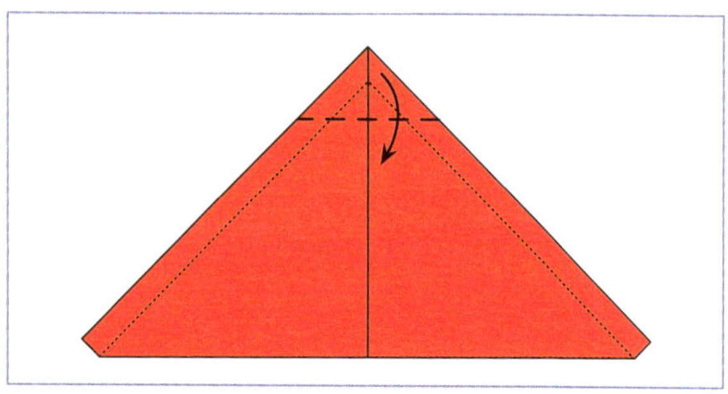

4.
Pliez la pointe pour que la pointe derrière dépasse pour former le bec (cf. étape suivante).

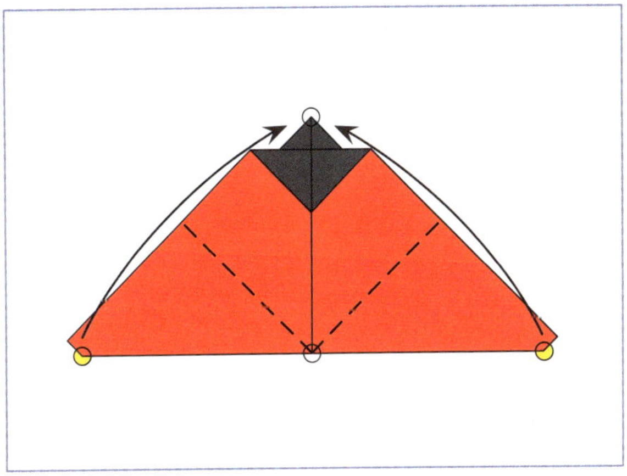

5.

Le bec dépasse maintenant.
Pliez les deux coins sur le bec.

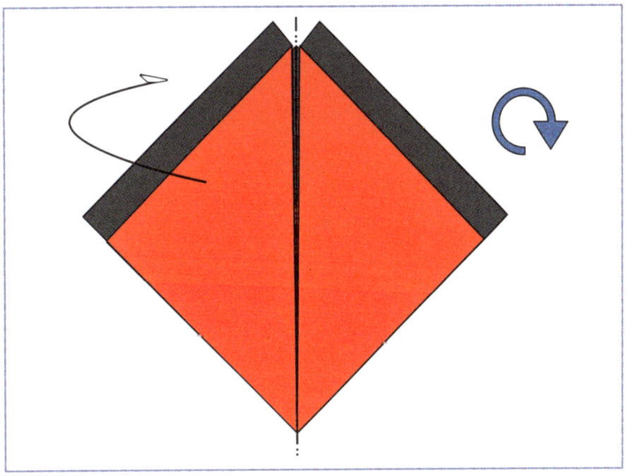

6.

Pliez en deux vers l'arrière.

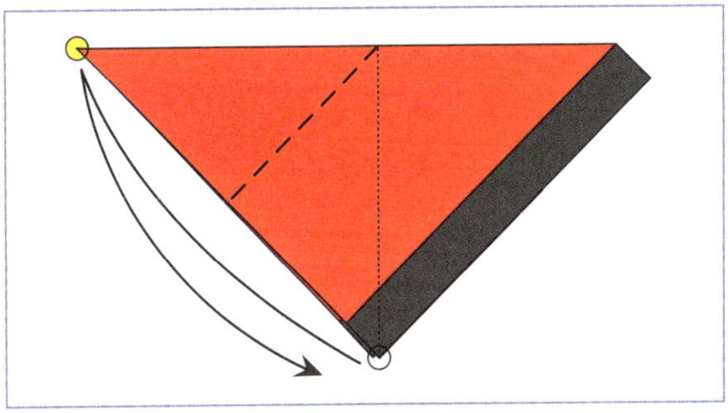

7.

Pliez le coin gauche sur le coin du bas.
Pliez fortement à travers toutes les couches
puis dépliez.

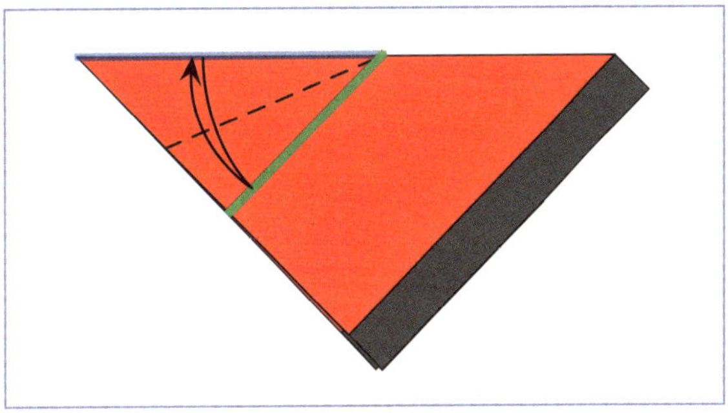

8.

Partagez l'angle en deux en superposant l'arête bleue sur le pli vert. Pliez fortement à travers toutes les couches puis dépliez.

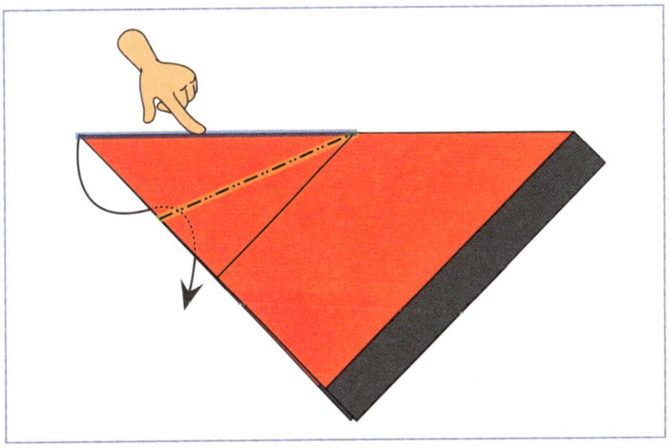

9.

Réalisez un pli inversé intérieur en appuyant sur l'arête bleue pour l'enfoncer à l'intérieur du modèle.
Aidez-vous en passant le pli jaune en pli montagne.

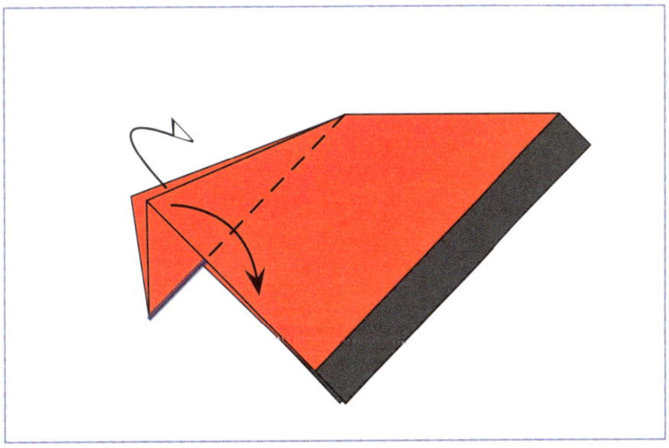

10.

Pliez le volet comme indiqué. Répétez à l'arrière le même pliage.

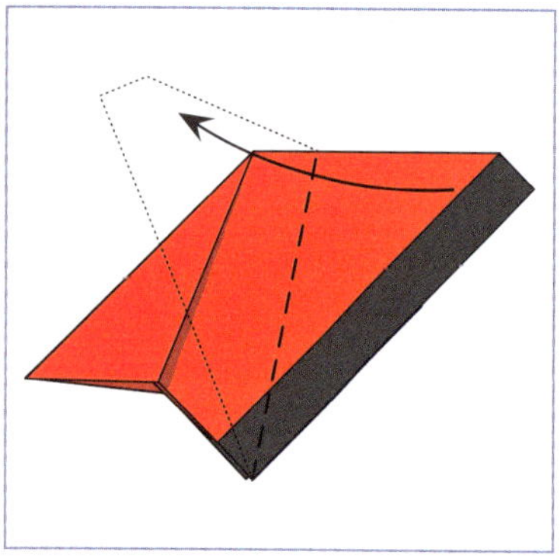

11.
La queue du cardinal est terminée. Pliez une aile comme indiqué.

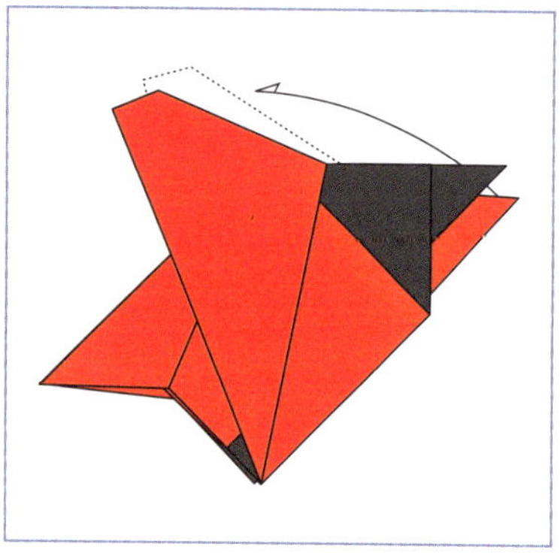

12.
Pliez l'autre aile de la même manière.

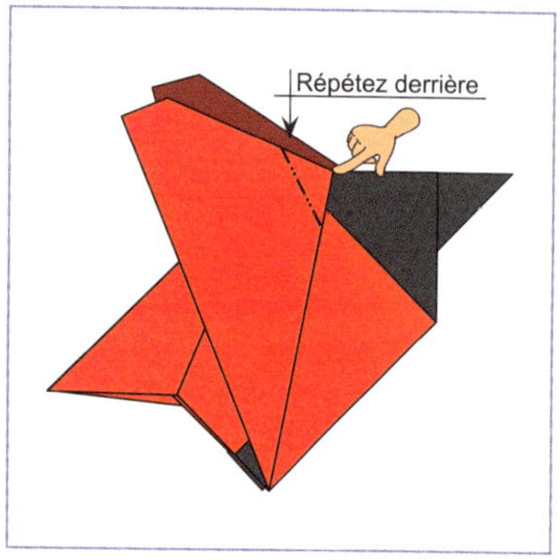

13.
Pour arrondir le coin de l'aile, réalisez un pli inversé intérieur. Si cela est trop petit, vous pouvez aussi plier simplement en arrière. Répétez derrière.

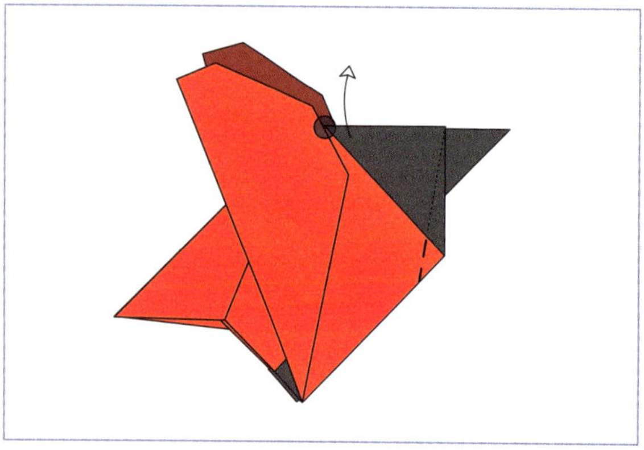

14.
Pincez la pointe du triangle noir et levez-le légèrement.

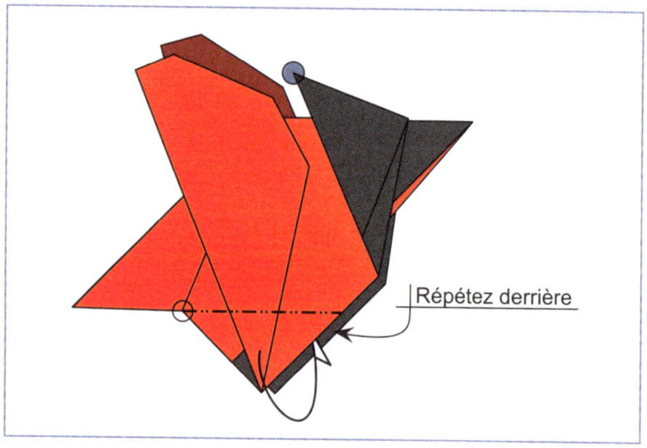

15.
Arrondissez le ventre en pliant la pointe du bas vers l'arrière en l'insérant dans le ventre. Répétez derrière avec l'autre pointe.

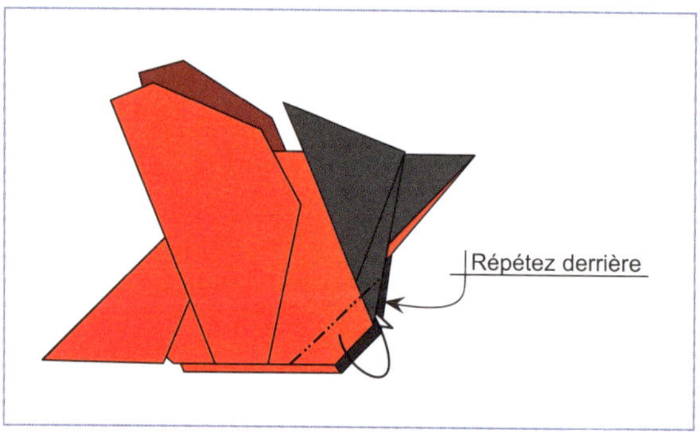

16.
Arrondissez encore le ventre en pliant un côté vers l'arrière en l'insérant dans le ventre. Répétez derrière.

17.
Le cardinal est terminé.
Essayez d'autres combinaisons de couleur.

Leçon 10
Le pli pivot

LEÇON 10

> LE PLI PIVOT

Le pli pivot permet de faire pivoter un volet par rapport à un autre autour d'un point pivot.
Par exemple :

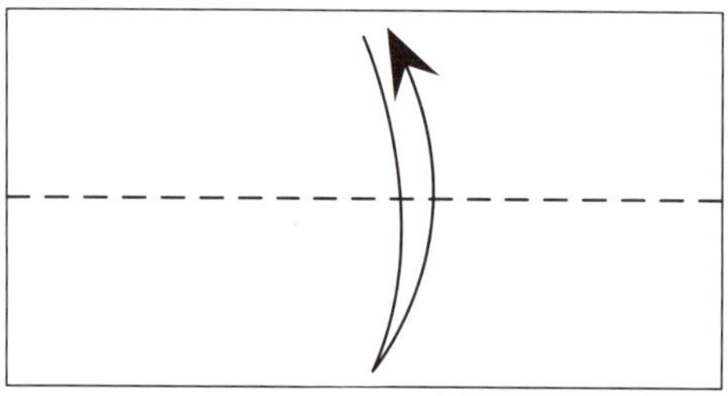

1.
Prenez une bande de papier. Pliez en deux puis dépliez.

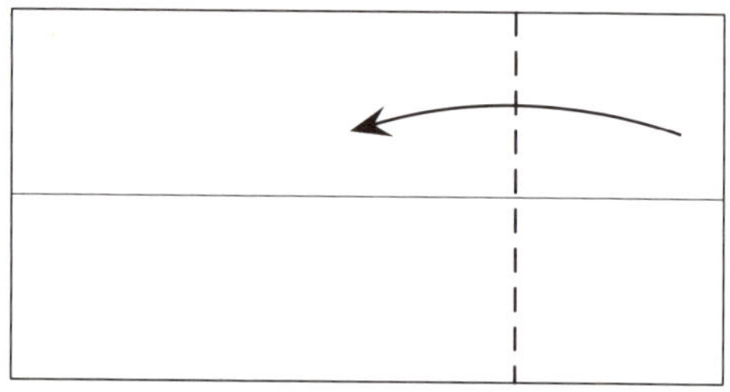

2.
Pliez un un côté.

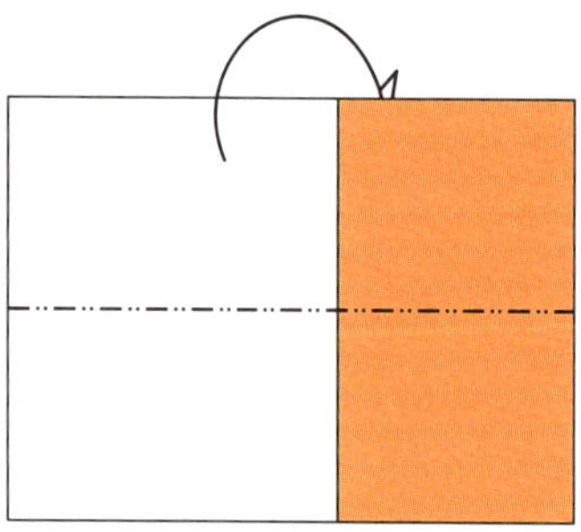

3.
Pliez en deux vers l'arrière.

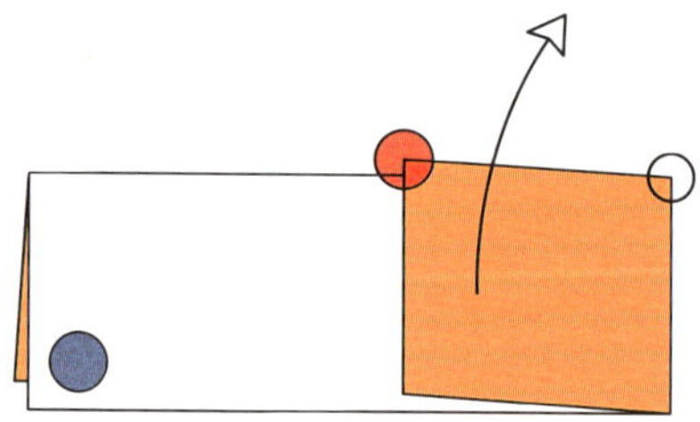

4.
Pincez avec une main la pastille bleue. Pincez avec l'autre main la pastille rouge mais uniquement le volet coloré. Levez le volet vers le haut autour du point pivot encerclé.

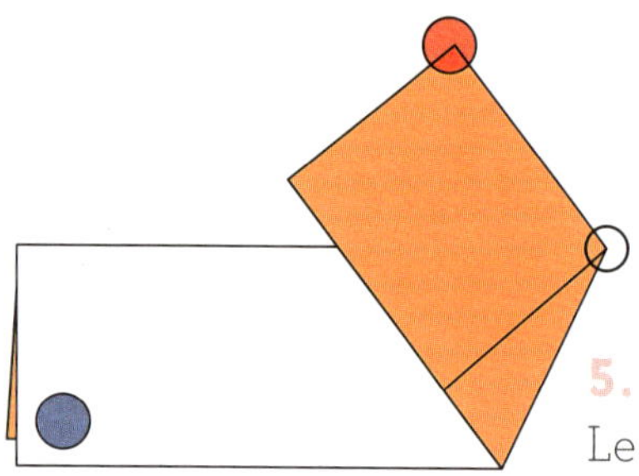

5.
Le pli pivot est terminé.

LA BRANCHE

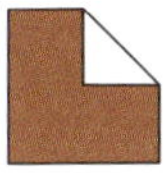

Il vous faut un carré marron de 15 x 15 cm.

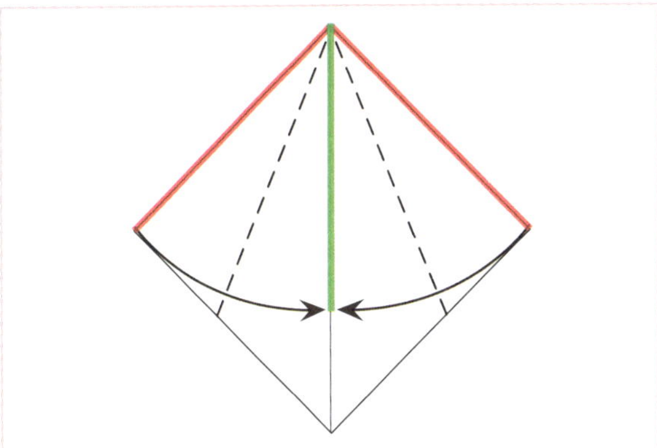

1.

Après avoir plié la diagonale, pliez la pointe en superposant les bords rouges sur l'axe vert.

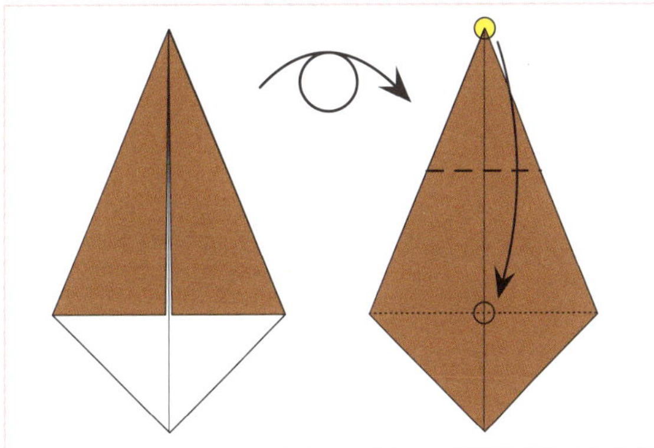

2.

Retournez le modèle et pliez la pointe.

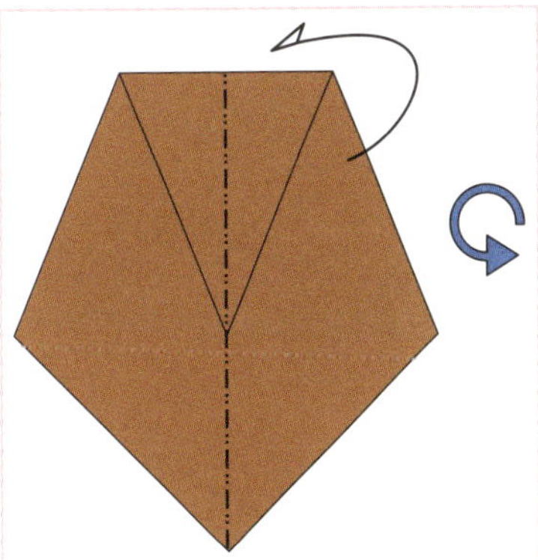

3.

Pliez le modèle en deux vers l'arrière selon l'axe.

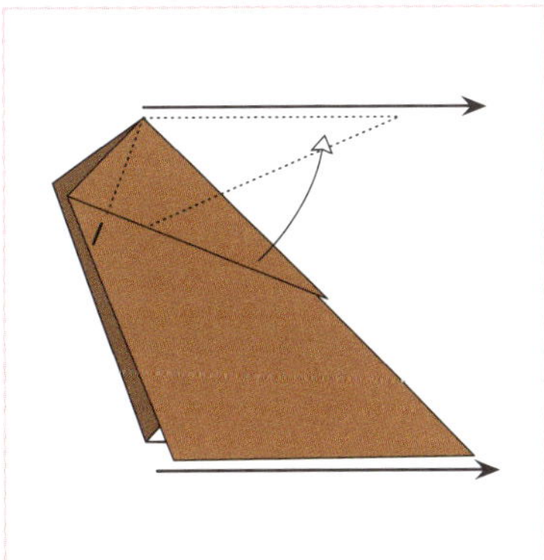

4.

Réalisez un PLI PIVOT en levant la pointe pour qu'elle devienne parallèle à la base.

5.

La branche est terminée.

LE CYGNE

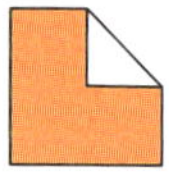

Il vous faut un carré de 15 x 15 cm coloré avec une face blanche au verso.

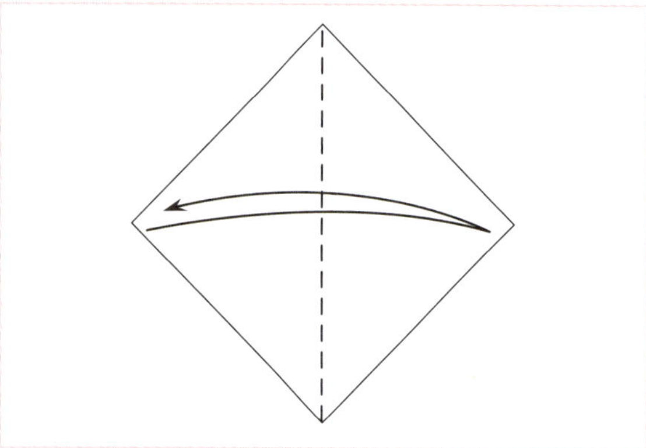

1.

Pliez la diagonale puis dépliez.

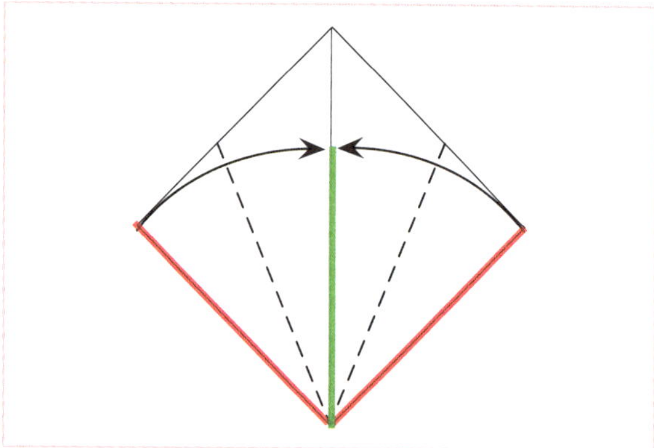

2.

Superposez les bords rouges sur l'axe central vert. Pliez une belle pointe !

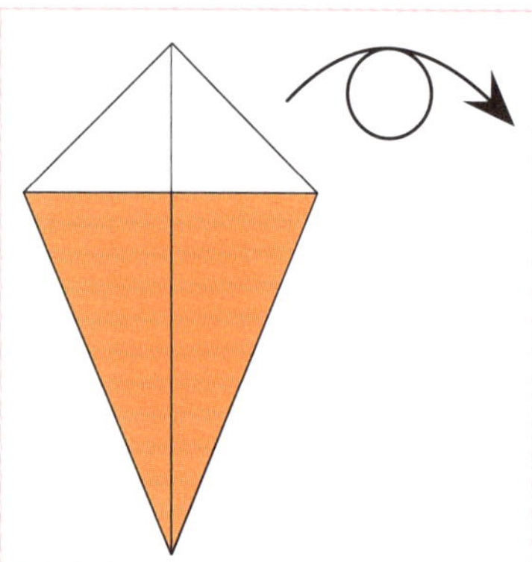

3.

Retournez le modèle.

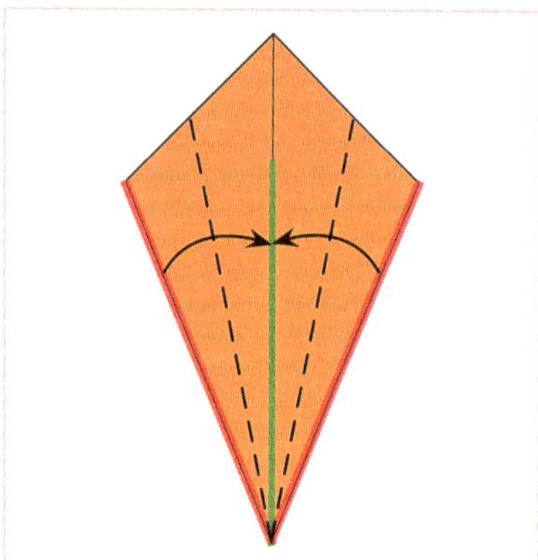

4.

Affinez la pointe en amenant les bords rouges sur l'axe central vert.

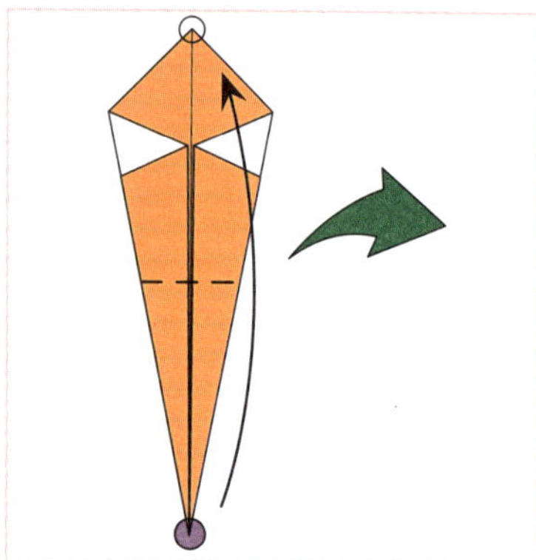

5.

Pliez la pointe sur le coin du haut.

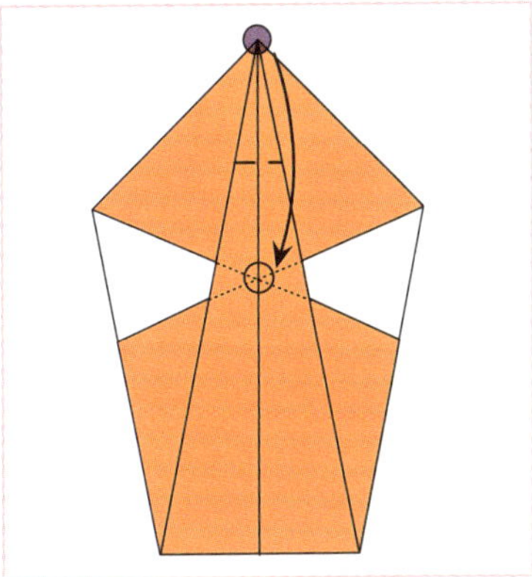

6.
Pliez la pointe sur le point de référence encerclé.

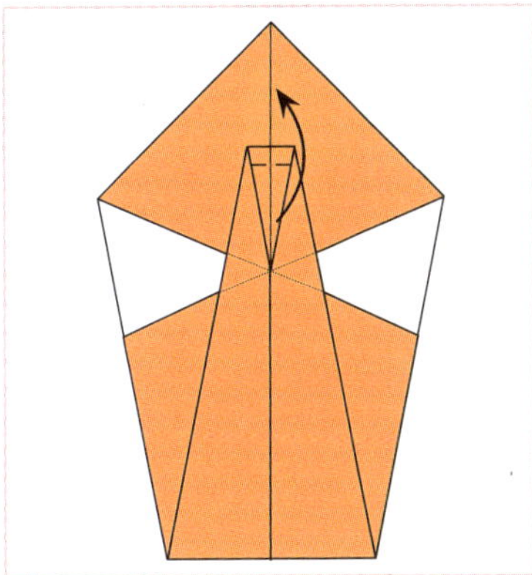

7.
Pliez la pointe vers le haut en laissant un petit espace avec le bord de la pointe.

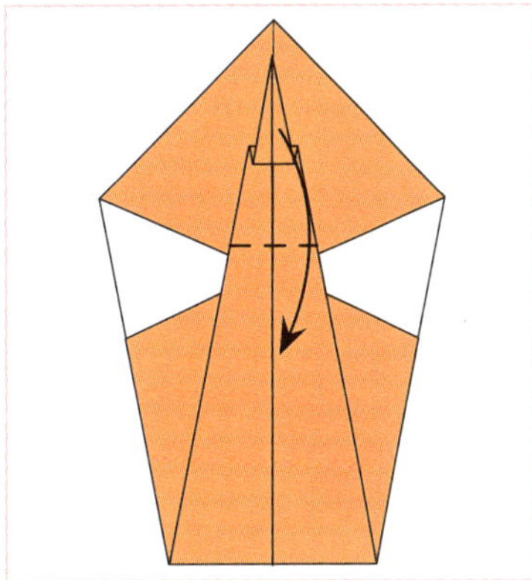

8.
Pliez l'ensemble du volet vers le bas.

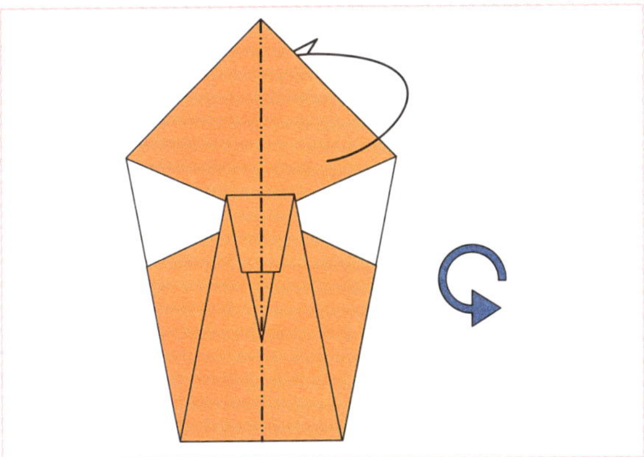

9.
Pliez en deux vers l'arrière.

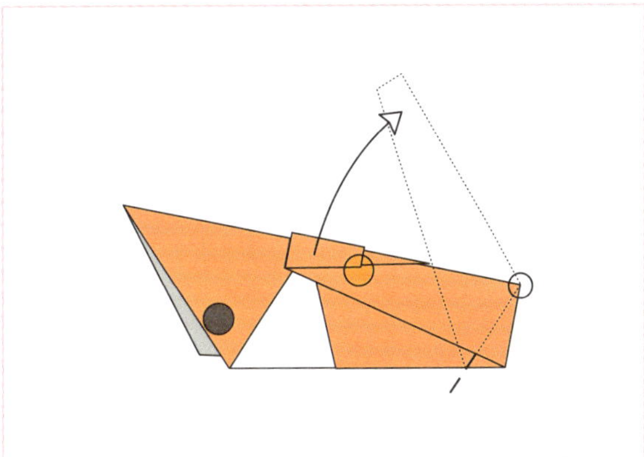

10.
Pincez la pastille bleue d'une main, pincez la pastille jaune de l'autre main et montez-la doucement en réalisant un PLI PIVOT.

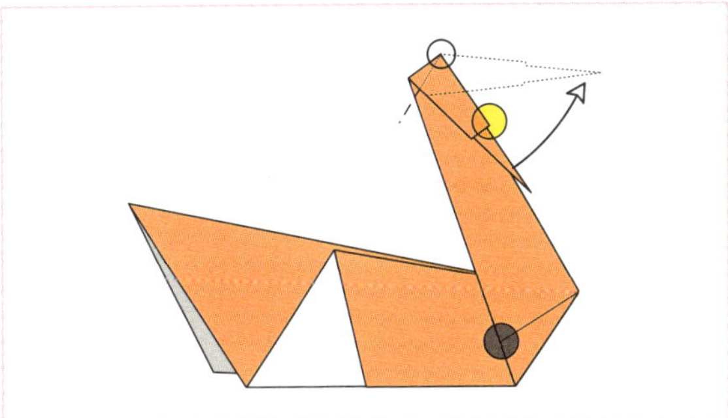

11.
Pincez la pastille bleue d'une main, pincez la pastille jaune de l'autre main (seulement les volets de la tête) et montez-la doucement en réalisant un PLI PIVOT.

12.
Le cygne est terminé.

LE PAON

Il vous faut un carré de 15 x 15 cm coloré des couleurs différentes sur chaque face.

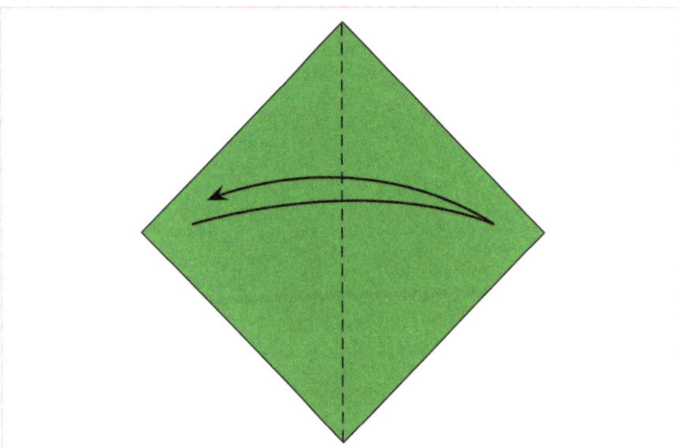

1.
Pliez la diagonale puis dépliez.

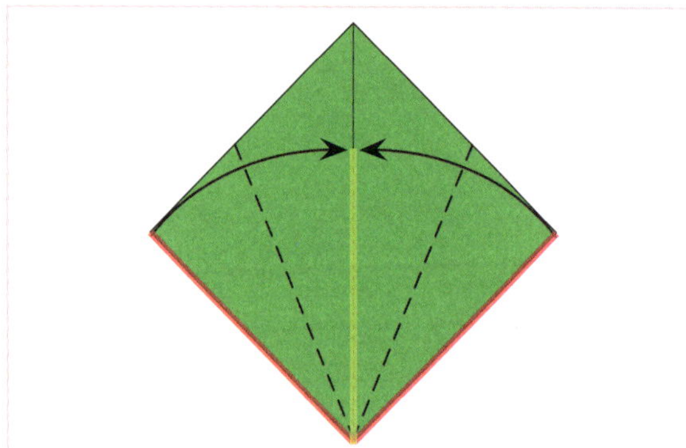

2.
Pliez une pointe sur le coin du bas en amenant les bords rouges sur l'axe central jaune.

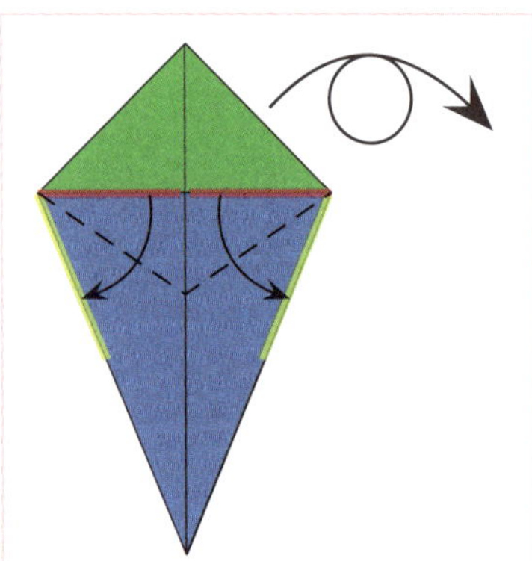

3.
Pliez les angles en deux en amenant les bords rouges sur les bords jaunes.

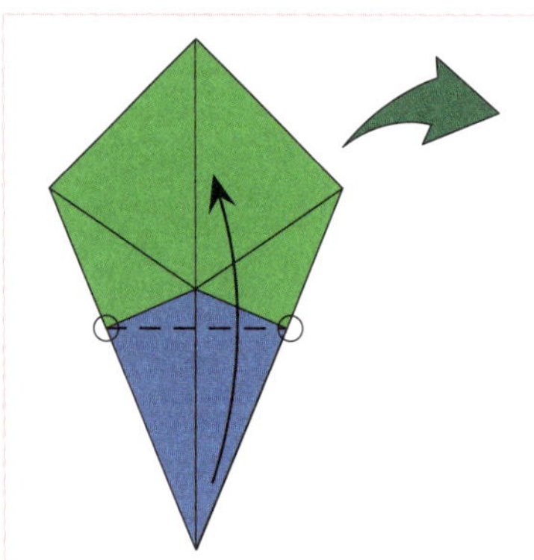

4.
Pliez entre les deux points de référence.

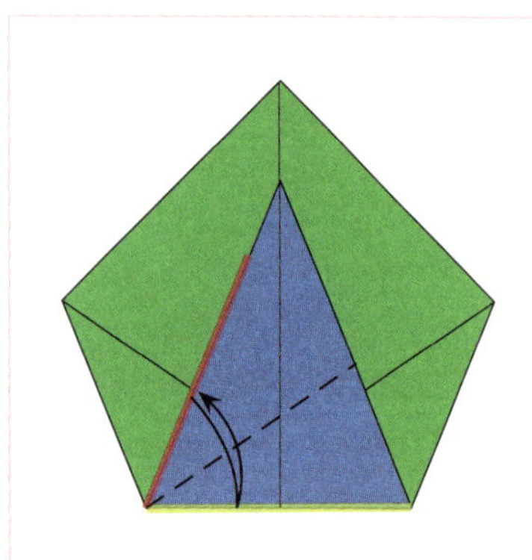

5.
Partagez l'angle en deux en superposant le bord rouge sur la base jaune. Puis dépliez.

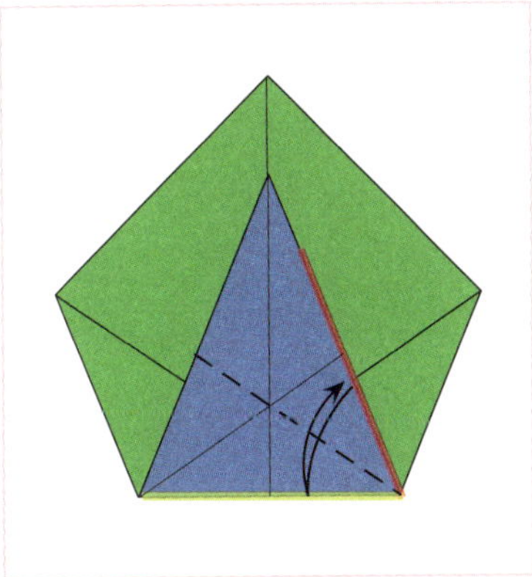

6.

Partagez l'angle en deux en superposant le bord rouge sur la base jaune. Puis dépliez.

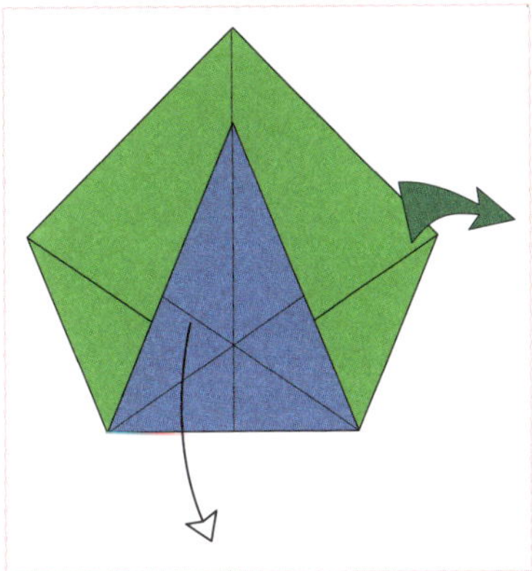

7.

Dépliez.

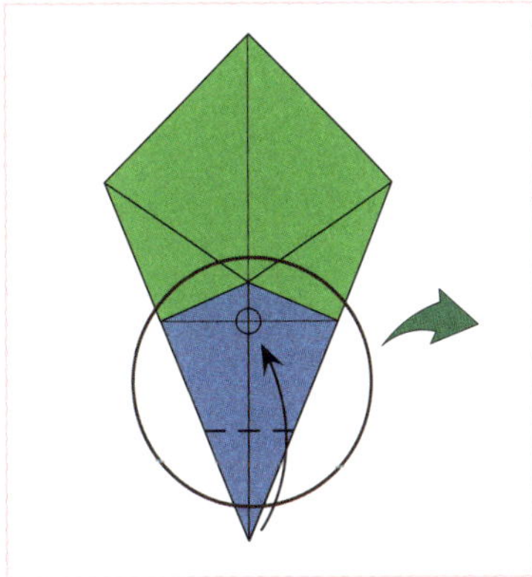

8.

Pliez la pointe sur le point de référence.

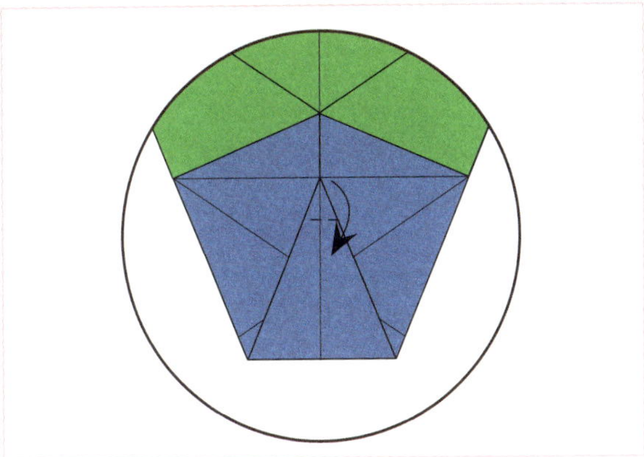

9.

Pliez une petite pointe pour le bec.

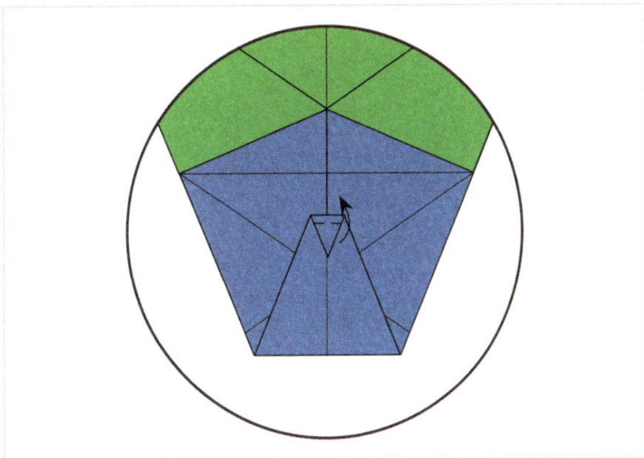

10.

Pliez une petite pointe vers le haut en laissant un petit espace avec le bord.

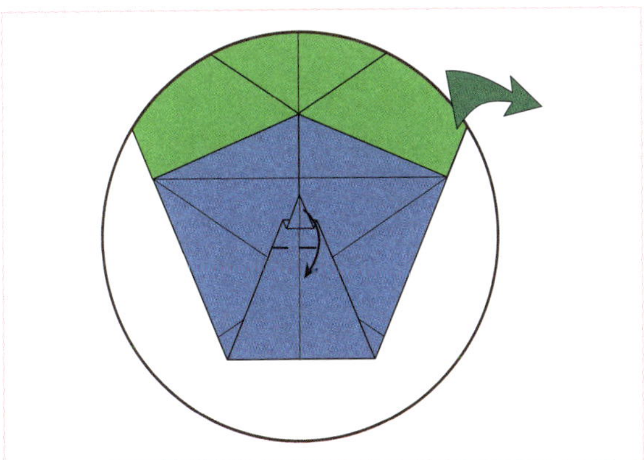

11.

Pliez le volet pour faire la tête.

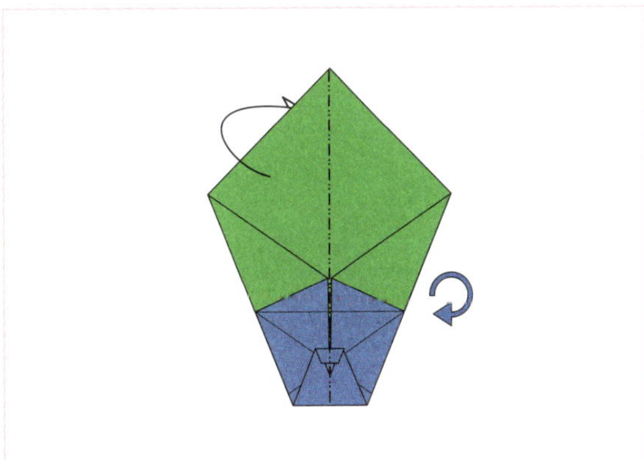

12.

Pliez en deux le modèle vers l'arrière.

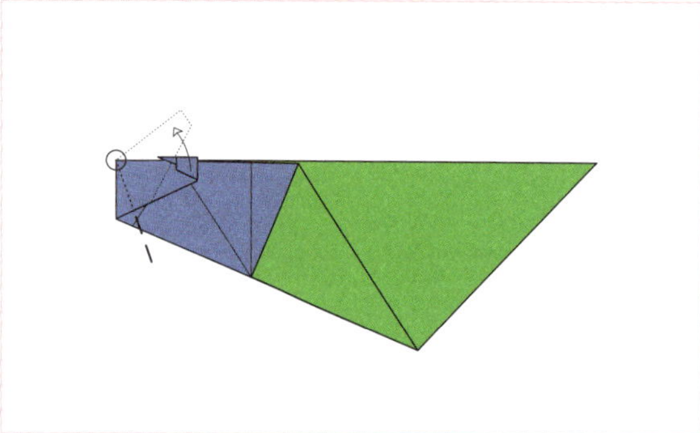

13.
Pli pivot pour lever la tête.

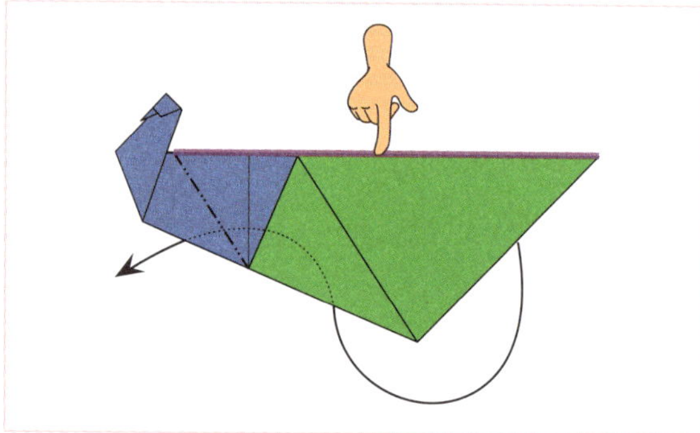

14.
Pli inversé intérieur sur le grand volet (leçon 9 page 174).

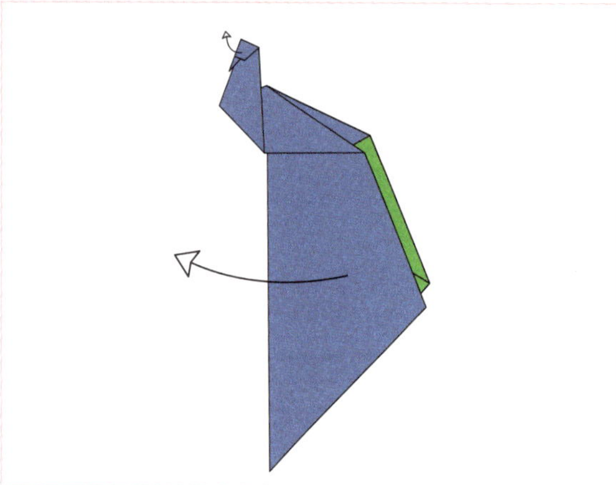

15.
Pli pivot pour lever la tête. Ouvrez le grand volet.

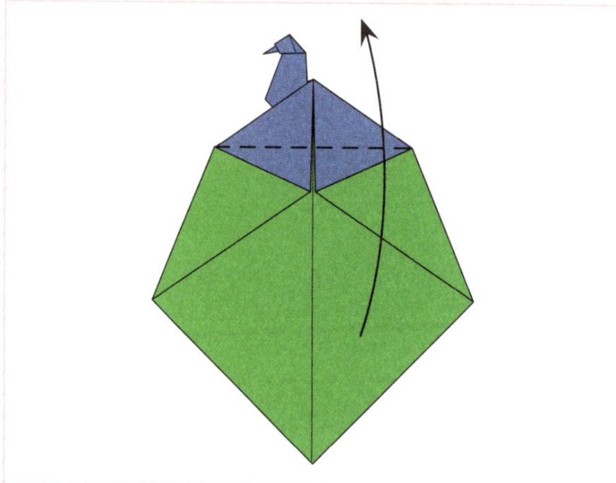

16.
Pliez la queue vers le haut.

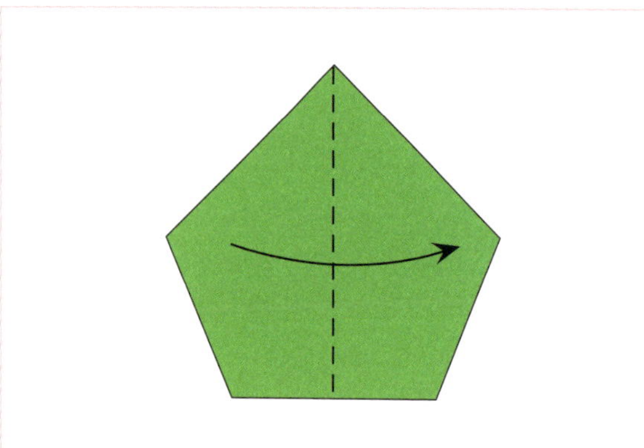

17.
Fermez le volet.

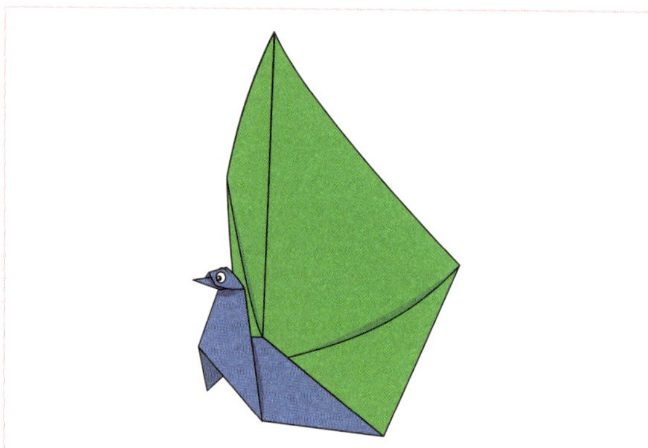

18.
Le paon est terminé.

LE VOILIER

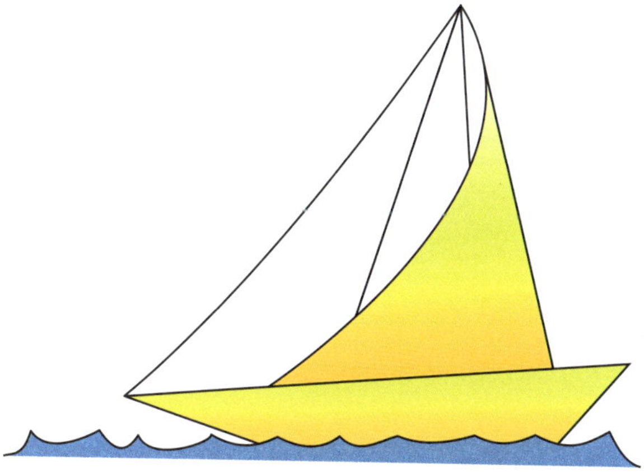

Il vous faut 1 carré de 15 x 15 cm coloré avec une face blanche au verso.

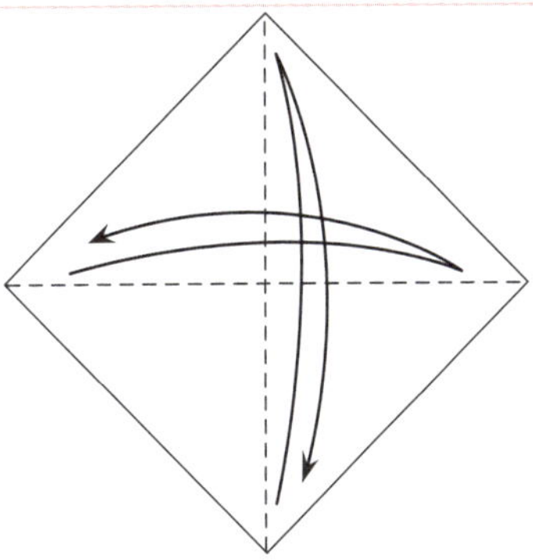

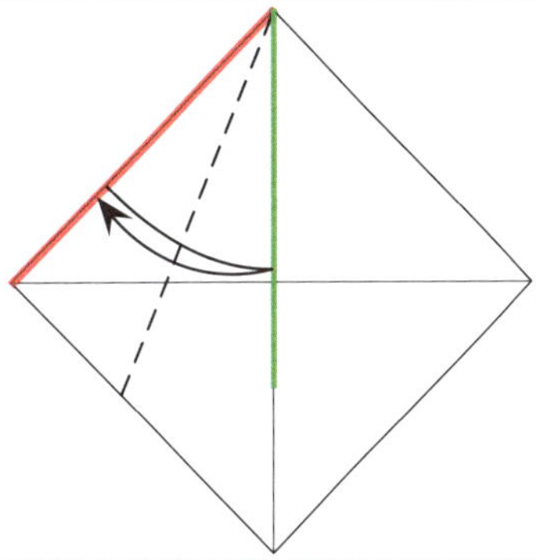

1.
Commencez avec la face blanche au-dessus. Pliez les diagonales puis dépliez.

2.
Pliez l'angle en deux en superposant le bord rouge sur l'axe central vert puis dépliez.

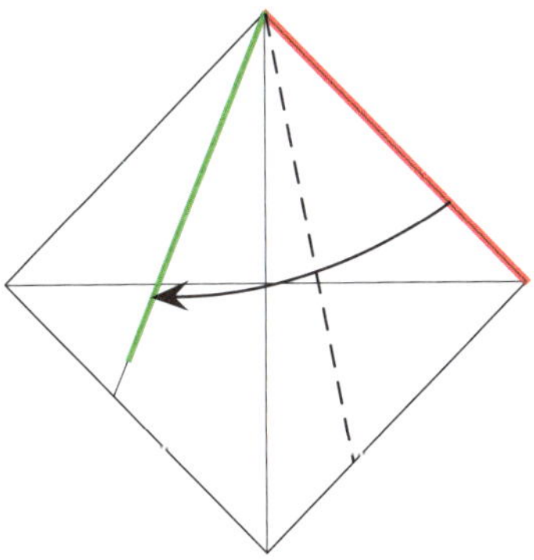

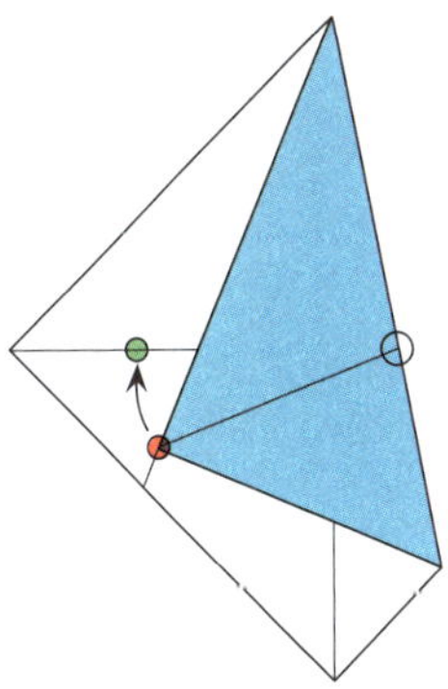

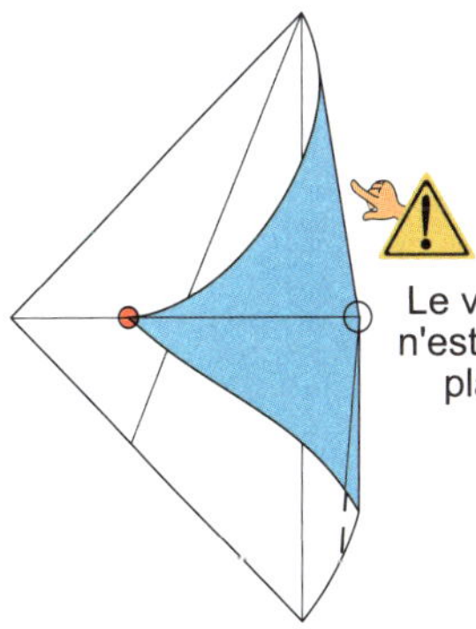

3.
Pliez l'angle en deux en superposant le bord rouge sur le pli vert.

4.
Ce point pivot est un peu différent des autres. Dans un premier temps, amenez le coin avec la pastille rouge sur la pastille verte.

5.
Le volet bleu n'est pas plat. En maintenant la pastille rouge, aplatissez le volet bleu UNIQUEMENT sur la partie du bas.

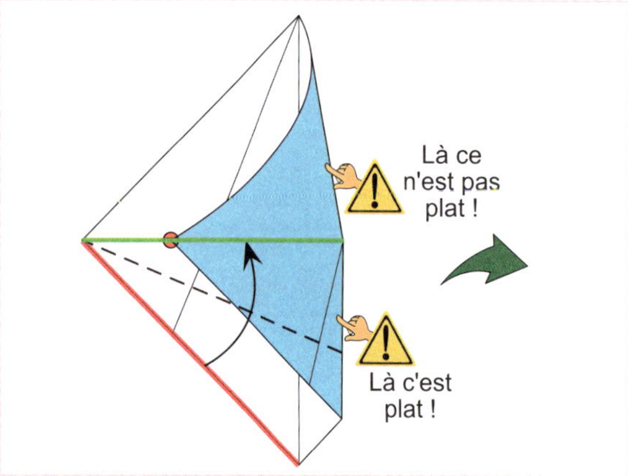

6.

La voile du haut reste en 3D. Pliez en deux le volet du bas en amenant le bord rouge sur l'axe vert.

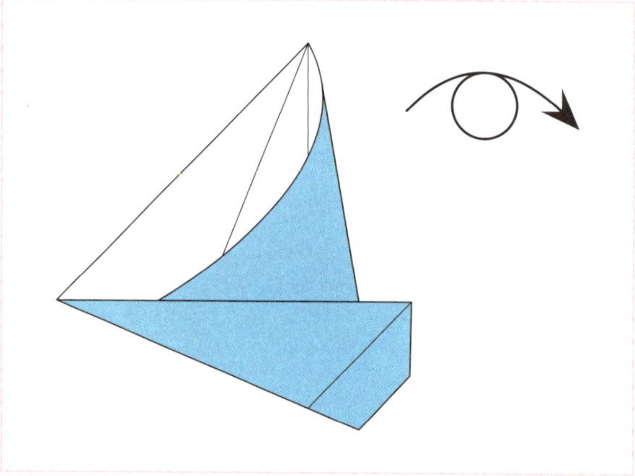

7.

Retournez le modèle. Attention à ne pas écraser la belle courbure de la voile.

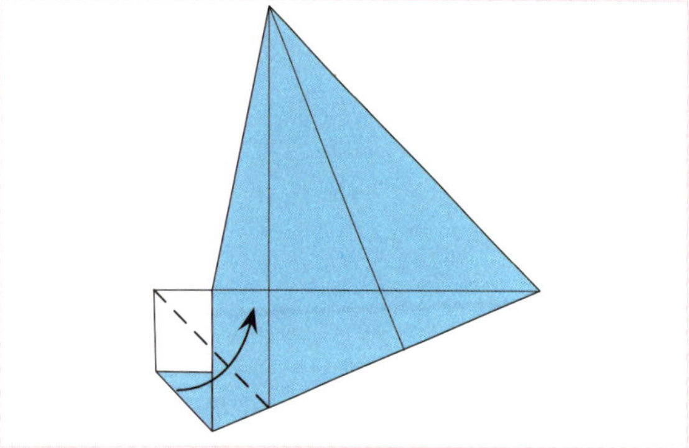

8.

Pliez le volet en utilisant le pli existant sur le volet blanc.

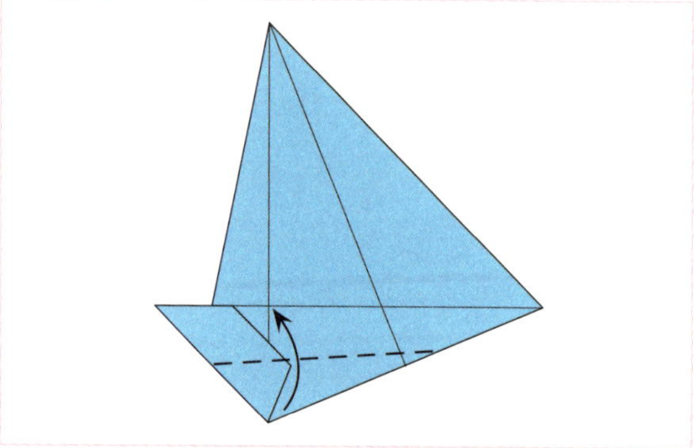

9.

Pliez la base à travers toutes les couches pour affiner la coque.

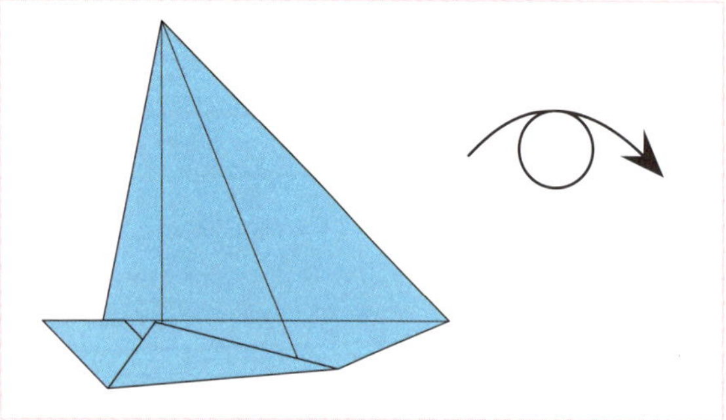

10.

Cette base peut-être aussi mise à 90° pour permettre au voilier de tenir debout tout seul.
Retournez le modèle.

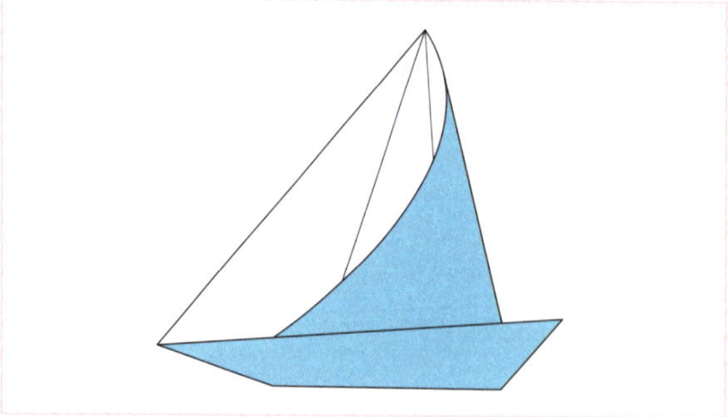

11.

Le voilier est terminé.

Leçon 11
Le pli inversé extérieur

Claire

LEÇON 11

> LE PLI INVERSÉ EXTÉRIEUR

Ce pli est appelé « inversé » car il inverse le sens du pli. Une arête devient un creux et inversement.
Il est appelé « EXTÉRIEUR » car les couches internes se retrouvent à l'extérieur du modèle.

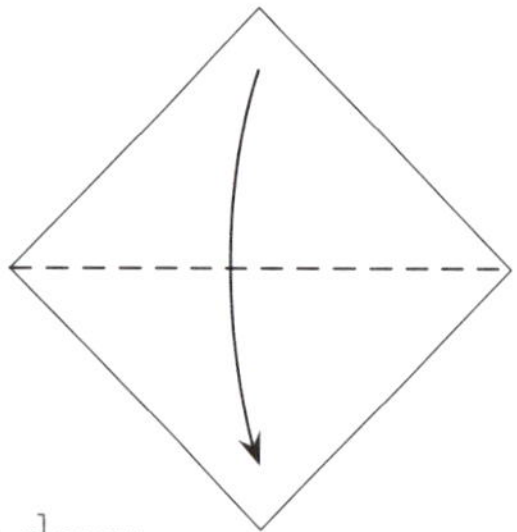

1.
Pliez en deux.

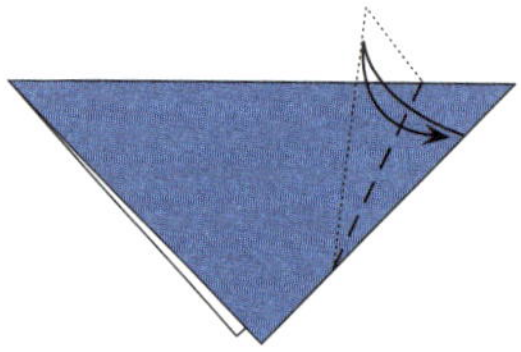

2.
Pliez un coin de manière arbitraire à travers les deux couches puis dépliez.

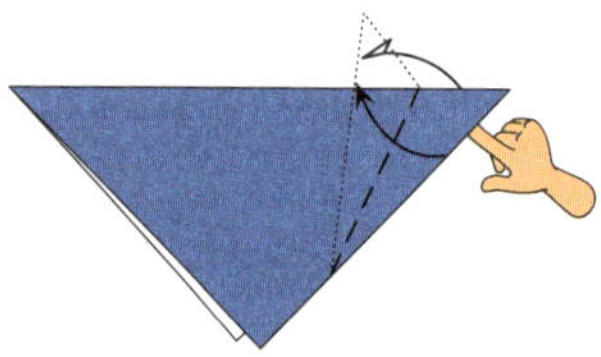

3.
Le pli inversé extérieur se représente toujours avec une flèche en vallée et une flèche en montagne.
Ces flèches indiquent que chaque côté du volet doit se plier, l'un par devant, l'autre par derrière.

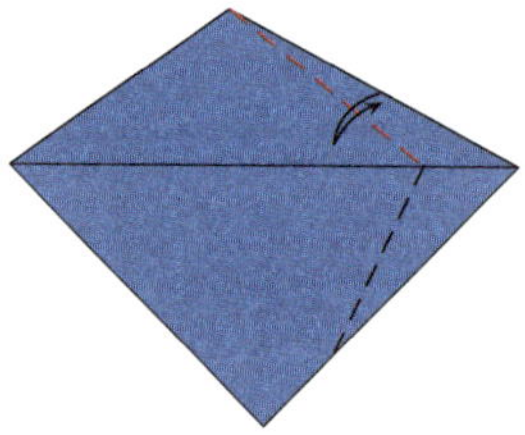

4.
Pliage en cours. Souvent, il est nécessaire de déplier partiellement le modèle pour réaliser ce pli.
Objectif n° 1 : Inversez l'orientation du pli noté ici en rouge pour qu'il devienne un pli vallée en creux.

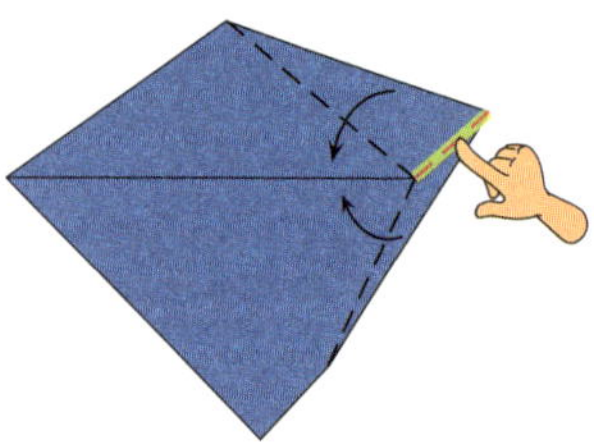

5.
Objectif n°2 : Transformez l'arête surlignée en jaune en pli vallée en creux puis fermez le modèle.

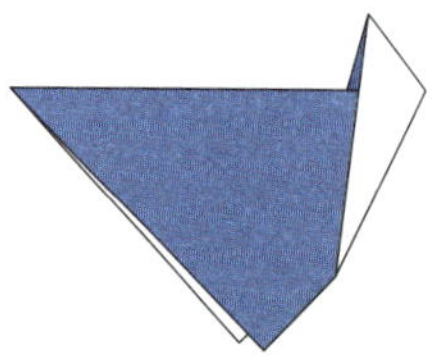

6.
Le pli a été inversé. Il est bien « extérieur » puisque la face blanche interne se retrouve maintenant à l'extérieur.

LE MARQUE-PLACE CŒUR

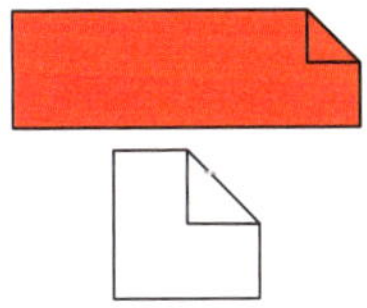

Il vous faut une feuille de dimension 1 x 3 (par exemple 5 x 15 cm), rouge de chaque côté et une feuille cartonnée de 10 x 10 cm pour écrire le nom.

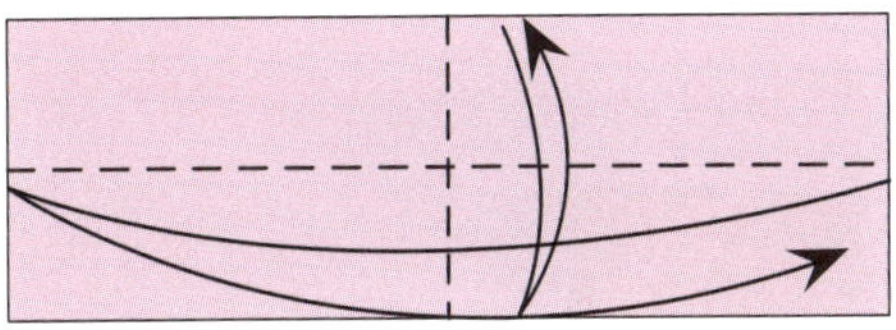

1.

Pour faciliter les repérages dans le pliage, nous utiliserons ici une feuille rose d'un côté, et rouge de l'autre. Pliez en deux puis dépliez.

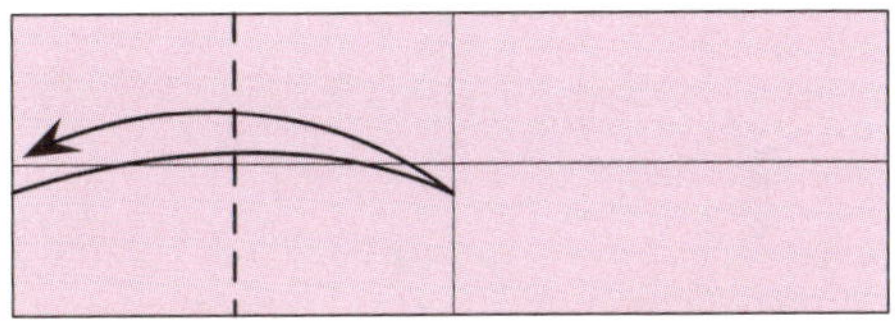

2.

Pliez le bord gauche au centre puis dépliez.

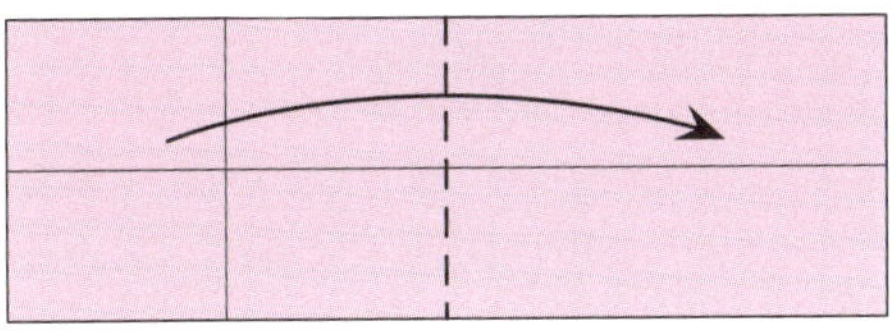

3.

Pliez le modèle en deux.

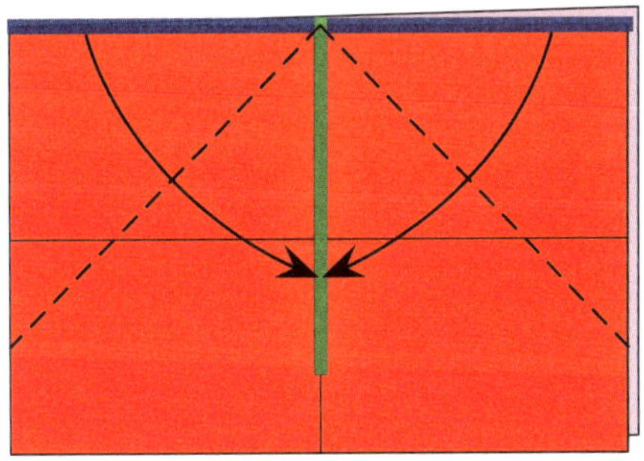

4.

Superposez les rebords bleus sur l'axe central vert (plié à l'étape 2).

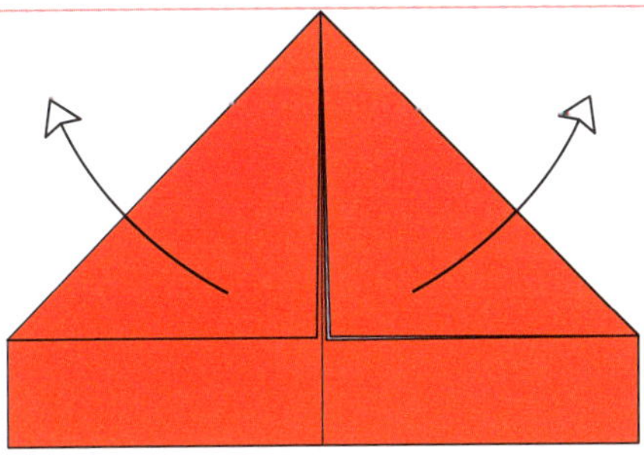

5.

Dépliez les deux volets.

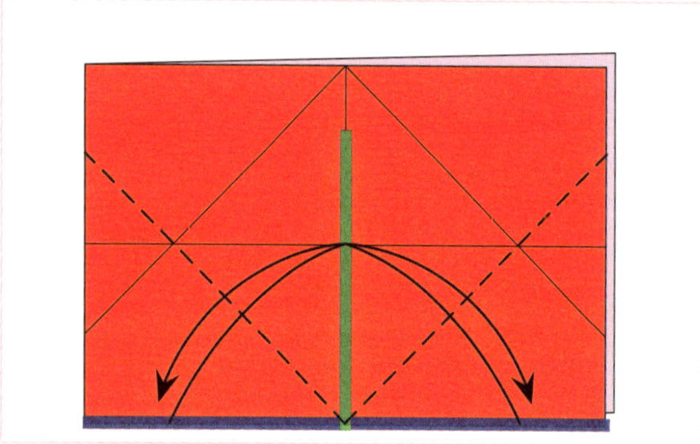

6.
Superposez les rebords bleus sur l'axe central vert (plié à l'étape 2) puis dépliez.

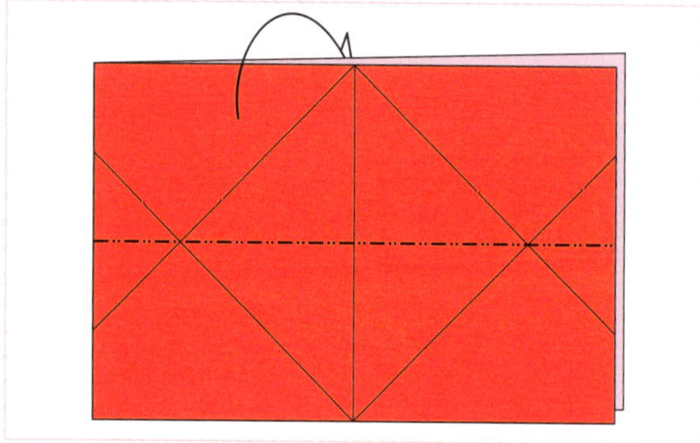

7.
Pliez en deux en montagne, vers l'arrière.

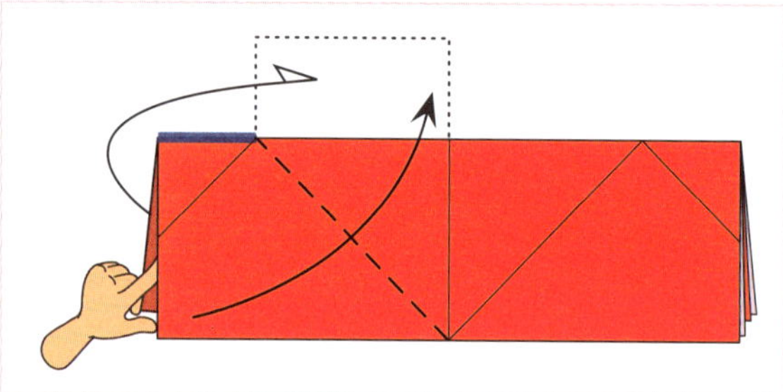

8.
Réalisez un pli inversé EXTÉRIEUR en utilisant les plis existants. L'arête bleue inverse son sens et devient ainsi un pli vallée.

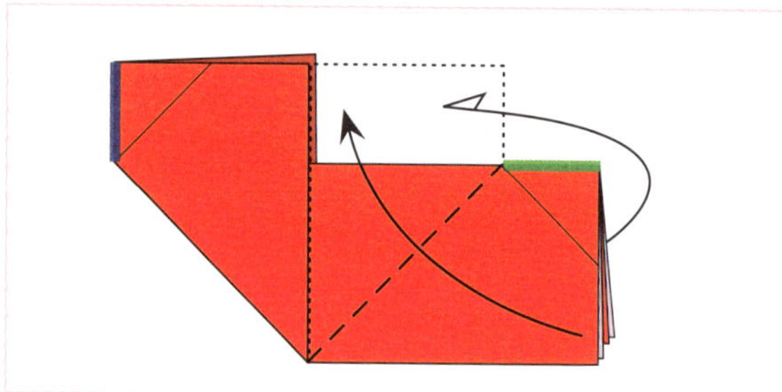

9.
Réalisez un pli inversé EXTÉRIEUR en utilisant les plis existants mais uniquement sur la première couche ! L'arête verte inverse son sens et devient ainsi un pli vallée.

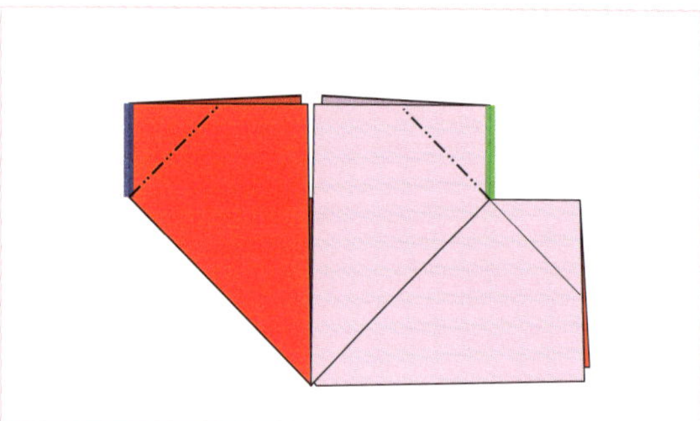

10.
Arrondissez les coins du cœur. Vous pouvez le faire avec un simple pli montagne vers l'arrière. Pour les pros, réalisez un pli inversé intérieur (leçon 9 page 174).

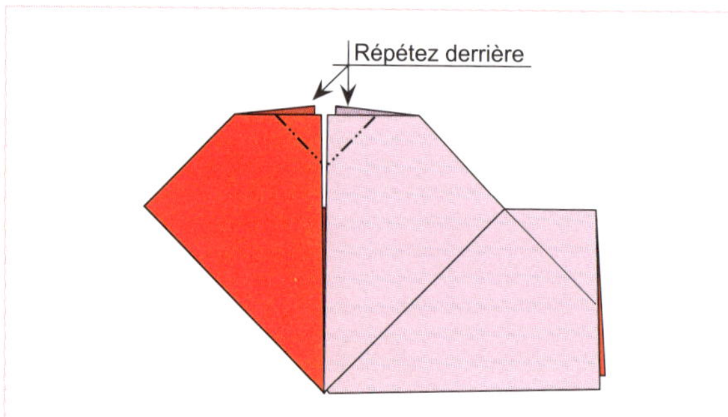

11.
Pliez vers l'arrière, en montagne, pour former le cœur. Recommencez à l'arrière.

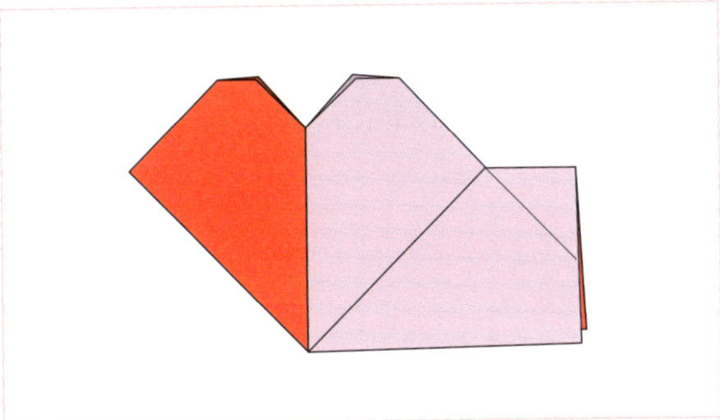

12.
Le cœur est terminé. Si vous souhaitez arrondir encore les coins, regardez l'astuce pour les pros ci-dessous.

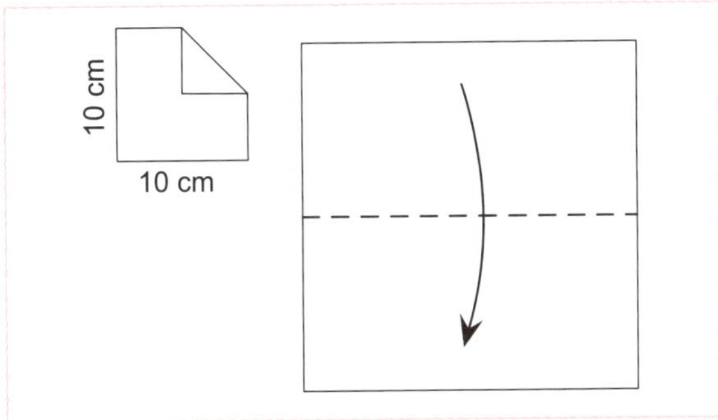

13.
Pliez le carré en deux.

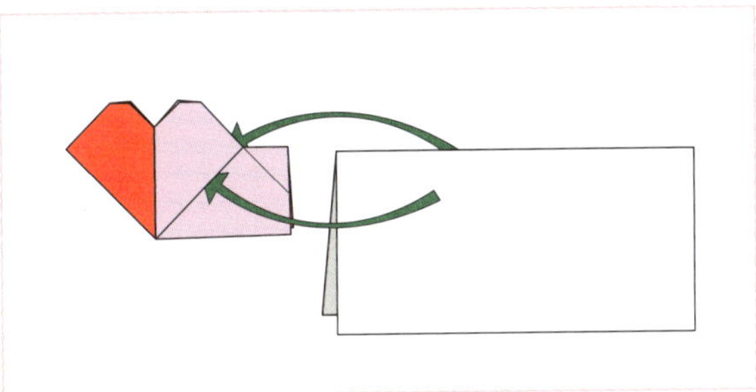

14.
Insérez le carton dans la partie du cœur.

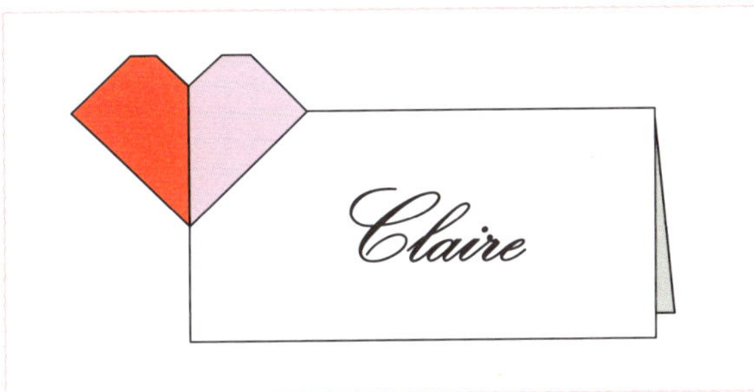

15.
Le porte-carte est terminé.

ASTUCES POUR LES PROS

▶ **Pour arrondir les coins du cœur :**

Pli montagne à gauche.

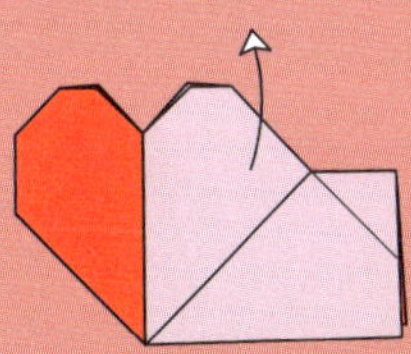

Levez légèrement le cœur de sa base pour dégager le coin.

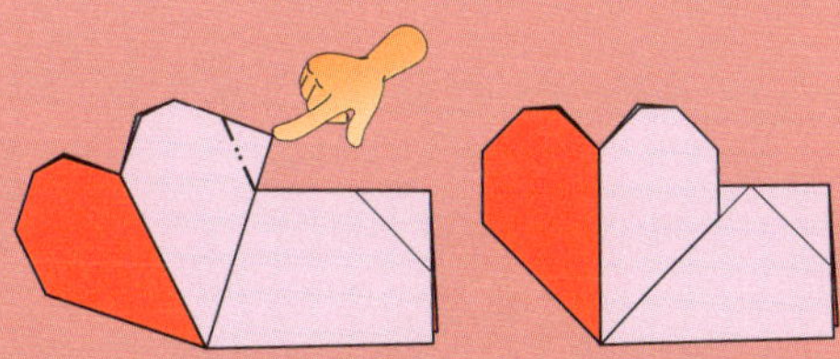

Pliez en montagne pour marquer le pli puis dépliez. Enfin, enfoncez à l'intérieur du modèle.

L'ÉLÉPHANT D'ASIE

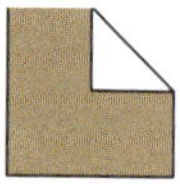

Il vous faut un carré de 24 x 24 cm coloré avec une face blanche au verso.

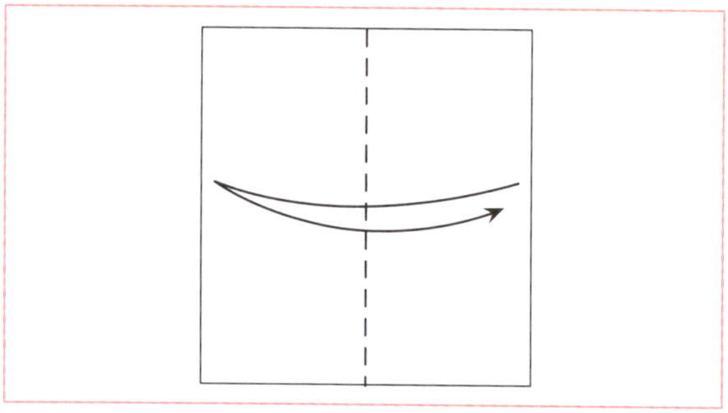

1.
Commencez avec la face blanche au-dessus. Pliez le carré en deux puis dépliez.

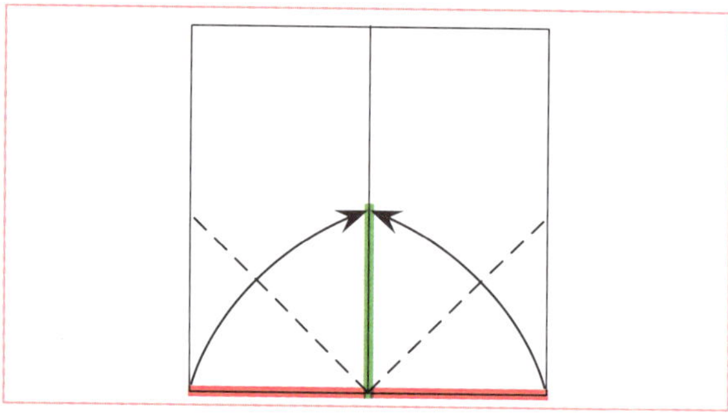

2.
Partagez les angles en deux en pliant les bords rouges sur l'axe central vert.

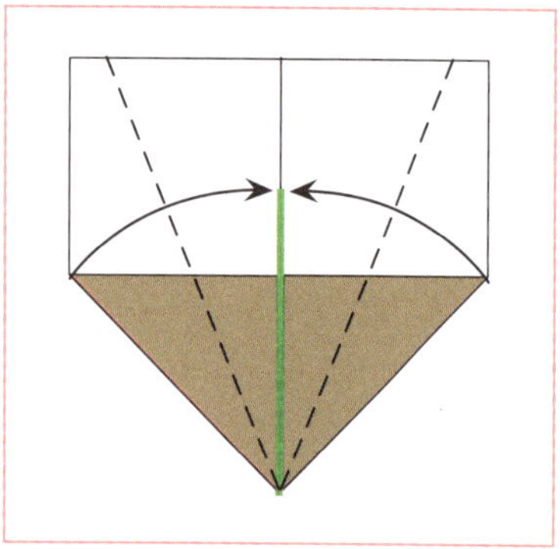

3.
Partagez les angles en deux à droite et à gauche.

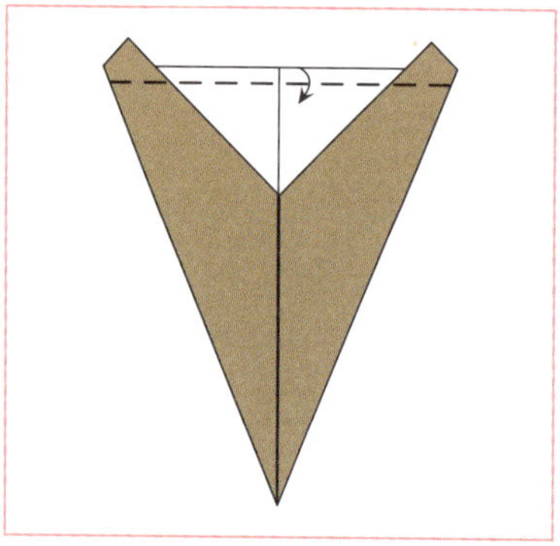

4.
Pliez un petit rebord. La largeur de ce rebord sera la largeur des pattes avant. Par exemple, pliez un rebord de 1 cm pour un papier de 24 x 24 cm.

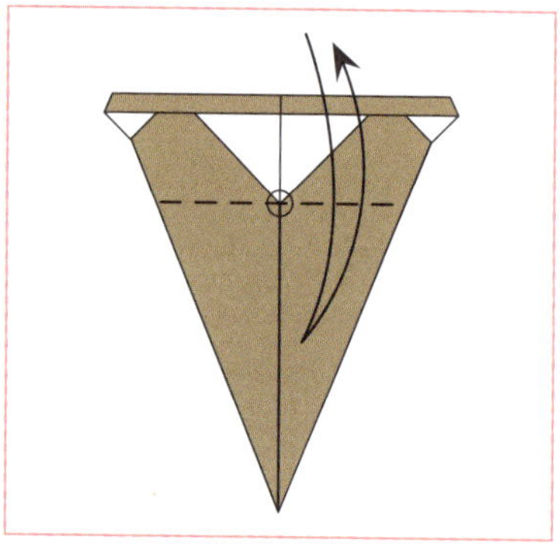

5.
Repérez le point de référence encerclé.
Pliez à travers toutes les couches puis dépliez.

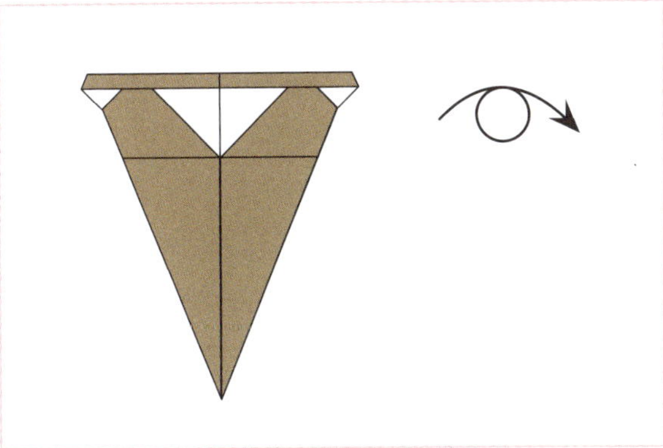

6.
Retournez le modèle.

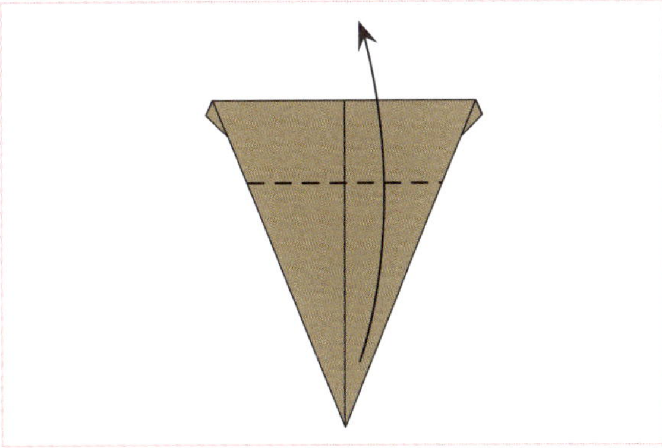

7.
Pliez à nouveau la pointe vers le haut de ce côté en utilisant le pli réalisé à l'étape 5.

8.
Pliez le modèle en deux.

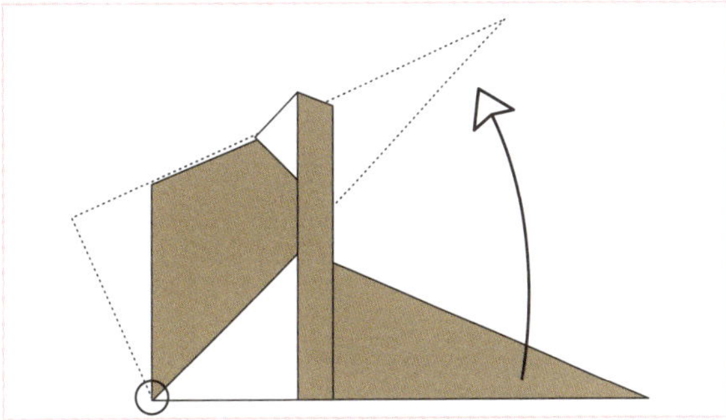

9.
Pivotez la pointe vers le haut en utilisant le point pivot encerclé (leçon 10 page 151 - Pliage pivot).
Faites légèrement dépasser la pointe au-dessus de la tête.

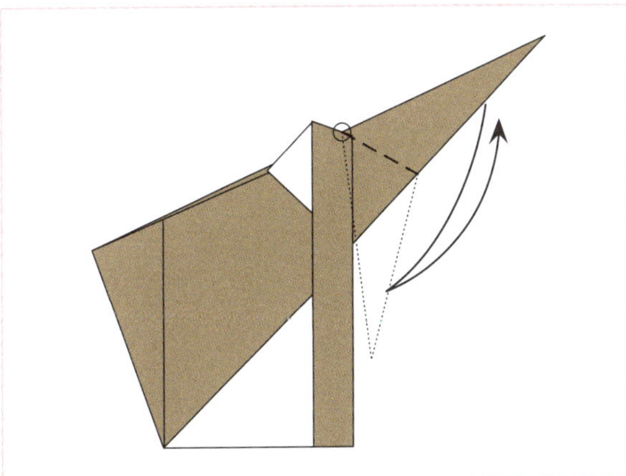

10.
Pliez fortement à travers toutes les couches puis dépliez.

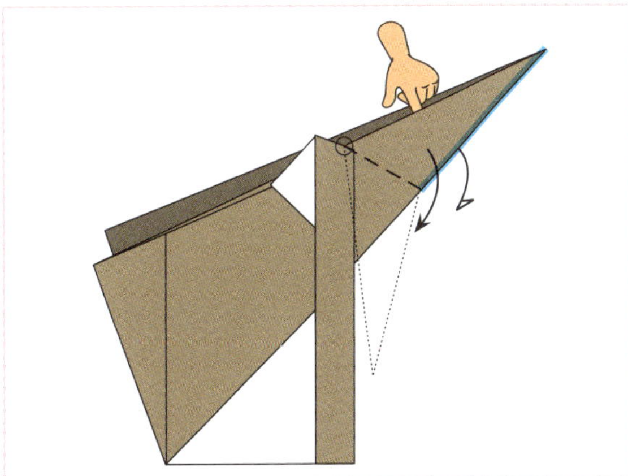

11.
Réalisez un pli inversé EXTÉRIEUR. L'arête bleue s'inverse et passe en vallée, c'est-à-dire en creux.

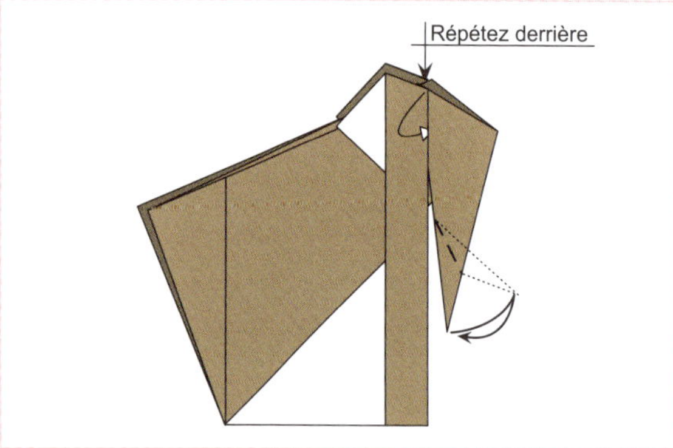

12.
Pour éviter que la tête s'ouvre, coincez le volet des oreilles sous le volet de la trompe (c'est pourquoi à l'étape 9, vous avez plié le volet de la trompe un tout petit peu plus haut que la tête). Répétez derrière. Pliez puis dépliez le bout de la trompe.

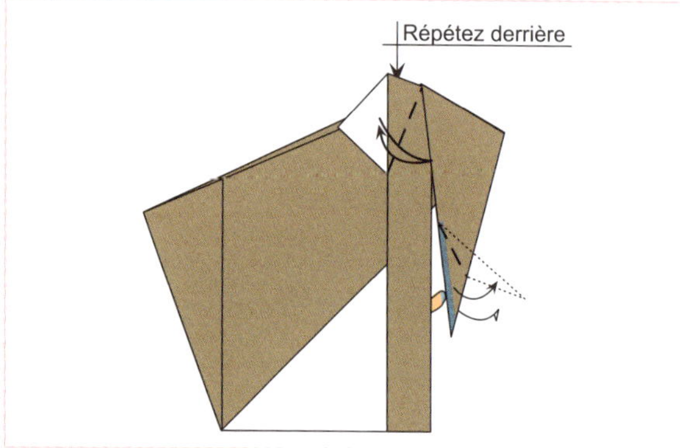

13.
Marquez les oreilles en les pliant puis en les dépliant. Réalisez un pli inversé EXTÉRIEUR sur la trompe en utilisant le pli de l'étape 12 (inversez l'arête bleue qui passe en pli vallée).

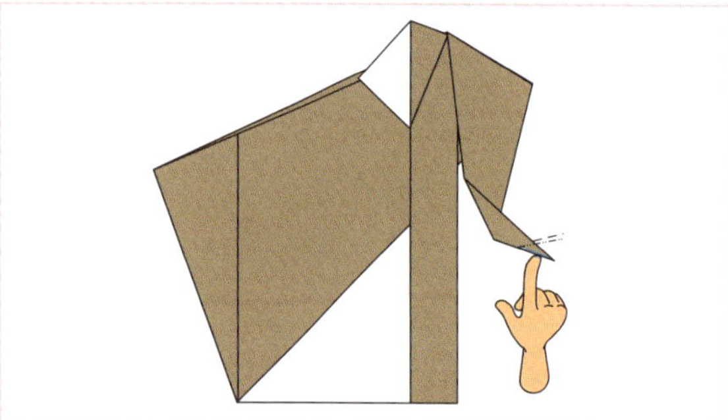

14.
Pli inversé INTÉRIEUR (leçon 9 page 174) en poussant l'arête bleue pour l'inverser et la placer à l'intérieur du volet de la trompe.

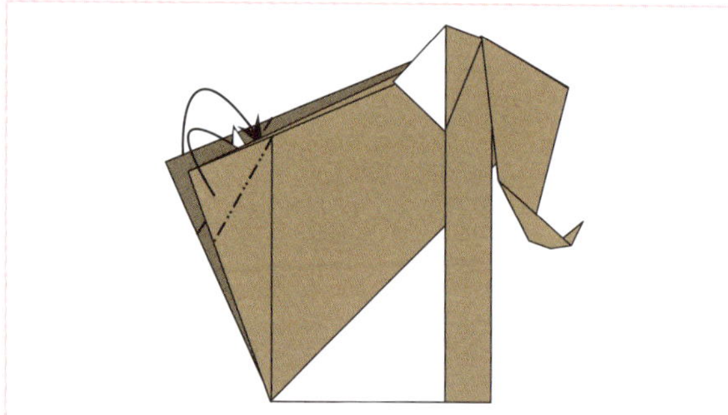

15.
Pliez les coins à l'intérieur du modèle pour arrondir l'arrière de l'éléphant.

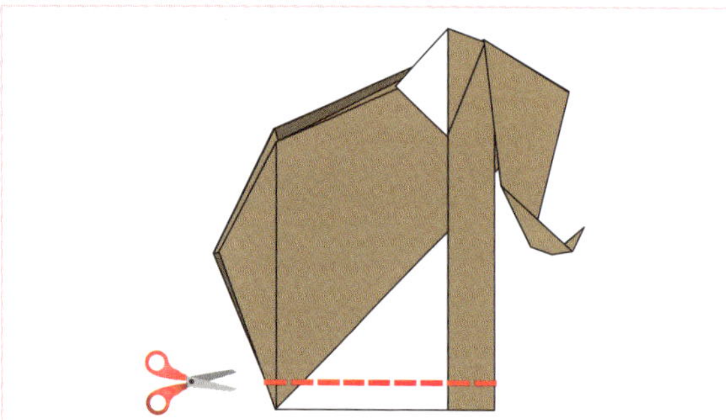

16.
Pour faire tenir l'éléphant debout, coupez le bas du modèle (si vous ne voulez pas couper, regardez la solution proposez page suivante dans « L'astuce pour les pros »).

17.
L'éléphant est terminé.

Pour améliorer l'éléphant.

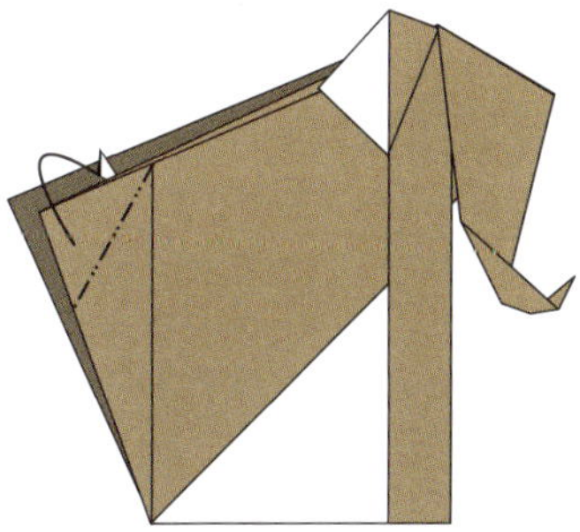

Reprenez à l'étape 14 et pliez un seul coin vers l'arrière.

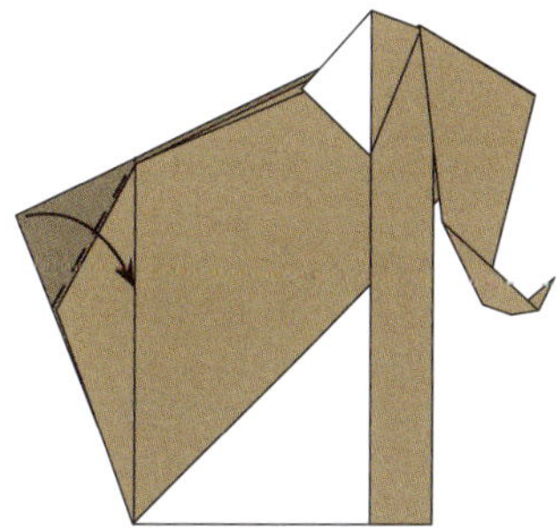

Pliez le coin par-dessus.

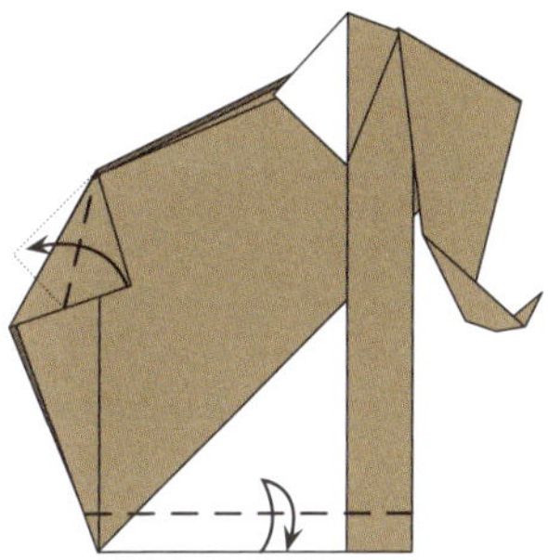

Pliez le coin pour créer la queue.
Pliez la base en deux à travers toutes les couches puis dépliez.

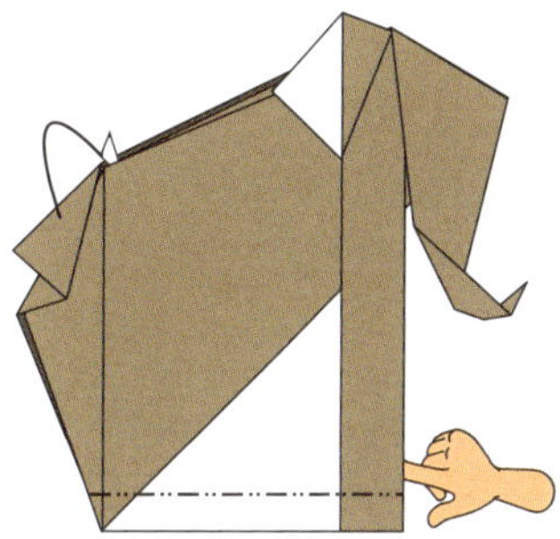

Insérez le volet de la queue à l'intérieur du corps.
Insérez un doigt à l'intérieur du modèle pour transformer le pli vallée de la base en pli montagne.

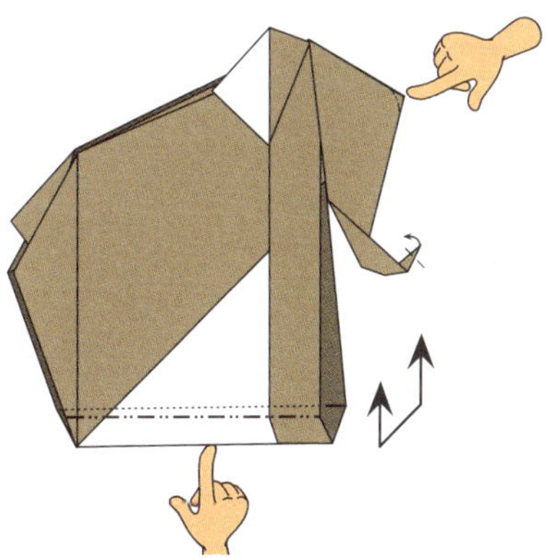

Écartez les volets de la base pour faire un support plat.
Enfoncez le coin de la trompe pour l'arrondir.

L'éléphant tient maintenant debout tout seul sans avoir à couper sa base.

LA BELLE TULIPE

Il vous faut :
- un carré de 10 x 10 cm coloré pour la fleur
- un carré vert de 15 x 15 cm pour la tige.

• LA FLEUR •

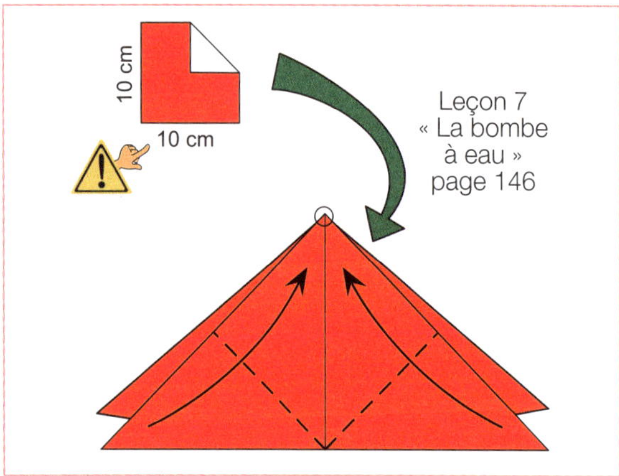

1.
Commencez par plier la base de la « bombe à eau » expliquée lors de la leçon 7 page 146.
Puis pliez les deux coins sur la pointe centrale.

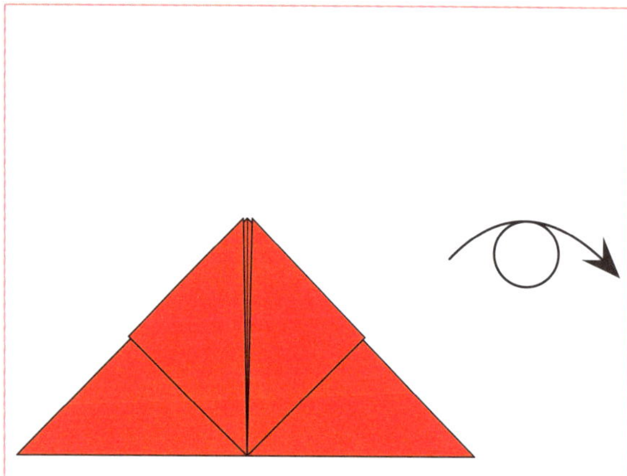

2.
Retournez le modèle.

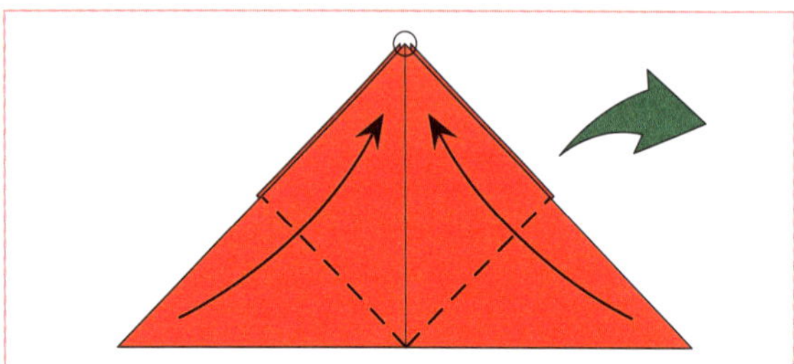

3.
Pliez les deux autres coins sur la pointe centrale.

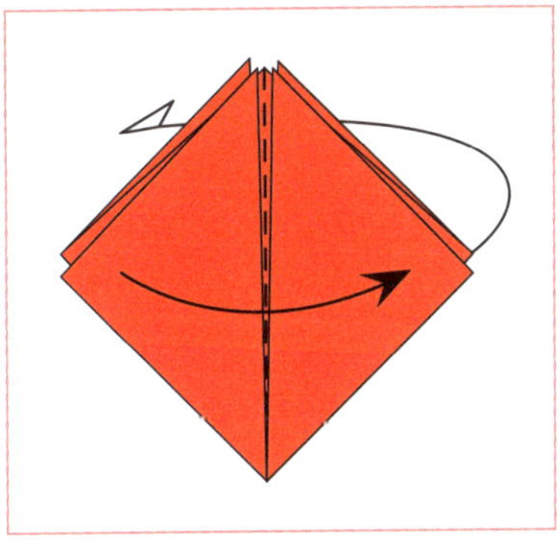

4.
Pliez le coin gauche de devant à droite. Faites la même chose à l'arrière.

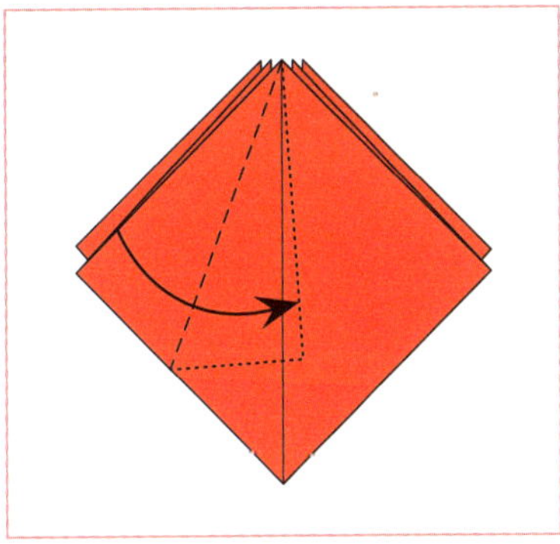

5.
Pliez le premier volet en faisant légèrement dépasser le coin de l'axe central.

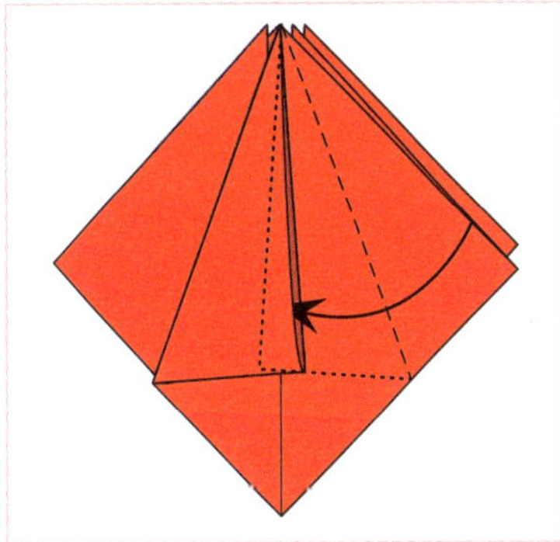

6.
Pliez à droite de la même façon mais en insérant le coin dans la petite pochette.

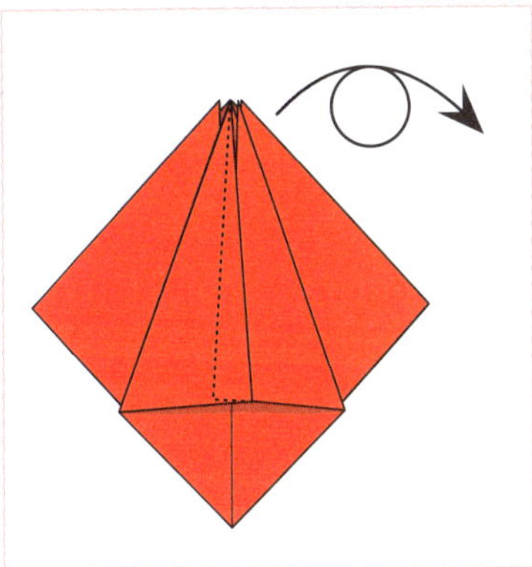

7.
Retournez le modèle.

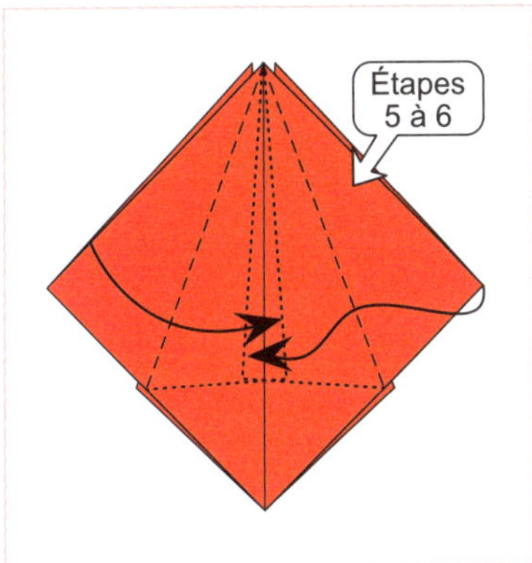

8.
Recommencez les étapes 5 et 6 de ce côté en pliant d'abord un coin un peu plus loin que l'axe central, puis en pliant l'autre coin dans la pochette.

9.
Soufflez très fort dans le trou en dessous pour gonfler la fleur.

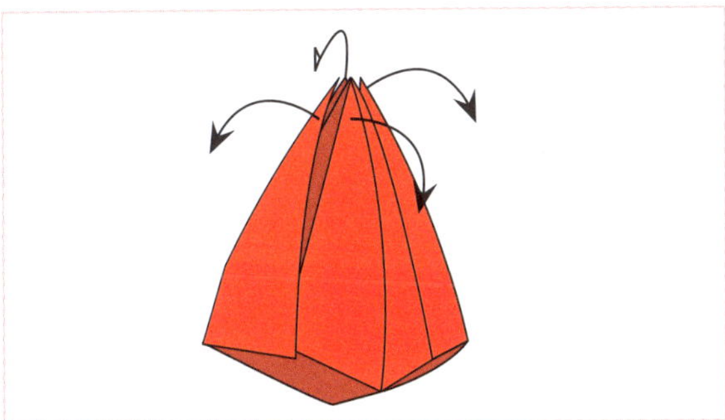

10.
Ouvrez les 4 volets. Cela ressemble à des plis inversés extérieurs mais ne marquez pas les plis pour donner de la rondeur aux pétales.

11.
La tulipe est terminée.

• LA TIGE •

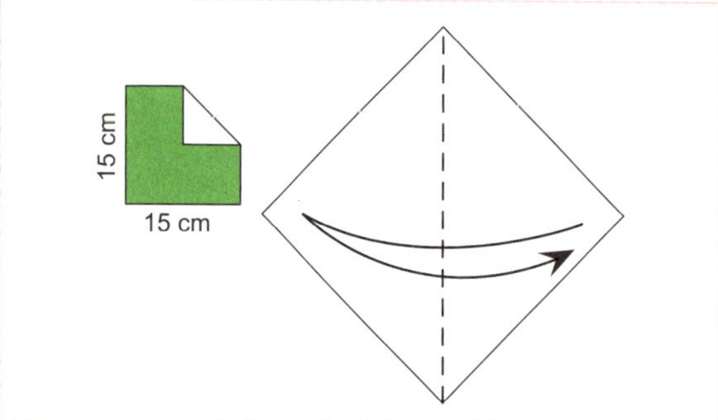

1.

Commencez avec la face blanche au-dessus.
Pliez la diagonale puis dépliez.

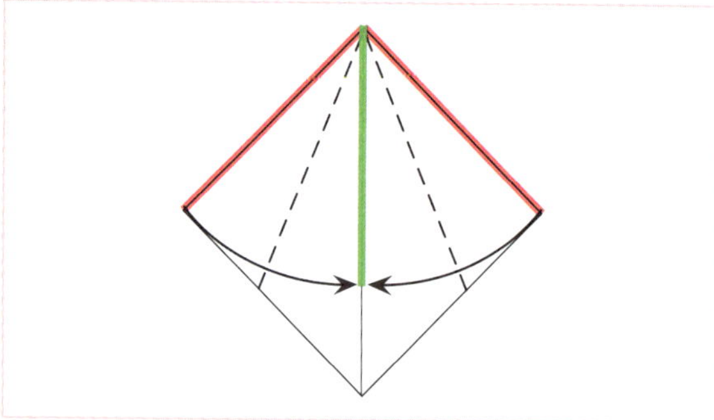

2.

Pliez une pointe en superposant les bords rouges sur l'axe central vert.

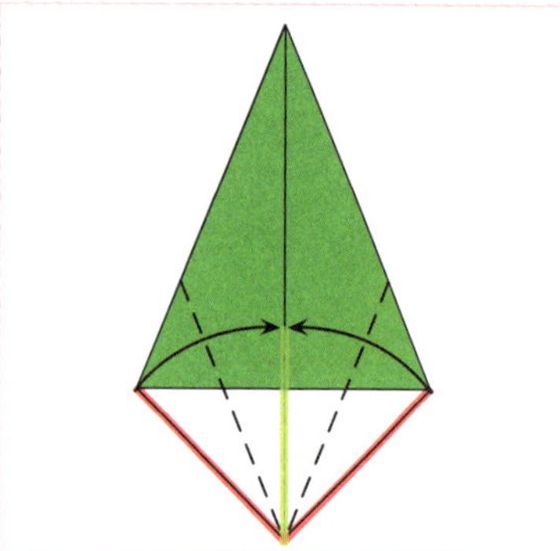

3.

Pliez une pointe en bas en superposant les bords rouges sur l'axe central jaune.

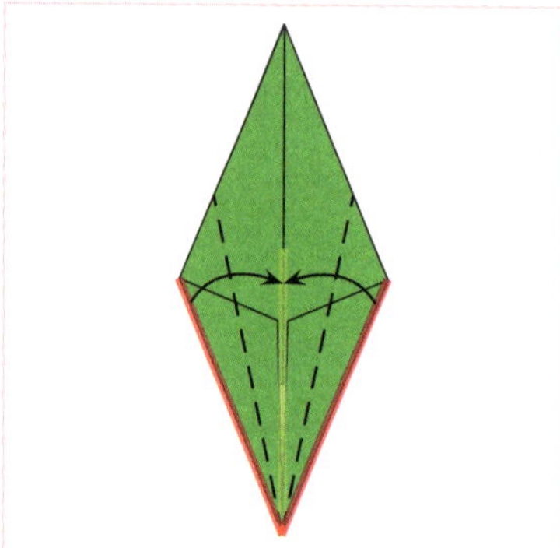

4.

Affinez la pointe du bas en superposant les rebords rouges sur l'axe central jaune.
Pliez à travers toutes les couches.

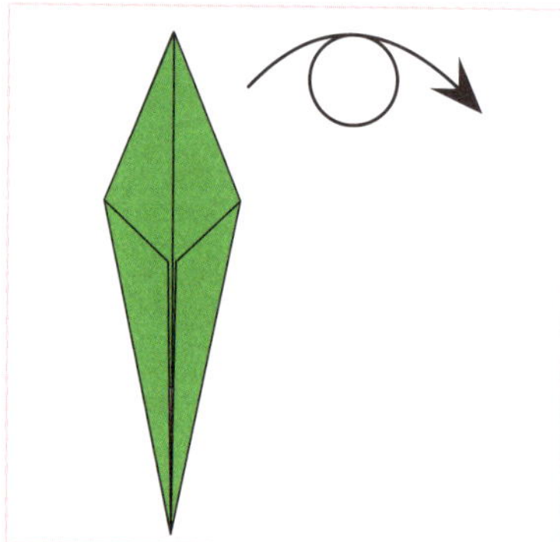

5.

Retournez le modèle.

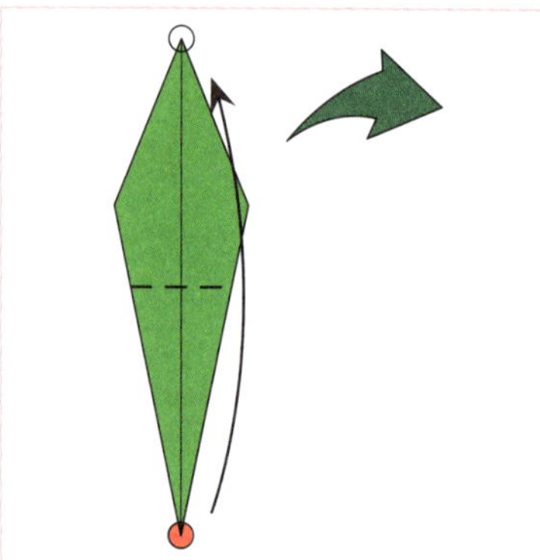

6.

Pliez la pointe du bas sur celle du haut.

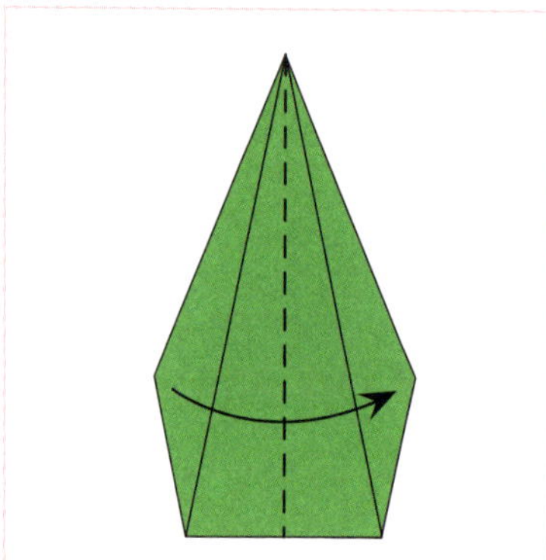

7.

Pliez le modèle en deux.

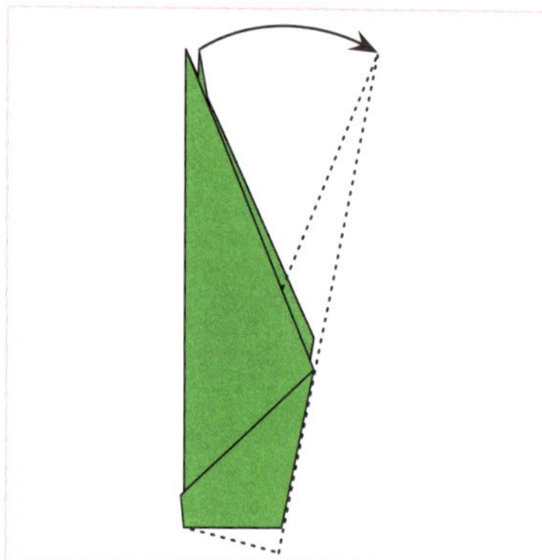

8.

Tirez légèrement la tige centrale pour aligner son bord au bord de la feuille.

9.

Insérez la tige dans le trou sous la fleur.

10.

La tulipe est terminée.

ASTUCES POUR LES PROS

▶ Utilisez un pli inversé extérieur sur la feuille pour la passer en 3D. Après avoir maîtrisé ce pli, vous pouvez essayer (avec un autre pliage) SANS marquer les plis du pliage inversé : cela amènera plus de rondeur à la feuille qui sera plus réaliste.

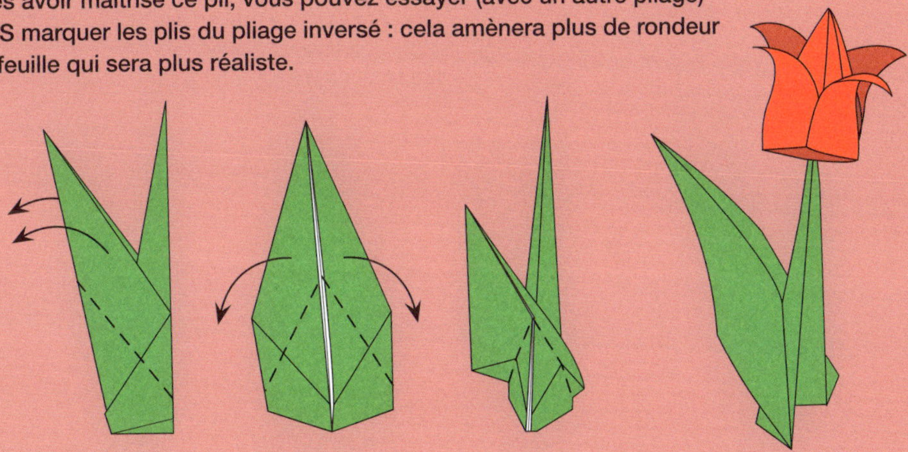

Leçon 12
Leçon finale

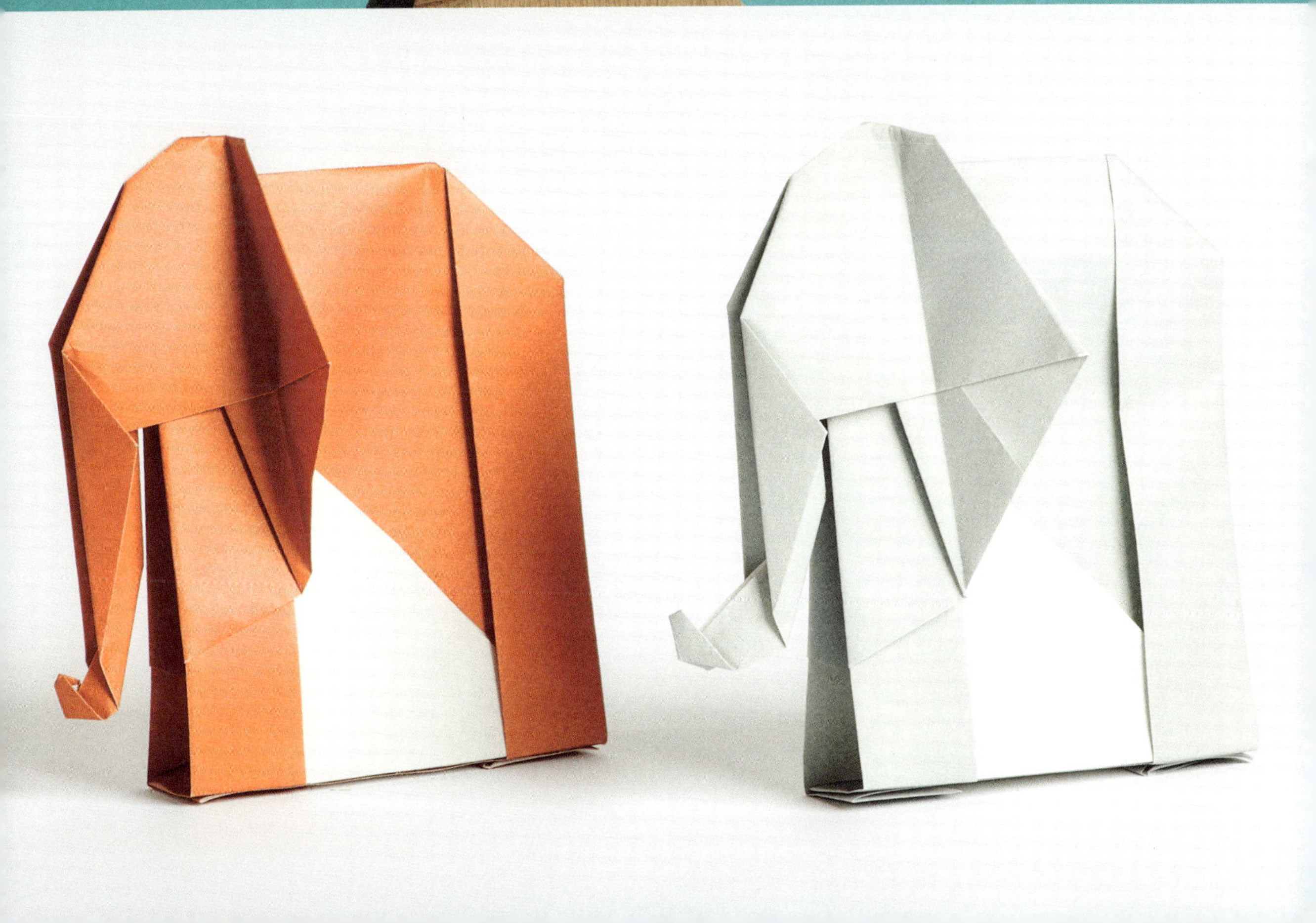

> LEÇON FINALE

Arrivé à ce stade du livre, si vous avez suivi l'ensemble des leçons proposées, vous maîtrisez dorénavant la plupart des techniques de l'origami.

Cette leçon regroupe donc les modèles les plus avancés de ce livre. Pour les plier, vous allez devoir combiner l'ensemble des séquences de pliage apprises ici.
Pas d'inquiétude toutefois, les modèles restent tout à fait accessibles. N'hésitez pas à revenir à la page « Symboles » pages 10 et 11 si vous avez un doute sur la séquence de plis à réaliser.

Et après ?

Si, une fois bien maîtrisés les modèles de cette leçon finale, vous aimeriez allez plus loin ? Voici quelques pistes :

- Améliorez le rendu final de vos modèles en choisissant des papiers plus jolis, tel que le papier TANT ou le papier « Peau d'éléphant » qui propose de belles textures mettant en valeur vos pliages.
- Tentez quelques changements en modifiant des détails des modèles pour les ajuster à votre goût : Voila les prémices de la création qui arrivent - souhaitez la bienvenue à l'artiste qui est en vous !
- Rencontrez les autres plieurs et rendez-vous aux conventions d'origami ou sur le forum d'origami français pliagedepapier.com.

L 'ÉLÉPHANTEAU

Il vous faut un carré de 15 x 15 cm coloré avec une face blanche au verso.

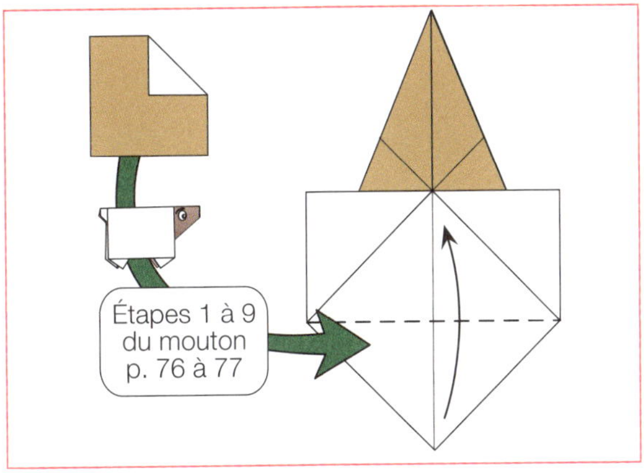

1.

Pliez les étapes 1 à 9 du mouton (pages 76 à 77).
Pliez le coin vers le haut.

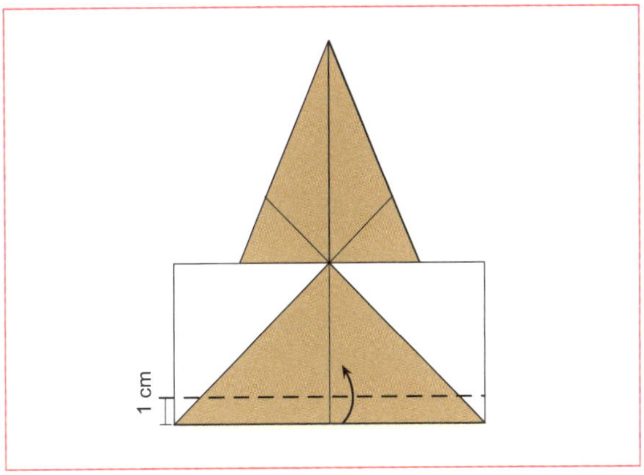

2.

Pliez un petit rebord à travers toutes les couches.
La largeur de ce rebord est approximative (environ 1 cm pour un carré de 15 cm).

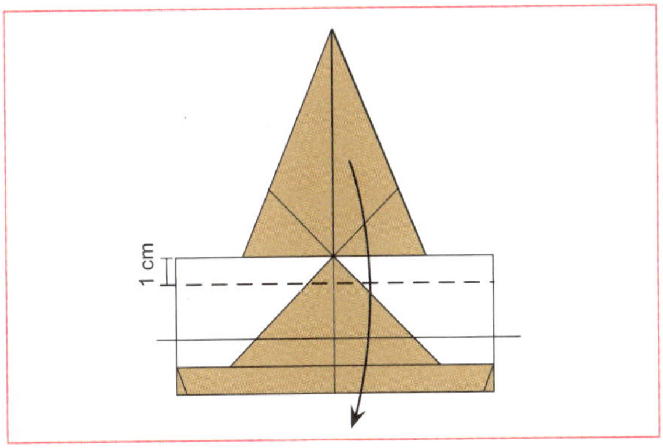

3.

Pliez la grande pointe vers le bas en créant un petit rebord de même taille que le rebord de l'étape précédente.

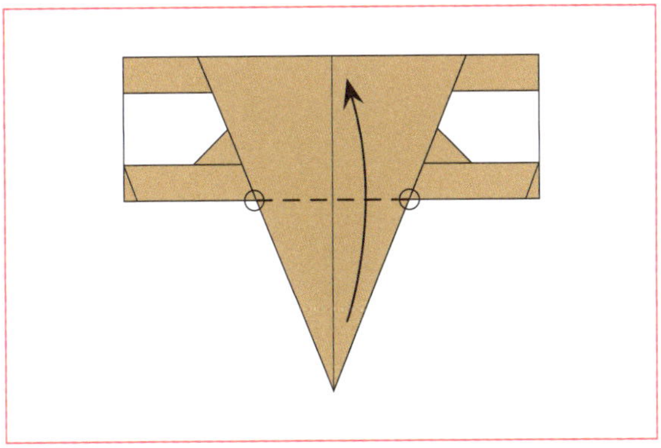

4.

Pliez la pointe vers le haut.

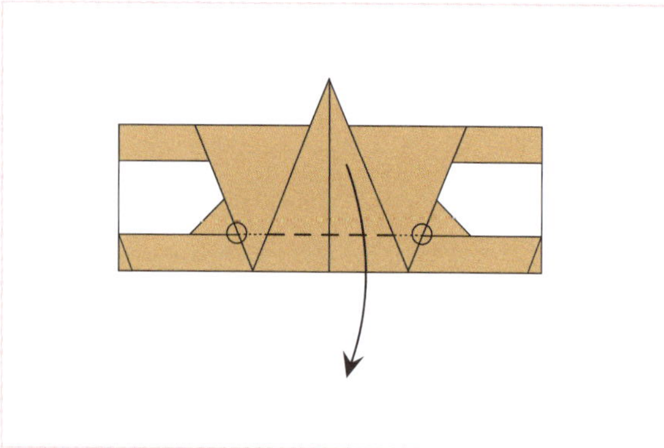

5.
Pliez la pointe vers le bas. Notez bien les points de référence pour trouver où faire ce pli.

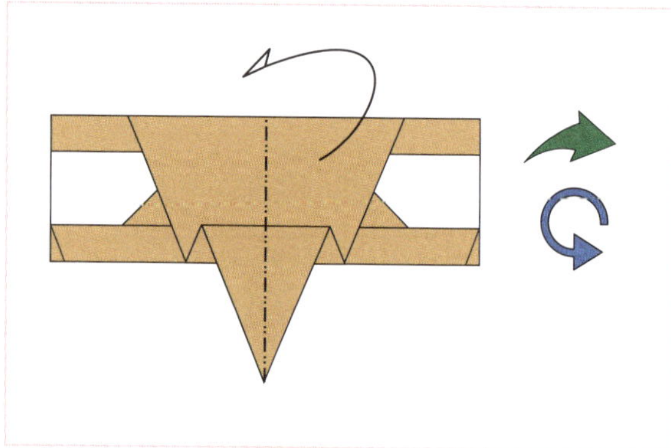

6.
Pliez en deux vers l'arrière.

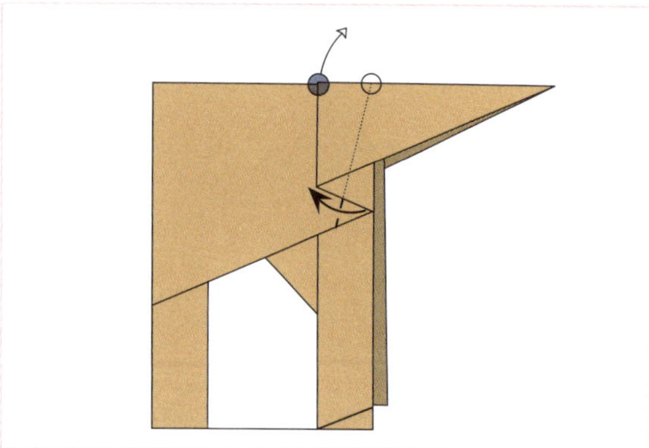

7.
Pli pivot (cf. leçon 10 page 198) pour lever la tête.

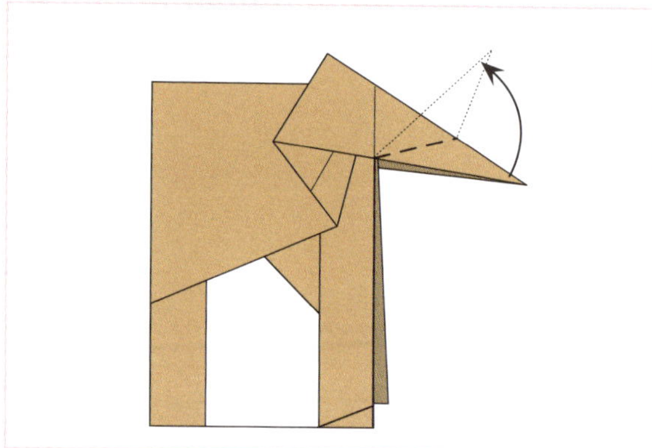

8.
Pliez la trompe à travers toutes les couches.

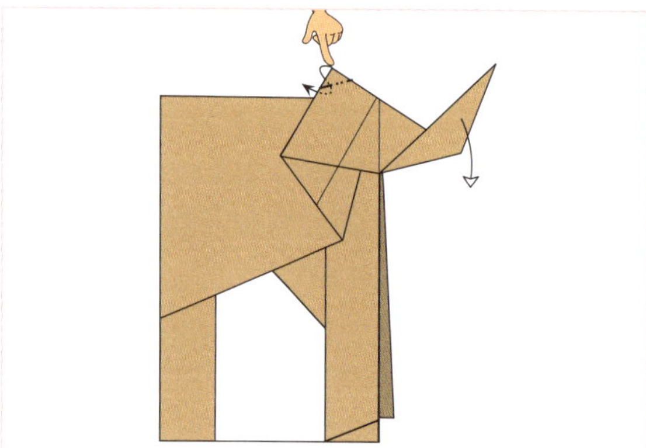

9.
Dépliez la trompe. Faites un pli inversé intérieur (cf. leçon 9 page 174) pour arrondir la tête.

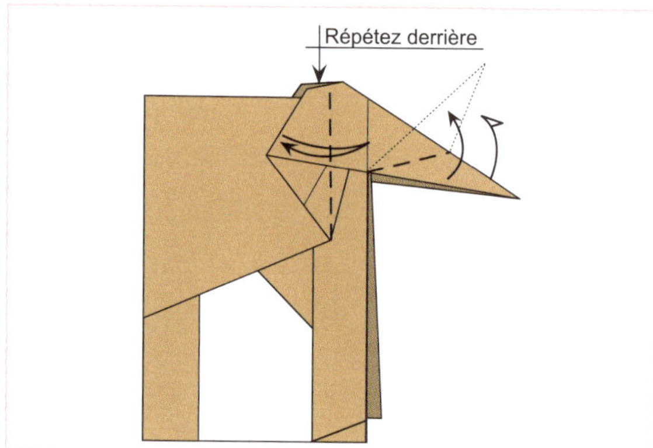

10.
Pli inversé EXTÉRIEUR (cf. leçon 11 page 212) sur la trompe. Marquez les oreilles en les pliant puis en les dépliant. Répétez derrière sur l'autre oreille.

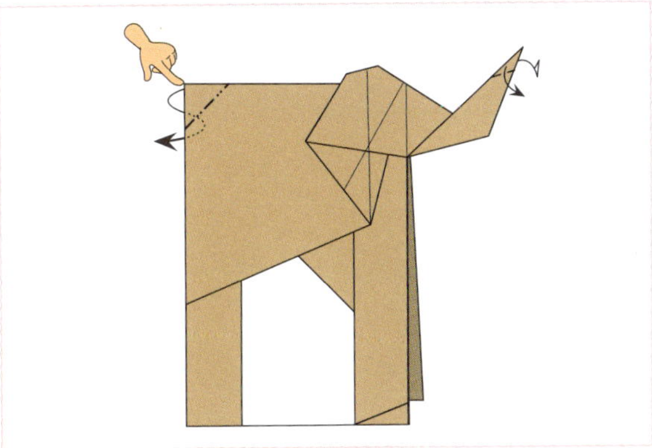

11.

Pli inversé EXTÉRIEUR (cf. leçon 11 page 212) sur le bout de la trompe. Pli inversé INTÉRIEUR (cf. leçon 9 page 174) pour arrondir l'arrière du corps.

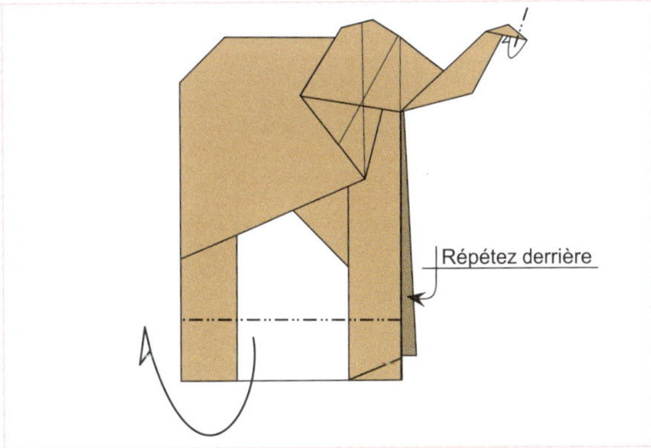

12.

Les pattes sont trop longues pour un éléphant. Raccourcissez-les en pliant l'ensemble des volets vers l'arrière. Répétez derrière.

13.

L'éléphanteau est terminé.

ASTUCES POUR LES PROS

▶ Créez une base pour l'éléphanteau

Regardez l'éléphanteau par en dessous.

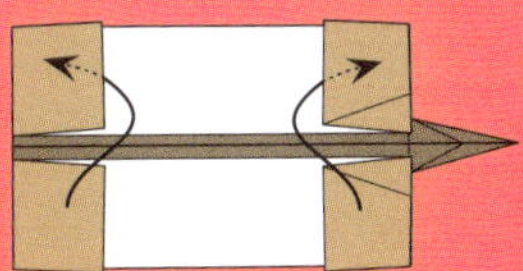

Voici les deux volets pliés à l'étape 12.
Insérez un volet dans les pochettes de l'autre volet.

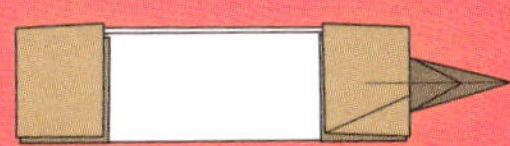

Les deux volets sont imbriqués l'un dans l'autre !

L'éléphanteau prend appui maintenant sur une base plus solide reliant ses pattes.

L 'ÉLÉPHANT D'AFRIQUE

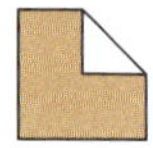

Il vous faut un carré de 24 x 24 cm coloré avec une face blanche au verso.

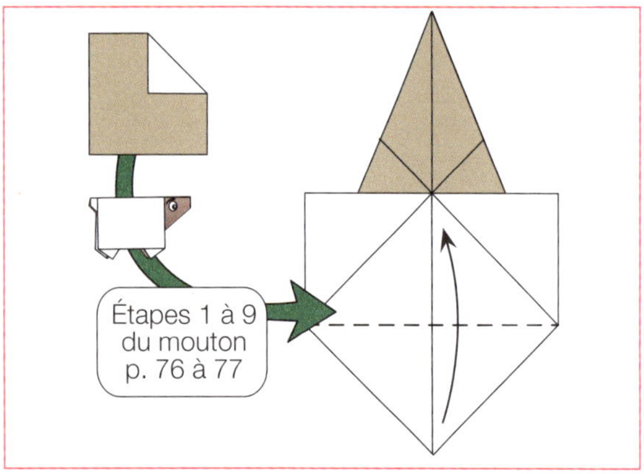

1.
Pliez les étapes 1 à 9 du mouton (pages 76 à 77).
Pliez le coin vers le haut.

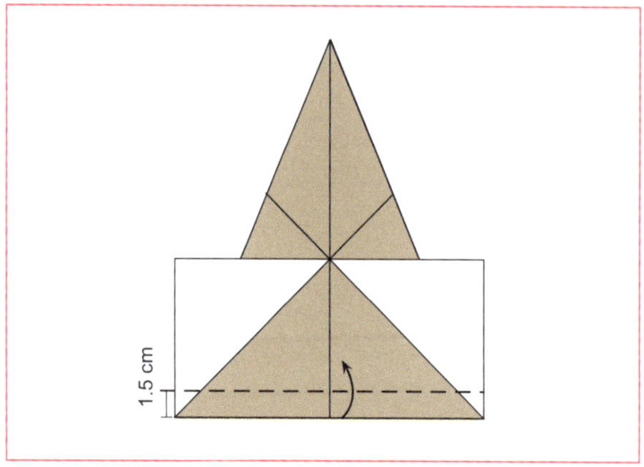

2.
Pliez un petit rebord à travers toutes les couches.
La largeur de ce rebord est approximative (environ 1,5 cm pour un carré de 24 cm ou 1 cm pour 15 cm).

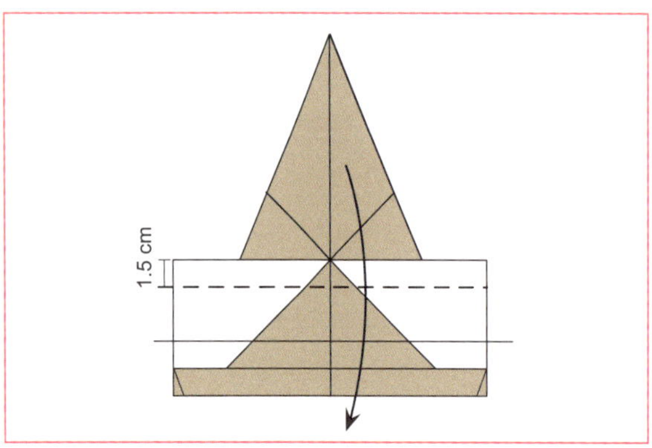

3.
Pliez la grande pointe vers le bas en créant un petit rebord de même taille que le rebord de l'étape précédente.

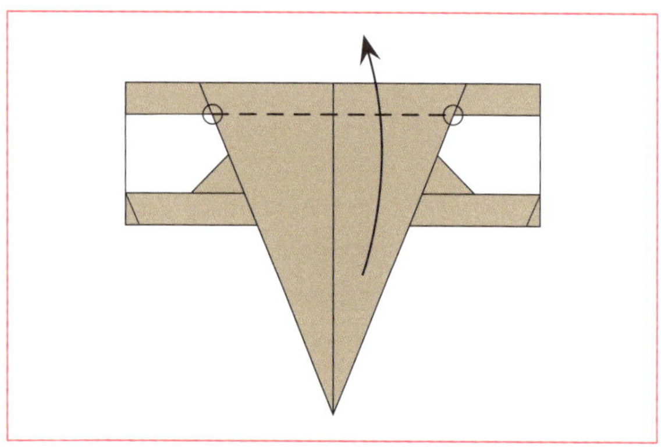

4.
Pliez la pointe vers le haut. Notez bien les points de référence pour trouver où faire ce pli.

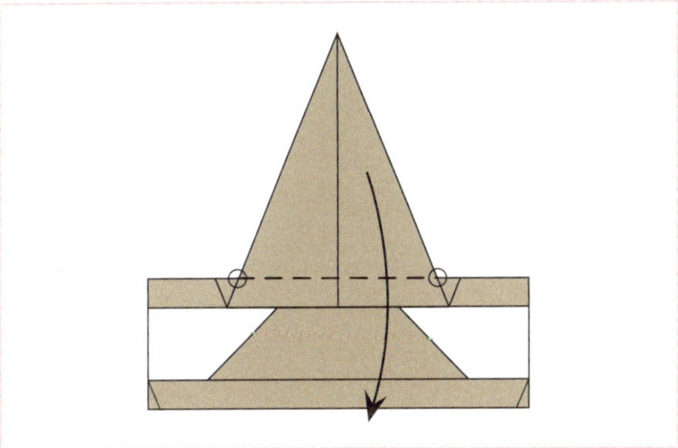

5.

Pliez la pointe vers le bas. Notez bien les points de référence pour trouver où faire ce pli.

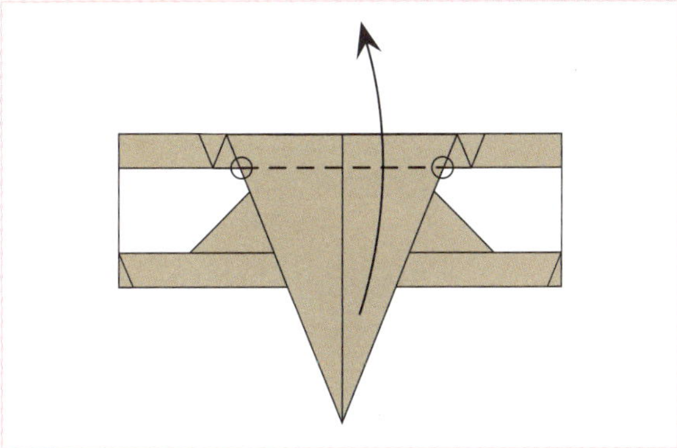

6.

Pliez une dernière fois vers le haut.

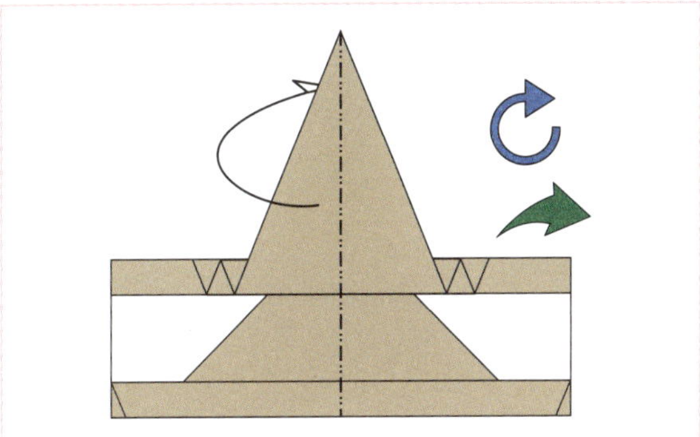

7.

Pliez vers l'arrière puis tournez le modèle.

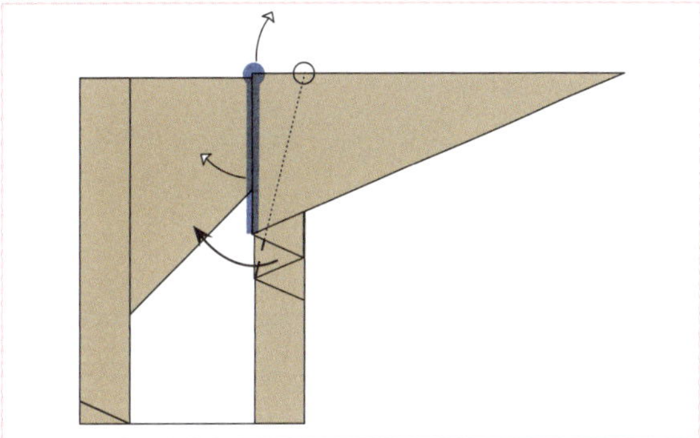

8.

Pli pivot (leçon 10 page 198) pour lever la tête et créer les oreilles : pour cela, pincez toute la partie surlignée en bleu et tirez vers l'arrière en dépliant la partie en accordéon.

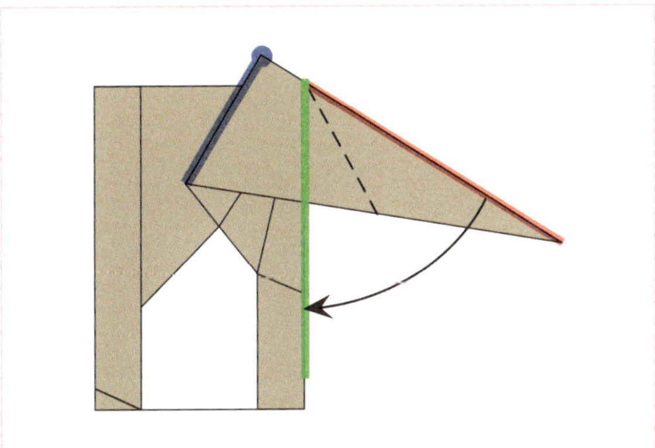

9.

Pliez la trompe à travers toute les couches en amenant l'arête rouge sur les pattes avant vertes.

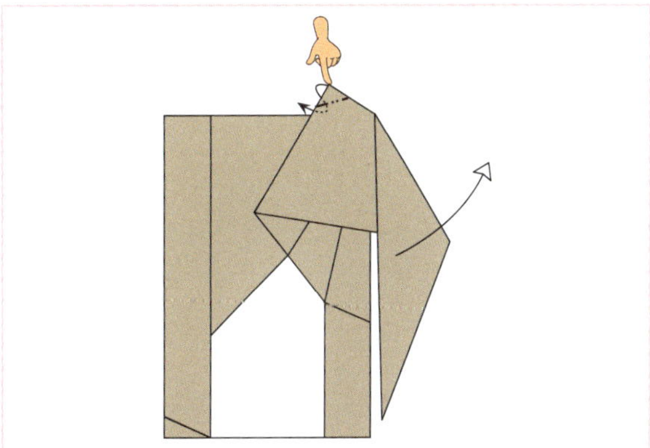

10.

Dépliez la trompe. Pli inversé intérieur (cf. leçon 9 page 174) pour arrondir la tête.

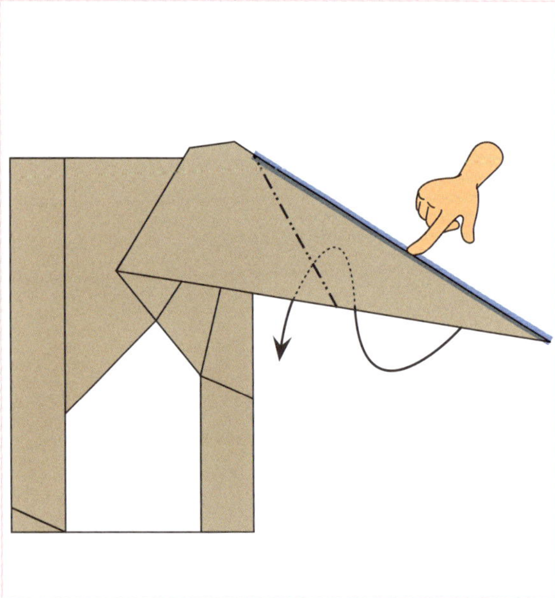

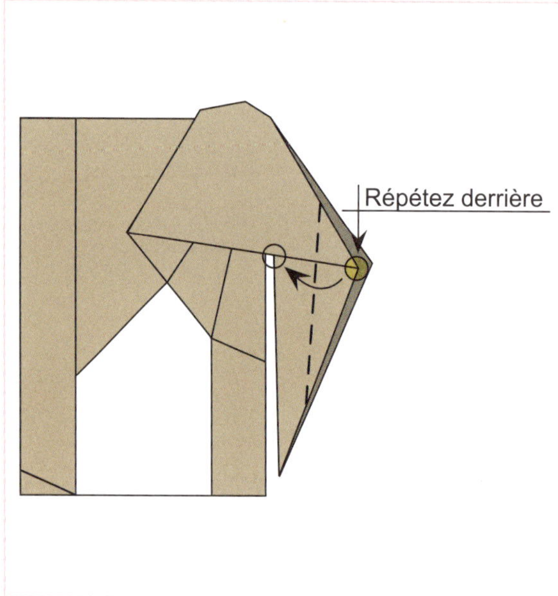

11.

Pli inversé intérieur sur la trompe (leçon 9 page 174) : Insérez l'arête bleue à l'intérieur du volet de la trompe - l'arête passe en pli vallée.

12.

Pliez le bord de la trompe pour l'affiner. Recommencez derrière.

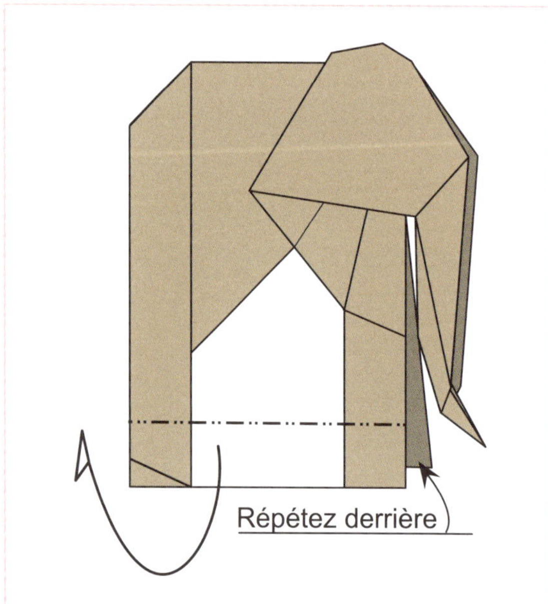

13.

Pli inversé intérieur (leçon 9 page 174) pour arrondir l'arrière du corps et pour former le bout de la trompe.

14.

Les pattes sont trop longues pour un éléphant. Raccourcissez-les en pliant l'ensemble des volets vers l'arrière. Répétez derrière.

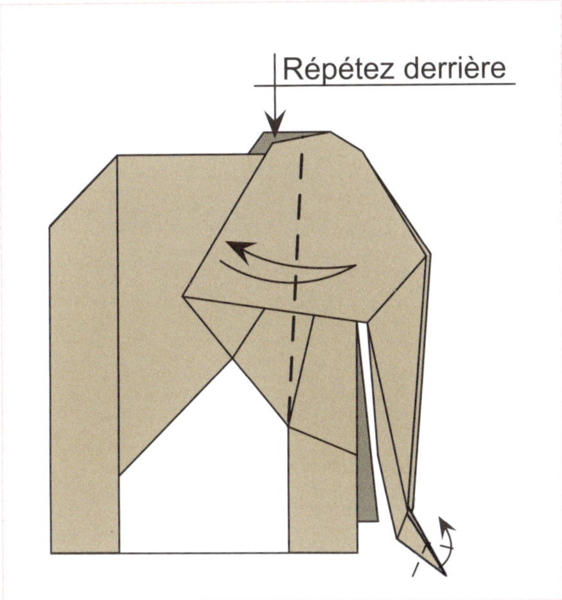

15.

Marquez les oreilles. Pliez le bout de la trompe avec un petit pli inversé extérieur (leçon 11 page 212).

16.

L'éléphant d'Afrique est terminé.

ASTUCES POUR LES PROS

▶ **Comme pour l'éléphanteau page 231, vous pouvez créer une base à cet éléphant avec la même méthode.**

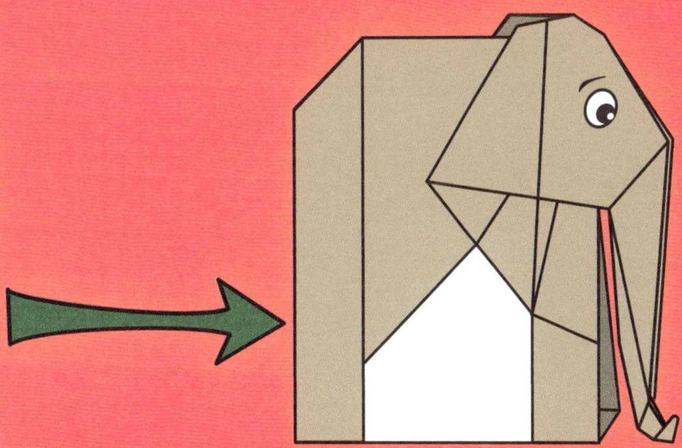

LE HIBOU

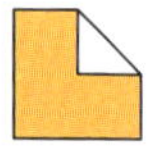

Il vous faut un carré de 15 x 15 cm coloré avec une face blanche au verso.

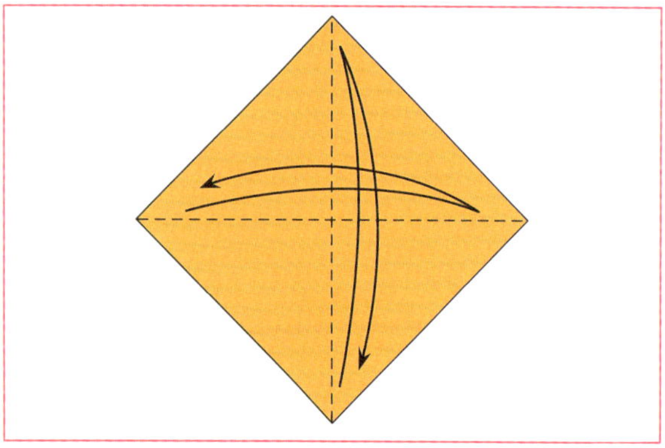

1.
Commencez avec la face colorée au-dessus. Pliez les diagonales puis dépliez.

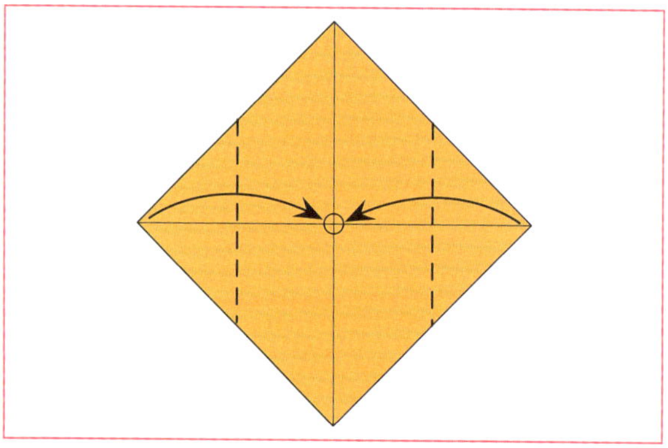

2.
Pliez les deux coins au centre.

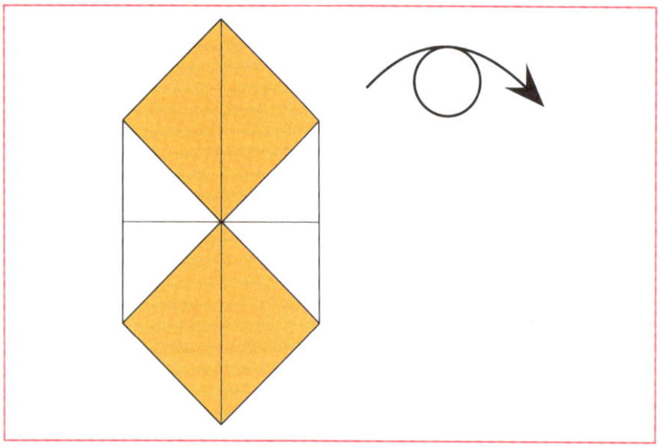

3.
Retournez le modèle.

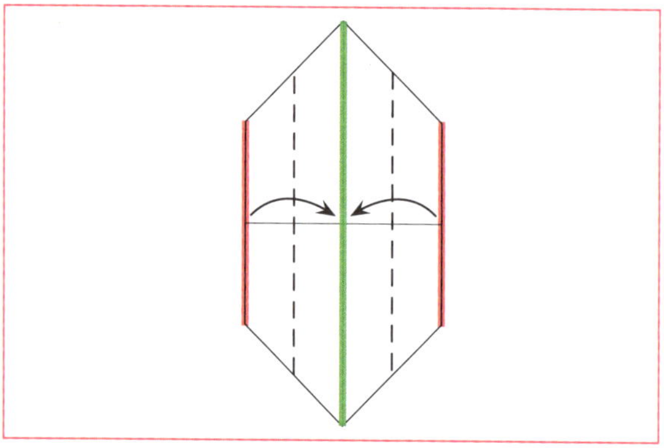

4.
Pliez les bords rouges sur l'axe central vert. Attention à ne pas plier les triangles blancs à l'arrière. Ils passeront naturellement vers l'avant lors du pliage.

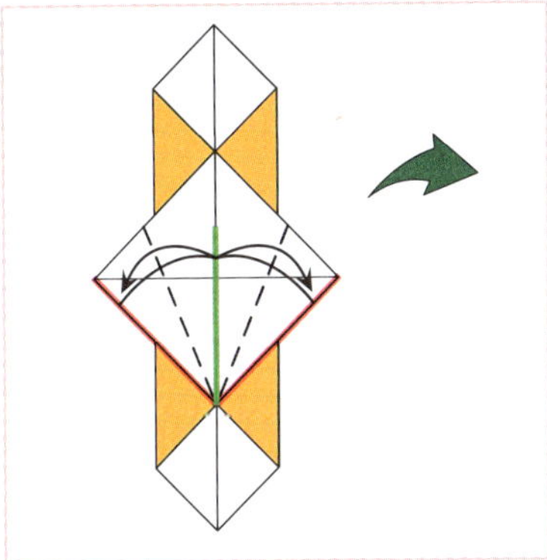

5.
Partagez les angles en deux en superposant les bords rouges sur l'axe central vert puis dépliez.

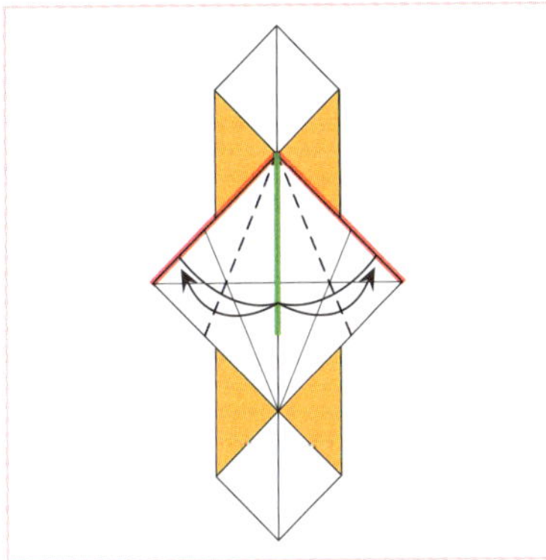

6.
Partagez les angles en deux en superposant les bords rouges sur l'axe central vert puis dépliez.

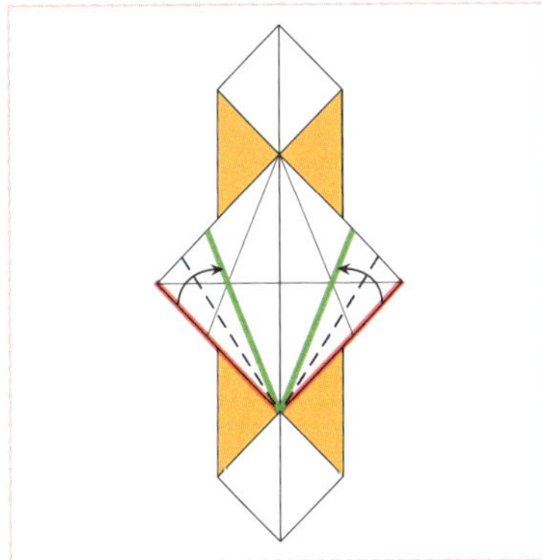

7.
Pliez les bords des volets blancs en superposant les bords rouges sur les plis verts formés à l'étape 5.

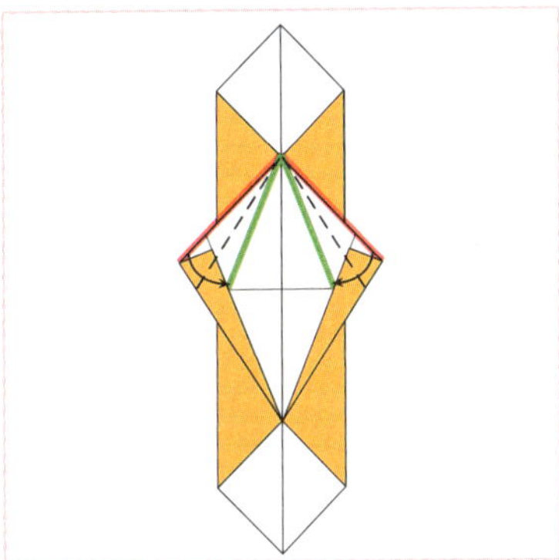

8.
Pliez les bords des volets blancs en superposant les bords rouges sur les plis verts formés à l'étape 6.

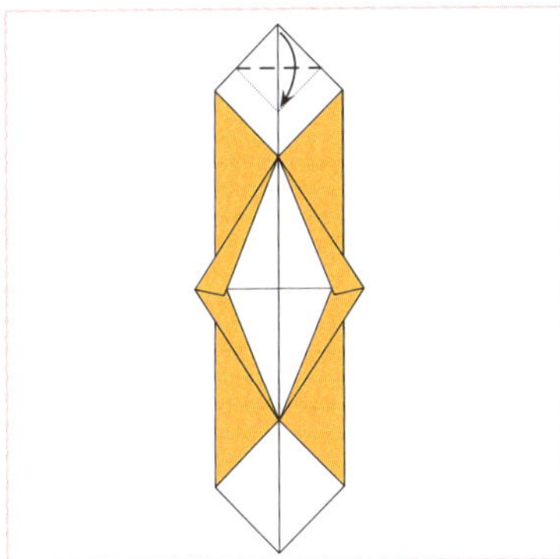

9.
Pliez le coin du haut vers le bas.

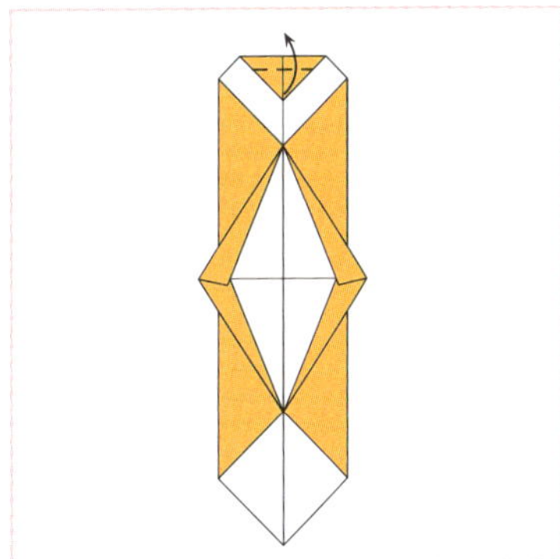

10.
Repliez le coin vers le haut pour créer le bec du hibou.

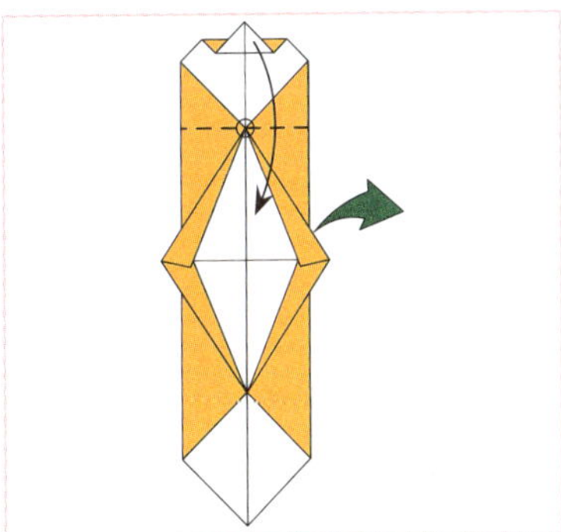

11.
Repérez le point de référence encerclé.
Pliez le volet vers le bas.

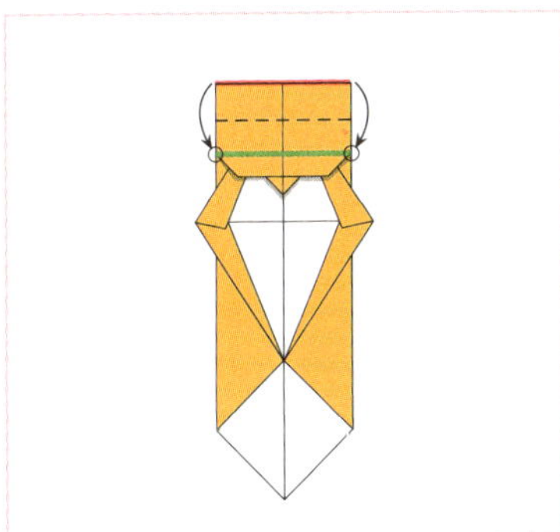

12.
Repérez les coins encerclés.
Superposez les coins du haut sur ces coins encerclés (ou pliez le rebord rouge sur la ligne verte, c'est pareil !).

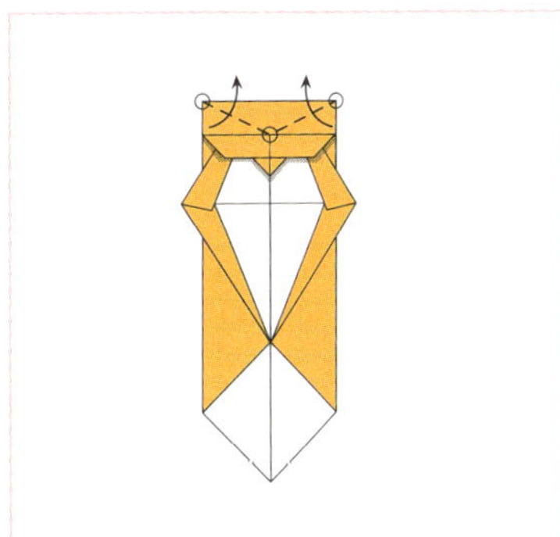

13.
Repérez les points de référence encerclés.
Pliez les deux volets vers le haut.

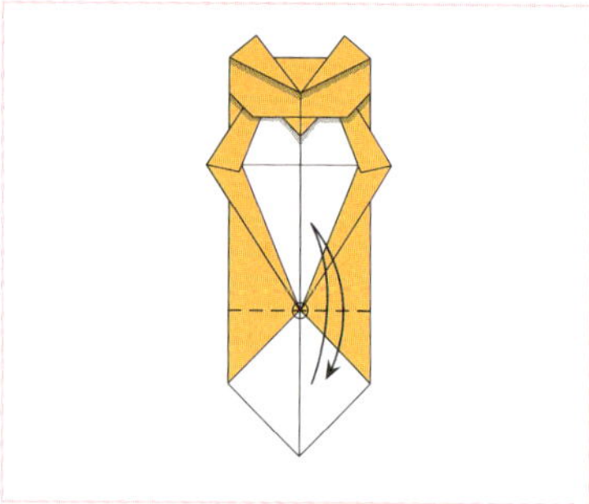

14.
Repérez le point de référence encerclé.
Pliez le coin du bas vers le haut et dépliez.

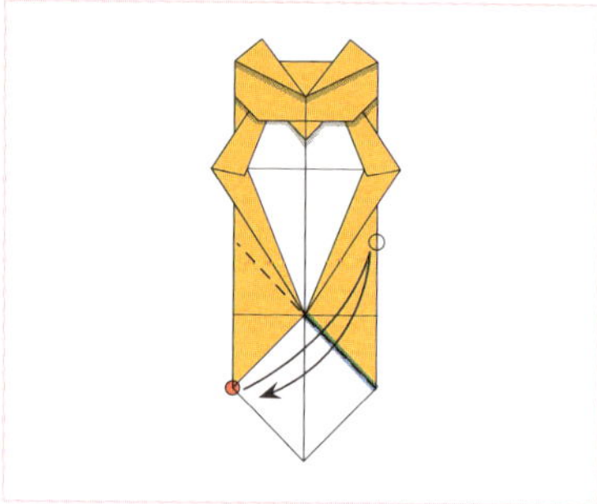

15.
Repérez le rebord bleu. Pliez le coin avec la pastille rouge en utilisant un pli se superposant à ce rebord bleu. Puis dépliez.

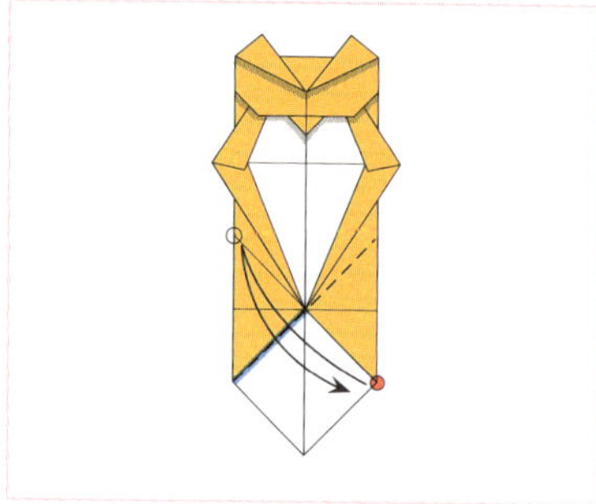

16.
Repérez le rebord bleu. Pliez le coin avec la pastille rouge en utilisant un pli se superposant à ce rebord bleu. Puis dépliez.

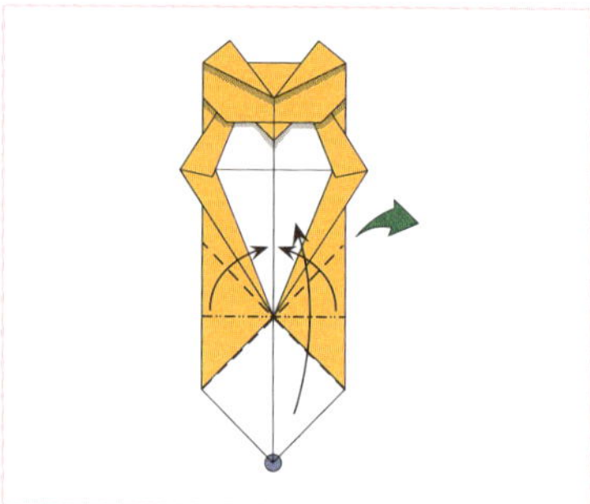

17.
Pliez une base de la bombe à eau (cf. leçon 7 page 146).

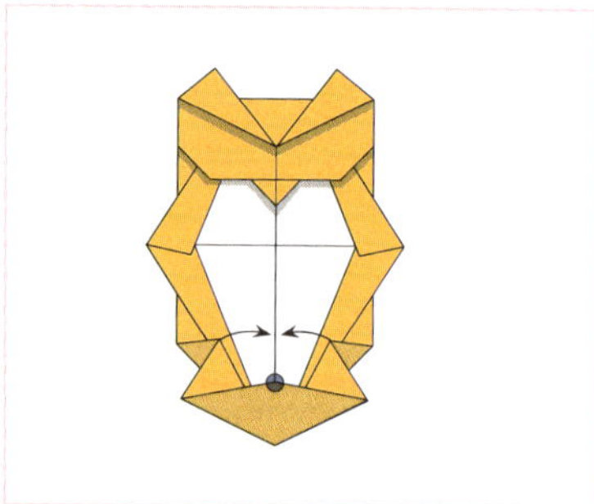

18.
Pliage de la bombe à eau en cours.

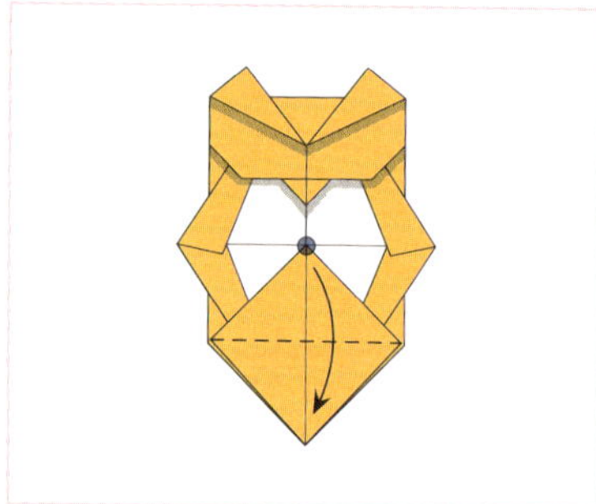

19.
Pliez du volet en deux.

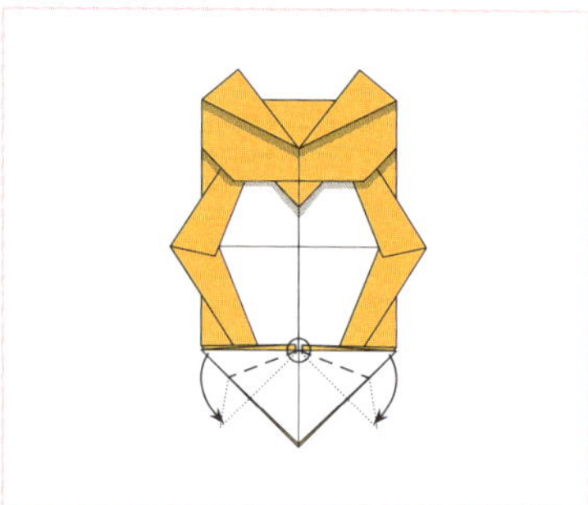

20.
Pliez les pattes comme indiqué.

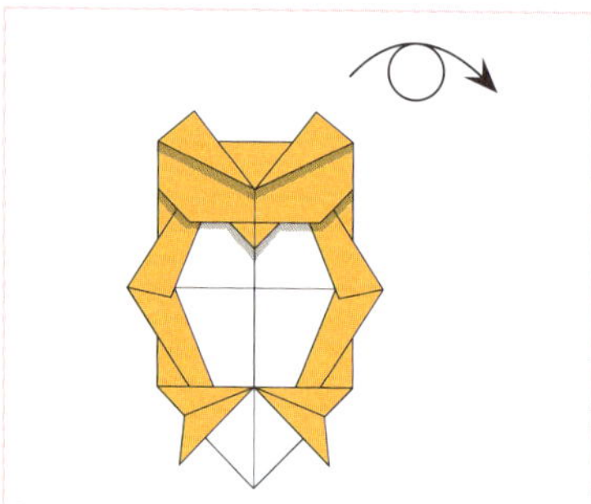

21.
Retournez le modèle.

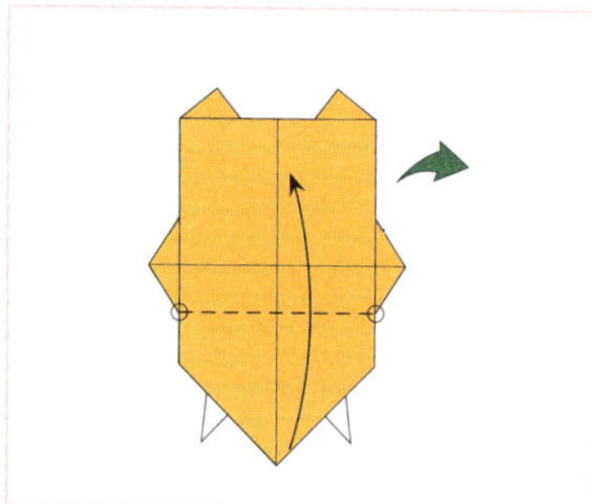

22.
Pliez l'ensemble des volets vers le haut.

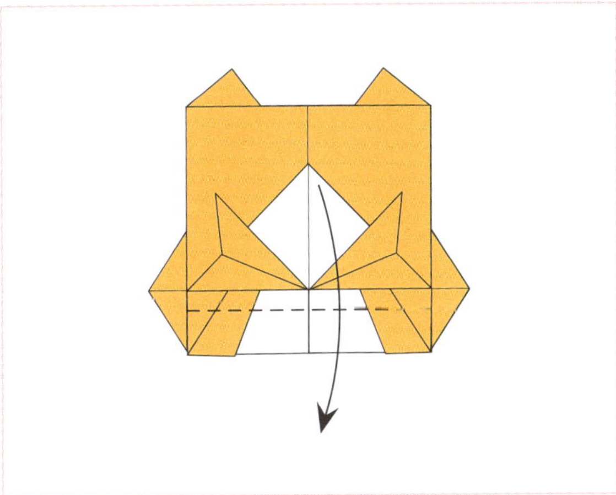

23.

Abaissez le volet de la queue et des pattes.

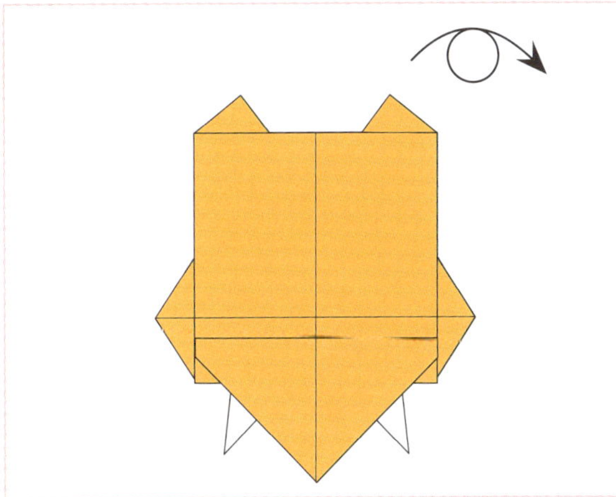

24.

Retournez le modèle.

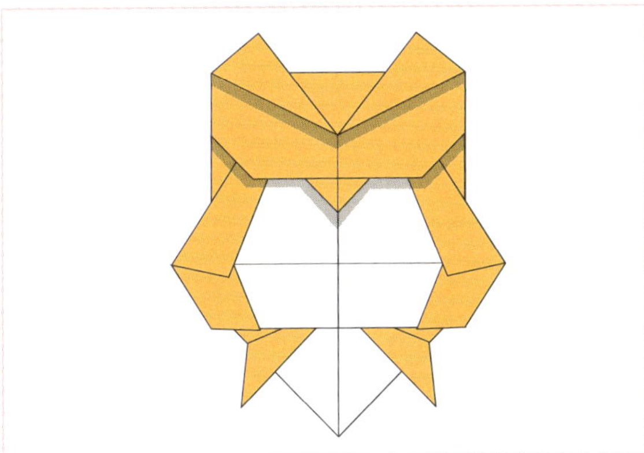

25.

Le hibou est terminé.

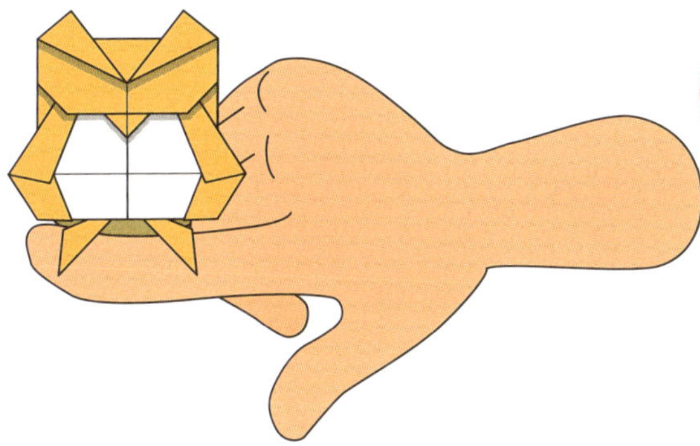

Posez le hibou
sur le support branche
(page 199) ou sur un doigt
en insérant le support entre
la queue et les pattes.

LE PETIT CHAT

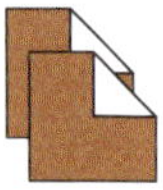

Il vous faut 2 carrés de 15 x 15 cm colorés avec une face blanche au verso.

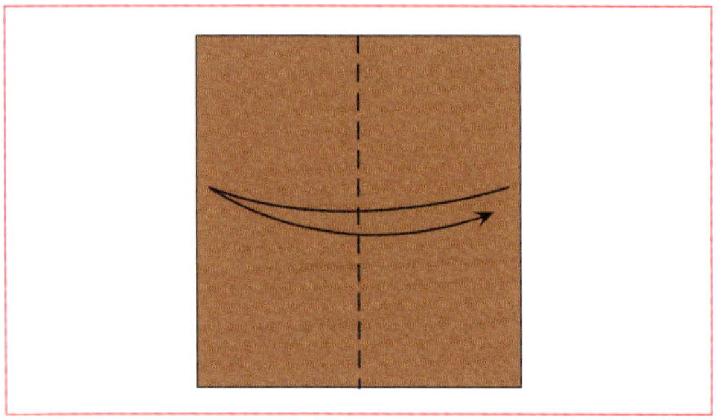

1.
Commencez avec la face colorée au-dessus. Pliez le carré en deux puis dépliez.

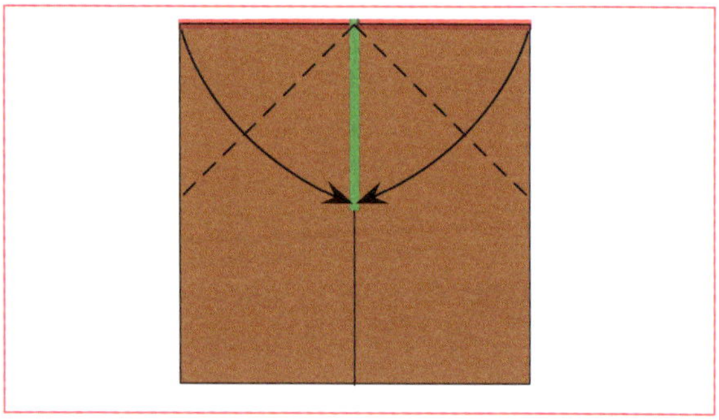

2.
Partagez les angles en deux en pliant les bords rouges sur l'axe central vert.

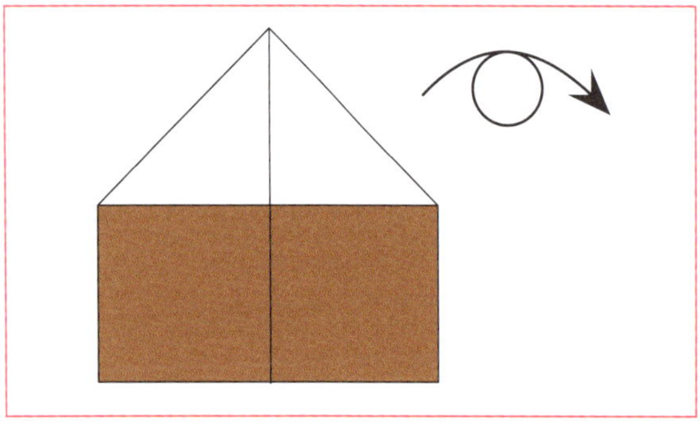

3.
Retournez le modèle.

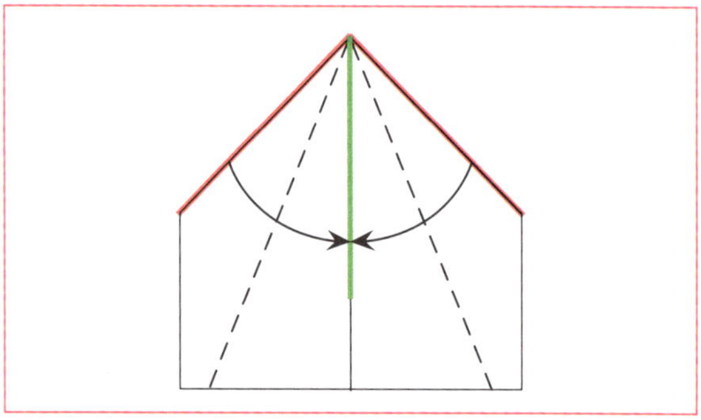

4.
Pliez la pointe en superposant les bords rouges sur l'axe vert. ATTENTION à ne plier que le volet de devant et non pas les triangles blancs à l'arrière. Ils passeront naturellement vers l'avant lors du pliage.

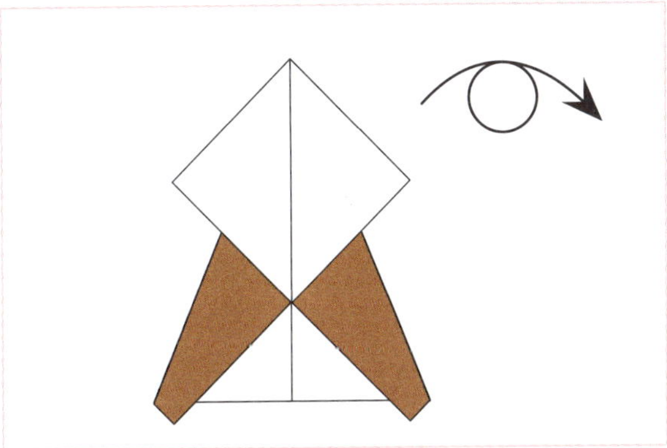

5.
Retournez le modèle.

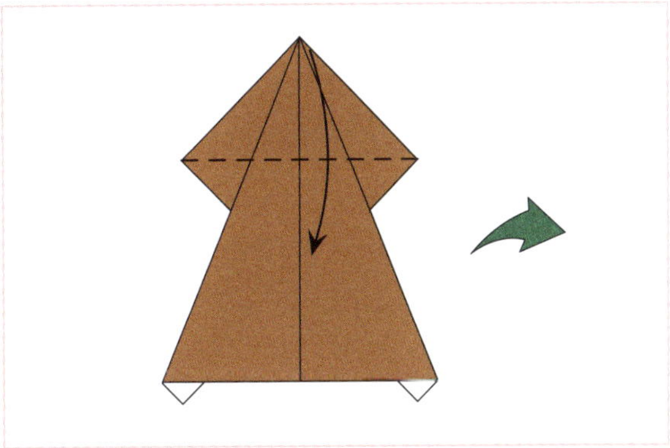

6.
Pliez le coin vers le bas.

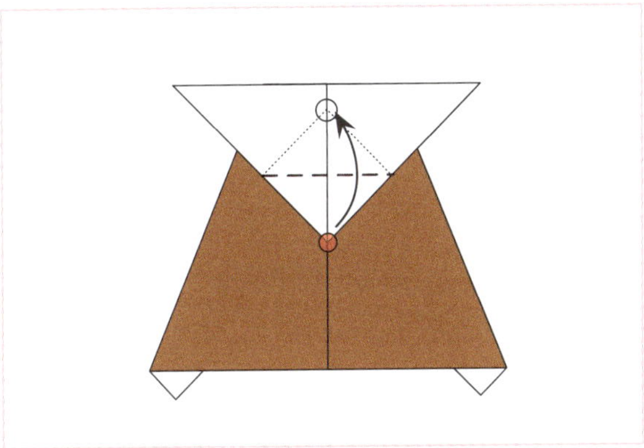

7.
Pliez un petit triangle pour créer le museau du chat.

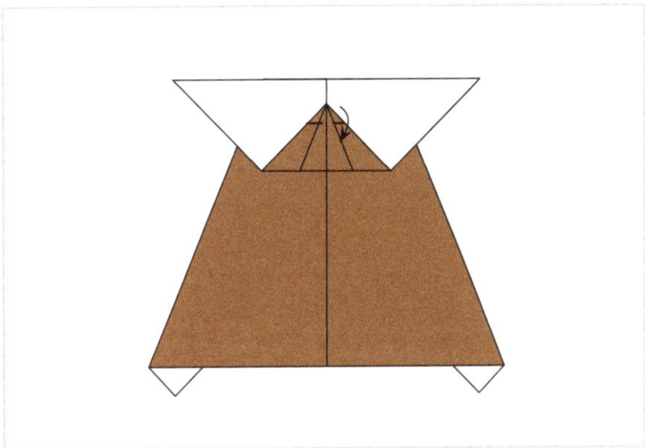

8.
Pliez le petit bout du nez du chat.

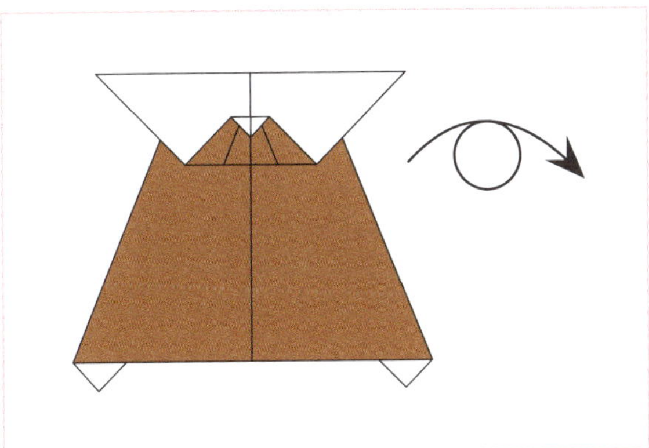

9.
Retournez le modèle.

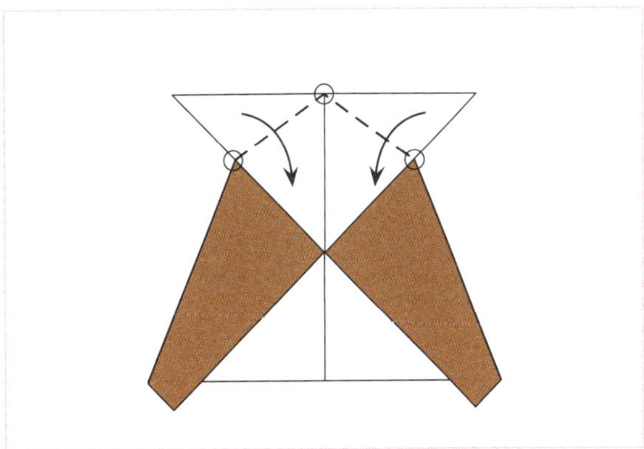

10.
Notez les points de référence pour plier les deux volets vers le bas.

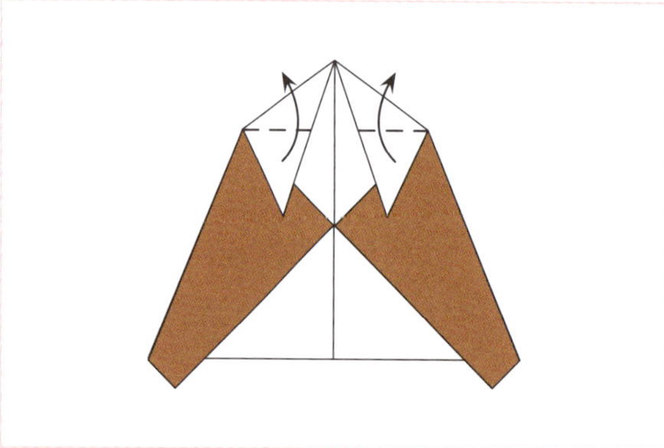

11.
Créez les deux oreilles du chat en levant les deux petites pointes.

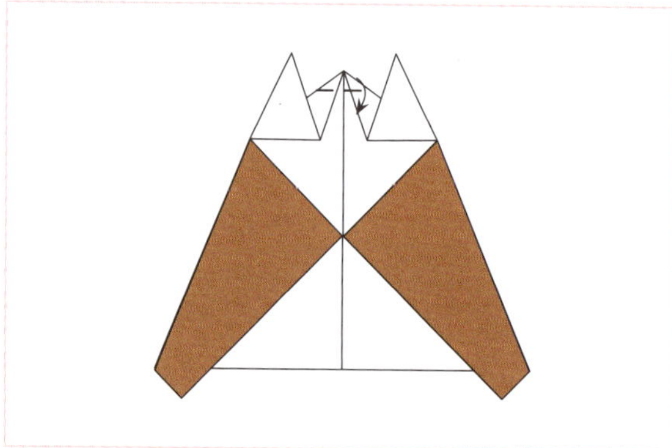

12.
Pliez le coin pour arrondir la tête. Attention, il y a beaucoup d'épaisseur.

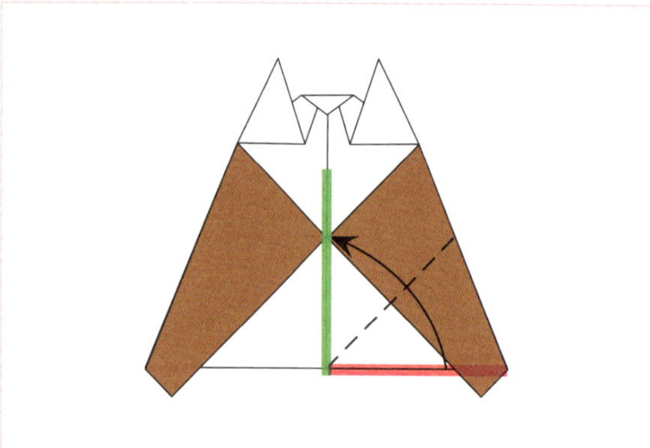

13.
Pliez le volet au centre en superposant le rebord rouge sur l'axe central vert.

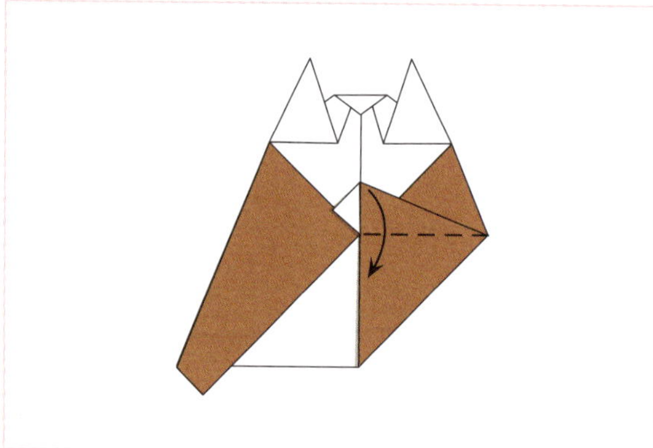

14.
Pliez le volet vers le bas avec un pli horizontal.

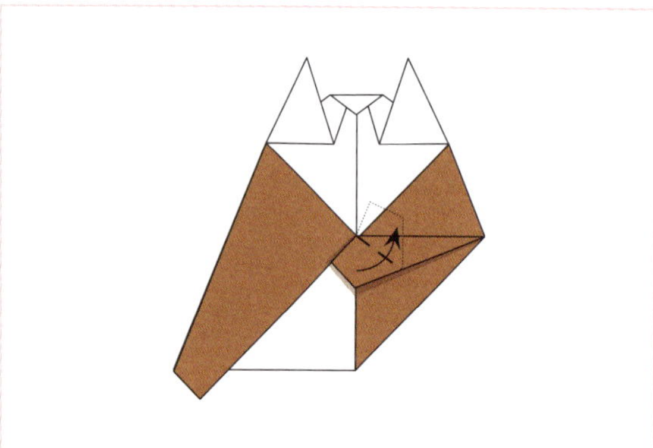

15.
Pliez le bout de la patte comme indiqué.

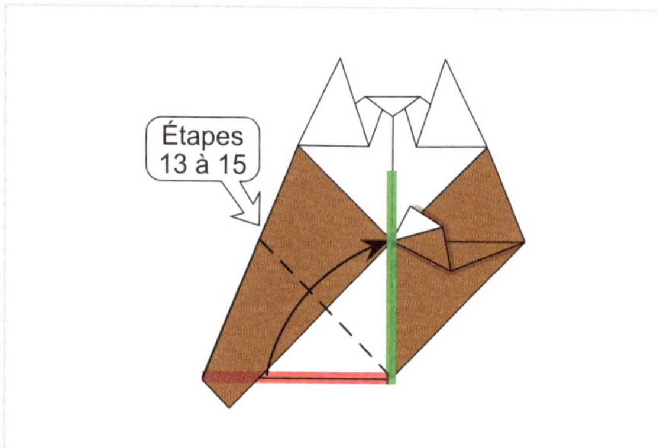

16.
Recommencez les étapes 13 à 15 sur le volet de gauche.

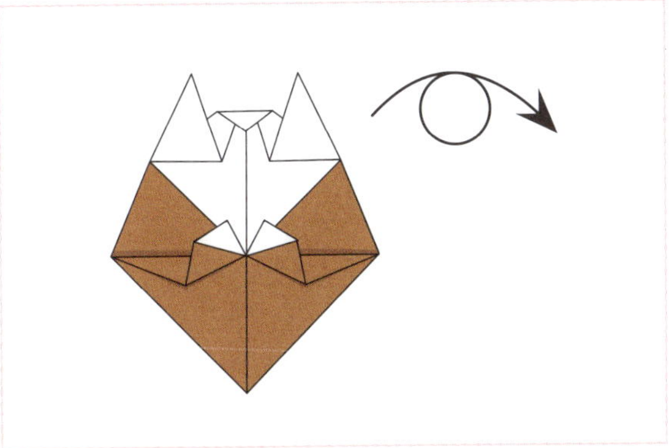

17.
Retournez le modèle.

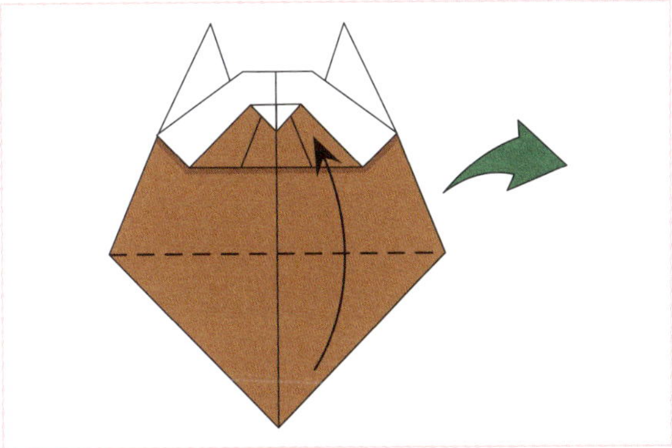

18.
Pliez l'ensemble des volets (coin bas et pattes avant cachées) vers le haut.

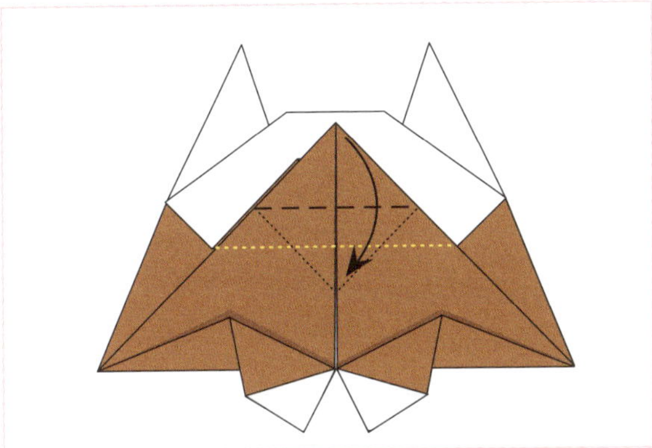

19.
Repérez le bord du volet caché formant le museau du chat (ici pointillés jaunes). Pliez la pointe pour qu'elle dépasse légèrement de ce bord.

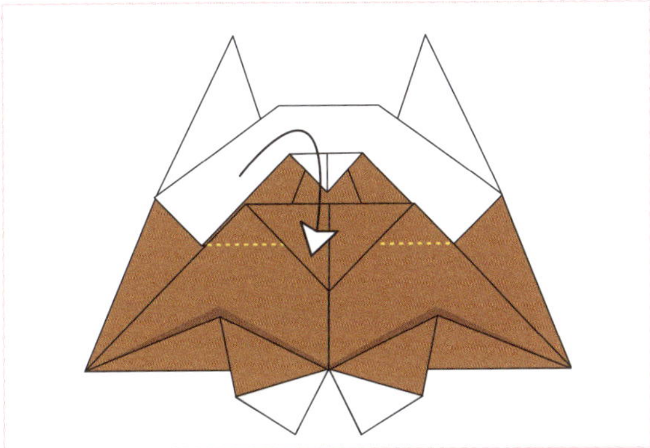

20.
Faites passer l'ensemble de la tête au-dessus de la pointe que vous venez de plier.

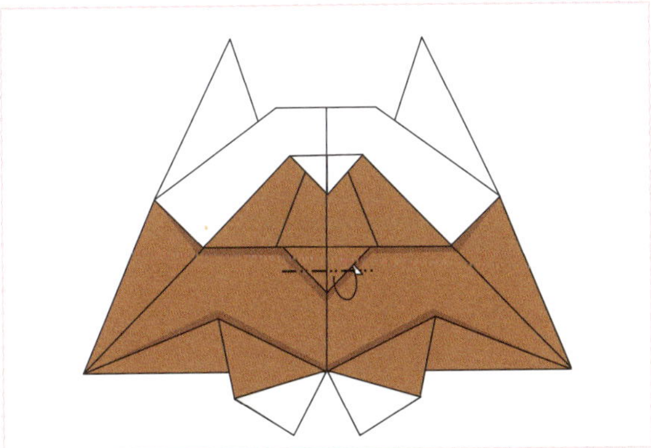

21.
Pliez en montagne pour arrondir la mâchoire.

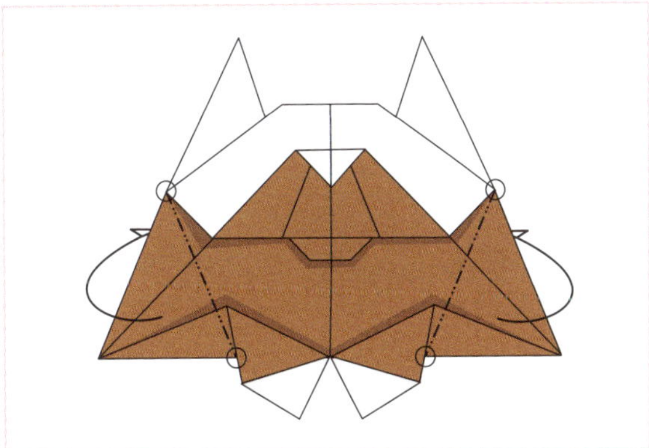

22.
Pliez les bords de chaque côté vers l'arrière.

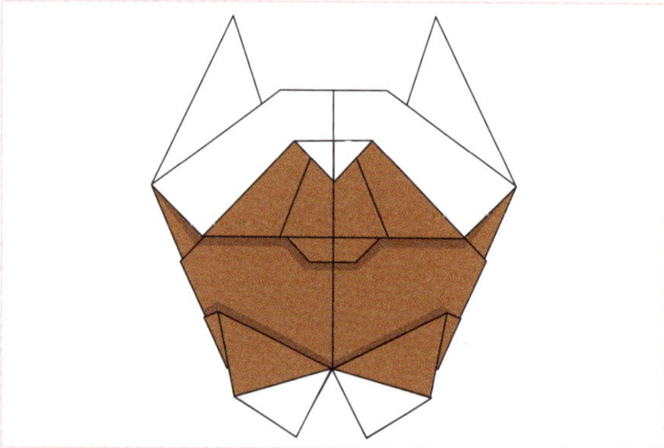

23.
La première partie du chat est terminée. Bravo !

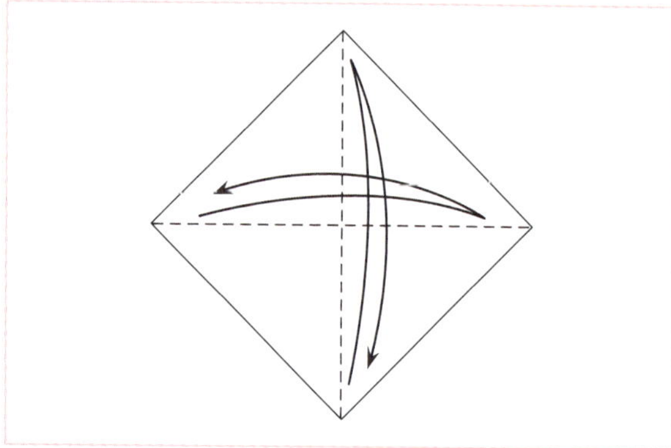

24.
Prenez le deuxième carré et commencez avec la face blanche au-dessus. Pliez les diagonales puis dépliez.

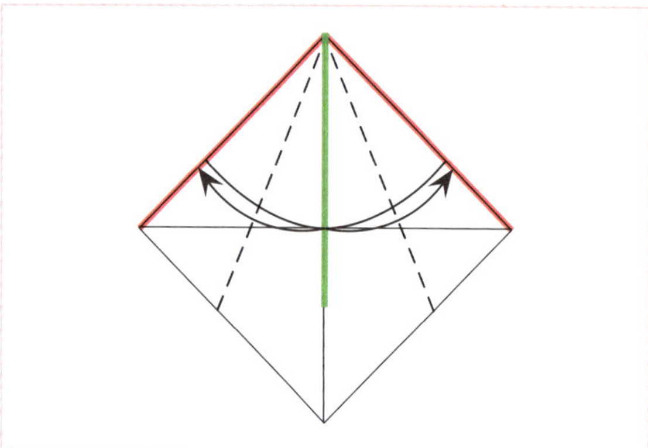

25.
Pliez une pointe en amenant les bords rouges sur l'axe central vert, puis dépliez.

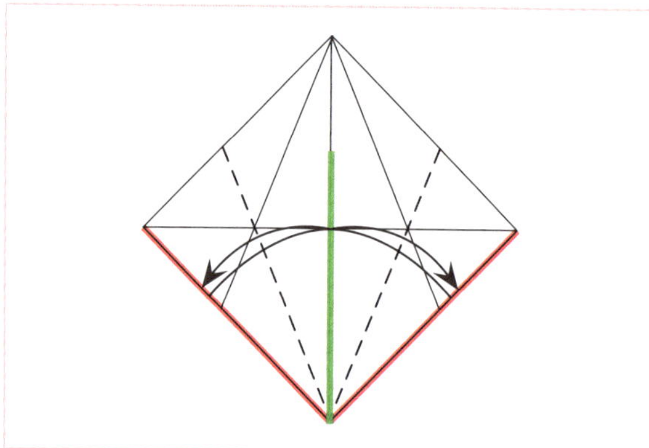

26.
Pliez une pointe en amenant les bords rouges sur l'axe central vert, puis dépliez.

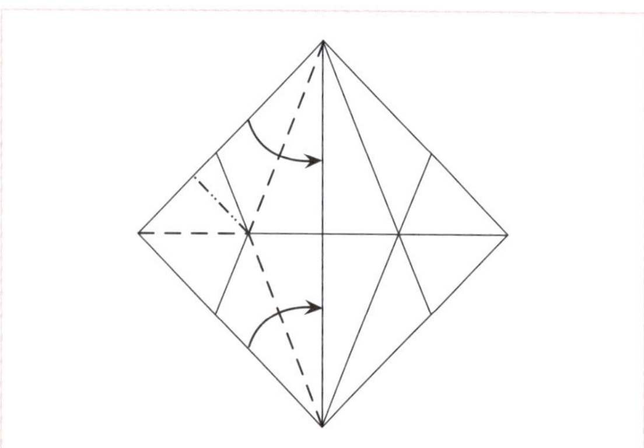

27.
Réalisez un pli « Oreille de lapin » (cf. leçon 6 page 138).

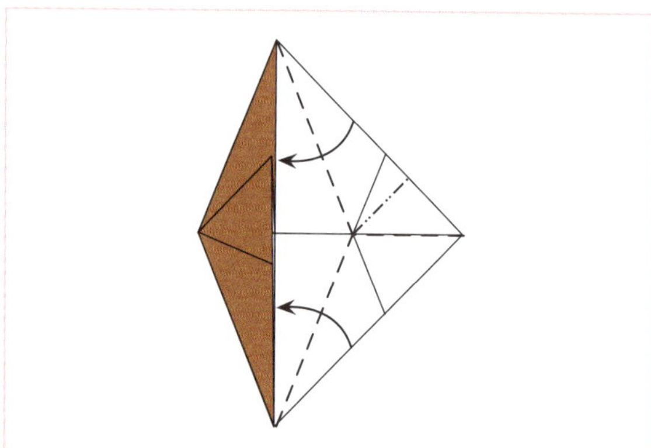

28.
Réalisez un pli « Oreille de lapin » à droite (leçon 6 page 138).

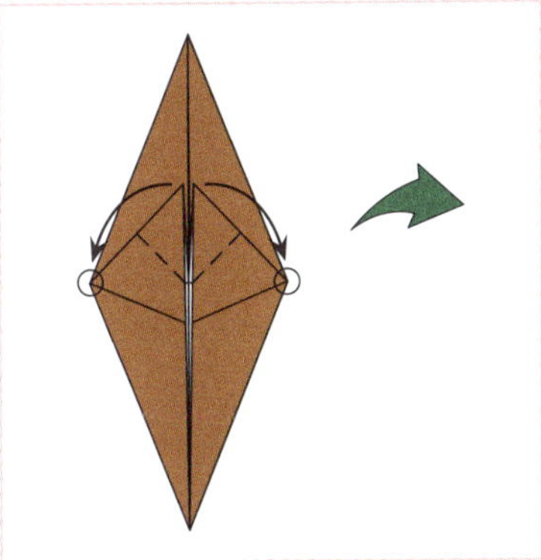

29.
Pliez les deux petites pointes sur les coins.

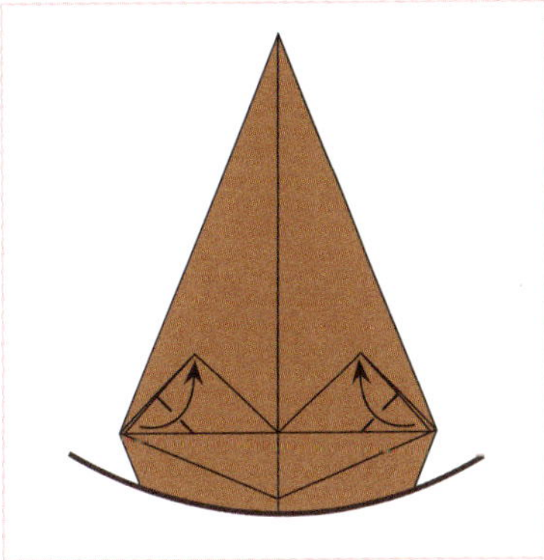

30.
Pliez les pointes sur le coin des petits triangles.

31.
Partagez les petits triangles en deux en pliant la pointe vers le bas puis dépliez.

32.
Réalisez un pli aplati (leçon 8 page 121) sur les deux petits triangles (poussez le coin et écrasez le triangle pour obtenir un petit carré).

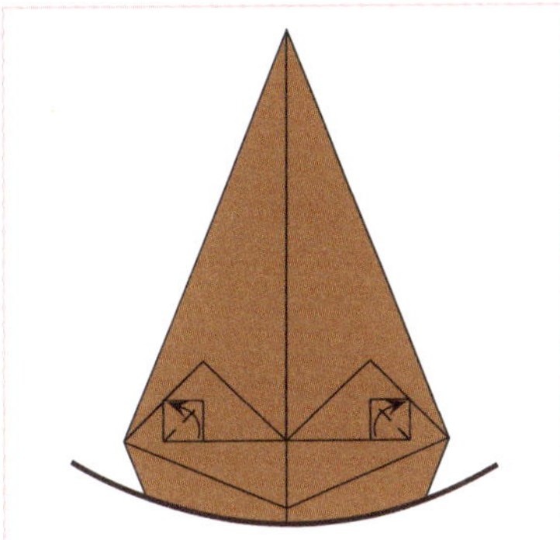

33.
Changez la couleur des pattes en pliant les petits carrés en deux.

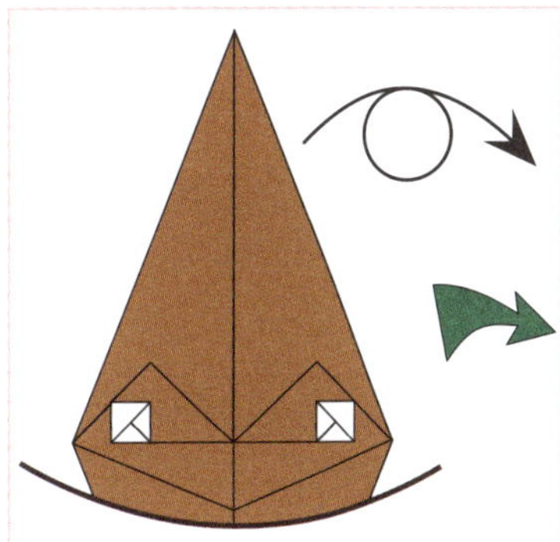

34.
Retournez le modèle.

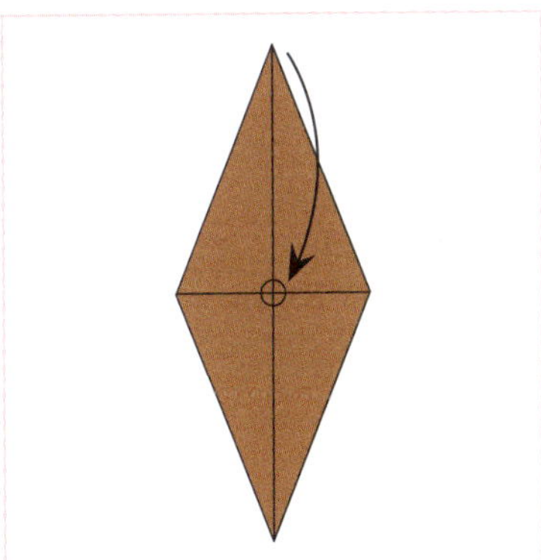

35.
Amenez la pointe sur le centre du losange.

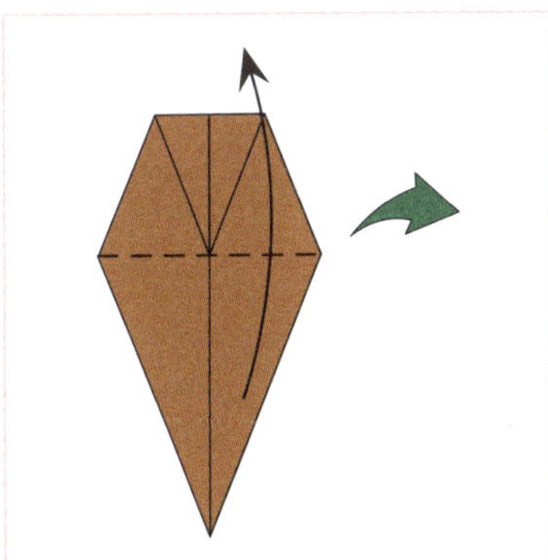

36.
Pliez la pointe vers la haut.

37.
Partagez les angles en deux en superposant les bords rouges sur la base verte.

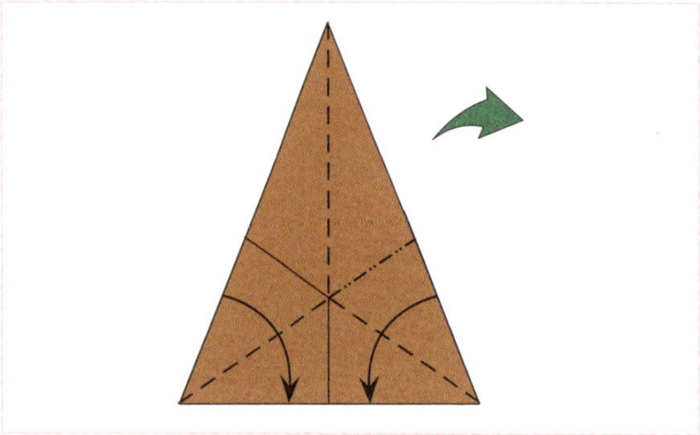

38.

Pli « Oreille de lapin » (leçon 6 page 138) pour former la queue.

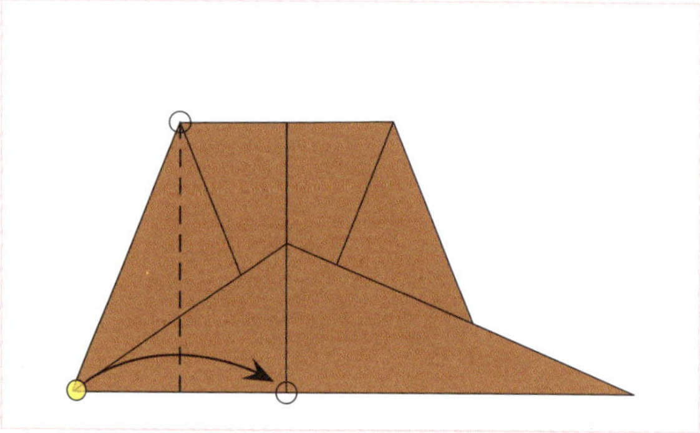

39.

Pliez le coin au centre.

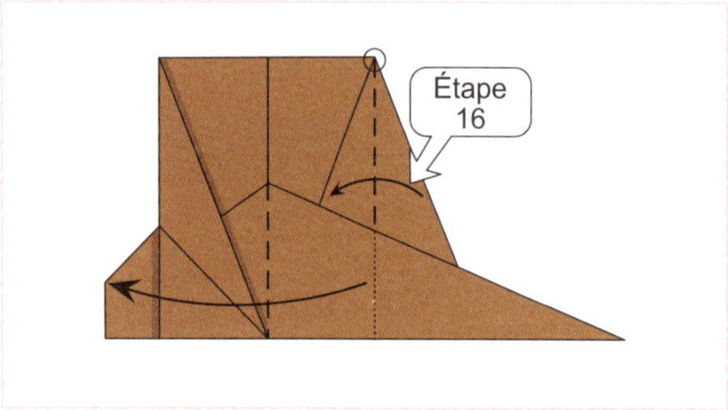

40.

Amenez la queue à gauche pour pouvoir plier librement l'étape 16 sur le coin de droite.

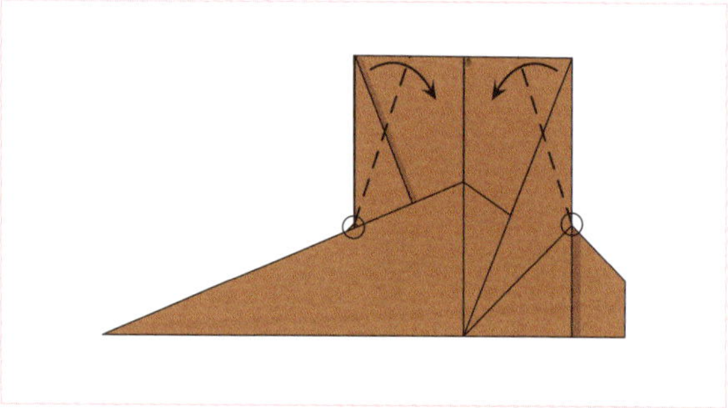

41.

Pliez les coins pour affiner le corps.

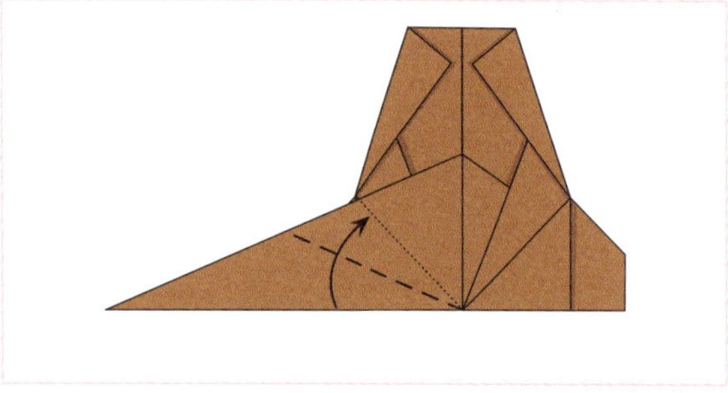

42.

Pliez la queue. Vous pouvez simplement plier en vallée comme indiqué. Pour les pros, réalisez à la place un pli inversé extérieur (leçon 11 page 212) ce qui empêchera la queue de se déplier.

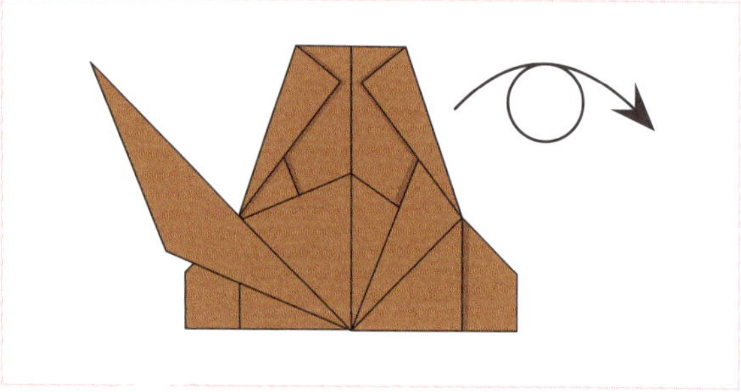

43.

Retournez le modèle.

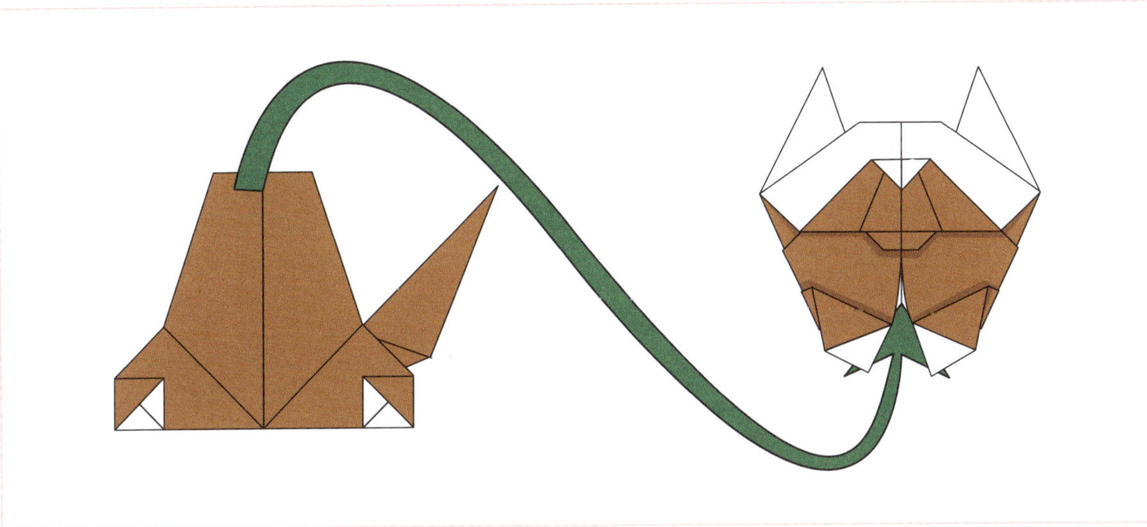

44.

Le bas du corps du chat est terminé.
Insérez le corps du chat dans la pochette en dessous des pattes. Collez éventuellement.

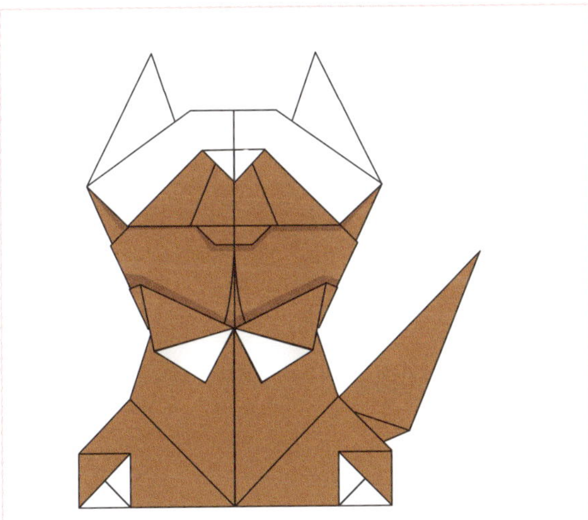

46.

Le petit chat est terminé !

Bravo ! Vous venez de plier le modèle le plus compliqué du livre. Vous êtes devenu(e) un(e) pro de l'origami !

REMERCIEMENTS

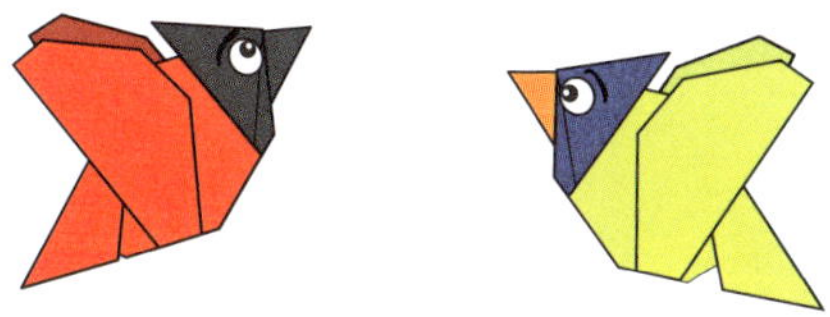

Merci à ma femme Claire et à mes enfants Maxime, Julie et Loïc pour leur soutien sur ce projet. Je leur dédie ce livre.

Merci à Emmanuelle Prot pour m'avoir proposé ce projet. Merci à Alexandrine, Vanessa et Erik pour la réalisation de ce livre, les conseils et le soutien technique.

Merci aux auteurs qui ont participé à ce livre en me proposant l'un de leurs modèles : Anne Lavin, Maryse Six, Raphaël Maillot, Larry Hart, White & Red Paper, Joseph Wu, Jesús Artigas Villanueva, Mathieu Tournadre, Pham Hoàng Tuấn et Mindaugas Cesnavicius.

Merci à Julia Millet d'avoir testé et fait tester les diagrammes auprès de son public et merci à Philippe Spitalier et son fils Mathieu pour les tests et la relecture.

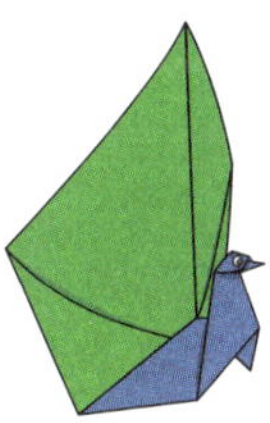

Créations des modèles :

Nicolas Terry à l'exception des modèles suivants :
Voilier d'Anne Lavin, Lutin timide de Maryse Six, Bateau de Raphaël Maillot, Porte-Carte de Larry Hart, Girafe de White & Red Paper, Feuille d'érable de Joseph Wu, Sorcière sur son balai de Jesús Artigas Villanueva, Marque-Place Cœur de Mathieu Tournadre, Hibou de Pham Hoàng Tuấn, Morse par Mindaugas Cesnavicius.

Dessins :

Nicolas Terry, à l'exception des dessins suivants :
- Designs par Freepik : Chien et Couple page 34, Ballons - Guirlandes page 40, Frankenstein - Dracula - Citrouille pagse 72 à 75, Arbre - Chauve-souris - Manoir pages 93 à 95, Bateaux, fusées et paysage pages 65 et 121, Menu page 127, Cuisinière page 131, Bonbons page 131
- Designs par Rosapuchalt / Freepik : Muffins pages 49, 50 et 178, Ourson page 178
- Designs par Pinnacleanimates / Freepik : Cartes cadeaux page 51
- Designs par iconicbestiary / Freepik : Cartes CB page 51
- Designs par Irikul / Freepik : Menu pages 127, 129 et 130